Princípio da Confiança e Crimes Negligentes

Princípio da Confiança e Crimes Negligentes

2018

Sónia Fidalgo
Professora Auxiliar da Faculdade de Direito
da Universidade de Coimbra

ALMEDINA

PRINCÍPIO DA CONFIANÇA E CRIMES NEGLIGENTES
AUTORA
Sónia Fidalgo
EDITOR
EDIÇÕES ALMEDINA, S.A.
Rua Fernandes Tomás, nºs 76-80
3000-167 Coimbra
Tel.: 239 851 904 · Fax: 239 851 901
www.almedina.net · editora@almedina.net
DESIGN DE CAPA
FBA.
PRÉ-IMPRESSÃO
João Jegundo
IMPRESSÃO E ACABAMENTO
Pentaedro, Lda.
Outubro, 2018
DEPÓSITO LEGAL
447689/18

ALMEDINA | GRUPOALMEDINA

BIBLIOTECA NACIONAL DE PORTUGAL – CATALOGAÇÃO NA PUBLICAÇÃO

FIDALGO, Sónia

Princípio da confiança e crimes negligentes. – (Monografias)
ISBN 978-972-40-7688-1

CDU 343

Este estudo beneficiou de uma Bolsa de Doutoramento concedida pela Fundação para a Ciência e a Tecnologia, financiada pelo Programa Operacional de Potencial Humano (POPH) do Quadro de Referência Estratégico Nacional (QREN Portugal 2007-2013) e por verbas do Orçamento de Estado do Ministério da Ciência, Tecnologia e Ensino Superior.

FCT
Fundação para a Ciência e a Tecnologia
MINISTÉRIO DA CIÊNCIA, TECNOLOGIA E ENSINO SUPERIOR

POPH
QUALIFICAR É CRESCER.

QREN
QUADRO DE REFERÊNCIA ESTRATÉGICO NACIONAL
PORTUGAL 2007.2013

GOVERNO DA REPÚBLICA PORTUGUESA

UNIÃO EUROPEIA
Fundo Social Europeu

Ao Sérgio e ao Pedro,
por terem sabido esperar.

Aos meus Pais, à minha Irmã
e à Catarina.

NOTA PRÉVIA

O texto que agora se publica corresponde, com alterações de pormenor, à dissertação de doutoramento em Ciências Jurídico-Criminais apresentada à Faculdade de Direito da Universidade de Coimbra, em Agosto de 2015, e discutida em provas públicas, a 4 de Dezembro de 2017, perante um júri constituído pelos Senhores Professores Doutores Rui de Figueiredo Marcos (presidente), Paula Ribeiro de Faria (arguente), Frederico da Costa Pinto, Manuel da Costa Andrade, José de Faria Costa, Maria João Antunes (arguente) e Paulo Mota Pinto. A dissertação foi aprovada com distinção e louvor por unanimidade.

Ao Senhor Professor Doutor Manuel da Costa Andrade dirijo uma palavra de sentida gratidão, para além de tudo o mais, pela orientação deste estudo. Ao Senhor Professor Doutor Jorge de Figueiredo Dias, à Senhora Professora Doutora Maria João Antunes e à Senhora Professora Doutora Susana Aires de Sousa agradeço as inúmeras conversas em que falámos também sobre direito penal. Uma palavra de agradecimento é devida à minha Faculdade e, em particular, a todos os Senhores Professores e Colegas da Secção de Ciências Jurídico-Criminais. Este estudo beneficiou de algumas estadas de investigação no *Max-Planck-Institut für ausländisches und internationales Strafrecht*, só possíveis por intermédio de bolsas de investigação e subsídios de viagem concedidos, em momentos diferentes, pelo *Deutscher Akademischer Austausch Dienst*, pela Fundação para a Ciência e a Tecnologia e pela Fundação Rangel de Sampaio, instituições a que também agradeço.

Coimbra, Agosto de 2018

SIGLAS E ABREVIATURAS

AAFDL	–	Associação Académica da Faculdade de Direito de Lisboa
AcP	–	Archiv für die civilistiche Praxis
ADPCP	–	Anuario de Derecho Penal y Ciencias Penales
BayObLG	–	Entscheidungen des Bayerischen Obersten Landesgericht in Strafsachen
BFD	–	Boletim da Faculdade de Direito da Universidade de Coimbra
BGB	–	Bürgerliches Gesetzbuch
BGBl.	–	Bundesgesetzblatt
BGH	–	Bundesgerichtshof
BGHSt	–	Entscheidungen des Bundesgerichtshofes in Strafsachen
BMJ	–	Boletim do Ministério da Justiça
CEJ	–	Centro de Estudos Judiciários
CP	–	Código Penal
CPA	–	Código do Procedimento Administrativo
CRP	–	Constituição da República Portuguesa
DAR	–	Deutsches Autorecht
DPC	–	Derecho Penal y Criminología
DR	–	Diário da República
FDUC	–	Faculdade de Direito da Universidade de Coimbra
Fest.	–	Festschrift
GG	–	Grundgesetz
Ibidem	–	obra citada em último lugar e na mesma página
Indice Pen.	–	L'Indice Penale
JA	–	Juristische Arbeitsblätter
JR	–	Juristische Rundschau
JRel.	–	Jurisprudência das Relações
Jura	–	Juristische Ausbildung
JuS	–	Juristische Schulung
JZ	–	Juristenzeitung
MedR	–	Medizinrecht
NStZ	–	Neue Zeitschrift für Strafrecht

NJW – Neue Juristische Wochenschrift
RBCC – Revista Brasileira de Ciências Criminais
RDE – Revista de Direito e Economia
RDP – Revista de Derecho Penal
RDPC – Revista de Derecho Penal y Criminología
RDS – Revista de Derecho Social
Rev. Trim. Droit Civil – Revue Trimestrielle de Droit Civil
RFDULP – Revista da Faculdade de Direito da Universidade Lusófona do Porto
RG – Reichsgericht
RGSt – Entscheidungen des Reichsgerichts in Strafsachen
RIDirP – Rivista Italiana di Diritto Penale
RIDirPP – Rivista Italiana di Diritto e Procedura Penale
Riv.DPE – Rivista Trimestrale di Diritto Penale dell'Economia
Riv. Trim. Dir. Proc. Civ. – Rivista Trimestrale di Diritto e Procedura Civile
RLJ – Revista de Legislação e de Jurisprudência
RMP – Revista do Ministério Público
RPCC – Revista Portuguesa de Ciência Criminal
RStVO – Reichsstraβenverkehrsordnung
STJ – Supremo Tribunal de Justiça
StGB – Strafgesetzbuch
StVO – Straβenverkehrsordnung
t. – tomo
VersR – Versicherungsrecht
VOR – Zeitschrift für Verkehrs- und Ordnungswidrigkeitenrecht
VRS – Verkehrsrecht-Sammlung
ZfR – Zeitschrift für Rechtsvergleichung
ZGR – Zeitschrift für Unternehmens- und Gesellschatfsrecht
ZIS – Zeitschrift für Internationale Strafrechtsdogmatik
ZStW – Zeitschrift für die gesamte Strafrechtswissenschaft
ZVerkS – Zeitschrift für Verkehrssicherheit

§ 1. INTRODUÇÃO

O objectivo deste estudo é determinar as implicações do princípio da confiança na dogmática do facto negligente. O princípio da confiança começou por ser convocado pela jurisprudência alemã em meados do século passado para resolver os problemas de determinação da responsabilidade penal no tráfego rodoviário. Posteriormente, a doutrina e a jurisprudência ampliaram o âmbito de aplicação do princípio a outras áreas de actuação. Há inclusivamente quem defenda a convocação do princípio como critério geral de determinação do dever objectivo de cuidado sempre que na realização do facto negligente intervier uma pluralidade de pessoas. Actualmente, apesar do reconhecimento generalizado do princípio da confiança, há uma profunda discordância e uma relativa falta de clareza quanto ao significado e ao alcance deste princípio. O presente estudo visa dar um contributo para a clarificação deste problema.

I. Num primeiro momento o estudo centrar-se-á na manifestação histórico-doutrinal do princípio da confiança. Dar-se-á nota da expressão da confiança enquanto princípio jurídico para, posteriormente, se questionar o sentido que adquire enquanto princípio jurídico-penal. Após um percurso pelas decisões jurisprudenciais alemãs que convocaram, pela primeira vez, o princípio da confiança, far-se-á uma breve referência aos âmbitos de actividade em que se generalizou, posteriormente, a aplicação deste princípio.

II. Num segundo momento tratar-se-á do problema do fundamento do princípio da confiança no direito penal. Far-se-á referência especial à doutrina que entende que o princípio da confiança se fundamenta no princípio da ponderação de interesses, bem como àquela que defende que o princípio da confiança é expressão do princípio da responsabilidade. Seguidamente traçar-se-á uma distinção clara entre fundamento, função e finalidade do princípio da confiança. Far-se-á ainda referência à questão dos limites do princípio, salientando-se os que derivam da condição e da conduta do terceiro, bem como os que se relacionam com situações de tráfego especiais e infracções típicas. Discutir-se-á ainda o problema de saber se o sujeito que se comporta em violação da norma de cuidado pode invocar o princípio da confiança. Por fim, dedicar-se-á atenção ao problema das limitações do princípio da confiança que decorrem da própria natureza da divisão de trabalho.

III. Num terceiro momento proceder-se-á ao enquadramento dogmático do princípio da confiança na teoria jurídica do crime. Far-se-á inicialmente um percurso pela evolução do enquadramento dogmático do dever objectivo de cuidado. Posteriormente, discutir-se-á fundamentalmente se o princípio da confiança deve ser concebido como um critério de concretização do dever objectivo de cuidado nos crimes negligentes ou se deve ser perspectivado antes como um critério de imputação objectiva, susceptível de ser convocado quer no âmbito dos crimes negligentes, quer no domínio dos delitos dolosos. Por fim, apresentar-se-á o princípio da confiança como critério autónomo em relação aos demais critérios de determinação da conduta típica.

IV. O nosso estudo circunscrever-se-á ao problema dos crimes negligentes por acção. Reconhecemos que o princípio da confiança pode assumir relevância também nos crimes omissivos. Porém, não nos dedicaremos, por ora, ao estudo desse complexo problema.

Também não cuidaremos expressamente da aplicação do princípio da confiança no âmbito dos crimes negligentes de mera actividade. Não excluímos a possibilidade de convocação do princípio da confiança como critério de concretização do dever de cuidado também no caso de crimes negligentes de mera actividade. Porém, considerando o contexto em que historicamente surgiu o princípio da confiança – como critério de determinação da responsabilidade penal, nos casos de acidentes de viação de que tivesse resultado a morte ou a ofensa à integridade física de algum dos intervenientes –, estudaremos o princípio da confiança da perspectiva dos crimes negligentes de resultado.

V. Todas as *coisas* têm a *sua* história. A *escolha do tema* desta dissertação também tem a *sua* história. Em Maio de 2007 defendemos provas públicas de mestrado apresentando uma dissertação intitulada «Responsabilidade penal por negligência no exercício da medicina em equipa». Já nessa altura o princípio da confiança foi objecto das nossas reflexões. Partindo dos ensinamentos de Figueiredo Dias, perspectivámos o princípio da confiança como um *critério de delimitação negativa do tipo de ilícito negligente*. Chegámos mesmo a levantar os problemas relativos ao fundamento e aos limites do princípio da confiança. Fizemo-lo, no entanto, de modo necessariamente sintético. Suscitámos tais problemas apenas na medida em que tal se revelou necessário para encontrarmos a solução para o problema que nos propúnhamos resolver: a determinação da responsabilidade por negligência dos diversos profissionais que, em conjunto, simultânea ou sucessivamente, intervêm no processo terapêutico de um doente. Ficámos, no entanto, com a sensação de que, em relação ao princípio da confiança, o caminho a percorrer era muito mais longo que aquele que havíamos percorrido. Ficou, sobretudo, a vontade de investigar para perceber a realidade a que estamos verdadeiramente a referir-nos quando afirmamos que *quem se comporta no tráfico de acordo com a norma de cuidado deve poder confiar que o mesmo sucederá com os outros, salvo se tiver razão concretamente fundada para pensar ou dever pensar de outro modo*. Com o estudo que agora apresentamos cremos ter avançado um (pequeno) passo naquele (longo) caminho.

PARTE I
EXPERIÊNCIA HISTÓRICO-DOUTRINAL

Capítulo I
Relevância Jurídico-Penal do Princípio da Confiança

§ 2. A confiança como fenómeno social

1. Segundo Baptista Machado, "*poder confiar* é uma condição básica de toda a convivência pacífica e da cooperação entre os homens"[1]. Nós convivemos uns com os outros num certo mundo: a "sociedade é o ponto comum da humana convivência"[2]. De acordo com Castanheira Neves, a sociedade é "a realidade (o meio e o resultado) da *convivência* humana, enquanto esta convivência se traduz na multiplicidade e no conjunto das *interacções* humanamente *significativas*, que se oferece aos membros participantes em termos de uma particular e objectiva *autonomia* e na qual eles, quer através de *formas comuns de convivência* (seja integrada, seja conflituante), quer através de *fins ou intenções gerais* (em que comungam ou que de qualquer modo se propõem), se encontram conexionados mediante uma realidade unitária que lhes é comum"[3].

Ultrapassada a perspectiva que via a sociedade como o "grande ser" (A. Comte) e que reconhecia à realidade social, centrada nos factos sociais, uma individualidade e uma consciência distintas das dos membros da sociedade (Durkheim)[4], a sociologia tende a ver hoje a sociedade como uma estruturação integrante da nossa coexistência: "a sociedade não apresenta uma materialidade (ou realidade) diferente da nossa própria materialidade,

[1] MACHADO, João Baptista, «Tutela da confiança», p. 352 (itálicos do autor).
[2] BRONZE, Fernando José, *Introdução ao Direito*[2], p. 200.
[3] NEVES, A. Castanheira, «O sentido do direito», p. 92-93 (itálicos do autor). Cf., também, NEVES, A. Castanheira, *RPCC* 6 (1996), p. 28-29.
[4] Cf. NEVES, A. Castanheira, «O sentido do direito», p. 96-97.

consistindo apenas num certo modo de nós sermos uns com os outros"[5]. Quanto ao modo de compreender essa integração do individual no comum, a perspectiva tradicional partia de uma compreensão da sociedade centrada na acção individual e, a partir desta, pretendia aceder à compreensão do todo – Max Weber compreendia a sociedade a partir da acção e das relações significantes entre acções[6]. A orientação mais recente da sociologia tende, todavia, a partir do todo das acções estruturadas para a acção individual: centra-se no todo estruturado, "compreendendo a sociedade como um sistema social, isto é, como uma unidade integradora que subsiste como unidade"[7].

2. A confiança é um fenómeno social sem o qual nós não poderíamos agir nem interagir[8].

Simmel salientou que a confiança é "uma das mais importantes forças de síntese na sociedade"[9] – a sociedade desintegrar-se-ia se não houvesse uma confiança generalizada entre os seus membros[10]. Simmel abriu caminho às abordagens "cognitivas" da confiança. Da sua perspectiva, a confiança é uma forma de conhecimento sobre o homem que, simultaneamente, se relaciona com uma certa ignorância. A confiança traduz uma hipótese de comportamento futuro que se apresenta como suficientemente segura para que se possa fundamentar nela a acção prática. Sendo uma hipótese, ela surge como um estado intermédio entre o saber e o não saber: "quem sabe tudo não precisa de confiar e quem não sabe nada não pode, com razoabilidade, apelar à confiança"[11]. O modo como se relacionam o conhecimento e a ignorância, a fim de permitir a cada um construir a sua decisão prática a partir da confiança, varia historicamente em função das diferentes áreas de interesse e dos indivíduos. As qualidades pessoais, – que tradicionalmente fundamentavam o comportamento na relação entre os homens –, deixaram de ser tidas em consideração. Nas sociedades modernas, onde a

[5] BRONZE, Fernando José, *Introdução ao Direito*², p. 206.

[6] Cf. BRONZE, Fernando José, *Introdução ao Direito*², p. 206.

[7] BRONZE, Fernando José, *Introdução ao Direito*², p. 209. Cf. também, NEVES, A. Castanheira, *RPCC* 6 (1996), p. 28-29.

[8] OGIEN, Albert / QUÉRÉ, Louis, «Introduction», *in*: *Les moments de la confiance*, p. 1.

[9] SIMMEL, Georg, *Soziologie*, p. 263.

[10] SIMMEL, Georg, *Philosophie des Geldes*, p. 149.

[11] SIMMEL, Georg, *Soziologie*, p. 263.

motivação e a regulamentação das condutas se objectivaram, a confiança já não exige um conhecimento real da pessoa. Cada um de nós não precisa de conhecer do outro mais do que algumas características exteriores – tal será suficiente para se adquirir a confiança necessária a uma acção em conjunto[12]. Confiar no outro será, deste modo, generalizar indutivamente a partir daquilo que se pensa ser o seu comportamento habitual.

Simmel esclarece, todavia, que a confiança não se resume a uma mera forma de conhecimento indutivo – a confiança excede o saber ou o conhecimento. Ao lado do "momento cognitivo" existe um "outro momento", difícil de descrever, que pode ser compreendido com recurso à ideia de fé religiosa. Trata-se de um momento que não radica no conhecimento – "é simultaneamente mais e menos que o conhecimento"[13]. É acreditar no *outro* sem sequer ponderar o que é que, nele, se acredita. Este momento da confiança traduz-se numa aceitação sem reservas do *outro* que não é resultado da indução por experiência – é acreditar no *outro* sem que esta "fé" se baseie em provas dadas e mesmo que haja provas em contrário[14].

Esta dualidade da confiança – a confiança é constituída por um momento cognitivo e por um "outro momento" – permanece hoje tão difícil de descrever como no início do século passado. São várias as formas de abordagem teórica do fenómeno da confiança e a diversidade de concepções sobre a confiança reflecte a heterogeneidade do próprio fenómeno. Certo é que a confiança é um elemento essencial das sociedades modernas. A generalidade das ciências sociais contemporâneas vê a confiança como um mecanismo de redução do risco e da complexidade, que incute um sentimento de segurança propício ao desenvolvimento das relações sociais. Para tal, contribuíram de modo decisivo os estudos de Luhmann e Giddens[15].

3. Luhmann teve o mérito de ver a confiança como um mecanismo de redução da complexidade social, destinado a superar a falta de informação disponível e a generalizar as expectativas de conduta, substituindo a ausência de informação por uma segurança internamente garantida[16].

[12] SIMMEL, Georg, *Soziologie*, p. 264.

[13] SIMMEL, Georg, *Philosophie des Geldes*, p. 150.

[14] SIMMEL, Georg, *Soziologie*, p. 264, nota 1. Entre nós, com referências ao pensamento de Simmel, cf. LEANDRO, Maria / LEANDRO, Ana / NOGUEIRA, Fernanda, *Sociologia*, p. 215 e ss.

[15] Cf. OGIEN, Albert / QUÉRÉ, Louis, «Introduction», *in*: *Les moments de la confiance*, p. 1.

[16] LUHMANN, Niklas, *Vertrauen*, p. 126.

3.1. Segundo Luhmann, nós vivemos num mundo funcionalizado e a sociedade apresenta-se como um sistema, uma realidade globalmente auto-estruturada e auto-finalizada, que tem "a função de nos permitir (con-)viver num mundo complexo, através da redução da respectiva complexidade"[17]. Nesta sociedade também complexa, o homem tem de confiar: confiar é uma condição básica da acção quotidiana[18]. Na plástica consideração de Luhmann, "sem uma qualquer confiança [o Homem] não deixaria de manhã a sua cama. Um medo indefinido, um horror paralisante assaltá-lo-iam. [O Homem] nem sequer seria capaz de formular uma desconfiança definida e torná-la base de disposições defensivas, porque isso implicaria que ele confiasse noutros sentidos. Tudo seria possível. Ninguém aguenta uma confrontação imediata deste género com a elevada complexidade do mundo"[19].

A confiança surge como um mecanismo de redução da complexidade. Onde há confiança, há mais possibilidades de experiência e de acção[20]. Perante a complexidade incontrolável do mundo, em qualquer tempo dado, cada um de nós pode escolher livremente entre acções muito diferentes. Mas, tendo o Homem de actuar num determinado espaço e num determinado tempo, são muito breves os momentos que tem para observar o que os outros fazem e se adaptar conscientemente a esses comportamentos. Se puder confiar em que os outros se comportam (através de acções ou omissões) de acordo com aquilo que deles se espera, poderá prosseguir o seu próprio interesse de forma mais racional[21]. A confiança radica numa ilusão

[17] Cf. BRONZE, Fernando José, *Introdução ao Direito*[2], p. 211. Uma análise crítica do pensamento de Luhmann poderá encontrar-se em LARENZ, Karl, *Metodologia*[4], p. 320 e ss. Entre nós, cf. NEVES, A. Castanheira, *O instituto dos "assentos"*, p. 247-248, nota 552, BRONZE, Fernando José, *Introdução ao Direito*[2], p. 613-614, do mesmo autor, *Metodonomologia*, p. 271 e ss. e p. 313 e ss., e ainda DIAS, Augusto Silva, *Delicta in se*, p. 428 e ss. Com referências, também, ao funcionalismo sociológico, cf. FARIA, Paula Ribeiro de, *Adequação social*, p. 742 e ss. Sobre a teoria de Jakobs, que configura o exemplo mais acabado de um sistema dogmático jurídico-penal edificado a partir da teoria sociológica de Luhmann, cf. ANDRADE, Manuel da Costa, *Consentimento*, p. 109 e ss.

[18] Cf. ENDRESS, Martin, *Vertrauen*, p. 5.

[19] LUHMANN, Niklas, *Vertrauen*, p. 1. Salientando também que a confiança tem uma presença básica e imprescindível na vida social, com referência à teoria de Luhmann, FRADA, M. A. Carneiro da, *Teoria da Confiança*, p. 19.

[20] LUHMANN, Niklas, *Vertrauen*, p. 8, e, do mesmo autor, *Soziale Systeme*, p. 180. Cf., entre nós, PINTO, Paulo Mota, *in*: *Estudos Artur Maurício*, p. 1142.

[21] LUHMANN, Niklas, *Vertrauen*, p. 27-28.

(*Täuschung*), na medida em que o agente actua numa circunstância em que há menos informação disponível do que a que se requereria para se poder actuar com êxito. Confiando, o agente supera voluntariamente esta falta de informação[22]. A confiança pressupõe, assim, também uma relação com o tempo: quem confia antecipa o futuro, comporta-se como se o futuro fosse certo e, deste modo, através da confiança, um sistema ganha tempo[23].

A confiança está associada à redução da complexidade e, mais especificamente, à redução da complexidade que chega ao mundo como consequência da liberdade de acção[24]. Deste modo, não é de estranhar que a confiança se estenda, antes de mais, ao outro ser humano – confiança pessoal. Confia-se no outro porque se presume que ele constitui um centro ordenado e não arbitrário de um sistema de acção, com o qual se pode chegar a acordo. Confiança é, então, a expectativa generalizada de que o outro actuará a sua liberdade (as suas múltiplas possibilidades de acção) no sentido da sua personalidade – ou melhor, actuará a sua liberdade no sentido da personalidade que tornou socialmente visível[25]. A confiança pessoal surge assim como uma categoria abstracta[26]. Porém, a confiança não surge apenas como confiança pessoal; surge também como confiança nos meios simbólicos de comunicação como o dinheiro, a verdade e o poder[27].

3.2. O benefício e a racionalidade da acção com base na confiança radicam numa certa ideia de *indiferença*. Como se pode comprovar, designadamente, no âmbito do tráfego rodoviário, a confiança permite que se desconsiderem certas possibilidades de desenvolvimento da conduta de terceiros. Através da confiança, certos perigos que não podem ser eliminados, mas que não devem impedir a acção, são neutralizados[28]. Há, assim, uma forte relação entre confiança e risco: a confiança reduz a complexidade social, simplifica a vida por meio da assunção do risco. Confiar signi-

[22] LUHMANN, Niklas, *Vertrauen*, p. 38.

[23] LUHMANN, Niklas, *Vertrauen*, p. 9 e 117.

[24] LUHMANN, Niklas, *Vertrauen*, p. 38.

[25] LUHMANN, Niklas, *Vertrauen*, p. 48.

[26] LUHMANN, Niklas, *Vertrauen*, p. 50.

[27] LUHMANN, Niklas, *Vertrauen*, p. 60 e ss. Feijoo Sánchez salienta, aliás, que numa sociedade complexa a confiança pessoal terá uma utilidade muito limitada (FEIJOO SÁNCHEZ, Bernardo, *DPC*, 69 (2000), p. 41).

[28] LUHMANN, Niklas, *Vertrauen*, p. 30.

fica sempre arriscar[29]. Segundo Luhmann, a confiança é uma solução para específicos problemas de risco. Traçando uma distinção entre perigo e risco, Luhmann defende que os riscos não existem por eles mesmos, emergem apenas como componente da decisão e da acção: se a pessoa se abstiver de agir não correrá riscos. Na sociedade moderna há um aumento da substituição do perigo pelo risco, isto é, um aumento da possibilidade de danos futuros que têm de ser considerados consequência da nossa própria acção ou omissão; a assunção do risco exige confiança[30]. E a verdade é que a confiança nos peritos, nas tecnologias, nas promessas e no cuidado dos outros tem vindo a diminuir. Os riscos resultam cada vez mais de decisões dos outros e a avaliação dos riscos (bem como das possibilidades de os evitar) que é feita pela população difere da que é feita na política; a que é feita pelos leigos, diverge da realizada pelos peritos[31].

3.3. As normas jurídicas que conferem segurança a certas expectativas e prevêem sanções para os casos de incumprimento contribuem para a diminuição do risco de confiar. No entanto, apenas em sistemas sociais muito simples – sistemas sem problemas estruturais e suficientemente pequenos, de modo que todos os membros estejam familiarizados uns com os outros – será possível uma congruência quase total entre confiança e lei. Em tais sistemas espera-se confiança e a desconfiança constituirá uma afronta, uma ofensa contra as regras da vida em conjunto e, desta forma, contra as regras do sistema. Já nos sistemas sociais mais claramente diferenciados e mais complexos é inevitável uma separação entre confiança e lei. Na sociedade actual, as situações e as normas jurídicas são muito diversas e a confiança é agora uma exigência social demasiado geral e difusa para que confiança e lei possam sobrepor-se. Há institutos jurídicos muito diferentes que se agrupam sob o conceito de "protecção da confiança". Segundo Luhmann, a ordem jurídica deve impor-se limites a si mesma quanto à utilização do princípio da confiança, sob pena de, em último termo, se assistir a uma erosão da separação de poderes, por via do poder judicial, através da protecção da confiança em situações de violação da lei.

[29] LUHMANN, Niklas, *Vertrauen*, p. 31 e 93. Recorde-se que já Simmel havia selientado que a confiança é sempre uma combinação de conhecimento e ignorância (cf., *supra*, nota 13).
[30] LUHMANN, Niklas, *in: Trust*, p. 95, 100 e 105.
[31] LUHMANN, Niklas, *Soziologie des Risikos*, p. 123.

Esta distinção entre confiança, direito e protecção jurídica da confiança é o resultado de uma longa evolução. O pensamento da confiança fundamenta todo o direito, todo o relacionamento entre os homens. Porém, por outro lado, a confiança apenas surge porque o direito contribui para a diminuição do risco de confiar[32].

Luhmann conclui que a confiança, enquanto mecanismo de redução da complexidade social, é dependente de outros mecanismos de redução da complexidade que se desenvolvem paralelamente à confiança, como o direito, a organização, a linguagem. A confiança não é o único fundamento do mundo, "mas um tão complexo e estruturado mundo funcionalizado não poderia constituir-se sem uma sociedade definitivamente complexa que, por sua vez, não poderia constituir-se sem confiança"[33].

4. Também Giddens, analisando a confiança no âmbito da investigação sobre as consequências da modernidade, refere que a confiança está presente de modo fundamental nas instituições da modernidade[34]. Por um lado, na vida social moderna interagimos a maior parte do tempo com outras pessoas que nos são estranhas; interagimos continuamente com outras pessoas que não conhecemos bem ou que não conhecemos de todo: a confiança em pessoas anónimas torna-se essencial à vida em sociedade[35]. Por outro lado, nas sociedades actuais observa-se um fenómeno de *descontextualização dos sistemas sociais*, isto é, verifica-se uma "desinserção" das relações sociais dos contextos locais de interacção e uma sua "reestruturação através de extensões indefinidas de espaço-tempo" – tal reestruturação depende da confiança[36].

4.1. Giddens refere dois mecanismos de descontextualização que considera intrinsecamente envolvidos no desenvolvimento das instituições sociais modernas[37]: a criação de *garantias simbólicas* (meios de intercâmbio – como o dinheiro – que são utilizados sem olhar às características específicas do ou dos grupos que os empregam em qualquer conjuntura par-

[32] LUHMANN, Niklas, *Vertrauen*, p. 40-44.

[33] LUHMANN, Niklas, *Vertrauen*, p. 126.

[34] GIDDENS, Anthony, *Modernidade*, p. 18.

[35] GIDDENS, Anthony, *Modernidade*, p. 56 e 84.

[36] GIDDENS, Anthony, *Modernidade*, p. 15.

[37] GIDDENS, Anthony, *Modernidade*, p. 15 e ss.

ticular) e o estabelecimento de *sistemas periciais* ("sistemas de realização técnica, ou de pericialidade profissional, que organizam vastas áreas do ambiente social e profissional em que vivemos"[38]). Tanto as garantias simbólicas como os sistemas periciais dependem da confiança – confiança não em indivíduos, mas em capacidades abstractas. Qualquer pessoa que use garantias monetárias pressupõe que as outras pessoas (que ela pode nunca conhecer) respeitam o seu valor. Mas, segundo Giddens, "é no dinheiro como tal que se confia e não apenas, nem mesmo principalmente, nas pessoas com quem as transacções particulares são realizadas"[39]. Do mesmo modo, quando conduzimos um automóvel ou entramos num avião, a nossa confiança não é tanto nos indivíduos que construíram estes meios de transporte – confiamos sim na autenticidade do conhecimento pericial que eles detêm. Contamos com esse conhecimento para garantir que os riscos que assumimos ao exercer uma actividade perigosa (como andar de automóvel ou de avião) sejam minimizados[40]. Deste modo, a confiança em pessoas anónimas e em capacidades abstractas torna-se "indispensável à existência social"[41].

4.2. Tal como Luhmann, também Giddens associa a confiança à falta de informação[42]. Segundo Giddens, a confiança está relacionada com a ausência, no tempo e no espaço. Não haveria necessidade de confiar em alguém "cujas actividades fossem continuamente visíveis e cujos processos de pensamento fossem transparentes", ou confiar em um qualquer sistema "cujo funcionamento fosse inteiramente conhecido e entendido"[43]. Tem-se dito que a confiança pode ser definida como "um mecanismo para lidar com a liberdade dos outros"[44], mas, segundo Giddens, a condição básica das exigências de confiança não é a falta de poder, mas sim a falta de informação completa[45].

[38] GIDDENS, Anthony, *Modernidade*, p. 19.
[39] GIDDENS, Anthony, *Modernidade*, p. 18.
[40] GIDDENS, Anthony, *Modernidade*, p. 19-20 e p. 24-25.
[41] GIDDENS, Anthony, *Modernidade*, p. 84.
[42] Cf., *supra*, o texto correspondente às notas 16 e 22.
[43] GIDDENS, Anthony, *Modernidade*, p. 23.
[44] Neste sentido, GAMBETTA, Diego, *in*: *Trust*, p. 219, e LUHMANN, Niklas (cf., *supra*, o texto correspondente à nota 24).
[45] GIDDENS, Anthony, *Modernidade*, p. 23.

Giddens não concorda com a ideia de Luhmann segundo a qual se nos abstivermos de agir não correremos riscos, ou seja, não se arriscando nada não se perderia (potencialmente) nada[46]. Segundo Giddens, por um lado, a inacção é muitas vezes arriscada e, por outro lado, há riscos que todos nós temos de enfrentar, quer queiramos quer não, porque o risco não é apenas uma questão de acção individual – existem "ambientes de risco" que afectam colectivamente grandes massas de indivíduos, como os riscos de uma catástrofe ecológica ou de uma guerra nuclear[47].

Vivemos num mundo que é principalmente estruturado por riscos de criação humana, tendo-se tornado inevitável uma vida com perigos que estão fora do controlo não só dos indivíduos, mas também das grandes organizações, incluindo os Estados – perigos que são potencialmente ameaçadores de toda a humanidade[48]. No mundo moderno muitas coisas são *opacas*, quer para os leigos, quer para os peritos[49]. Confiança e risco, oportunidade e perigo são as características paradoxais da modernidade que impregnam todos os aspectos da vida quotidiana[50].

[46] Cf., *supra*, o texto correspondente às notas 29 e 30.

[47] GIDDENS, Anthony, *Modernidade*, p. 23 e 25.

[48] GIDDENS, Anthony, *Modernidade*, p. 77 e 92. Segundo Giddens, o "carro de Jagrená" constitui uma imagem do que é viver no mundo da modernidade. Trata-se de "um engenho descontrolado de enorme potência que, colectivamente, enquanto seres humanos, podemos conduzir até certo ponto, mas que também ameaça fugir ao nosso controlo e despedaçar-nos. O carro de Jagrená esmaga aqueles que tentam resistir-lhe, e embora algumas vezes pareça seguir um caminho estável, há ocasiões em que muda erraticamente de rumo em direcções que não podemos prever. A viagem não é de forma nenhuma totalmente desagradável ou falha de compensações; ela pode ser muitas vezes divertida e impregnada de uma antecipação esperançosa. Mas, enquanto durarem as instituições da modernidade, nunca seremos capazes de controlar completamente quer o caminho quer o andamento da viagem" (p. 97-98). Giddens refere-se aqui ao mito religioso hindu, segundo o qual uma imagem de *Jagannath* (senhor do mundo) era transportada todos os anos pelas ruas num carro enorme, sob o qual se diz que os crentes se lançavam, sendo esmagados pelas suas rodas (*idem*, p. 97, nota 24).

[49] GIDDENS, Anthony, *Modernidade*, p. 101 (itálicos do autor).

[50] GIDDENS, Anthony, *Modernidade*, p. 105. Zygmunt Baumann, ao reflectir sobre a passagem de uma modernidade "sólida", caracterizada pela certeza no progresso tecnológico e científico, para uma modernidade "líquida", cujas ideias-chave são a velocidade, o hibridismo e a imaterialidade, – por referência à categoria de "cidade" –, cita Diken e Lausten, afirmando que o vínculo milenar entre civilização e barbárie se inverte. A vida urbana "transforma-se numa selva onde impera o terror acompanhado de um medo omnipresente". As causas do perigo mudaram-se "para o coração da cidade. Os amigos, os inimigos e, acima de tudo, os estranhos esquivos e misteriosos (...) misturam-se e acotovelam-se nas ruas da cidade. A

5. A generalidade dos autores que se dedica ao estudo sociológico da confiança analisa a confiança no âmbito da teoria da sociedade e enfatiza a sua indispensabilidade funcional nas sociedades modernas[51]. Entendemos não ser este o local apropriado para um estudo mais aprofundado sobre o conceito sociológico de confiança[52]. Porém, independentemente da linha de pensamento sociológico que adoptemos[53], não podemos recusar que a confiança é um elemento essencial do nosso modo de ser uns com os outros. Nas sociedades actuais são cada vez mais frequentes os contactos anónimos; as estruturas empresariais apresentam-se como estruturas complexas, com uma forte divisão de trabalho. A confiança, associada à falta de informação, surge como uma categoria abstracta que implica sempre a assunção de um risco.

Porém, a confiança como mecanismo de redução da complexidade social não elimina a confiança como relação concreta entre pessoas. A dimensão objectiva e impessoal da confiança – característica das sociedades modernas – não anula a confiança pessoal. Na convivência social de cooperação entre os homens está sempre presente aquele "outro momento" a que se referia Simmel. Nesta dimensão, a confiança pressupõe um sentimento de afecto e apego íntimo com o *outro* que, apesar das múltiplas diferenças, não é questionado em absoluto. A confiança manifesta-se como um acto de reconhecimento do *eu* no *outro*[54]. E, neste sentido, a confiança mani-

guerra contra a insegurança e os seus perigos trava-se actualmente no interior da cidade, e é aí que se instalam os campos de batalha e se traçam as linhas da frente" (BAUMAN, Zygmunt, *Confiança*, p. 59). Cf., também, SILVA, Filipe Carreira da, «Recensão», p. 647 e ss.

[51] Cf. ENDRESS, Martin, *Vertrauen*, p. 47.

[52] Para uma apreciação do debate sociológico sobre confiança, *vide* ENDRESS, Martin, *Vertrauen, passim*. Endress analisa o tema tanto de uma perspectiva histórica como de uma perspectiva sistemática. Começa por identificar um conjunto de sociólogos clássicos (desde Durkheim, Simmel, Max Webber, passando por Schütz e Parsons, e por fim, por Garfinkel, Blau e Goffman) e descreve o modo como trataram o tema da confiança. Dedica-se depois ao discurso teórico actual sobre a confiança na sociologia, referindo o pensamento de Luhmann, Colemann, Giddens e Sztompka. Para uma análise crítica da obra de Endress, salientando o seu carácter fragmentário, SCHÄFER, Mike Steffen, «Rezension», *passim*. Entre nós, com referências ao pensamento de Luhmann, Giddens e Sztompka, cf. MARQUES, Rafael, *in*: *Sociedade de Confiança*, p. 13 e ss.

[53] A teoria social sistémica de Luhmann, o pensamento estruturalista de Giddens ou qualquer outra linha de pensamento.

[54] OTTO, Harro, *ZStW*, 25 (1975), p. 554.

festar-se-á como verdadeira expressão da relação onto-antropológica que se estabelece entre o *eu* e o *outro*[55].

Estas duas dimensões da confiança – a confiança objectiva impessoal e a confiança pessoal – não deixam de se reflectir quando analisamos a confiança de uma perspectiva jurídica. A confiança como expressão da relação do *eu* com o *outro* e, simultaneamente, a confiança como categoria abstracta associada à assunção de um risco estão presentes, de forma mais ou menos explícita, nas diversas expressões que a confiança assume enquanto princípio jurídico e, muito particularmente, enquanto princípio jurídico-penal.

§ 3. O princípio (jurídico) da confiança

I. O princípio da confiança como princípio normativo

1. O sistema jurídico é constituído (e constituendo...) por uma multiplicidade de estratos[56]. Um desses estratos é o dos princípios normativos – os princípios normativos constituem "o regulativo momento de validade da normatividade jurídica"[57]. Sendo princípios normativamente materiais, que fundamentam a própria juridicidade ("princípios de justiça"), os princípios normativos distinguem-se dos chamados princípios gerais do direito. Os princípios gerais do direito eram relevados por todas as correntes metodológico-jurídicas comprometidas com o positivismo como axiomas jurídico-racionais do sistema jurídico – eram meras inferências lógicas feitas a partir de normas e, portanto, ainda normas, embora com um maior grau de generalidade e de abstracção[58]. Os princípios normativos, por seu lado, constituem "os sentidos fundamentantes da intenção

[55] Costa, José de Faria, *Perigo*, p. 316 e ss. e p. 488 e ss.

[56] Neves, A. Castanheira, *Metodologia Jurídica*, p. 155 e ss., Bronze, Fernando José, *Introdução ao Direito*², p. 622 e ss.

[57] Bronze, Fernando José, *Introdução ao Direito*², p. 627. Segundo Bronze, os princípios normativos são o segundo estrato do sistema jurídico (*Introdução ao Direito*², p. 627 e ss.). O primeiro desses estratos é o do sentido do próprio direito e, para além destes, há a considerar ainda as normas legais, a jurisprudência judicial, a dogmática, a realidade jurídica e as regras procedimentais (*idem*, p. 627 e ss., 650 e ss., 658 e ss., e 670 e ss.).

[58] Bronze, Fernando José, *Introdução ao Direito*², p. 627-678; cf., também Neves, A. Castanheira, *Curso de Introdução*, p. 127 e ss., do mesmo autor, *BFD*, 74 (1998), p. 6, e, ainda do mesmo autor, *A crise actual da filosofia do direito*, p. 108.

prático-material (que não lógico-formal) do direito"[59]. Estes princípios gozam de ductilidade, dada a indeterminação que os predica – enquanto as normas pretendem dar de um modo directo a solução para os casos que prevêem, os princípios normativos apontam somente "o *caminho* para essa solução, na medida em que indicam o *sentido* prático que as soluções jurídicas devem assumir"[60]; os princípios normativos são "intencionalmente abertos a várias soluções possíveis"[61]. Deste modo, compreender-se-á que entre um princípio normativo e uma judicativo-decisória solução concreta tenha de haver uma mediação, seja devida a um critério (uma norma legal, um precedente jurisdicional, ou um modelo de decisão elaborado pela dogmática), seja realizada por um acto judicativo (*vg.*, da jurisprudência judicial) – a vigência dos princípios normativos não dispensa uma mediação "judicial ou legislativa"[62].

Os princípios normativos são dilucidados a partir da experiência que se vai fazendo – são revelados como intenções práticas que o pensamento jurídico vai excogitando ao ritmo a que os problemas vão sendo reflectidos e decididos[63]. Sendo os princípios normativos princípios jurídicos em

[59] BRONZE, Fernando José, *Introdução ao Direito*², p. 629.

[60] BRONZE, Fernando José, *Introdução ao Direito*², p. 629-630 (itálicos do autor).

[61] BRONZE, Fernando José, *Introdução ao Direito*², p. 631. A metodologia jurídica tradicional distingue entre princípios e normas (*vide*, por todos, NEVES, A. Castanheira, *Metodologia Jurídica*, p. 155 e ss., e BRONZE, Fernando José, *Introdução ao Direito*², p. 607 e ss., esp.te p. 627 e ss., e 650 e ss.). Certos autores, porém, em substituição dessa distinção, sugerem que regras e princípios são duas espécies de normas e que a distinção entre regras e princípios é uma distinção entre duas espécies de normas. Segundo Gomes Canotilho, "o sistema jurídico do Estado de direito democrático português é um sistema normativo aberto de regras e princípios (...), pois as normas do sistema tanto podem revelar-se sob a forma de *princípios* como sob a forma de *regras*" (cf. CANOTILHO, J. J. Gomes, *Direito Constitucional*⁷, p. 1159-1160 – itálicos do autor); cf., ainda, o mesmo autor, com referência à necessidade de "despoluir" o "ambiente" de indeterminação e de instabilidade do discurso em torno dos princípios, *BFD*, 82 (2006), p. 1-14, espte., p. 7). Aroso Linhares, após referir as propostas de Jhering, Bierling e Habermas (princípios como *ratio*), por um lado, e de Stammler, Betti, Alexy e Coleman (princípios como *intentio*), por outro, conclui com uma resposta claramente negativa à questão de saber se deve preservar-se o *continuum normas / princípios*, invocando antes, na linha de Castanheira Neves, uma concepção dos *princípios como jus* (LINHARES, José Manuel Aroso, *BFD, Estudos Gomes Canotilho III*, p. 412-413).

[62] BRONZE, Fernando José, *Introdução ao Direito*², p. 630-631, e, do mesmo autor, *Metodonomologia*, p. 498.

[63] BRONZE, Fernando José, *Introdução ao Direito*², p. 633-634; cf. também, LARENZ, Karl, *Metodologia*⁴, p. 674-675.

sentido próprio (e não meros princípios axiológicos, éticos, políticos, etc., não jurídicos), a instância com legitimidade para realizar a explicitação, a assimilação e a autónoma constituição jurídica de tais princípios há-de ser o pensamento jurídico, e, nomeadamente, a jurisprudência judicial. É essencialmente à jurisprudência judicial, em virtude da autoridade social, da legitimidade formal e da legitimidade política (tem a "função política" de não assumir uma "natureza política") de que beneficia, que compete a função desveladora dos devenientes princípios normativos do constituendo sistema jurídico vigente[64].

2. Sendo fundamentos normativos e momentos constitutivos do direito, os princípios normativos não cumprem apenas uma função subsidiária, isto é, eles não operam apenas quando não houver no sistema jurídico um critério pré-objectivado circunstancialmente mobilizável. Os princípios normativos intervêm sempre, "quer o problema da judicativo-decisória realização do direito se processe por mediação, quer sem a mediação de critérios pré-disponíveis, ainda que de modo naturalmente mais difuso na primeira e mais nítido na segunda hipótese"[65]. Todos reconheceremos as dificuldades que se suscitam sempre que se (tenta) procede(r) à conversão dos princípios jurídico-normativos "em operadores prático-jurídicos a que se pedem respostas estabilizadas aos casos segregados pela vida"[66]. E não será supérflua a questão de saber se, atenta a indeterminação dos princípios normativos, a sua mobilização pela jurisprudência judicial para resolver casos concretos não será susceptível de subverter o sentido que lhes é inerente. Segundo Pinto Bronze, a resposta será negativa sempre que puder afirmar-se verificada uma tríplice garantia: intencional, institucional e metodológico-jurídica. A garantia intencional traduz a exigência de que "se impõe o reconhecimento de uma consonância entre a concreta decisão judicativa e o princípio circunstancialmente em causa"[67]. A garantia institucional radica "no modo de ser do próprio processo judicial, no

[64] Bronze, Fernando José, *Introdução ao Direito*², p. 641. Cf., também Neves, A. Castanheira, *Interpretação jurídica*, p. 216 e ss., esp.^te^ 218, e, do mesmo autor, *Princípios jurídicos*, p. 8. Desenvolvidamente, sobre a função jurisdicional, cf. Neves, A. Castanheira, *O instituto dos "assentos"*, p. 429 e ss.

[65] Bronze, Fernando José, *Introdução ao Direito*², p. 641-642.

[66] Andrade, Manuel da Costa, *Liberdade de imprensa*, p. 165.

[67] Bronze, Fernando José, *Introdução ao Direito*², p. 649.

horizonte de um autêntico Estado-de-direito, que é estruturado em termos de tanto o juiz como as partes concorrerem na tarefa de controlar *in concreto* a realização dos princípios normativos"[68]. A garantia metodológico-jurídica reconduz-se à "justiciabilidade dos referidos princípios"[69], isto é, os princípios hão-de perfilar-se como operadores racionalmente (controladamente) utilizáveis numa acção judicial (ou em qualquer outro exercício judicativo-decisório)[70].

Larenz esclarece que a jurisprudência judicial vai esclarecendo os princípios jurídicos mediante exemplos "ilustrativos". Por via da comparação com outros casos julgados em conformidade com tais princípios e mediante a elaboração de ideias jurídicas novas, – com base na análise dos casos em que elas se manifestam –, a jurisprudência judicial consegue enriquecer cada vez mais o conteúdo indeterminado dos princípios. Concretiza esse conteúdo em relação a certos grupos de casos e, deste modo, cria finalmente "um entrelaçado de modelos de resolução em que possam ser arrumados, na sua maioria, os novos casos a julgar"[71].

3. O princípio da confiança é, decisivamente, um princípio normativo[72]. Segundo Canaris, o princípio da confiança pertence ao núcleo dos princípios fundamentais de qualquer ordem jurídica, devendo ser visto como componente da ideia de direito em sentido material[73]. Baptista Machado entende que o princípio da confiança é um princípio ético-jurídico fundamental e defende que a ordem jurídica não pode deixar de tutelar a con-

[68] BRONZE, Fernando José, *Introdução ao Direito*², p. 649-650.

[69] BRONZE, Fernando José, *Introdução ao Direito*², p. 650.

[70] Sobre a característica de justiciabilidade dos princípios normativos, *vide* BRONZE, Fernando José, *Introdução ao Direito*², p. 640.

[71] LARENZ, Karl, *Metodologia*⁴, p. 411. Sobre a multiplicidade de problemas convocados pelos princípios normativos, cf., NEVES, A. Castanheira, *BFD, Estudos Teixeira Ribeiro, II*, p. 125 e ss., e 175 e ss., e, do mesmo autor, *Princípios jurídicos, passim*; LARENZ, Karl, *Metodologia*⁴, p. 469 e ss., 599 e ss., e 674 e ss.; desenvolvidamente, referindo as críticas de Fikentscher e de Alexy à concepção de Esser sobre os princípios, BRONZE, Fernando José, *Metodonomologia*, p. 495 e ss.

[72] Cf. NEVES, A. Castanheira, *Lições de Introdução*, p. 130 ss. e p. 156, BRONZE, Fernando José, *Introdução ao Direito*², p. 629, e LARENZ, Karl, *Metodologia*⁴, p. 675 e 677-678. Feijoo Sánchez, diversamente, entende o princípio da confiança como um "princípio geral do direito" (FEIJOO SÁNCHEZ, Bernardo, *DPC*, 69 (2000), p. 39 e ss.). Sobre a distinção entre princípios normativos e princípios gerais do direito, *vide*, *supra*, o texto correspondente às notas 58 a 61.

[73] CANARIS, Claus-Wilhelm, *Vertrauenshaftung*, p. 3.

fiança legítima baseada na conduta de outrem[74]. Nas palavras de Baptista Machado, "*poder confiar* é (...) condição básica da própria possibilidade de comunicação dirigida ao entendimento, ao consenso e à cooperação (logo, da paz jurídica)"[75]. Através do acto comunicativo criam-se expectativas legítimas no outro e o direito tem de tutelar a confiança engendrada nessas relações comunicativas de interacção pessoal[76].

II. O princípio constitucional da (protecção da) confiança

1. A confiança apontará, desde logo, para um valor ético-político que é pressuposto da própria ordem constitucional das democracias constitucionais. Desta perspectiva, poderá dizer-se que a confiança está na base da possibilidade de vigência da ordem constitucional. É a confiança na manutenção da Constituição, "na sua garantia, no cumprimento das regras, dos procedimentos e das garantias por ela previstos (...) que permite a continuidade da vigência da ordem constitucional"[77]. Desta confiança geral, de todos ou colectiva – que é fundamento da ordem jurídico-constitucional – deve distinguir-se o princípio da protecção da confiança enquanto princípio constitucionalmente consagrado, referido à protecção de situações de confiança de sujeitos (ou grupos de sujeitos) concretos e determinados[78].

2. Assegurar expectativas é uma das funções primárias do direito[79]. O direito deve assegurar a confiança fundada nas condutas comunicativas de "pessoas responsáveis" e, entre essas "pessoas responsáveis", deve "contar-se o próprio Estado-Legislador, que 'responde' pelas expectativas criadas pelas próprias leis que edita"[80]. O princípio da confiança (ou princípio

[74] MACHADO, João Baptista, «Tutela da confiança», p. 352.

[75] MACHADO, João Baptista, «Tutela da confiança», p. 352.

[76] Cf. MACHADO, João Baptista, «Tutela da confiança», p. 231. Entende o autor que "quem não aceda à ideia de que aquela *função originária* ('natural') do acto comunicativo está para além de todas as estratégias humanas (não é disponível por estas sem desnaturação), escapa a todas as teorizações da razão e se impõe como 'transcendentalmente originária', não compreenderá o carácter suprapositivo de certos princípios ético-jurídicos" (*ibidem*, itálicos do autor).

[77] PINTO, Paulo Mota, *in*: *Estudos Artur Maurício*, p. 1143. Salientado também este aspecto, AMARAL, Maria Lúcia, *in*: *V Encontro Direito Público*, p. 23.

[78] Neste sentido, PINTO, Paulo Mota, *in*: *Estudos Artur Maurício*, p. 1143.

[79] MACHADO, João Baptista, *Introdução ao direito*, p. 225.

[80] MACHADO, João Baptista, «Tutela da confiança», p. 346.

da protecção da confiança) surge, assim, desde logo, como um princípio densificador do princípio do Estado de direito. Sem a possibilidade, juridicamente garantida, de calcular e prever os possíveis desenvolvimentos da actuação dos poderes públicos susceptíveis de se repercutirem na sua esfera jurídica, "o indivíduo converter-se-ia, em última análise com violação do princípio fundamental da dignidade da pessoa humana, em mero objecto do acontecer estatal"[81].

O princípio da protecção da confiança enquanto princípio constitucionalmente consagrado surge estreitamente ligado ao princípio da segurança jurídica. Certos autores chegam mesmo a considerar o princípio da confiança como uma dimensão específica do princípio da segurança jurídica[82]. A protecção da confiança dos particulares relativamente à continuidade da ordem jurídica surge como o lado subjectivo da garantia mais geral da segurança jurídica inerente ao Estado de direito[83]. A segurança jurídica estará assim relacionada com elementos objectivos da ordem jurídica (garantia de estabilidade jurídica, segurança de orientação e realização do direito), enquanto a protecção da confiança se conexionará com as componentes subjectivas da segurança, nomeadamente, a calculabilidade e previsibilidade dos indivíduos em relação aos efeitos jurídicos dos actos dos poderes públicos[84]. Deste modo, os postulados da segurança jurídica e da protecção da confiança "são exigíveis perante *qualquer acto* de *qualquer poder* – legislativo, executivo e judicial"[85].

3. Em relação aos actos normativos, a mais importante refracção do princípio da segurança jurídica em sentido amplo – abrangendo, pois, a ideia de protecção de confiança – traduz-se na proibição de normas retroactivas restritivas de direitos ou interesses juridicamente protegidos[86]. Da perspectiva da garantia jurídico-subjectiva, afirmar-se-á que os cidadãos

[81] NOVAIS, Jorge Reis, *Princípios constitucionais*, p. 261-262.

[82] Cf. CANOTILHO, J. J. Gomes, *Direito Constitucional*[7], p. 257, ASCENSÃO, José de Oliveira, *O Direito*, p. 545 e ss., esp[te]. p. 554-555, e AMARAL, Maria Lúcia, *in*: *V Encontro Direito Público*, p. 21-22.

[83] Cf. NOVAIS, Jorge Reis, *Princípios constitucionais*, p. 262.

[84] Cf. CANOTILHO, J. J. Gomes, *Direito Constitucional*[7], p. 257.

[85] CANOTILHO, J. J. Gomes, *Direito Constitucional*[7], p. 257 (itálicos do autor); no mesmo sentido, NOVAIS, Jorge Reis, *Princípios constitucionais*, p. 262.

[86] O princípio da protecção da confiança através da proibição de normas jurídicas retroactivas tem aplicação também em relação aos actos normativos comunitários (cf., neste sentido, CANOTILHO, J. J. Gomes, *Direito Constitucional*[7], p. 263-264).

hão-de legitimamente poder confiar na continuação do quadro legislativo vigente e na permanência das respectivas situações jurídicas[87].

Não pode, porém, deixar de se considerar que o legislador do Estado de direito democrático está igualmente vinculado à prossecução do interesse público. Pelo que não poderá afirmar-se uma absoluta proibição da retroactividade de normas jurídicas, que, em último termo, impediria as instâncias legiferantes "de realizar novas exigências de justiça e de concretizar as ideias de ordenação social positivamente plasmadas na Constituição"[88].

Os limites jurídicos das normas hão-de ser aferidos por referência aos parâmetros das normas constitucionais. Há, desde logo, um conjunto de casos em que a própria Constituição proíbe expressamente a retroactividade. É o que acontece em relação às leis penais, às leis restritivas de direitos, liberdades e garantias dos cidadãos e às leis fiscais[89].

Porém, a orientação normativo-constitucional não significa que o problema da retroactividade das leis deva ser resolvido apenas com recurso a normas da Constituição que expressamente a ele se refiram. Uma lei retroactiva pode também ser considerada inconstitucional quando tal se revelar justificado por apelo a um princípio constitucional. Pelo que, nos casos

[87] A protecção da segurança jurídica relativamente a actos normativos postulará ainda o princípio da precisão ou determinabilidade dos actos normativos, bem como a proibição de pré-efeitos de actos normativos (cf. CANOTILHO, J. J. Gomes, *Direito Constitucional*[7], p. 258-259). Referindo expressamente o princípio da confiança à proibição de retroactividade de leis desvantajosas, LARENZ, Karl, *Metodologia*[4], p. 675 e 679. Para uma distinção entre leis retroactivas e disposições transitórias, *vide*, por todos, MACHADO, João Baptista, *Introdução ao direito*, p. 226 e ss., CANOTILHO, J. J. Gomes, *Direito Constitucional*[7], p. 261 e ss., e NOVAIS, Jorge Reis, *Princípios constitucionais*, p. 264 e ss.

[88] CANOTILHO, J. J. Gomes, *Direito Constitucional*[7], p. 260.

[89] Cf., respectivamente, artigo 29º, nº 1, 2, 3 e 4, da CRP, artigo 18º, nº 3, da CRP, e artigo 103º, nº 3 da CRP (na redacção dada pela Lei Constitucional nº 1/97, de 20 de Setembro). O Tribunal Constitucional já afirmou expressamente (a propósito da proibição da retroactividade da lei fiscal) que em presença de uma retroactividade constitucionalmente proibida não há lugar para qualquer ponderação que tenha em conta os elementos circunstanciais que resultem da condição de certa relação jurídica concreta. O juízo de inconstitucionalidade, nestes casos, dependerá apenas da análise dos dados normativos (cf. Acórdão nº 128/2009, fundamento 7.1. – *in*: *www.tribunalconstitucional.pt*). Subjacente a esta afirmação está a ideia de que a proibição expressa de retroactividade implica a aceitação de que a ponderação já foi feita, previamente, pelo legislador constituinte (sempre a favor dos particulares). Concordando com este entendimento no domínio do direito penal, mas manifestando dúvidas quanto à bondade da solução na esfera do direito fiscal, bem como na das restrições aos direitos liberdades e garantias, AMARAL, Maria Lúcia, *in*: *V Encontro Direito Público*, p. 23.

em que não há uma expressa proibição constitucional de retroactividade, os princípios da segurança jurídica e da confiança hão-de apresentar-se como princípios a ter em consideração para aferir da (in)admissibilidade da retroactividade das leis[90]. Enquanto princípios densificadores do princípio do Estado de direito eles servirão de pressuposto material à proibição da retroactividade das leis[91].

4. Não tendo assento constitucional expresso – para além daquele que a Constituição confere ao princípio do Estado de direito (artigo 2º da CRP) –, o princípio da protecção da confiança é um princípio de construção jurisprudencial.

O Tribunal Constitucional Federal Alemão foi o primeiro a formular o princípio da protecção da confiança, concretizando o seu conteúdo, no início da década de sessenta do século passado[92]. De acordo com o Tribunal, o princípio da confiança será *um princípio constitucional, ínsito na ideia de Estado de direito, que postula que o cidadão deve poder prever as intervenções*

[90] Na Alemanha, onde o princípio da legalidade criminal não tem aplicação no âmbito das medidas de segurança – o disposto no § 1 do *Strafgesetzbuch* (*StGB*) abrange somente a pena, pelo que a decisão sobre a aplicação de uma medida de tratamento ou de segurança deve fundar-se na lei vigente no momento da decisão –, o princípio da confiança já foi convocado pelo Tribunal Constitucional para impedir a aplicação retroactiva da lei nesta matéria. Veja-se, a este propósito, o Acórdão do *Bundesverfassungsgericht*, de 4 de Maio de 2011 (*in*: *www.bundesverfassungsgericht.de*). Sobre a aplicação do princípio da confiança neste contexto pelo Tribunal Constitucional alemão, *vide* García Rivas, Nicolás, *in*: *Derecho Penal*, p. 152. A propósito da aplicação do princípio da legalidade criminal no domínio das medidas de segurança, cf. Antunes, Maria João, *Medida de segurança de internamento*, p. 122 e ss., esp.[te] p. 126.

[91] Neste sentido, Canotilho, J. J. Gomes, *Direito Constitucional*[7], p. 260-261. Há quem entenda, porém, que a protecção da confiança não é um princípio material, sendo sim um princípio formal ou instrumental. Desta perspectiva, tal princípio será sobretudo um método de ponderação que, perante casos concretos, nos habilitará a resolver eventuais antinomias entre interesses individuais e bens comunitários (neste sentido, Amaral, Maria Lúcia, *in*: *V Encontro Direito Público*, p. 23). Acompanhamos, neste ponto, Paulo Mota Pinto, quando faz notar que embora a concretização do princípio da confiança no âmbito do direito público exija o confronto com a finalidade de "bem comum" prosseguida, tal não significará necessariamente que tal princípio não tenha um conteúdo material próprio (cf. Pinto, Paulo Mota, *in*: *Estudos Artur Maurício*, p. 1168).

[92] Cf., designadamente, as decisões do *Bundesverfassungsgerichts* de 19 de Dezembro de 1961 (*Entscheidungen des Bundesverfassungsgerichts*, Band 13, p. 261 e ss.) e de 2 de Agosto de 1962 (*Entscheidungen des Bundesverfassungsgerichts*, Band 15, p. 313 e ss.).

possíveis do Estado na sua esfera jurídica e, tendo em conta essa previsão, deve poder tomar as disposições adequadas. De acordo com tal princípio, *o cidadão deve poder confiar que o seu comportamento, conforme ao Direito em vigor, permanecerá reconhecido como tal pela ordem jurídica com todas as consequências que lhe estavam originariamente associadas.* Pelo que, em princípio, *será constitucionalmente proibido que o Estado desvalorize as posições jurídicas dos destinatários dos seus actos sempre que estes últimos tenham razões válidas para esperar a não alteração do Direito que lhes era aplicado*[93].

Na sequência da jurisprudência constitucional alemã, também entre nós o Tribunal Constitucional considerou, praticamente desde o seu início, o princípio da protecção da confiança como um princípio ínsito no princípio do Estado de direito, fazendo daí decorrer limites à retroactividade das normas. Desde sempre, porém, o Tribunal Constitucional esclareceu que o princípio da protecção da confiança não exclui em absoluto a possibilidade de leis retroactivas. Tal possibilidade será excluída apenas quando se esteja perante "uma retroactividade *intolerável*, que afecte de forma *inadmissível* e *arbitrária* os direitos e expectativas legitimamente fundados dos cidadãos"[94]. Em 1990, o Tribunal Constitucional veio precisar em que se traduzia essa afectação "inadmissível, arbitrária ou excessivamente onerosa" das expectativas dos cidadãos[95]. De acordo com o Tribunal, a aferição da constitucionalidade de uma lei com fundamento no princípio da confiança deve seguir dois critérios. A afectação de expectativas em sentido desfavorável será inadmissível quando: (1) constituir uma mutação da ordem jurídica com que razoavelmente os destinatários das normas dela constantes não possam contar; e (2) tal afectação não for ditada pela necessidade de salvaguardar direitos ou interesses constitucionalmente protegidos que devam considerar-se prevalecentes (devendo recorrer-se aqui ao princípio da proporcionalidade explicitamente consagrado a propósito dos direitos, liberdades e garantias, no artigo 18º, nº 2, da CRP). Segundo o Tribunal, pelo primeiro critério, a afectação de expectativas

[93] *Entscheidungen des Bundesverfassungsgerichts,* Band 13, p. 271. Cf., a este propósito, AMARAL, Maria Lúcia, *in: V Encontro Direito Público,* p. 22-23.

[94] Acórdão nº 11/83 (*DR,* de 20 de Outubro de 1983). No mesmo sentido se havia já pronunciado a Comissão Constitucional, no Acórdão nº 463, de 13 de Janeiro de 1983 (*BMJ* 314, p. 141), e se continuou a pronunciar o Tribunal Constitucional, designadamente no Acórdão nº 17/84 (*in: Acórdãos do Tribunal Constitucional,* vol. 2, p. 375 e ss.) e no Acórdão nº 86/84 (*in: Acórdãos do Tribunal Constitucional,* vol. 4, p. 81 e ss.).

[95] Acórdão nº 287/90 (*in: www.tribunalconstitucional.pt*).

será *extraordinariamente onerosa*. Pelo segundo, que deve acrescer ao primeiro, essa onerosidade torna-se *excessiva, inadmissível ou intolerável*, porque *injustificada ou arbitrária*[96]. É de acordo com estes critérios que deve ser feita a ponderação entre, por um lado, as expectativas dos particulares na continuidade da ordem jurídica e, por outro, as razões de interesse público que justifiquem a alteração das normas. O princípio da protecção da confiança foi, assim, densificado através destes parâmetros que viriam a ser seguidos pela jurisprudência posterior[97].

Em Acórdãos mais recentes, o Tribunal veio sistematizar os critérios anteriormente elaborados. No Acórdão nº 128/2009, o Tribunal explicitou que os critérios referidos são, no fundo, reconduzíveis a quatro diferentes requisitos ou "testes". Segundo o Tribunal, para que haja lugar "à tutela jurídico-constitucional da 'confiança' é necessário, em primeiro lugar, que o Estado (mormente o legislador) tenha encetado comportamentos capazes de gerar nos privados 'expectativas' de continuidade; depois, devem tais expectativas ser legítimas, justificadas e fundadas em boas razões; em terceiro lugar, devem os privados ter feito planos de vida tendo em conta a perspectiva de continuidade do 'comportamento estadual'; por último, é ainda necessário que não ocorram razões de interesse público que justifiquem, em ponderação, a não continuidade do comportamento que gerou a situação de expectativa"[98]. A confiança dos cidadãos e da comunidade na *estabilidade* da ordem jurídica e na *constância* da actuação do Estado só será constitucionalmente protegida se reunir os quatro requisitos enunciados.

O Tribunal Constitucional tem vindo a retomar a referência a estes quatro requisitos ou "testes" na jurisprudência posterior ao Acórdão nº 128/2009. O princípio da protecção da confiança foi, aliás, constantemente invocado e variadíssimas vezes apreciado pelo Tribunal na designada "jurisprudência da crise"[99]. A ponderação entre, por um lado, a confiança ou expectativas legítimas, dignas de protecção (que justificaram *investi-*

[96] Acórdão nº 287/90, fundamento 28.

[97] Com base nestes critérios, o Tribunal proferiu várias decisões sobre o princípio da confiança, quer concluindo pela não inconstitucionalidade das normas que apreciou, quer (com menor frequência) proferindo decisões de inconstitucionalidade por violação do princípio da confiança (cf., com indicação de jurisprudência constitucional, PINTO, Paulo Mota, *in*: *Estudos Artur Maurício*, p. 1146).

[98] Acórdão nº 128/2009, fundamento 8.2 (*in*: *www.tribunalconstitucional.pt*).

[99] A expressão é utilizada por PINTO, Paulo Mota, *in*: *Estudos Artur Maurício*, p. 1141 e ss., esp.te p. 1147 e ss.

mentos de confiança) e, por outro lado, o interesse público prosseguido com a alteração legislativa, tem vindo a ser feita pelo Tribunal Constitucional seguindo os critérios referidos, sempre com base numa ideia de proporcionalidade[100].

5. Relativamente aos actos jurisdicionais, o princípio da segurança jurídica reflecte-se, desde logo, na ideia de inalterabilidade do caso julgado. Embora o princípio da intangibilidade do caso julgado não esteja expressamente previsto na Constituição, tem-se entendido que ele decorre de preceitos do texto constitucional (artigos 29º, nº 4, e 282º, nº 3, da CRP), sendo um subprincípio inerente ao princípio do Estado de direito na sua dimensão de princípio garantidor da segurança jurídica. Pelo que as excepções ao caso julgado deverão ter um fundamento material inequívoco[101].

Falar de segurança jurídica em relação ao caso julgado é diferente de falar de segurança jurídica em relação à uniformidade ou estabilidade da jurisprudência. Da perspectiva do cidadão, não existe um direito à continuidade da jurisprudência dos tribunais – é uma "dimensão irredutível da função jurisdicional a obrigação de os juízes decidirem, nos termos da lei, segundo a sua convicção e responsabilidade"[102]. Porém, poderá questionar-se em que medida a protecção da confiança pode ser condicionada por uma eventual mudança de orientação jurisprudencial. Concretamente, tendo em conta o princípio da legalidade criminal, no seu corolário *nullum crimen, nulla poena sine lege praevia*, tem-se questionado se a proibição da retroactividade não deverá atingir as eventuais mudanças de orientação da jurisprudência jurisdicional incriminadora e punitiva (sobretudo tratando-se de jurisprudência estabilizada dos supremos tribunais)[103]. A favor da apli-

[100] Para uma análise crítica da actuação do Tribunal Constitucional na apreciação de normas aprovadas no decurso da crise económica dos últimos anos, *vide* PINTO, Paulo Mota, *in*: *Estudos Artur Maurício*, p. 1141 e ss. Referindo que a confiança é um parâmetro *difícil* e *fluído*, e recordando que o *ancoramento constitucional* da protecção da confiança não tem sido, aliás, sempre pacífico (*idem*, p. 1141, 1166 e 1175), o autor salienta a inconsistência das decisões do Tribunal Constitucional (*idem*, p. 1173) e alerta para os perigos daquilo que considera ser a tendência para um "dirigismo constitucional" (*idem*, p. 1162 e p. 1181-1182).

[101] Neste sentido, CANOTILHO, J. J. Gomes, *Direito Constitucional*[7], p. 257 e 264; sobre o caso julgado em processo penal, *vide* a incontornável obra de CUNHA, José Manuel Damião da, *Caso julgado, passim*.

[102] CANOTILHO, J. J. Gomes, *Direito Constitucional*[7], p. 265.

[103] NEVES, A. Castanheira, *BFD, Estudos Eduardo Correia, I*, p. 325 e ss.

cação directa do princípio da proibição da retroactividade às "correntes jurisprudenciais" invocam-se, precisamente, a segurança e a confiança jurídico-criminais, bem como o princípio da igualdade de tratamento[104]. Todavia, o princípio da justiça material e o princípio da separação de poderes são também princípios do Estado-de-direito. Pelo que, também aqui, haverá que proceder a uma "concordância prática" entre princípios ou intenções normativas que, em abstracto, se revelem contraditórios[105].

6. Em relação aos actos da administração, os princípios da segurança e da confiança jurídicas apontam para a tendencial estabilidade dos casos decididos através de actos administrativos[106]. Os órgãos administrativos "não podem *revogar* livremente os actos constitutivos de direitos ou os actos que sejam legalmente (ou contratualmente) devidos (...), tal como não podem, em regra, *anular* os actos inválidos que se tenham tornado inimpugnáveis"[107]. Neste âmbito, são frequentes as situações de conflito entre os interesses públicos e os interesses e direitos dos particulares individualmente considerados. Nas sociedades de hoje cresce a necessidade de actos provisórios e de actos precários, de modo a que a administração possa reorientar a prossecução do interesse público atendendo aos novos conhecimentos técnicos e científicos[108]. Também aqui haverá que proceder a uma ponderação para que se possa alcançar "uma solução de equilíbrio"[109].

[104] NEVES, A. Castanheira, *BFD, Estudos Eduardo Correia, I*, p. 327.

[105] NEVES, A. Castanheira, *BFD, Estudos Eduardo Correia, I*, p. 329 e 331. Na proposta de Castanheira Neves, na ponderação a fazer deve conjugar-se o respeito pelo *enquadramento abstracto-legal* em que deverá mover-se a jurisprudência, com um particular *ónus de contra-argumentação* nas decisões que se afastem da jurisprudência estabilizada e "o relevo escusante de um juízo sobre a culpa (sobre o erro) referido à possível influência daquela jurisprudência no comportamento do agente" (*idem*, p. 332-333 – itálicos do autor).

[106] CANOTILHO, J. J. Gomes, *Direito Constitucional*[7], p. 257 e 265. Sobre as diferenças entre a força de "caso decidido" e a força de "caso julgado", *vide* ANDRADE, José Carlos Vieira de, *Lições de direito administrativo*[3], p. 185 e ss.

[107] ANDRADE, José Carlos Vieira de, *Lições de direito administrativo*[3], p. 186 (itálicos do autor). No texto, o autor remete expressamente para os artigos 140º (Revogabilidade dos actos válidos) e 141º (Revogabilidade dos actos inválidos) do CPA (Decreto-Lei nº 442/91, de 15 de Novembro, com alterações posteriores), entretanto revogado. Em Janeiro de 2015 foi aprovado um novo CPA (Decreto-Lei nº 4/2015, de 7 de Janeiro), que introduziu alterações no que respeita à invalidade do acto administrativo (cf. artigo 167º do novo CPA).

[108] Neste sentido, CANOTILHO, J. J. Gomes, *Direito Constitucional*[7], p. 266.

[109] ANDRADE, José Carlos Vieira de, *Direito e Justiça*, 6 (1992), p. 58. Segundo Vieira de Andrade, a estabilidade do acto administrativo favorável dependerá da existência de uma

III. O princípio da confiança no direito civil

1. O princípio da confiança pode ser visto também como a base de uma modalidade de responsabilidade civil.

No direito civil, a confiança e a necessidade da sua tutela são, desde tempos imemoriais, argumentos recorrentes na decisão dos litígios. Há uma multiplicidade de normas e institutos clássicos do direito civil relacionados com situações de confiança. Pense-se, designadamente, na usucapião a favor do possuidor de boa fé, na venda de bens alheios ou no casamento putativo. No entanto, o processo de dogmatização do pensamento da confiança não deixa de ser relativamente recente. A tomada de consciência do fenómeno da protecção da confiança e, por conseguinte, a possibilidade de a fazer intervir activamente na busca de novas soluções para os problemas surgiu apenas no final do século XIX[110]. Entre nós, a tematização dogmática da confiança no direito civil deve-se, sobretudo, a Baptista Machado, a Menezes Cordeiro e, mais recentemente, a Carneiro da Frada[111].

2. Segundo Baptista Machado, a "função da tutela da confiança é uma função básica [da ordem jurídica], tanto ou mais originária que a da tutela jurídico-negocial"[112]. A tutela da confiança radica na ideia básica de que "todo aquele que cria uma particular situação de risco para os interesses de terceiros deve em princípio 'responder' por esse risco"[113].

"*confiança digna de protecção jurídica*" (itálicos do autor), devendo admitir-se a "revogação de actos válidos favoráveis quando o benefício se revele injustificado" e, sobretudo, permitir-se "a 'revogação' de actos inválidos para além do prazo de impugnação judicial, quando o beneficiário esteja de má fé" (ANDRADE, José Carlos Vieira de, *RLJ*, 135 (2005), p. 60). Sobre a revogação dos actos administrativos, cf. também GOMES, Carla Amado, *in*: *V Encontro Direito Público*, p. 45 e ss. (com amplas indicações bibliográficas, p. 46, nota 3).

[110] Neste sentido, CORDEIRO, Menezes, *Boa Fé*, II, p. 1234 e ss., e FRADA, M. A. Carneiro da, *Teoria da Confiança*, p. 34.

[111] Cf. MACHADO, João Baptista, «Tutela da confiança», p. 345-423, e, do mesmo autor, «A cláusula do razoável», p. 457-621, CORDEIRO, Menezes, *Boa Fé*, I, e II, *passim*, e FRADA, M. A. Carneiro da, *Teoria da Confiança*, *passim*.

[112] MACHADO, João Baptista, «Tutela da confiança», p. 376. Baptista Machado rejeita, assim, a tese de Canaris, segundo a qual "a responsabilidade pela confiança desempenha uma função complementar, ou uma função de correctivo que viria colmatar as lacunas de protecção deixadas a descoberto pela teoria do negócio jurídico" (*ibidem*).

[113] MACHADO, João Baptista, «Tutela da confiança», p. 414.

Da perspectiva do autor, com a protecção da confiança no direito civil não se visa garantir a confiança em um compromisso, no sentido de efectivar juridicamente esse compromisso, visa-se apenas "resolver um problema de responsabilidade pelos danos que surgem ou surgiriam da violação de tal compromisso, *quando* de facto o 'promissário' [venha] a sofrer danos com essa violação"[114]. Deste modo, quando se falar em responsabilidade pela confiança no direito civil, o problema jurídico a resolver será sempre um problema de imputação da responsabilidade por danos[115].

Porém, dizer que na responsabilidade pela confiança se trata fundamentalmente de evitar ou ressarcir danos não significa que o fundamento da imputação dessa responsabilidade não seja, em último termo, a conduta prévia, a anterior 'autovinculação' do responsável[116]. Baptista Machado entende que no domínio da tutela da confiança no direito civil se pretende apenas abranger "autovinculações" resultantes da comunicação entre as pessoas ou tutelar a aparência jurídica na medida do necessário para acautelar a segurança do tráfico[117]. Deste modo, atendendo ao fim visado na responsabilidade pela confiança, pode concluir-se que ela se aproxima mais da responsabilidade civil extracontratual. No entanto, tendo em conta o fundamento da imputação, a responsabilidade pela confiança revelará um parentesco com a responsabilidade contratual. Daí que, segundo Baptista Machado, na maioria das hipóteses a responsabilidade pela confiança apareça designada como uma responsabilidade "quase-negocial"[118].

De todo o modo, Baptista Machado esclarece que na responsabilidade pela confiança a *ilicitude* não se traduz na violação de um direito ou de uma norma destinada a proteger interesses de outrem – será a própria "autovinculação" do responsável que torna justificável que os danos resultantes da confiança engendrada pela "autovinculação" sejam da responsabilidade do sujeito que criou essa confiança. A responsabilidade pela confiança pressu-

[114] MACHADO, João Baptista, «Tutela da confiança», p. 371 (itálicos do autor).

[115] Há, porém, quem saliente que a relevância jurídica da confiança pode conduzir a duas situações distintas: atribuição de efeitos jurídicos a uma situação tão-só aparente ou (como sucederá na maioria das vezes) criação de uma obrigação de indemnização por frustração de expectativas (cf. PINTO, Carlos Alberto da Mota / MONTEIRO, António Pinto / PINTO, Paulo Mota, *Teoria Geral do Direito Civil*, p. 127).

[116] MACHADO, João Baptista, «Tutela da confiança», p. 365.

[117] MACHADO, João Baptista, «Tutela da confiança», p. 375.

[118] MACHADO, João Baptista, «Tutela da confiança», p. 366.

põe assim uma particular relação entre lesante e lesado. A confiança digna de tutela pressupõe uma conduta de alguém que possa ser entendida como uma tomada de posição vinculante em relação a uma situação futura. E o imediato objecto de valoração jurídica não é a conduta criadora de confiança, mas sim a conduta posterior, que violou a *fides*. A "autovinculação" inerente à primeira conduta (que não é em si ilícita) surge apenas como um factor constitutivo do contexto situacional em que a segunda conduta pode vir a ser valorada como ilícita. O problema do ressarcimento ou da prevenção dos danos não se colocaria sem estar constituído este particular contexto relacional[119]. Segundo Baptista Machado, quer a responsabilidade pré-contratual quer a proibição de *venire contra factum proprium* são aplicações do princípio desta responsabilidade pela confiança[120].

3. De acordo com a doutrina civilista dominante, o princípio da confiança encontra-se hoje subjacente ao princípio da boa fé[121]. Por conseguinte, entende-se que há no direito civil diversas manifestações susceptíveis de serem interpretadas como afloramentos de uma responsabilidade pela confiança – poderá falar-se de uma certa "transversalidade" da responsabilidade pela confiança neste ramo do direito[122]. Trata-se, no fundo, do acolhimento da ideia fundamental de que "em certos casos, deve *relevar juridicamente* a confiança *justificada* de alguém no comportamento de outrem quando este tiver *contribuído* para fundar essa confiança e ela se justifique igualmente em face das *circunstâncias* do caso concreto"[123].

[119] MACHADO, João Baptista, «Tutela da confiança», p. 378 e ss. e p. 416 e ss.

[120] MACHADO, João Baptista, «Tutela da confiança», p. 396. Entendendo que no direito penal o princípio da confiança se estrutura na ideia da proibição de *venire contra factum proprium*, COSTA, José de Faria, *Perigo*, p. 493 e nota 66 (cf., *infra*, § 14, 1).

[121] Menezes Cordeiro, procedendo a uma análise dos principais institutos e disposições em que a boa fé se manifesta, conclui que o princípio da tutela da confiança é – juntamente com o princípio da primazia da materialiade subjacente – um princípio subjacente à boa fé (cf. CORDEIRO, Menezes, *Boa Fé*, I, p. 454, p. 497 e ss., e p. 505 e ss., e *Boa Fé*, II, p. 1244 e ss., com vasta indicação bibliográfica). Cf., ainda, PINTO, Carlos Alberto da Mota / MONTEIRO, António Pinto / PINTO, Paulo Mota, *Teoria Geral do Direito Civil*, p. 127.

[122] Cf. FRADA, M. A. Carneiro da, *Teoria da Confiança*, p. 31.

[123] PINTO, Carlos Alberto da Mota / MONTEIRO, António Pinto / PINTO, Paulo Mota, *Teoria Geral do Direito Civil*, p. 127 (itálicos dos autores).

4. Tem sido muito discutida, porém, a possibilidade de fundamentar a obrigação de indemnizar, autonomamente, na confiança. O panorama da discussão doutrinal caracteriza-se por uma acentuada discrepância quanto às virtuosidades de uma autónoma dogmática da confiança na esfera da responsabilidade civil. A questão radicará em saber se haverá espaço para uma dogmática da confiança autónoma e específica – ao lado da responsabilidade contratual e da responsabilidade aquiliana –, ou se ela deverá antes ficar relegada para um papel subsidiário ou transitório, operando apenas quando não existir uma institucionalização jurídica distinta da confiança ou enquanto tal institucionalização não se verificar[124].

4.1. Carneiro da Frada defende uma teoria 'pura' da confiança na responsabilidade civil, cujo reconhecimento radica na indeclinável exigência do direito segundo a qual "aquele que origina a confiança de outrem e a frustra deve responder, ao menos em certas circunstâncias, pelos danos causados"[125]. Partindo da distinção entre os pressupostos e o fundamento da responsabilidade pela confiança, Frada defende a existência de uma autêntica responsabilidade pela confiança, distinta da responsabilidade aquiliana e da que deriva do não cumprimento de obrigações[126]. Não podendo admitir-se com carácter de generalidade a existência de um dever de corresponder à confiança alheia, deve concluir-se que a responsabilidade pela confiança se distingue da que emerge da violação de deveres de agir[127]. Frada defende também que a responsabilidade pela confiança é autónoma da regra de conduta segundo a boa fé e entende que os deveres de verdade e de esclarecimento não pertencem conceptualmente à responsabilidade pela confiança, bem como, em geral, a responsabilidade por omissões[128]. Segundo Frada, a responsabilidade pela confiança, sendo parte integrante do direito civil, relaciona-se com a justiça comutativa, assumindo-se como uma forma de justiça correctiva (meramente) compensatória[129]. Existirá responsabilidade pela confiança quando a criação-defraudação da con-

[124] Cf. Frada, M. A. Carneiro da, *Teoria da Confiança*, p. 26-27 e p. 35.

[125] Frada, M. A. Carneiro da, *Teoria da Confiança*, p. 901.

[126] Frada, M. A. Carneiro da, *Teoria da Confiança*, p. 66 e ss., 87 e ss., 345 e ss., 359 e ss., 428 e ss., e 904.

[127] Frada, M. A. Carneiro da, *Teoria da Confiança*, p. 383 e ss.

[128] Frada, M. A. Carneiro da, *Teoria da Confiança*, p. 431 e ss. e 607 e ss.

[129] Frada, M. A. Carneiro da, *Teoria da Confiança*, p. 882 e ss.

fiança constituir o verdadeiro fundamento da obrigação de indemnizar: "uma autêntica responsabilidade pela confiança somente é susceptível de se afirmar quando esteja em causa a violação de um dever de corresponder a determinada situação de confiança (ou não a perturbar)"[130]. Frada defende, assim, que a responsabilidade pela confiança assume uma feição constitutiva específica, concluindo que "representando a confiança uma condição e um motivo elementar da estratégia da acção humana, o reconhecimento desta sua relevância permite atingir espaços não cobertos pelos quadros – cristalizados – da doutrina da vontade e da eficácia negocial (...) ou da responsabilidade aquiliana, complementá-los ou mesmo 'corrigi-los' nos seus resultados"[131].

4.2. Na Alemanha, Canaris defende a protecção positiva da confiança "por imperativo ético-jurídico" (*Vertrauenshaftung kraft rechtsethischer Notwendigkeit*), entendendo que o princípio da confiança, enquanto princípio ético-jurídico fundamental, pode revelar-se fundamento directo e imediato de tutela jurídica. Para se afirmar esta responsabilidade pela confiança têm de se verificar, no entanto, certos pressupostos: uma situação de confiança (*Vertrauenstatbestand*); a legitimidade ou merecimento de protecção (*Schutzwürdigkeit*) da confiança; o investimento na confiança (*Vertrauensinvestition*); e a imputabilidade ao responsável. Em Canaris, o princípio da confiança alcança, deste modo, um significado independente como base de uma responsabilidade que surge ao lado da responsabilidade por negócios jurídicos e a complementa[132].

4.3. A generalidade da doutrina portuguesa rejeita, no entanto, um instituto autónomo de responsabilidade pela confiança no direito civil. As razões de tal rejeição relacionam-se, desde logo, com a ideia de ubiquidade ou *panlocalização* da confiança, que dificulta a tentativa de fundamentar nela uma categoria diferenciada de responsabilidade[133]. Tendo em conta

[130] Frada, M. A. Carneiro da, *Teoria da Confiança*, p. 388

[131] Frada, M. A. Carneiro da, *Teoria da Confiança*, p. 877.

[132] Canaris, Claus-Wilhelm, *Vertrauenshaftung*, p. 266 e ss., 294 e ss., 494 e ss. e 528 e ss. Sobre a proposta de Canaris, cf. Larenz, Karl, *Metodologia*[4], p. 677-678, e Frada, M. A. Carneiro da, *Teoria da Confiança*, p. 61 e ss.

[133] Ferreira de Almeida rejeita um instituto autónomo de responsabilidade pela confiança, entendendo que "a tutela da confiança é um valor genérico a considerar em diversos institutos jurídicos, é um argumento, entre outros, no discurso da aplicação do direito, é mesmo uma

também a falta de clareza do conceito de confiança, tem-se entendido que neste domínio serão suficientes o comando geral da boa fé e os deveres específicos em que este se traduz[134].

Sinde Monteiro recusa expressamente a ideia da responsabilidade pela confiança, desde logo, porque, da sua perspectiva, não se encontrou ainda para tal responsabilidade um fundamento autónomo em relação à responsabilidade contratual e delitual. Segundo Sinde Monteiro, juridicamente "a confiança só pode ser relevante quando se apresentar como merecedora de protecção ou legítima, e saber quando é esse o caso não se pode tirar do próprio pensamento da confiança"[135]. Parece não ser possível sair do círculo vicioso de que fala von Bar: é lícito confiar porque existe um fundamento para tal pretensão; esta nasce, porém, quando se confia[136]. Por outro lado, segundo Sinde Monteiro, a ubiquidade da terminologia, "onerada com a multiplicidade dos sentidos que o termo confiança assume na linguagem comum, desaconselha a sua utilização como conceito jurídico"[137]. O autor conclui, deste modo, que a confiança não serve como categoria jurídica fundamentante da responsabilidade, pelo menos com o carácter de generalidade que se lhe pretende atribuir[138].

IV. O princípio da confiança no direito penal – colocação do problema

1. Por trás do princípio jurídico-penal da confiança hão-de encontrar-se as ideias fundamentantes que o caracterizam como princípio normativo e

referência imprescindível como critério da boa-fé, mas não é, por si só, um princípio jurídico determinante de relações obrigacionais" (ALMEIDA, Carlos Ferreira de, *Texto e enunciado II*, p. 1005; cf., do mesmo autor, *Texto e enunciado I*, p. 50.)

[134] Neste sentido ASCENSÃO, José de Oliveira, *Direito Civil II*, p. 395 e ss. e p. 446 e ss. Segundo o autor, "as indicações que se lucram, pelo apelo à noção de confiança, são tão ténues que mais vale dispensar essa noção" (*idem*, p. 448).

[135] MONTEIRO, Jorge Sinde, *Responsabilidade por conselhos*, p. 505

[136] BAR, Christian von, *ZGR* 4 (1983), p. 500, e MONTEIRO, Jorge Sinde, *Responsabilidade por conselhos*, p. 506, n. 195. Também Picker refere que na responsabilidade pela confiança se mistura o fáctico e o normativo, na medida em que a regulamentação jurídica é simultaneamente causa e efeito da confiança. Para Picker, o pensamento da confiança tem uma função meramente descritiva da função que toda a ordem jurídica tem de assegurar as expectativas legítimas (PICKER, Eduard, *AcP* 183 (1983), p. 420 e 429). Desenvolvidamente, sobre a proposta de Picker, cf. MONTEIRO, Jorge Sinde, *Responsabilidade por conselhos*, p. 496 e ss.

[137] MONTEIRO, Jorge Sinde, *Responsabilidade por conselhos*, p. 506.

[138] MONTEIRO, Jorge Sinde, *Responsabilidade por conselhos*, p. 507.

que não deixam de se reflectir também no princípio constitucional da protecção da confiança, bem como no princípio jurídico-civil da confiança. Porém, tratando-se o direito constitucional, o direito civil e o direito penal de distintos ramos do direito, compreender-se-á que seja também diferente a natureza que o princípio da confiança há-de adquirir, bem como a função que há-de cumprir em cada um dos referidos domínios.

Assumindo a antijuridicidade características diferentes nos direitos civil e penal[139], aceitar-se-á que a compreensão da função do princípio da confiança associada à ideia de *protecção de expectativas* não pode ser vista como um dado pré-constituído, de modo a postular *a priori* a validade geral daquele princípio no direito penal[140]. Para determinar a convocação do princípio da confiança no direito penal, bem como os seus limites de actuação, deve partir-se, em primeiro lugar, da análise das concretas constelações em que o princípio da confiança adquiriu já reconhecimento na doutrina e na jurisprudência penais. Só num segundo momento poderá averiguar-se, a partir dos elementos colhidos naquela primeira análise, se será possível afirmar tal princípio com um carácter mais genérico, susceptível de ser mobilizado também em casos diferentes daqueles em relação aos quais a actuação do princípio da confiança já é reconhecida[141].

[139] Na Alemanha, a ideia da ilicitude unitária, comum a todos os ramos do direito, é a orientação dominante. Independentemente do conteúdo que atribuem a tal unidade da ilicitude, cf., por todos, BELING, Ernst, *Verbrechen*, p. 127 e ss., ENGISCH, Karl, *Die Einheit*, p. 58, MEZGER, Edmund, *Strafrecht*, p. 181-182, WELZEL, Hans, *Strafrecht*[11], p. 52, JESCHECK / WEIGEND, *Lehrbuch*[5], § 31, III, 1. Em sentido contrário, recusando a unidade da ilicitude, RENZIKOWSKI, Joachim, *Restriktiver Täterbegriff*, p. 235 e ss., e ROXIN, Claus, *Allgemeiner Teil I*[4], § 14, nº 36 e 37. Já entre nós a opinião maioritária é no sentido da existência de uma ilicitude especificamente penal. Neste sentido, CORREIA, Eduardo, *Direito Criminal II*, p. 5 e ss., FERREIRA, Cavaleiro de, *Lições de Direito Penal I*, p. 168-169, DIAS, Jorge de Figueiredo, *Direito Penal I*[2], 2º Cap., § 8 e ss., e 14º Cap., § 7 e ss., ANDRADE, Manuel da Costa, *RPCC*, 2 (1992), p. 195 e ss., COSTA, José de Faria, *Direito Penal*, p. 301 e ss., CARVALHO, Américo Taipa de, *Direito Penal*[2], § 183 e ss. e § 612 (abandonado a posição previamente defendida em *A legítima defesa*, p. 45 e ss.), e COSTA, António Manuel de Almeida, *Comparticipação*, p. 4 e ss. Defendendo, inversamente, uma ilicitude unitária, comum a todos os ramos do direito, cf. BELEZA, Teresa Pizarro, *Direito Penal* 2, p. 231, e SILVA, Germano Marques da, *Direito Penal*, p. 161 e ss. *Vide*, ainda, a este propósito, BRANDÃO, Nuno, *Justificação e desculpa*, p. 15 e ss.

[140] Puppe salienta que o princípio da confiança no direito penal não tem o sentido de "confiança recíproca", como ocorre no direito civil (cf. PUPPE, Ingeborg, *InDret*, 4 (2006), p. 4). Cf., também, MANTOVANI, Ferrando, *in*: *Estudos Figueiredo Dias I*, p. 421.

[141] Neste sentido, ao menos quanto à conclusão, MANTOVANI, Marco, *Principio di affidamento*, p. 9-10, e já FIDALGO, Sónia, *Responsabilidade Penal por Negligência*, p. 109-110.

2. No direito penal o princípio da confiança pode assumir relevância em diversos domínios, designadamente, em matéria de comparticipação nos crimes dolosos de acção, na esfera dos crimes de omissão e na órbita dos crimes negligentes[142].

Na dogmática do facto negligente o princípio da confiança surgiu com um sentido muito preciso. Segundo este princípio, "quem se comporta no tráfico de acordo com a norma de cuidado deve poder confiar que o mesmo sucederá com os outros; salvo se tiver razão *concretamente* fundada para pensar ou dever pensar de outro modo"[143]. Foi com este sentido que o princípio da confiança foi inicialmente criado e posteriormente desenvolvido pela jurisprudência alemã em meados do século passado, no contexto do tráfego rodoviário. Deste modo, reconhecia-se aos automobilistas a possibilidade de confiarem na conduta correcta dos demais participantes no tráfego, sempre que as circunstâncias do caso concreto não os levassem a pensar o contrário. Limitava-se, desta forma, o dever de cuidado dos condutores, eximindo-os da obrigação de contar com a possibilidade de actuações incorrectas de terceiros.

3. Com o decurso do tempo, a doutrina e a jurisprudência ampliaram o âmbito de aplicação do princípio a outras áreas de actuação. Um estudo das manifestações do princípio da confiança na doutrina e na jurisprudência leva-nos, porém, a concluir que apesar do reconhecimento generalizado do princípio, há uma profunda discordância e uma relativa falta de clareza quanto ao seu significado e alcance[144].

Um primeiro problema que se coloca prende-se com o fundamento do princípio da confiança. As respostas são diversas, havendo inclusivamente quem defenda que, não existindo um verdadeiro princípio da confiança, mas apenas uma protecção pontual da confiança em determinados contextos de actuação, não será necessário proceder-se à identificação de qualquer fundamento.

Um outro ponto de discordância relaciona-se com a imprecisão associada a certos limites de actuação do princípio da confiança, bem como

[142] Cf. DIAS, Jorge de Figueiredo, *Direito Penal I²*, 32º Cap., § 31, 35º Cap., § 28 e ss., e 38º Cap., § 30 e § 45. Desenvolvidamente, acerca do papel da confiança nos crimes de omissão, PERDOMO TORRES, Jorge, *Posición de garante*, p. 159 e ss.

[143] DIAS, Jorge de Figueiredo, *Direito Penal I²*, 35º Cap., § 28 (itálicos do autor).

[144] Cf. MARAVER GÓMEZ, Mario, *Principio de confianza*, p. 27.

com a complexa questão de saber se pode ou não invocar o princípio da confiança o sujeito que se comporta em violação da norma de cuidado.

Um terceiro problema refere-se ao enquadramento dogmático do princípio da confiança na teoria jurídica do crime. Neste ponto, discute-se principalmente se este princípio deve ser concebido como um critério de concretização do dever objectivo de cuidado nos crimes negligentes ou se deve ser perspectivado antes como um critério de imputação objectiva, susceptível de ser convocado quer no âmbito dos crimes negligentes, quer no domínio dos crimes dolosos.

Por fim, questiona-se ainda se o princípio da confiança, enquanto critério de concretização do dever objectivo de cuidado (ou critério de delimitação da criação de um risco não permitido) deve ser aplicado em todos os domínios da vida social em que a produção de um resultado lesivo seja condicionada pela conduta incorrecta de terceiros ou se, pelo contrário, o âmbito de aplicação do princípio deve ser limitado a domínios determinados.

4. São, assim, vários os problemas suscitados pela aplicação do princípio da confiança na dogmática do crime negligente. Quando falamos do princípio da confiança neste âmbito não estamos já a conferir-lhe o sentido de um princípio normativamente material, fundamentante da própria juridicidade[145]. Quando nos referimos ao princípio da confiança e às suas implicações na dogmática do facto negligente, encontramo-nos, compreensivelmente, num outro plano discursivo. Não obstante a utilização (pouco rigorosa) da expressão *princípio*, estamos a referir-nos, na verdade, a um *critério* de determinação da responsabilidade quando, na realização do facto negligente, intervém uma pluralidade de agentes[146].

[145] Cf., *supra*, § 3, I.

[146] A utilização da expressão *Vertrauensgrundsatz* no direito penal ficou a dever-se a Herman Gülde que, tanto na época do nacional-socialismo como em épocas posteriores, se ocupou dos problemas relacionados com o tráfego rodoviário (cf., *infra*, § 5, I). A partir dessa altura generalizou-se o uso da expressão *Vertrauensgrundsatz* ou *Vertrauensprinzip*. Não desconhecemos a importante distinção entre fundamentos e critérios (cf. BRONZE, Fernando José, *Introdução ao Direito*², p. 171 e ss. e p. 631; cf., também, as considerações tecidas *supra*, § 3, I). Tendo, todavia, a expressão *princípio da confiança* entrado na discursividade jurídico-penal, optámos por usá-la também, sendo certo que no contexto do nosso estudo utilizaremos as expressões *princípio da confiança* ou *critério da confiança* como sinónimos.

Capítulo II
O Surgimento do Princípio da Confiança no Tráfego Rodoviário

§ 4. O desenvolvimento do tráfego rodoviário e a afirmação de um *princípio de desconfiança*

1. Nas primeiras décadas do século XX, quando começou a desenvolver-se o tráfego motorizado, o automóvel era considerado um objecto particularmente perigoso: a circulação de veículos motorizados constituía um perigo para todos e os condutores eram vistos como uma minoria perigosa, da qual a sociedade devia proteger-se através de uma actuação severa do direito penal[147]. Os tribunais mostravam-se muito exigentes quanto aos deveres de cuidado a observar pelos condutores de veículos motorizados. Para além das demais regras válidas em matéria de circulação rodoviária, sobre os condutores impendia o dever de contar constantemente com um comportamento descuidado por parte dos outros intervenientes no trânsito[148].

A decisão do *Reichsgericht* (*RG*), de 13 de Fevereiro de 1931[149], que ficou conhecida como *Vorgarten-Urteil*, mostrou claramente que em matéria de circulação rodoviária o valor que preponderava era o da segurança no tráfego. Neste Acórdão, o *RG* condenou um condutor que atropelou uma criança de treze anos que apareceu na estrada, a correr, vinda do jardim de um edifício. O condutor não podia ter visto a criança antes de ela aparecer na estrada, porque o edifício tinha vedações altas. Apesar de conduzir a

[147] Cf. BOCKELMANN, Paul, «Die künftige Entwicklung», p. 92, e EXNER, Franz, *in*: *Fest. Reinhard von Frank*, p. 581.

[148] Cf. KLEINEWEFERS, Herbert, *VersR*, 1963, p. 202.

[149] *RGSt* 65, p. 135 e ss.

25-30 km/h, o condutor não conseguiu parar a tempo de evitar o acidente. O *RG* justificou a condenação dizendo que quando "há casas dos dois lados da estrada, o condutor deve contar constantemente com a possibilidade de alguém sair de casa e atravessar a estrada de forma precipitada"[150]. O facto de se tratar de uma criança não teve um papel decisivo na condenação. O tribunal salientou que a questão da culpa (*Schuldfrage*) teria sido decidida da mesma forma ainda que tivesse sido um adulto a atravessar a estrada, porque quando um condutor circula em estradas com pouca visibilidade, perto de casas e de jardins, deve estar "preparado para tudo" e ser capaz de parar "quase de imediato". Para haver condenação, o importante era que as condutas de terceiros pudessem considerar-se previsíveis de acordo com a "experiência normal de vida"[151]. E como os factos mostravam que era habitual que os peões adoptassem condutas descuidadas, os condutores deviam contar sempre com essa possibilidade[152].

Esta decisão do *RG* foi, durante mais de uma década, orientadora da jurisprudência alemã sobre negligência nos acidentes de viação[153]. Vigorava, então, um *princípio de desconfiança*: o condutor devia contar sempre com condutas descuidadas por parte dos demais intervenientes no tráfego.

2. No entanto, ouviam-se vozes contra esta posição jurisprudencial. Identificando o problema de forma muito clara, Exner pergunta em que medida constituiria violação do dever *confiar* (*vertrauen*) que os terceiros cumprem os deveres que sobre eles impendem. Concretamente, no âmbito do direito rodoviário, a questão seria a de saber até que ponto o condutor está obrigado a contar com comportamentos contrários ao dever de cuidado por parte dos outros intervenientes no tráfego (peões e demais condutores)[154].

Da perspectiva de Exner, a posição do *RG* – no sentido de que impende sobre os condutores o dever de contar com condutas descuidadas dos demais utilizadores das vias públicas – transforma as regras de circulação

[150] *RGSt* 65, p. 137.

[151] *RGSt* 65, p. 141 e 144.

[152] Sobre esta sentença, desenvolvidamente, *vide* BOCKELMANN, Paul, «Die künftige Entwicklung», p. 92-93, MARTIN, Ludwig, *DAR*, 1964, p. 299, e KIRSCHBAUM, Klaus, *Vertrauensschutz*, p. 22-23.

[153] Assim, BOCKELMANN, Paul, «Die künftige Entwicklung», p. 92.

[154] EXNER, Franz, *in*: *Fest. Reinhard von Frank*, p. 577 e 579.

em algo completamente ilusório. No entendimento do autor, quando se regulamenta uma actividade, tal regulamentação não se limita a impor às pessoas um comportamento determinado. Ela cria também a previsibilidade de tal comportamento. Pelo que o legislador e a jurisprudência deviam evitar enunciar princípios – como o *princípio da desconfiança* – que não só não conduziam a uma maior segurança, como eram susceptíveis de causar sérios impedimentos ao desenrolar do tráfego rodoviário[155].

Segundo Exner, mesmo quando o *RG* se referia à *previsibilidade* do comportamento de terceiros, assumia um conceito de *previsibilidade* equivalente ao de *possibilidade*: os acidentes de automóvel eram sempre possíveis, pelo que seriam sempre previsíveis – nunca estariam fora das regras da experiência. O *RG* chegou mesmo a afirmar que o condutor tem o dever de "adaptar o seu comportamento à possibilidade de ocorrer um azar inesperado (*unerwarteter Zufall*)"[156].

Esta posição da jurisprudência radicava na ideia de que, sendo o automóvel um objecto perigoso, quem o utilizava devia responder por todos os resultados danosos que se verificassem. Tal significava, porém, a aceitação no direito penal das regras de atribuição da responsabilidade próprias do direito civil – o que, segundo Exner, seria inaceitável[157]. Contra

155 Exner, Franz, *in*: *Fest. Reinhard von Frank*, p. 579-580.

156 Decisão do *RG*, de 4 de Janeiro de 1927 (*RGSt* 61, p. 121).

157 Exner, Franz, *in*: *Fest. Reinhard von Frank*, p. 581. Na segunda metade do séc. XIX, – devido à utilização crescente de máquinas na grande indústria, nos transportes por caminho-de-ferro e na circulação automóvel, e ao aumento dos acidentes a ela associado –, ao lado do princípio da responsabilidade civil baseada na culpa (*responsabilidade subjectiva*), começou a desenvolver-se uma responsabilidade independente de culpa (*responsabilidade objectiva*), *maxime* sob a forma de responsabilidade pelo risco. O direito alemão foi o primeiro a reconhecer a responsabilidade sem culpa, numa lei de 1838 relativa aos acidentes nos caminhos-de-ferro que, em 1871, foi alargada a outras actividades perigosas. A responsabilidade pelo risco nos acidentes de viação foi prevista na Alemanha, numa lei de 1909 (cf. Esser, Josef / Schmidt, Eike, *Schuldrecht I, 1*, § 8, II, 3, e, entre nós, Costa, Mário Júlio de Almeida, *Direito das Obrigações*, p. 529, nota 2; sobre a evolução da situação na Alemanha, cf., ainda, Esser, Josef / Schmidt, Eike, *Schuldrecht I, 1*, § 4, III, 1, em França, Starck, B., *Rev. Trim. Droit Civil*, 56 (1958), p. 475 e ss., em Itália, Forchielli, Paolo, *Riv. Trim. Dir. Proc. Civ.*, p. 1378 e ss., e em Portugal, Alarcão, Rui de, *Direito das obrigações*, p. 214 e ss. e p. 288 e ss.). A ideia que subjaz à teoria civilística do risco é a de que quem cria ou mantém um risco em proveito próprio deve suportar as consequências prejudiciais da sua actividade, já que dela colhe o principal benefício – *ubi commoda, ibi incommoda* (cf., por todos, Varela, João Antunes, *Das obrigações em geral*, p. 633). O problema da responsabilidade fica, assim, reduzido à questão puramente científica da causalidade: basta que um indivíduo tenha causado um dano para ser obrigado a repará-lo

este conceito tão abrangente de negligência, entende Exner que deve afirmar-se a validade do seguinte princípio: "o condutor que cumpre escrupulosamente as regras pode contar (*rechnen*) com que os outros fazem o mesmo". Tal princípio será, todavia, de afastar quando for "conhecido ou cognoscível que o outro condutor, no caso concreto, não está a actuar de acordo com o cuidado"[158].

§ 5. O princípio da confiança na jurisprudência do *Reichsgericht*

I. A *Reichsstraßenverkehrsordnung* de 1934 e a afirmação do princípio da confiança

1. Após a tomada do poder pelos nacional-socialistas e com a entrada em vigor, em 1934, da nova *Reichsstraßenverkehrsordnung* (RStVO)[159], começaram a ser cada vez mais consistentes as críticas à adopção do princípio da desconfiança em matéria de tráfego rodoviário.

Foi Hermann Gülde quem, num dos seus ensaios sobre direito penal rodoviário, utilizou pela primeira vez, em 1938, a expressão *Vertrauensgrundsatz*[160]. Segundo Gülde, tal como os outros ramos do direito partilhavam da ideologia nacional-socialista, também o direito rodoviário do futuro deveria ser tributário dessa ideologia, baseando-se nas ideias fundamentais de "comunidade" e de "disciplina"[161]. O tráfego rodoviário tinha-se

(cf. ALARCÃO, Rui de, *Direito das obrigações*, p. 289; o problema da existência ou não de ilicitude na responsabilidade pelo risco tem gerado controvérsia na doutrina civilista – cf. ALARCÃO, Rui de, *Direito das obrigações*, p. 291, e MONTEIRO, Jorge Sinde, *Relatório*, p. 21). A noção de responsabilidade objectiva no direito civil nasce, assim, eivada de uma finalidade de justiça. Já no âmbito do direito penal, porém, a ideia de responsabilidade objectiva tem de ser rejeitada precisamente por violar, desde logo, o sentimento e a ideia de justiça presentes na sociedade (nestes precisos termos, COSTA, José de Faria, *BFD, Estudos Teixeira Ribeiro, III*, p. 351-352, nota 1).

158 EXNER, Franz, *in*: *Fest. Reinhard von Frank*, p. 582.

159 RStVO, de 28 de Maio de 1934, *Reichsgesetzblatt I*, 59, p. 455 e ss.

160 Assim, KIRSCHBAUM, Klaus, *Vertrauensschutz*, p. 18, 42 e 49. Como vimos, Exner já tinha defendido a ideia de confiança no tráfego sem, contudo, se referir expressamente a um *Vertrauensgrundsatz* (cf. *supra*, § 4, 2, e nota 158). O próprio Gülde, que havia já publicado anteriormente artigos sobre esta matéria, só em 1938 utilizou a expressão *Vertrauensgrundsatz*, no artigo que intitulou «Der Vertrauensgrundsatz als Leitgedanke des Straßenverkehrsrechts», *JW*, 1938, p. 2785-2790.

161 GÜLDE, Hermann, *JW*, 1935, p. 1464.

tornado não só um tráfego rápido e de longas distâncias, mas também um tráfego de *massas*. E era necessário transformar essas *massas* numa comunidade disciplinada e ordenada. Segundo Gülde, o "momento mais revolucionário do novo direito rodoviário" radicava precisamente em tal direito partir da ideia de comunidade[162] – a RStVO baseou-se no pensamento fundamental da "comunidade de tráfego" (*Verkehrsgemeinschaft*)[163]. E uma verdadeira comunidade só poderia existir quando os desejos e impulsos contrários à comunidade, bem como as falhas e debilidades, fossem dominados e suprimidos. Impor ao interveniente no tráfego o dever de contar com infracções por parte de terceiros equivaleria a partir do princípio de que os outros membros da comunidade não cumprem as normas e, em último termo, privilegiar-se-ia o comportamento daquele que viola as regras (*Verkehssünder*)[164].

Gülde rejeita o critério da previsibilidade de acordo com a experiência de vida. Desde logo, não pode dizer-se que haja uma "experiência geral de vida", mas apenas a "experiência de cada uma das pessoas" e, por outro lado, dificilmente existirá uma infracção de trânsito que, "por mais absurda que seja, possa dizer-se que não corresponde à experiência de vida"[165]. Aceitar o critério da experiência de vida em matéria de direito penal rodoviário conduziria ao abandono da ideia dominante do direito nacional-socialista e traduziria um retorno ao modo de ver do individualismo[166]. Na perspectiva individualista, de uma sociedade liberal, caracterizada pela dúvida e pela desconfiança, o objectivo não era a criação e conservação da comunidade, mas sim a protecção e o desenvolvimento do indivíduo. Para esta visão individualista, o indivíduo era digno de protecção mesmo nos seus erros e debilidades, ainda quando actuasse contra a comunidade. Nesta sociedade do passado, a confiança mútua no comportamento dos outros desempenhava um papel subordinado[167]. Pelo contrário, de acordo com a ideologia nacional-socialista, baseada nos valores da lealdade e da confiança, poderia presumir-se que cada membro da comunidade cumpriria, em cada momento, os deveres específicos de que era destinatário. Um entendimento

[162] GÜLDE, Hermann, *JW*, 1935, p. 1466.
[163] GÜLDE, Hermann, *JW*, 1936, p. 424.
[164] GÜLDE, Hermann, *JW*, 1935, p. 1466, e *JW*, 1938, p. 2785.
[165] GÜLDE, Hermann, *JW*, 1935, p. 1466.
[166] GÜLDE, Hermann, *JW*, 1938, p. 2787.
[167] GÜLDE, Hermann, *JW*, 1936, p. 423, e *JW*, 1938, p. 2785.

de "sentimental" compreensão dos erros dos outros faria cair a aspiração essencial do próprio ordenamento jurídico: não se limitar a fixar as normas de comportamento a que os cidadãos devem obedecer, mas fornecer também as garantias necessárias para que as normas sejam observadas[168].

Além disso, segundo Gülde, o princípio da confiança, ao desonerar cada interveniente no tráfego da obrigação de contar com eventuais condutas violadoras dos deveres que impendiam sobre os demais, consentiria a cada um concentrar-se de modo mais adequado no cumprimento dos (muitos) deveres que sobre si especificamente recaíam – o condutor não devia ser perturbado pela preocupação em relação ao comportamento dos demais participantes no tráfego. Deste modo, a afirmação do princípio da confiança conduziria a uma redução dos acidentes de viação[169].

Por tudo isto, havia que responder negativamente à questão de saber se cada participante no tráfego devia contar sempre com condutas em violação do dever por parte dos demais intervenientes – a nova RStVO permitia a cada um confiar que os terceiros actuariam de acordo com as regras de trânsito[170]. A ideia de vida numa comunidade organizada radicava precisamente nisto: "o membro da comunidade que actua de acordo com as regras pode esperar que os outros membros façam o mesmo"[171]. Devia afirmar-se, assim, em matéria de direito penal do trânsito, o *princípio da confiança*, que, estando correcto no plano teórico, era também manifestamente útil aos objectivos do direito rodoviário: o fomento da disciplina no trânsito e a redução da sinistralidade[172].

Porém, no pensamento de Gülde, o princípio da confiança não teria uma vigência ilimitada e absoluta. A expectativa de um comportamento correcto dos intervenientes no tráfego e, consequentemente, a sua tutela, terminaria no momento em que fosse conhecida (ou, pelo menos, cognoscível[173]) para um deles a inobservância das regras do tráfego por parte de outro. Tal como não era interesse do povo apenas punir um condenado,

[168] GÜLDE, Hermann, *JW*, 1938, p. 2785.

[169] GÜLDE, Hermann, *JW*, 1938, p. 2786 e p. 2790.

[170] GÜLDE, Hermann, *JW*, 1936, p. 424.

[171] GÜLDE, Hermann, *JW*, 1935, p. 1466.

[172] GÜLDE, Hermann, *JW*, 1938, p. 2785-2786 e p. 2790.

[173] Neste ponto, a exposição de Gülde não é clara, na medida em que, na mesma página, o autor utiliza a expressão "cognoscível" (*erkennbar*) e, umas linhas abaixo, usa a expressão "conhecida" (*erkannte*) – cf. GÜLDE, Hermann, *JW*, 1938, p. 2786. Chamando a atenção, também, para esta falta de clareza na exposição de Gülde, MANTOVANI, Marco, *Principio di affidamento*, p. 14.

mas também reinseri-lo na comunidade de modo a que pudesse dar o seu contributo para alcançar os objectivos dessa comunidade (o bem-estar do povo), também aquele que violava as regras de trânsito devia continuar a ser protegido pela comunidade. Logo que a violação de uma regra de trânsito fosse conhecida por (ou cognoscível para) um participante no trânsito, este teria o dever de adequar a sua conduta de modo a evitar a lesão de bens como a vida ou a integridade física – bens estes que não eram vistos como bens do indivíduo, mas sim como bens do povo e que, por isso, cada um (integrando o povo) teria o dever de proteger[174]. Por outro lado, Gülde esclarecia também que o princípio da confiança não seria válido perante crianças, idosos ou pessoas portadoras de deficiência[175].

2. Seguindo uma linha de pensamento semelhante à de Gülde, também Müller defendia a vigência do princípio da confiança no direito rodoviário. Müller salienta que, perante a impossibilidade de criar uma regulamentação para cada situação individualizada de trânsito (regulamentação que seria sempre incompleta), o legislador havia optado por estabelecer, no § 25 da RStVO, que "todo o participante no tráfego deve comportar-se de tal forma que não cause danos a nenhum outro, ou não o prejudique ou incomode mais do que seja inevitável segundo as circunstâncias". Atendendo a esta norma, o participante no tráfego devia tomar consciência de que, em conjunto com os demais participantes, formava a "comunidade do tráfego", assumindo, desde logo, a sua responsabilidade perante essa comunidade. A RStVO havia sido criada a partir da ideia de que na comunidade do tráfego cada um deve poder confiar que o outro está consciente do seu dever e actua em conformidade com ele. Com a entrada em vigor da RStVO, os tribunais não poderiam continuar a defender que o condutor devia contar sempre com comportamentos em violação das regras por parte dos outros intervenientes, desde que tais comportamentos não estivessem fora da experiência de vida. Atendendo às novas regras, os tribunais deviam defender que, por princípio, o condutor não terá de contar com o comportamento de terceiros em violação das normas[176].

[174] GÜLDE, Hermann, *JW*, 1938, p. 2786.

[175] GÜLDE, Hermann, *JW*, 1936, p. 424, e *JW*, 1938, p. 2788. Com mais pormenores sobre o pensamento de Gülde, *vide* KIRSCHBAUM, Klaus, *Vertrauensschutz*, p. 42 e ss.

[176] MÜLLER, Fritz, *Straßenverkehrsrecht*[21], p. 722-723.

II. A afirmação do princípio da confiança pelo *Reichsgericht*

1. As novas regras da RStVO não tiveram repercussão prática imediata. Não poderia pensar-se que o novo direito da RStVO se sobreporia de imediato ao direito anterior[177]. Um percurso pelas decisões dos tribunais alemães de meados de década de trinta mostra que houve um número considerável de decisões do *RG* e de outros tribunais superiores que partiram da nova concepção, baseada na ideia de confiança, sobretudo em casos relacionados com a violação do direito de prioridade. Todavia, na generalidade dos casos, as decisões dos tribunais continuavam a radicar nas concepções jurídicas antigas que eram, ainda, as dominantes[178].

2. A decisão do *RG*, de 9 de Dezembro de 1935[179], é considerada um "marco" na história do princípio da confiança[180].

Num dia claro e com boa visibilidade, perto de uma ponte, um condutor atropelou dois peões que, surgindo do seu lado direito, decidiram atravessar a estrada. Um dos peões sofreu lesões na sua integridade física, tendo o outro vindo a morrer. O tribunal de primeira instância condenou o condutor por ofensa à integridade física por negligência e por homicídio por negligência, respectivamente. O tribunal entendeu que o condutor não estaria a conduzir com a atenção devida, porque, como a visibilidade era boa, se o condutor tivesse actuado com cuidado, observando o comportamento dos peões ter-se-ia apercebido de que eles tencionavam atravessar a estrada. O condutor defendeu-se dizendo que não tinha qualquer motivo para contar com a possibilidade de os peões, vindos do seu lado direito, atravessarem a estrada, uma vez que a passagem para peões se encontrava 50 metros mais à frente. O tribunal considerou, no entanto,

[177] Cf. GÜLDE, Hermann, *JW*, 1935, p. 1464.

[178] Gülde salienta que, sendo a regra da prioridade a questão mais importante do direito rodoviário, a aplicação do princípio da confiança nos casos de direito de prioridade era revelador da importância que o princípio ia assumindo (GÜLDE, Hermann, *JW*, 1938, p. 2788). Com referência a várias decisões judiciais do *Reichsgericht*, do *Oberlandesgericht* de Dresden e do *Oberlandesgericht* de Munique, *vide* GÜLDE, Hermann, *JW*, 1938, p. 2786-2788.

[179] *RGSt* 70, p. 71 e ss.

[180] Assim, MARTIN, Ludwig, *DAR*, 1964, p. 299. Referindo também esta sentença como sendo uma das primeiras em que se reconheceu o princípio da confiança, WELZEL, Hans, *Strafrecht*[11], p. 132-133, KIRSCHBAUM, Klaus, *Vertrauensschutz*, p. 42, MÜLLER, Roland, *Einschränkung des Vertrauensgrundsatzes*, p. 17, e MARAVER GÓMEZ, Mario, *Principio de confianza*, p. 42.

que a experiência mostrava que, em casos como aquele, frequentemente, os peões não atravessavam a estrada no local onde se encontrava a passagem para peões[181].

Em sede de recurso, o *RG* entendeu que sendo certo que o condutor tem o dever de estar preparado para comportamentos insensatos e violadores das regras por parte dos peões, tal só vale "dentro dos limites que resultem das exigências da vida diária e da natureza, particularidades e necessidades do tráfego rodoviário". Pelo que o condutor não precisa de ter em consideração todo e qualquer comportamento descuidado. Ele cumprirá o seu dever desde que conte com os comportamentos descuidados que se deduzam, razoavelmente, das circunstâncias do caso concreto – isto é, quando tiver uma razão concludente (*triftige Veranlassung*) para contar com eles. E quando, em plena luz do dia, um condutor vê peões adultos, por regra não tem de contar com que eles atravessem inadvertidamente a estrada[182].

Este Acórdão traduz um avanço significativo na evolução histórica do princípio da confiança. O *RG* parte do princípio de que impende sobre o condutor o dever de contar com condutas descuidadas por parte de terceiros, acabando, na realidade, por inverter este princípio, ao reconhecer que é necessário atender às circunstâncias do caso concreto para averiguar se o condutor tinha uma razão concludente para contar com a conduta descuidada do terceiro. Por outro lado, o *RG* delimita a ideia de previsibilidade, ancorada na experiência geral de vida, recorrendo ao critério das exigências da vida diária e da natureza, particularidades e necessidades do tráfego rodoviário[183].

3. Numa outra decisão, de 29 de Janeiro de 1938, o *RG* afirmou já claramente que "se não existirem circunstâncias especiais, o condutor pode, em geral, *confiar* (*vertrauen*) que também os outros intervenientes no tráfego se comportam de acordo com as regras"[184].

Estando em causa um acidente de viação num cruzamento, o tribunal considerou que não era exigível a um dos condutores contar com a possibilidade de outro automobilista se aproximar do cruzamento em excesso de velocidade e virar à esquerda, infringindo as regras de trân-

[181] *RGSt* 70, p. 71-72.

[182] *RGSt* 70, p. 73-74.

[183] Salientando, também estes aspectos, MARAVER GÓMEZ, Mario, *Principio de confianza*, p. 43.

[184] *JW*, 1938, p. 1461. Esta foi a primeira vez que o tribunal utilizou, neste contexto, a expressão "confiar" (*vertrauen*) – cf. MARAVER GÓMEZ, Mario, *Principio de confianza*, p. 43, nota 39.

sito. Segundo o tribunal, não é de aceitar com carácter geral a ideia de que no trânsito cada um dos intervenientes deve contar com condutas dos demais em violação das regras. O condutor só deve contar com essa possibilidade quando se verificarem circunstâncias especiais, designadamente, na presença de pessoas inábeis, deficientes ou crianças. Invocando jurisprudência anterior, o *RG* considerou que, quando de acordo com a experiência normal da vida não for expectável qualquer perigo, o condutor não estará obrigado a contar com complicações imprevisíveis, derivadas do comportamento de terceiros em violação das regras[185].

Este Acórdão constituiu também um passo fundamental na evolução do princípio da confiança. O *RG* afirmou, pela primeira vez, que a ideia de que os intervenientes no tráfego violam as regras não tem validade geral, vigorando apenas em circunstâncias especiais. Afirmou, assim, como princípio geral, a possibilidade de *confiar* (*vertrauen*) no comportamento correcto de terceiros. Só se deve contar com as condutas incorrectas que forem previsíveis de acordo com a experiência geral de vida.

4. Não deixa de ser interessante verificar que o critério da "experiência geral de vida", que anteriormente havia sido convocado para fundamentar a previsibilidade dos comportamentos em violação do dever, passa agora a ser utilizado para limitar a previsibilidade desses comportamentos, tendo em atenção as circunstâncias do caso concreto. É certo que aquilo que é previsível de acordo com a normal experiência vai sofrendo alterações com o decurso do tempo. Porém, nesta matéria, o factor decisivo foi o propósito de responder às novas exigências do tráfego rodoviário, bem como ao papel que o automóvel começava a desempenhar[186].

Kirschbaum salienta que não foi por acaso que a expressão *Vertrauensgrundsatz* surgiu no tempo do *III Reich*. Era necessário encontrar uma solução para a correcta regulamentação da circulação dos veículos motorizados no trânsito daquele tempo. Tal solução teria que ter em consideração que, com os crescentes avanços tecnológicos, a velocidade era, cada vez mais, um "elemento do tráfego". Uma jurisprudência que exigisse que os motoristas continuassem a conduzir de forma a poderem parar sempre "quase de imediato" não poderia, compreensivelmente, prevalecer a longo prazo[187].

[185] *JW*, 1938, p. 1461.

[186] Cf., neste sentido, Maraver Gómez, Mario, *Principio de confianza*, p. 45.

[187] Kirschbaum, Klaus, *Vertrauensschutz*, p. 54.

§ 6. O princípio da confiança na jurisprudência do *Bundesgerichtshof*

1. Com o início da II Guerra Mundial e a concomitante redução do tráfego civil, o princípio da confiança perdeu relevância. Foram poucos os julgamentos em que o *RG* se ocupou da protecção da confiança no direito rodoviário. E, mesmo nos anos que se seguiram a 1945, foram muito poucos os autores que se dedicaram ao estudo do princípio da confiança – o que, na verdade, atendendo ao reduzido número de veículos motorizados na Alemanha do pós-guerra, não se revela surpreendente[188].

De qualquer modo, pode dizer-se que após a II Guerra Mundial, em matéria de direito penal rodoviário, o *Bundesgerichtshof* (*BGH*) continuou o caminho que havia sido iniciado pelo *RG*. Nos primeiros anos da década de cinquenta, o *BGH* proferiu um conjunto de decisões em que reconheceu, com carácter geral, que o condutor não tinha de contar com a conduta descuidada dos outros intervenientes no tráfego. Esta possibilidade de não ter de contar com condutas descuidadas por parte dos outros participantes no tráfego continuava a encontrar-se intimamente relacionada com o critério da previsibilidade, dando o *BGH* cada vez mais importância às circunstâncias do caso concreto.

Prevalecia, no entanto, na jurisprudência do *BGH*, a ideia de que o princípio da confiança só seria convocável quando o condutor tivesse estabelecido um *contacto visual* com o outro interveniente no tráfego, de modo que, através dessa observação do comportamento do outro, pudesse ter concluído que ele cumpriria as regras de trânsito de que era destinatário. A existência de deveres de cuidado que recaíam sobre cada interveniente no tráfego não seria, assim, suficiente para que se pudesse afirmar o princípio da confiança. Era ainda necessário que, através de uma observação do outro e da percepção do seu comportamento, o condutor pudesse valorar a conduta futura daquele no sentido de que ele cumpriria as regras. Consequentemente, o resultado que viesse a verificar-se em virtude do comportamento do terceiro em violação das normas poderia dizer-se completamente imprevisível para o condutor, convocando-se nestes casos o princípio da confiança. A confiança no comportamento de terceiros de acordo com as regras de trânsito seria assim construída, em primeiro lugar, a partir de

[188] Cf., Gülde, Hermann, *ZVerkS*, 1952, p. 261-262, e Kirschbaum, Klaus, *Vertrauensschutz*, p. 65.

indícios concretos no comportamento daqueles no sentido de que actuariam de acordo com o dever que sobre eles impendia[189]. E a tutela de tal confiança teria apenas o significado de proteger aquele que, razoavelmente, a partir dos referidos indícios, se tinha convencido de que o outro actuaria de acordo com as normas – protegia-se o sujeito nas hipóteses em que o seu convencimento vinha, afinal, a revelar-se infundado[190].

2. Foi no Acórdão do *BGH*, de 12 de Julho de 1954[191], que o princípio da confiança conheceu uma conformação diversa e alcançou verdadeira estabilidade. Há até quem entenda que podemos distinguir dois períodos na evolução jurisprudencial do princípio da confiança: o anterior e o posterior a esta decisão do *BGH*[192].

O caso que chegou ao *BGH* estava relacionado com as regras de prioridade (*Vorfahrtrecht*). A questão era a de saber se o condutor que segue numa estrada principal tem o dever de contar com o facto de que os outros condutores *não visíveis* (*nicht sichtbare*), que seguem em estradas secundárias, podem violar o direito de prioridade. Relacionado com esta questão, estava o problema de saber se o titular de prioridade, ao aproximar-se de estradas secundárias ladeadas por edifícios, com pouca visibilidade, teria o dever de reduzir a velocidade de modo a poder parar caso os condutores que circulavam nessas estradas violassem o dever de cedência de passagem[193].

O recorrente, titular do direito de prioridade, tinha sido condenado nas instâncias inferiores. Aqueles tribunais haviam seguido a posição ainda dominante na altura, entendendo que o direito de prioridade, por si só, não autorizaria o seu titular a confiar que os condutores *não visíveis* que seguiam em estradas secundárias cumpririam o dever de cedência de passagem. No entendimento daqueles tribunais (e que era ainda jurispru-

[189] Neste sentido, KRÜMPELMANN, Justus, *in*: *Fest. Karl Lackner*, p. 304. Com referência à jurisprudência do *BGH* em que se exigia expressamente o *contacto visual prévio* para que se pudesse convocar o princípio da confiança, cf. MARTIN, Ludwig, *DAR*, 1953, p. 167 e ss.

[190] Neste sentido, MANTOVANI, Marco, *Principio di affidamento*, p. 34.

[191] *BGHSt* 7, 1955, p. 118 e ss.

[192] Salientando a importância desta decisão na evolução do princípio da confiança, MARTIN, Ludwig, *VersR*, 1958, p. 139, do mesmo autor, *DAR*, 1964, p. 300, BOCKELMANN, Paul, «Die künftige Entwicklung», p. 93, e KIRSCHBAUM, Klaus, *Vertrauensschutz*, p. 72 e ss. Referindo expressamente a distinção entre estes dois períodos na evolução do princípio da confiança, MANTOVANI, Marco, *Principio di affidamento*, p. 32.

[193] *BGHSt* 7, 1955, p. 120.

dência maioritária), o titular do direito de prioridade, ao aproximar-se de estradas secundárias, deveria sempre reduzir a velocidade de modo a poder parar caso o seu direito fosse violado[194].

O *BGH* veio refutar esta posição. O tribunal entendeu que uma coisa é afirmar que também o condutor com prioridade de passagem é obrigado a adaptar a velocidade de condução às concretas condições do tráfego; outra será afirmar que o titular desse direito deve circular de modo a contar sempre com que os condutores *não visíveis* que seguem em estradas secundárias vão violar o dever de cedência de passagem. Segundo o tribunal, tal interpretação seria aceitável antes de as regras sobre prioridade entrarem em vigor. Porém, o sentido dessas regras é precisamente o de garantir ao titular do direito de prioridade a possibilidade de atravessar entroncamentos e cruzamentos confiando que os outros participantes no tráfego observam o seu direito de passagem. Recusando-se este entendimento, "não seria possível alcançar a fluidez do tráfego que se almejava com o estabelecimento das regras sobre cedência de passagem; e o princípio da confiança, inerente ao direito de prioridade, seria convertido no seu contrário"[195].

O *BGH* questiona ainda se a posição assumida pelos tribunais das instâncias inferiores contribuiria para a segurança no tráfego. Segundo o *BGH*, se nas grandes cidades os condutores seguirem sempre a uma velocidade que lhes permita parar a todo o momento, tal conduzirá a engarrafamentos que são prejudiciais para a segurança. As interrupções na fluidez do tráfego provocam nos condutores a vontade de se adiantarem para circularem mais rapidamente e isto constitui uma nova fonte de perigos. Deste modo, estas interrupções na fluidez do tráfego conduzem precisamente ao resultado oposto ao que se ambiciona[196]. Por seu lado, as regras de prioridade – com o princípio da confiança que lhes está associado – contribuem para a redução dos acidentes de viação[197].

O *BGH* entende ainda que é inaceitável exigir-se ao condutor com prioridade não só que preste atenção à circulação do tráfego na estrada principal, mas que tenha em conta também o tráfego que circula nas estradas secundárias, de modo a poder adaptar a sua conduta no caso de violação das regras por parte dos condutores que nelas circulam. Tal levaria a uma

[194] *BGHSt* 7, 1955, p. 119.
[195] *BGHSt* 7, 1955, p. 122.
[196] *BGHSt* 7, 1955, p. 124-125.
[197] *BGHSt* 7, 1955, p. 126.

entorse (*verchleiern*) na atribuição da responsabilidade e faria com que os condutores das vias secundárias sentissem que lhes é permitido violar as regas. O sentido de responsabilidade dos condutores das vias secundárias esvanecer-se-ia e o perigo de acidentes aumentaria. Segundo o *BGH*, as regras de prioridade devem ser vistas como verdadeiras regras de responsabilidade[198].

O *BGH* reconhece, no entanto, que a expectativa acerca do comportamento correcto do terceiro *não visível* não vale de modo absoluto. Há situações em que a concreta situação do tráfego apresenta indícios que tornam cognoscível para o condutor que os outros não actuam de acordo com a situação prevista, em abstracto, na norma. Nestes casos, que dependem das circunstâncias concretas, o titular do direito de prioridade deverá adaptar a sua conduta de modo a evitar acidentes[199].

3. Para o *BGH*, o princípio da confiança radica agora nas normas que estabelecem as regras de prioridade e no sentido ou finalidade dessas regras (evitar acidentes e assegurar a fluidez do tráfego). Verifica-se, desta forma, uma radical alteração no modo de perspectivar o princípio da confiança. A expectativa acerca de um comportamento do terceiro adequado ao direito já não se baseia na previsibilidade, nem nas circunstâncias do caso concreto, como era defendido pela jurisprudência anterior. Tal expectativa, tendo agora uma base exclusivamente normativa, adquire um carácter geral e abstracto. As circunstâncias concretas exercem agora uma influência num sentido diametralmente oposto ao que se verificava no período anterior. Anteriormente, as circunstâncias do caso concreto eram *constitutivas* da expectativa tutelada; agora, pelo contrário, a sua função será apenas a de *afastar* uma expectativa já *constituída* em abstracto (a partir da norma)[200].

4. Num outro Acórdão, de 29 de Setembro de 1955[201], o *BGH* convocou o princípio da confiança num caso em que o acusado iniciou uma manobra de ultrapassagem e colidiu com outro veículo que circulava em sentido contrário, em excesso de velocidade. O tribunal entendeu que o condu-

[198] *BGHSt* 7, 1955, p. 125.

[199] *BGHSt* 7, 1955, p. 124.

[200] Cf., nestes precisos termos, Mantovani, Marco, *Principio di affidamento*, p. 50.

[201] *BGHSt* 8, 1956, p. 200 e ss.

tor não tem de contar com uma velocidade *irrazoavelmente* excessiva por parte dos condutores que circulam em sentido contrário. O princípio da confiança significa que "o condutor pode, em geral, confiar que os outros participantes no tráfego não têm comportamentos irrazoáveis". E o facto de, por vezes, no trânsito se observarem tais excessos de velocidade, não constitui razão concludente para se afastar o princípio da confiança. O tribunal admite, assim, a convocação do princípio da confiança mesmo em casos em que a conduta em violação das normas não fica fora do âmbito da experiência. A não ser assim, segundo o tribunal, "o princípio da confiança perderia todo o seu significado"[202].

Neste caso, para aplicar o princípio da confiança, o tribunal não convocou a ideia de previsibilidade, nem as normas sobre o direito de prioridade. O tribunal entendeu que o princípio da confiança é um princípio geral do direito do tráfego rodoviário, devendo, por isso, ser convocado para afastar a responsabilidade de um condutor perante o carácter irrazoável da conduta de outro interveniente no tráfego.

5. O princípio da confiança passou, assim, a ser convocado para resolver a generalidade dos problemas surgidos no âmbito do direito rodoviário e não apenas para dar solução aos casos relacionados com a violação das regras de prioridade. No início da década de sessenta, invocando embora diversas fundamentações para o princípio da confiança – designadamente, a falta de previsibilidade, as regras de experiência, as regras de prioridade, a fluidez e outras exigências do tráfego –, a generalidade dos tribunais alemães convocava já este princípio como um princípio geral do direito rodoviário[203].

§ 7. As críticas ao princípio da confiança e a afirmação do princípio da condução defensiva

1. Apesar do reconhecimento generalizado do princípio da confiança em matéria de direito rodoviário, seria incorrecto dizer-se que se tratava

[202] *BGHSt* 8, 1956, p. 203.

[203] O princípio da confiança passou a ser considerado o "pilar da jurisprudência em matéria de direito rodoviário" (KLEINEWEFERS, Herbert, *VersR*, 1963, p. 202). Em sentido semelhante, referindo várias decisões de diversos tribunais alemães, BÖHMER, Emil, *JR*, 1967, p. 292. Cf., ainda, MARAVER GÓMEZ, Mario, *Principio de confianza*, p. 49-51.

de um princípio válido em todas as situações de trânsito e em relação a qualquer tipo de participantes no tráfego[204]. A jurisprudência apontou, desde sempre, limites ao princípio da confiança. Desde logo, entendia-se que o agente que cometesse uma falha que pusesse em perigo a segurança do tráfego perderia o direito de confiar no comportamento correcto dos demais intervenientes. O princípio da confiança também não teria validade perante violações das regras que se considerassem *normais* e com as quais se deveria contar em determinadas situações de trânsito. Além disso, o princípio também não vigoraria perante pessoas idosas ou crianças pequenas. E, mesmo no âmbito das regras de prioridade, o princípio da confiança não vigorava em todas as situações[205].

2. No início da década de sessenta, enquanto se generalizava a convocação do princípio da confiança como um princípio geral do direito rodoviário, o *BGH* não deixou de chamar a atenção para os riscos que podiam advir de uma excessiva expansão de tal princípio. O *BGH* criticava a ideia de fluidez e demais exigências do tráfego e destacava a maior importância que têm a vida e a segurança dos diversos intervenientes.

No Acórdão de 1 de Julho de 1961[206], o *BGH* referiu-se expressamente à ideia de segurança no tráfego, fazendo-a prevalecer sobre o interesse numa rápida circulação rodoviária. No caso, o condutor conduzia um camião, à noite, à velocidade de 60 km/h. Na berma direita da estrada estava parado um autocarro com uma avaria mecânica. O condutor do camião não conseguiu parar atempadamente e, apesar de ter tentado desviar-se para a esquerda, acabou por embater ligeiramente no autocarro, provocando lesões corporais no condutor daquele veículo. O condutor do camião foi condenado por ofensa à integridade física por negligência[207].

A questão que se colocou ao *BGH* foi a de saber a que velocidade deviam seguir os veículos à noite. O *BGH* entendeu que à noite o condutor deve seguir a uma velocidade que lhe permita parar no espaço visível à sua frente. De acordo com o tribunal, os automobilistas não têm de contar com o facto de outros intervenientes no tráfego aparecerem repentinamente

[204] Assim, MARTIN, Ludwig, *DAR*, 1964, p. 300.

[205] Assim, BOCKELMANN, Paul, «Die künftige Entwicklung», p. 98-99. Cf., também, MARTIN, Ludwig, *DAR*, 1964, p. 303-305, com várias referências jurisprudenciais.

[206] *BGHSt* 16, 1962, p. 145 e ss.

[207] *BGHSt* 16, 1962, p. 145-146.

na estrada; cada condutor pode, em geral, *confiar* que os outros utilizadores das vias públicas não violam grosseiramente as regras, ainda que tais violações se observem ocasionalmente. O tribunal salienta, porém, que na estrada surgem por vezes outros obstáculos independentemente da intervenção humana ou que, de qualquer modo, não podem imputar-se à responsabilidade de um sujeito determinado. É o que acontece, designadamente, quando animais atravessam a estrada, quando há queda de árvores ou quando surgem outros obstáculos decorrentes, por exemplo, de avarias na sequência de acidentes ou de falhas mecânicas. Sendo assim, segundo o tribunal, nenhum condutor pode confiar que no espaço transitável à sua frente não acontece nenhum acidente ou que os automóveis avariados são imediatamente removidos para a berma ou são anunciados a grandes distâncias[208]. Nos termos do Acórdão, "a vida humana é inviolável" e "a sua protecção constitui a principal tarefa da comunidade jurídica". Atendendo aos princípios próprios do estado de necessidade, a vida humana e a fluidez do tráfego são valores incomparáveis – a protecção da vida humana prevalecerá sempre sobre o interesse individual numa rápida circulação rodoviária[209].

Em rigor, este caso julgado pelo *BGH* não convocava, para a sua resolução, a mediação do princípio da confiança. Nos termos em que o princípio da confiança vinha sendo enunciado pela jurisprudência – e que também são referidos neste aresto –, o condutor que circula em cumprimento das regras de trânsito pode confiar que os demais intervenientes não violam grosseiramente estas normas. Ora, nesta decisão, o *BGH* não refere que o condutor do autocarro tivesse, de algum modo, infringido as regras de circulação rodoviária. O que o tribunal salienta é que os automobilistas não podem confiar que no espaço transitável à sua frente não surja qualquer obstáculo (decorrente de factos naturais ou que, de qualquer modo, não possa imputar-se à responsabilidade de um sujeito determinado). Não será correcto, por conseguinte, dizer-se que neste Acórdão o *BGH* estabelece *limites ao âmbito de aplicação do princípio da confiança*. O caso decidendo não consubstancia uma constelação típica de aplicação deste princípio, e as ressalvas que o tribunal introduz não dizem respeito à actuação de terceiros em violação das regras de trânsito[210].

[208] *BGHSt* 16, 1962, p. 147-148.

[209] *BGHSt* 16, 1962, p. 149.

[210] Assim Kirschbaum, Klaus, *Vertrauensschutz*, p. 78-80; cf., também, Maraver Gómez, Mario, *Principio de confianza*, p. 51, nota 86.

Sendo embora assim, certo é que a generalidade da doutrina refere este aresto do *BGH* como revelador de uma mudança na orientação jurisprudencial no sentido de uma restrição da convocação do princípio da confiança em favor da ideia de segurança do tráfego[211].

3. No Projecto de *Straßenverkehrsordnung* (StVO) de 1962[212] também se criticou a expansão que o princípio da confiança tinha alcançado. Entendeu-se que se havia conferido muita importância ao interesse na fluidez da circulação rodoviária, o que se traduzira numa falta de consideração dos comportamentos dos vários intervenientes, com consequências na diminuição da segurança no tráfego[213]. A Comissão de Revisão esclareceu que eram várias as razões que fundamentavam a não previsão expressa do princípio da confiança no projecto apresentado. Até àquele momento, o princípio da confiança não havia sido expressamente previsto na StVO, mas nem por isso ele deixava de vigorar no direito penal do tráfego. Por conseguinte, não seria pelo facto de o princípio da confiança não estar expressamente previsto que deixaria de ser um princípio válido. Da perspectiva da Comissão, a consagração expressa de tal princípio na StVO teria consequências graves do ponto de vista psicológico, conduzindo a um relaxamento dos deveres de atenção dos intervenientes no tráfego. Além de que, segundo a Comissão, o âmbito de aplicação do princípio da confiança era ainda pouco claro – os próprios membros do *BGH* já se haviam manifestado pertinentemente contra a sua expansão[214]. Pelo que, neste Projecto de StVO, não pretendendo negar a validade do princípio da confiança no direito rodoviário, a Comissão apelou, no entanto, a uma restrição da aplicação de tal

[211] Assim, Martin, Ludwig, *DAR*, 1964, p. 304, e Sanders, Theodor, *DAR*, 1969, p. 8. Cf., também, Kirschbaum, Klaus, *Vertrauensschutz*, p. 75-77 e 83.

[212] Projecto publicado em *DAR*, 1963, p. 29 e ss.

[213] *DAR*, 1963, p. 48. Também Kleinewefers refere que quanto mais amplo fosse o campo de actuação do princípio da confiança, mais fluido seria o tráfego, mas, concomitantemente, mais inseguro ele se manifestaria (Kleinewefers, Herbert, *VersR*, 1963, p. 202).

[214] Como temos vindo a referir, a convocação do princípio da confiança em matéria de direito penal rodoviário não era aceite acriticamente e, nos primeiros anos da década de sessenta, alguns membros do *BGH* publicaram artigos em que se manifestaram abertamente contra a expansão de tal princípio, salientado a importância da segurança do tráfego. Assim fizeram Ludwig Martin e Elisabeth Krumme, ambos membros do *BGH* (cf. Martin, Ludwig, *in*: *Recht und Medizin*, p. 11 ss., e Krumme, Elisabeth, *ZVerkS*, 1961, p. 1 ss.). Cf., ainda a este propósito, Sanders, Theodor, *DAR*, 1969, p. 8, e Kirschbaum, Klaus, *Vertrauensschutz*, p. 83-87.

princípio, salientando a importância de comportamentos cuidadosos no tráfego e invocando a prática de uma condução defensiva (*defensives Fahren*), tal como se observava nos Estados Unidos da América[215].

4. A designação *condução defensiva* refere-se a uma forma de conduzir segundo a qual o automobilista deve contar constantemente com cada infracção de trânsito concebível por parte de qualquer outro interveniente no tráfego[216]. Um comportamento defensivo traduzir-se-ia numa "acção ou omissão prudente, centrada em evitar acidentes"[217].

4.1. Foi Wimmer quem, pela primeira vez na Alemanha, convocou a ideia de condução defensiva para limitar o princípio da confiança, em favor de uma maior segurança do tráfego. O autor salienta que o princípio da confiança traduz uma permissão de condutas perigosas, alargando os limites do risco permitido[218]. Comparando o direito rodoviário americano com o alemão, Wimmer concluiu que o princípio da confiança era um princípio tipicamente alemão, inexistente no direito americano. Nos EUA não se entenderia que na Alemanha pudesse ser absolvido o condutor que atropela um peão que atravessa a estrada de forma descuidada – nos EUA exigia-se um maior cuidado ao condutor[219]. Da perspectiva do autor, o direito rodoviário devia contrariar de forma mais eficiente o perigo de acidentes. E a adopção de uma condução defensiva contribuiria para se alcançar este objectivo – uma boa forma de reduzir a sinistralidade seria obrigar os condutores a evitar eventuais acidentes provocados pelos descuidos dos outros intervenientes no tráfego[220].

Wimmer sentiu necessidade de esclarecer, no entanto, que no seu entendimento a adopção de uma condução defensiva não significa que cada condutor deva *desconfiar* sempre do comportamento adequado por parte dos

215 *DAR*, 1963, p. 48. Para uma apreciação crítica deste Projecto, cf. Möhl, Wolfgang, *DAR*, 1964, p. 1-15. Com referências, também, a este Projecto, Wimmer, August, *DAR*, 1963, p. 369-370, Bockelmann, Paul, «Die künftige Entwicklung», p. 108, e Maraver Gómez, Mario, *Principio de confianza*, p. 52-53.

216 Assim, Bockelmann, Paul, «Die künftige Entwicklung», p. 99.

217 Wimmer, August, *DAR*, 1964, p. 38.

218 Wimmer, August, *DAR*, 1961, p. 3, e, do mesmo autor, *DAR*, 1963, p. 371.

219 Wimmer, August, *DAR*, 1961, p. 3; cf., também, do mesmo autor, *DAR*, 1964, p. 37.

220 Wimmer, August, *DAR*, 1961, p. 3-4, e, do mesmo autor, *DAR*, 1963, p. 371.

demais intervenientes no tráfego. Porém, quando segundo as circunstâncias ou a experiência um perigo estiver prestes a surgir, o condutor deve estar preparado para o enfrentar[221].

Segundo Wimmer, a condução defensiva contribui claramente para a segurança no tráfego, pelo que o legislador e a jurisprudência devem proceder a uma restrição do âmbito de aplicação do princípio da confiança[222]. Neste sentido, entende o autor que tal princípio deve ser exclusivamente aplicado dentro dos limites definidos pela sua própria finalidade – ou seja, quando, sem a aplicação do princípio da confiança, o tráfego moderno correr o risco de desaparecer ou de se tornar insuportável[223].

4.2. Karl Clauβ, assumindo uma posição mais radical que a defendida por Wimmer, chega mesmo a recusar a validade do princípio da confiança no direito rodoviário. Clauβ critica, desde logo, a utilização neste contexto da expressão *vertrauen* e entende que com a convocação do princípio da confiança se limita o dever de cuidado em situações em que ele deve ser afirmado[224]. Clauβ salienta que grande parte dos povos europeus não conhecia (ou conhecia mal) o princípio da confiança, comportando-se no tráfego de modo defensivo sem que, desta forma, se prejudicasse a fluidez do tráfego. Segundo Clauβ, a verificação de que a condução defensiva não impedia, na prática, a fluidez da circulação rodoviária contrariava os autores que defendiam o princípio da confiança como modo de fazer face aos entraves para o desenvolvimento do tráfego[225].

4.3. Ludwig Martin (que se havia manifestado já contra a expansão do princípio da confiança[226]), por sua vez, chama a atenção para a falta de clareza e para o elevado grau de abstracção do conceito de condução defensiva. Nem Wimmer nem a Comissão que havia apresentado o Projecto da StVO tinham esclarecido convenientemente tal conceito nem fundamen-

[221] Wimmer, August, *DAR*, 1965, p. 173.

[222] Wimmer, August, *DAR*, 1963, p. 364, e, do mesmo autor, *DAR*, 1964, p. 40.

[223] Wimmer, August, *DAR*, 1964, p. 40. Desenvolvidamente, sobre o pensamento de Wimmer, cf. Möhl, Wolfgang, *VOR*, 1 (1972), p. 73-75, e Kirschbaum, Klaus, *Vertrauensschutz*, p. 97 e ss. Cf., também, Maraver Gómez, Mario, *Principio de confianza*, p. 53-55.

[224] Clauβ, Karl, *JR*, 1964, p. 207-209.

[225] Clauβ, Karl, *JR*, 1964, p. 210.

[226] Cf., *supra*, nota 214.

tado devidamente o dever a ele associado[227]. Entendendo-se que condução defensiva é apenas uma forma de condução cuidadosa, adaptada às circunstâncias do tráfego e que pretende evitar acidentes, o conceito será supérfluo. Considerando-se, por outro lado, que o conceito de condução defensiva deve ser convocado para delimitar expressamente o âmbito de aplicação do princípio da confiança, tal conceito também não trará nada de novo, uma vez que a própria jurisprudência apontava já diversos limites ao princípio da confiança[228]. A condução defensiva, traduzindo a ideia de que cada condutor deve adaptar o seu modo de condução à possibilidade de os outros intervenientes no tráfego não se comportarem de acordo com o cuidado, acabará por significar, inevitavelmente, *condução desconfiada (Mißtrauenfahren)*. O princípio da confiança é, porém, um princípio essencial e irrenunciável do direito rodoviário. Segundo Martin, só é pensável uma *síntese* entre *Mißtrauenfahren* e *Vertrauenfahren* se os defensores da condução defensiva perceberem que não é possível negar a validade do princípio da confiança no direito rodoviário e considerarem suficiente a imposição de limites a este princípio em situações de tráfego determinadas[229].

4.4. Cramer chama a atenção para as implicações sérias que a defesa da condução defensiva poderia ter no desenrolar do tráfego rodoviário. Ao permitir-se que o princípio da confiança fosse "invadido" pela ideia de condução defensiva, aquele que se comportasse de acordo com as normas poderia, ainda assim, ser responsabilizado por eventuais ofensas a bens jurídicos (tal como se verificava no âmbito da responsabilidade civil[230]). Consequentemente, por exemplo, o condutor com prioridade não arriscaria exercer esse direito, pois o dever de cuidado acrescido que sobre ele impendia – o dever de *condução defensiva* – obrigá-lo-ia a controlar o tráfego das estradas secundárias[231].

[227] MARTIN, Ludwig, *DAR*, 1964, p. 306.

[228] Cf. MARTIN, Ludwig, *DAR*, 1964, p. 301 e p. 303-305 (com diversas referências jurisprudenciais).

[229] MARTIN, Ludwig, *DAR*, 1964, p. 306.

[230] Cf., *supra*, nota 157.

[231] CRAMER, Peter, *Straßenverkehrsrecht*², § 1 StVO, nº 12.

4.5. Também Jürgen Baumann refere que a expressão *condução defensiva* é de conteúdo pouco claro. Reconhecer, com Wimmer, que a condução defensiva se traduz na "omissão de comportamentos arriscados"[232] é ir longe demais. Segundo Baumann, não se pode proibir a cada condutor a prática de acções ou omissões arriscadas no trânsito. Qualquer intervenção no trânsito é sempre uma intervenção arriscada, pelo que proibir condutas arriscadas significaria proibir completamente a circulação rodoviária. Baumann conclui que não se pode prescindir do princípio da confiança no tráfego rodoviário: "sem princípio da confiança não há circulação rodoviária"[233].

5. As referências jurisprudenciais e doutrinárias poderiam multiplicar-se. Entendemos, no entanto, que as menções feitas serão suficientes para concluirmos que, na Alemanha da década de sessenta, à medida que aumentavam os acidentes de viação, a discussão em matéria de circulação rodoviária girava em torno de duas ideias fundamentais: fluidez e segurança do tráfego. Precisamente no centro desta discussão estava a questão da delimitação dos deveres de cuidado e, consequentemente, o problema da aplicação do princípio da confiança, bem como o dos seus limites de actuação.

[232] WIMMER, August, *DAR*, 1965, p. 170.
[233] BAUMANN, Jürgen, *DAR*, 1966, p. 29.

Capítulo III
O Tratamento Actual do Princípio da Confiança

§ 8. A consolidação da aplicação do princípio da confiança no contexto do tráfego rodoviário

1. Nos anos que se seguiram à década de sessenta, a jurisprudência alemã consolidou a aplicação do princípio da confiança como critério de determinação da responsabilidade penal no contexto do tráfego rodoviário. O debate jurisprudencial e doutrinal que teve lugar nos anos sessenta sobre o princípio da confiança e a sua relação com a prática da condução defensiva não se traduziu numa recusa daquele princípio nem significou o regresso aos critérios de solução tradicionais, baseados na ideia de desconfiança. Tal debate acabou por constituir uma chamada de atenção para a necessidade de se determinar o âmbito de actuação do princípio, cuja vigência continuou a ser reconhecida nos anos posteriores[234]. Ainda

[234] Cf. MARAVER GÓMEZ, Mario, *Principio de confianza*, p. 60. Refira-se que o princípio da confiança nunca teve consagração expressa na StVO. Coisa diferente aconteceu na Áustria, em que se reconheceu expressamente tal princípio no § 3 da StVO austríaca de 1960 (*BGBl.* 48, 159, p. 1897 e ss.). Na Alemanha houve quem procurasse inferir o princípio da confiança do § 25 da RStVO, segundo o qual "todo o participante no tráfego deve comportar-se de tal forma que não cause danos a nenhum outro, ou não o prejudique ou incomode mais do que seja inevitável segundo as circunstâncias" (cf. GÜLDE, Hermann, *JW*, 1935, p. 1464, e MÜLLER, Fritz, *Straßenverkehrsrecht*[21], p. 722). Com a aprovação da StVO de 1937 (StVO de 13 de Novembro de 1937, *Reichsgesetzblatt I*, 123, p. 1179 e ss), o disposto no § 25 da RStVO passou a constar do § 1 da StVO. No Projecto de Revisão da StVO de 1962, não se fazendo referência expressa ao princípio da confiança, também não se negava a validade de tal princípio que, segundo a Comissão Revisora, poderia inclusivamente inferir-se do seu § 10. O § 10, que tinha como epígrafe "situações de trânsito especiais", estabelecia que "só pode *confiar* fundadamente na renúncia [ao direito de passagem] quem se tiver posto de acordo com o

que nos últimos anos as sentenças alemãs que fazem referência expressa ao princípio da confiança no âmbito do tráfego rodoviário não sejam tão

titular desse direito" (*DAR*, 1963, p. 31). Segundo a Comissão Revisora, se o princípio da confiança não vigorasse no direito rodoviário, esta norma careceria de sentido (cf. *DAR*, 1963, p. 48). Na StVO de 1970 (StVO de 16 de Novembro de 1970, *BGBl. I*, 108, p. 1565 e ss.), o § 1, nº 2, continua a transmitir a ideia que já constava do § 25 da RStVO. O § 1, nº 1, estabelece que "a participação no trânsito requer uma atenção constante e uma consideração recíproca"; e o § 1, nº 2, da StVO estabelece que "todo o participante no tráfego deve comportar-se de tal forma que não cause danos nem ponha em perigo terceiros, nem os prejudique ou incomode mais do que seja inevitável segundo as circunstâncias". Já o § 11, nº 2, da StVO de 1970 tem uma redacção semelhante à proposta no § 10 do Projecto de 1962, estabelecendo que "quem pode continuar a sua marcha segundo as regras de tráfego ou de qualquer modo tem prioridade deve renunciar ao seu direito se a situação de tráfego assim o exigir; o terceiro só pode confiar fundadamente na renúncia quando se tiver posto de acordo com o renunciante". Na revisão da StVO de 1992 (*BGBl. I*, 16, p. 678 e ss.), foi introduzido um novo nº 2 no § 11, pelo que o disposto no nº 2 passou a constar do nº 3 do mesmo artigo. O conteúdo e a numeração do § 11 continuam, hoje, a ser os mesmos que em 1992. Na actual StVO, de 6 de Março de 2013 (*BGBl. I*, 12, p. 367 e ss.), procedeu-se apenas a pequenas actualizações linguísticas, quer no § 1, quer no § 11. A doutrina tende a ver nestas duas normas (no § 1, nº 2, e no § 11, nº 2, da StVO) a manifestação legal do princípio da confiança (cf. Möhl, Wolfgang, *DAR*, 1975, p. 62, e Kirschbaum, Klaus, *Vertrauensschutz*, p. 18-21). Em rigor, o § 1 da StVO foi invocado para fundamentar quer o princípio da confiança, quer o princípio da condução defensiva (cf. Wimmer, August, *DAR*, 1963, p. 369-370). Kirschbaum refere que, à primeira vista, do § 1, nº 2, da StVO não se infere um "princípio da confiança", mas sim um "princípio da desconfiança": se os participantes no tráfego têm de se comportar de modo a evitar qualquer perigo ou dano para os outros intervenientes em quaisquer circunstâncias, parece que tal norma será válida mesmo que os outros actuem em violação das regras de trânsito. Porém, Kirschbaum invoca a génese da norma do § 1, nº 2, da StVO – que, como vimos, corresponde ao § 25 da RStVO – , concluindo que não restam dúvidas de que dela se infere o princípio da confiança (cf. Kirschbaum, Klaus, *Vertrauensschutz*, p. 20 e p. 38 e ss). Também Cramer entende que o § 1 da StVO, ao estabelecer um dever de cuidado constante, pode ser visto como o reconhecimento legal do princípio da condução defensiva e do princípio da desconfiança (Cramer, Peter, *Straßenverkehsrecht*², § 1 StVO, nº 8 e 10). Este autor conclui, no entanto, que o princípio da condução defensiva não pode sobrepor-se ao princípio da confiança (Cramer, Peter, *Straßenverkehsrecht*², § 1 StVO, nº 12; cf., ainda a este propósito, Lange, Richard, *in*: *Verkehrssicherheit*, p. 79-80). Quanto ao disposto no § 11, nº 2, da StVO, entende-se que ele traduz um reconhecimento implícito do princípio da confiança, dizendo-se aquilo que já era afirmado pela Comissão de Revisão de 1962: se não existisse uma protecção da confiança no trânsito, o § 11, nº 2, da StVO seria supérfluo. Como não deve supor-se que o legislador diga algo supérfluo, então o § 11, nº 2, da StVO deve ser interpretado como uma excepção: como regra geral, cada participante no tráfego poderá confiar num comportamento dos demais de acordo com as regras de trânsito sem necessidade de qualquer *acordo prévio* (cf. Kirschbaum, Klaus, *Vertrauensschutz*, p. 19-20, e Cramer, Peter, *Straßenverkehsrecht*², § 1 StVO, nº 13).

frequentes, tal princípio continua a ser um princípio válido[235]. A doutrina alemã dominante entende que o princípio da confiança, tal como foi desenvolvido pela jurisprudência em meados do século passado, é um princípio claramente vigente no domínio da circulação rodoviária[236]. A jurisprudência e a doutrina dominantes estão fundamentalmente de acordo quanto ao conteúdo do princípio da confiança: "o participante no tráfego que cumpre as regras de cuidado pode confiar que os demais intervenientes se comportam devidamente, sempre que o contrário não se depreender das circunstâncias do caso concreto"[237]. Em relação aos limites de actuação do princípio da confiança que se inferem das circunstâncias do caso concreto, incluem-se tanto os que derivam da condição e da conduta do terceiro, como os que se relacionam com situações de tráfego especiais e infracções típicas.

2. Também os tribunais portugueses têm convocado o princípio da confiança no contexto do tráfego rodoviário. Logo na década de sessenta, embora não fizessem referência expressa a um *princípio da confiança*, os nossos tribunais não deixavam de convocar aquele que é, em rigor, o conteúdo de tal princípio.

[235] Segundo Böhmer, tendo-se tornado o princípio da confiança um critério de uso frequente, as decisões que o referem deixaram de ser alvo de publicação reiterada (cf. BÖHMER, Emil, *JZ* (1975), p. 169). Com referência expressa ao princípio da confiança no âmbito do tráfego rodoviário em tempos mais recentes, cf., designadamente, a decisão do *BGH* de 25 de Março de 2003, *NJW*, 2003, p. 1929 e ss.

[236] Cf., nomeadamente, JESCHECK / WEIGEND, *Lehrbuch*[5], § 55, I, 2, *d)*, ROXIN, Claus, *Allgemeiner Teil I*[4], § 24, nº 21, STRATENWERTH / KUHLEN, *Allgemeiner Teil*[6], § 15, nº 64, KIRSCHBAUM, Klaus, *Vertrauensschutz*, p. 16 e ss., CRAMER / STERNBERG-LIEBEN, *in*: SCH / SCH[27], § 15, nº 211 e ss., HANNES, Miriam, *Der Vertrauensgrundsatz*, p. 26, e KÖNIG, Peter, *in*: *Straßenverkehrsrecht*[41], § 1, nº 20. Sobre o surgimento e a consolidação do princípio da confiança em Itália, *vide*, entre outros, MANTOVANI, Marco, *Principio di affidamento*, p. 185 e ss., MANTOVANI, Ferrando, *in*: *Estudos Figueiredo Dias I*, p. 424, BISACCI, Maria Chiara, *Indice Pen.*, 12, 1 (2009), p. 195 e ss., e RUSSO, Roberta, *Cass. Pen.*, 9 (2010), p. 3204 e ss. Acerca do reconhecimento do princípio da confiança em Espanha, bem como da sua articulação com o designado princípio da defesa, cf. CORCOY BIDASOLO, Mirentxu, *Delito imprudente*, p. 327 e ss., e MARAVER GÓMEZ, Mario, *Principio de confianza*, p. 61 e ss.

[237] Decisão do *BGH*, de 15 de Março de 1956 (*BGHSt* 9, 1957, p. 93-94), repetidamente citada em jurisprudência posterior. Em sentido semelhante, cf., também, a decisão do *BGH*, de 15 de Novembro de 1956 (*BGHSt* 10, 1958, p. 4). Na doutrina, cf., por todos, KIRSCHBAUM, Klaus, *Vertrauensschutz*, p. 18.

No caso decidido pelo Tribunal da Relação do Porto, em 30 de Janeiro de 1964, estava em causa uma colisão entre dois veículos num cruzamento, em que um dos condutores havia violado o seu dever de cedência de passagem. Na sequência do embate, um dos automobilistas perdeu o controlo do veículo, subiu o passeio e veio a colher uma criança que, tendo sofrido ferimentos graves, acabou por morrer. O tribunal entendeu que "nos cruzamentos a regra de prioridade é absoluta, devendo sempre passar primeiro o condutor que se apresenta pela direita". O tribunal salientou que este condutor, "para evitar qualquer surpresa, apenas terá de reduzir a velocidade como medida de prudência". No caso submetido a julgamento, o tribunal considerou que o embate se tinha verificado por *culpa exclusiva* do condutor sobre o qual recaía o dever de ceder passagem, na medida em que, embora circulasse em marcha moderada, ao entrar no cruzamento não havia respeitado "a prioridade de passagem" do outro condutor[238].

Em Acórdão de 12 de Outubro de 1966, o Supremo Tribunal de Justiça afirmou que quando atravessam "qualquer via pública, os peões devem assegurar-se previamente de que o podem fazer sem risco de acidente". O tribunal salientou que não é exigível aos condutores de veículos "que prevejam a violação de tal dever por parte dos peões, mormente quando não há qualquer indicação de que estão desatentos ao trânsito"[239].

Num outro caso submetido à apreciação do Supremo Tribunal de Justiça, já na década de oitenta, estava em causa a prática de um crime de dano negligente (na altura previsto no artigo 482º do CP e no artigo 58º, nº 4, do Código da Estrada), resultante da colisão entre dois veículos. O tribunal considerou que "aos condutores de veículos automóveis é de se exigir que cumpram estritamente as disposições legais reguladoras do trânsito, mas não se lhes pode exigir que devam prever a negligência, falta de atenção ou de cuidado dos outros condutores, ou que devam prever que os outros condutores infrinjam as disposições que regulam e disciplinam o trânsito"[240].

A partir desta altura começou a ser frequente encontrar acórdãos dos tribunais portugueses com referência expressa ao princípio da confiança.

[238] *JRel.*, 10 (1964), t. I, p. 140 e ss., esp.te p. 141.

[239] *BMJ*, 160 (1966), p. 173 e ss.

[240] Acórdão do Supremo Tribunal de Justiça, de 28 de Maio de 1980, *BMJ*, 279 (1980), p. 142 e ss., esp.te p. 147.

Em 12 de Dezembro de 1990, o Tribunal da Relação do Porto decidiu um caso em que o automobilista, ao sair de um prédio particular, não cedeu a passagem a um veículo que transitava na estrada, colidindo com ele. Do embate resultou a morte de um passageiro do segundo veículo e ofensas corporais graves noutro passageiro. O tribunal entendeu que o condutor que se encontrava a sair do prédio era o único responsável pelas ofensas provocadas, já que, de acordo com "o princípio da confiança, ao segundo não é exigível que esteja a contar com a possibilidade de outrem ofender o seu direito de prioridade"[241].

A partir de meados da década de noventa, o princípio da confiança passou a ser convocado na generalidade das decisões judiciais relativas a acidentes de viação[242]. Porém, não podemos deixar de referir que se encontram arestos em que se faz referência ao princípio da confiança sem que daí se retire qualquer consequência[243], bem como constelações cuja solução poderia ser encontrada de modo simples por apelo ao princípio da confiança e que são decididas sem a expressa mediação deste critério[244].

3. Entre nós é também reconhecido pela generalidade da doutrina o relevo do princípio da confiança no contexto do direito penal rodoviário, chegando mesmo a referir-se que o "interagir motivado pelo tráfego rodoviário só tem sentido se for compreendido através do princípio geral da confiança"[245]. Logo no início da década de sessenta, Eduardo Correia e Figueiredo Dias salientaram a importância fundamental da convocação do

[241] Acórdão do Tribunal da Relação do Porto, 12 de Dezembro de 1990, processo nº 0225305 (*in*: *www.dgsi.pt*).

[242] Destacamos, pela diversidade dos factos submetidos a julgamento, o Acórdão do Tribunal da Relação do Porto, de 9 de Julho de 2003 (processo nº 0340290); o Acórdão do Tribunal da Relação do Porto, de 28 de Abril de 2004 (processo nº 0410785); o Acórdão do Tribunal da Relação de Évora, de 29 de Janeiro de 2008 (processo nº 0410785), o Acórdão do Tribunal da Relação de Guimarães, de 21 de Abril de 2008 (processo nº 3/08-1), o Acórdão do Tribunal da Relação de Lisboa, de 3 de Agosto de 2009 (processo nº 151/99.2PBCLD.L1-5), e o Acórdão do Tribunal da Relação de Guimarães, de 26 de Abril de 2010 (processo nº 100/06.3GAMNC.G1). Todos estes arestos se encontram disponíveis *in*: *www.dgsi.pt*.

[243] É o que acontece, designadamente, no Acórdão do Tribunal da Relação de Évora, de 18 de Fevereiro de 2014, processo nº 199/12.3GDSTB.E1 (*in*: *www.dgsi.pt*).

[244] Referimo-nos, designadamente, ao Acórdão do Tribunal da Relação do Porto, de 17 de Dezembro de 2014, processo nº 13395/11.1TDPRT.P1 (*in*: *www.dgsi.pt*).

[245] Costa, José de Faria, *Perigo*, p. 488; no mesmo sentido, já Correia, Eduardo, *Direito Criminal I*, p. 424.

princípio da confiança em matéria de acidentes de viação[246]. Desde então, o princípio da confiança tem vindo a ser referido pela doutrina dominante[247], de acordo com a ideia fundamental de que "quem se comporta no tráfico de acordo com a norma de cuidado deve poder confiar que o mesmo sucederá com os outros; salvo se tiver razão *concretamente* fundada para pensar ou dever pensar de outro modo"[248].

[246] CORREIA, Eduardo, *BMJ*, 109 (1961), p. 23-24, o mesmo autor em *Direito Criminal I*, p. 424, e DIAS, Jorge de Figueiredo, *Responsabilidade pelo resultado*, p. 61 (nota 1).

[247] Cf. BELEZA, Teresa Pizarro, *Direito Penal* 2, p. 517-518, COSTA, José de Faria, *Perigo*, p. 488 e ss., FARIA, Paula Ribeiro de, *Adequação social*, p. 962 e p. 982, a mesma autora, *in*: *Comentário Conimbricense*², artigo 148º, § 13, SILVA, Germano Marques da, *Direito Penal*, p. 134, e FIDALGO, Sónia, *Responsabilidade Penal por Negligência*, p. 111 e ss.

[248] DIAS, Jorge de Figueiredo, *Direito Penal I*², 35º Cap., § 28 (itálicos do autor). Encontramos no nosso Código da Estrada uma norma com um conteúdo semelhante ao que vimos existir no § 25 da RStVO e que transitou para o § 1, nº 2, da StVO de 1970 (cf., *supra*, nota 234). Entre nós, o trânsito começou por ser objecto de regulamentos e só em 1928 foi publicado o primeiro Código da Estrada. Em rigor, em 1928 foram publicados dois Códigos da Estrada, um pelo Decreto nº 14988, de 6 de Fevereiro, que entrou em vigor no dia 1 de Março desse mesmo ano, e outro, publicado em anexo ao Decreto nº 15536, de 14 de Abril de 1928, que entrou imediatamente em vigor. Este Código da Estrada de Abril de 1928 veio a ser revogado pelo Decreto nº 31406, de 31 de Maio de 1930, que entrou imediatamente em vigor e revogou toda a legislação em contrário (cf. FARINHA, Luís Pereira, *in*: *Autoridade Nacional de Segurança Rodoviária*). Este Código de 1930 esteve em vigor até 1954, altura em que foi publicado um novo Código da Estada (Decreto-Lei nº 39672, de 20 de Maio de 1954). O Código de 1954 vigorou até 1994, ano em que foi aprovado o actual Código da Estrada (o Decreto-Lei nº 114/94, de 3 de Maio), sujeito já a várias alterações, tendo as mais recentes sido introduzidas pelo Decreto-Lei nº 151/2017, de 7 de Dezembro. Já no Código de 1954, o artigo 1º, nº 2, estabelecia que "é proibido tudo o que possa impedir ou embaraçar o trânsito e comprometer a segurança e comodidade dos utentes das vias públicas". Esta norma transitou praticamente inalterada para o artigo 3º da versão originária do actual Código da Estrada, estabelecendo a legislação presentemente em vigor, no artigo 3º, nº 2, que "as pessoas devem abster-se de atos que impeçam ou embaracem o trânsito ou comprometam a segurança, a visibilidade ou a comodidade dos utilizadores das vias, tendo em especial atenção os utilizadores vulneráveis". Porém, não encontramos na jurisprudência nem na doutrina nacionais a preocupação de fundamentar o princípio da confiança nesta ou em qualquer outra norma. Atendendo à pluralidade de estratos que reconhecemos ao sistema jurídico (cf. BRONZE, Fernando José, *Introdução ao Direito*², p. 627 e ss., COSTA, José de Faria, *Perigo*, p. 139 e ss., e, do mesmo autor, *RPCC*, 12 (2002), p. 20) e à abertura que entendemos ser-lhe característica (cf. BRONZE, Fernando José, *Introdução ao Direito*², p. 674 e ss., e DIAS, Jorge de Figueiredo, *in*: *Estudos Barbosa de Melo*, p. 407 e 420), parece-nos carecida de sentido a discussão em torno da eventual necessidade de consagração legal do princípio da confiança. Colocando expressamente a questão, concluindo também pela desnecessidade de previsão positiva deste princípio, ABRALDES, Sandro, *Delito imprudente*, p. 382 e ss.

§ 9. Extensão do âmbito de aplicação do princípio da confiança

1. Do princípio da confiança – tal como este princípio foi desenvolvido pela jurisprudência no contexto do tráfego rodoviário – infere-se que os condutores não estão obrigados a adaptar a sua conduta a eventuais comportamentos incorrectos de terceiros. Por conseguinte, os condutores não serão responsáveis pelos resultados lesivos produzidos em virtude da infracção das regras por parte dos outros intervenientes no tráfego. Desta perspectiva, o princípio da confiança assumir-se-á, fundamentalmente, como um princípio destinado a determinar a responsabilidade de um sujeito quando a produção do resultado lesivo se encontra condicionada pela intervenção de terceiros. Não surpreenderá, portanto, que uma vez admitida a validade do princípio da confiança na esfera do tráfego rodoviário, tanto a doutrina como a jurisprudência tenham procurado ampliar o seu campo de actuação a outros âmbitos de actividade em que a produção do resultado lesivo pode ver-se igualmente condicionada pela intervenção de terceiros[249].

2. Foi precisamente o que se verificou em relação ao exercício da medicina em equipa.

Faz parte das memórias do passado a figura do "médico de cabeceira" que "detinha todo o conhecimento da arte de curar na sua cabeça e na sua maleta"[250]. Já não podemos contar com o médico generalista para cuidar de todos os problemas de saúde. A tendência é no sentido de uma divisão de competências. Os médicos reduzem cada vez mais o seu campo de actuação, aprofundando os seus conhecimentos num âmbito científico específico. E, seguindo a lógica da especialização médica, também a própria enfermagem se fragmentou e passou a ter áreas de cuidados especializados. De há uns anos a esta parte as instituições de saúde apresentam-se como organizações complexas, em que vigora uma acentuada divisão de trabalho e onde a actividade médica é desenvolvida predominantemente no âmbito de equipas pluridisciplinares: as equipas de prestação de cuidados de saúde[251].

[249] Nestes precisos termos, Maraver Gómez, Mario, *Principio de confianza*, p. 98.

[250] Graça, Luís, «Profissões de saúde», 2.

[251] Assim, entre outros, já Stratenwerth, Günter, *in: Fest. Eb. Schmidt*, p. 383 e p. 387, Carstensen, G., *Langenbecks Arch.*, 335 (1981), p. 571, Marinucci, Giorgio / Marrubini,

Actuando os diversos profissionais no âmbito de uma equipa[252], pode acontecer que, à semelhança do que vimos suceder na circulação rodoviária, várias pessoas se vejam envolvidas na produção de um resultado lesivo. Nestes casos, haverá necessidade de esclarecer em que medida a responsabilidade de cada uma dessas pessoas pode estar dependente das condutas realizadas por terceiros.

2.1. Exner salientou este aspecto, no início do século passado, ao referir que no exercício da medicina, tal como no tráfego rodoviário, começava a ser frequente que os resultados lesivos se produzissem mediante a actuação conjunta de várias pessoas[253]. Ao analisar estes casos de responsabilidade por negligência médica, Exner conclui que o importante é saber em que medida a conduta do sujeito, analisada de um ponto de vista *ex ante*, se revela idónea por si mesma à produção do resultado[254]. Nos casos em que se considere que a conduta do sujeito criou apenas um risco *normal*, tendo o resultado sido definitivamente condicionado pela conduta negligente de um terceiro, pode limitar-se o dever de o sujeito prever essa conduta do terceiro – aquele que se comporta correctamente *poderá contar* com que os demais fazem o mesmo[255]. Desta forma, antes mesmo de a jurisprudência alemã começar a aplicar o princípio da confiança no tráfego rodoviário, Exner propunha um critério de solução baseado na confiança que, pretendendo ter validade geral, deveria actuar quer no contexto do tráfego rodoviário, quer no exercício da medicina em equipa[256].

Eberhard Schmidt também se dedicou ao estudo dos problemas jurídico-penais resultantes da actuação em conjunto de vários profissionais de saúde. Schmidt também questionou em que termos deve determinar-se a responsabilidade por negligência do médico nos casos em que, na sequência da colaboração prestada por outro profissional, o doente vier a

Gilberto, *Temi* (1968), p. 217, JORGE BARREIRO, Agustín, *La imprudencia*, p. 113-114, FIDALGO, Sónia, *Responsabilidade Penal por Negligência*, p. 15 e ss., e, a mesma autora, *in*: *Estudos Figueiredo Dias II*, p. 417.

252 Sobre a falta de consenso em relação ao conceito de equipa médica, cf. FIDALGO, Sónia, *Responsabilidade Penal por Negligência*, p. 97 e ss.

253 EXNER, Franz, *in*: *Fest. Reinhard von Frank*, p. 569.

254 EXNER, Franz, *in*: *Fest. Reinhard von Frank*, p. 574 e ss.

255 EXNER, Franz, *in*: *Fest. Reinhard von Frank*, p. 581 e ss.

256 Nestes termos, com referência à proposta de Exner, MARAVER GÓMEZ, Mario, *Principio de confianza*, p. 99-100.

sofrer uma ofensa à integridade física ou vier mesmo a morrer[257]. Segundo Schmidt, Exner não havia respondido a esta questão de modo satisfatório. Da perspectiva de Schmidt, "confiar que os outros cumprem os deveres que sobre eles impendem não constituirá violação do dever sempre que a confiança não tenha de ser afastada pela normal experiência nem pela especial previsibilidade daquele que confia"[258].

2.2. Em meados do século XX, após a formulação do princípio da confiança pela jurisprudência alemã no domínio da circulação rodoviária, um sector doutrinal propôs expressamente a sua aplicação no âmbito do exercício da medicina, para determinar a responsabilidade penal do médico perante condutas incorrectas dos seus colaboradores.

Engisch procedeu a uma comparação entre os casos em que o doente sofre uma ofensa em virtude de um erro da enfermeira que colabora com o médico e os casos em que o condutor causa um acidente devido à actuação incorrecta de um terceiro ou da própria vítima. Em ambas as constelações, segundo Engisch, se coloca o problema da determinação da responsabilidade de um sujeito por uma conduta que vem a causar um resultado em virtude da intervenção de um terceiro[259]. Engisch salienta que no exercício da medicina a questão tem de ser resolvida através da convocação do princípio da divisão de trabalho. A divisão de trabalho pressupõe não só que o médico possa contar com a colaboração de outras pessoas, mas também que possa confiar numa conduta correcta por parte delas – se o médico tivesse de supervisionar constantemente os seus colaboradores, a divisão de trabalho seria uma pura ilusão[260]. Engisch conclui, então, que o princípio da confiança desenvolvido pela jurisprudência no contexto do tráfego rodoviário deve ser aplicado em todos os casos de divisão de trabalho, incluindo os casos da relação que se estabelece entre o médico e os seus colaboradores[261].

Também Stratenwerth convocou o princípio da confiança para determinar a responsabilidade penal na actuação médica. O autor salienta que

[257] SCHMIDT, Eberhard, *Der Arzt*, p. 189.

[258] SCHMIDT, Eberhard, *Der Arzt*, p. 192-193.

[259] ENGISCH, Karl, *Langenbecks Arch.*, 288 (1958), p. 573.

[260] ENGISCH, Karl, *Langenbecks Arch.*, 288 (1958), p. 578 e ss.

[261] ENGISCH, Karl, *Langenbecks Arch.*, 288 (1958), p. 582-583. Cf., também, MARAVER GÓMEZ, Mario, *Principio de confianza*, p. 99-100.

os critérios tradicionais da previsibilidade e da evitabilidade não são adequados para determinar a responsabilidade médica por negligência. Tais critérios foram desenvolvidos a pensar na actuação individual, não se mostrando idóneos como parâmetros de solução nos casos de divisão de trabalho[262]. Também Stratenwerth refere que se o médico tivesse de controlar a conduta de todos os seus colaboradores dificilmente poderia prestar atenção suficiente às tarefas que especificamente lhe incumbem. Além de que, deste modo, deixaria de ter sentido a própria divisão de trabalho. Segundo Stratenwerth, deve seguir-se o critério estabelecido pelo princípio da confiança e permitir que o médico confie na conduta correcta dos seus colaboradores[263].

Com o decurso do tempo, outros autores foram defendendo também a aplicação do princípio da confiança no exercício da medicina em equipa. Há, na verdade, quem saliente as diferenças estruturais entre a participação no tráfego rodoviário e o exercício da medicina em equipa e, consequentemente, questione a possibilidade de aplicação do princípio da confiança na actividade médica com a mesma extensão com que se afirma no tráfego rodoviário[264]. Contudo, a doutrina dominante defende a aplicação do princípio da confiança como critério de determinação da responsabilidade no exercício da medicina em equipa[265].

[262] STRATENWERTH, Günter, *in: Fest. Eb. Schmidt*, p. 383 e ss.

[263] STRATENWERTH, Günter, *in: Fest. Eb. Schmidt*, p. 387 e ss.

[264] Neste sentido, UMBREIT, Hans-Werner, *Verantwortlichkeit des Arztes*, p. 70 e ss.; desenvolvidamente sobre este aspecto, FIDALGO, Sónia, *Responsabilidade Penal por Negligência*, p. 114 e ss., e, mais recentemente, MARAVER GÓMEZ, Mario, *Principio de confianza*, p. 104-105. Schmidhäuser assume uma posição restritiva em relação ao âmbito de aplicação do princípio da confiança. Entendendo que o princípio da confiança é uma manifestação do risco permitido, Schmidhäuser defende que tal princípio só tem significado no âmbito do tráfego rodoviário, na medida em que obedece aí à necessidade de se assegurar a fluidez do tráfego (SCHMIDHÄUSER, Eberhard, *Allgemeiner Teil. Studienbuch*², 6/109).

[265] Cf., entre outros, na Alemanha, KAMPS, Hans, *Ärztliche Arbeitsteilung*, p. 167 e ss., SCHUMANN, Heribert, *Selbstverantwortung*, p. 19 e ss., PETER, Anne-Marie, *Arbeitsteilung im Krankenhaus*, p. 29, BROSE, Johannes, *in: Medizinstrafrecht*, p. 52 e ss.; em Itália, MARINUCCI, Giorgio / MARRUBINI, Gilberto, *Temi* (1968), p. 220; em Espanha, JORGE BARREIRO, Agustín, *La imprudencia*, p. 119 e p. 155, GÓMEZ RIVERO, M. Cármen, *Responsabilidad*², p. 400-401; entre nós, BELEZA, Teresa Pizarro, *Direito Penal* 2, p. 517-518, DIAS, Jorge de Figueiredo, *Direito Penal I*², 35º Cap., § 32, e, pormenorizadamente, FIDALGO, Sónia, *Responsabilidade Penal por Negligência*, p. 149 e ss. e p. 182 e ss.

3. Um sector doutrinal tem vindo a defender também a aplicação do princípio da confiança no contexto dos acidentes de trabalho. A actividade desenvolvida por uma empresa, sobretudo no âmbito da construção civil, é também uma actividade especialmente perigosa, em que a produção de um resultado lesivo pode ver-se condicionada pela intervenção de diversos sujeitos. O empresário – frequentemente, o construtor – procede habitualmente à contratação de várias pessoas, realizando-se uma divisão de trabalho semelhante à que se verifica no exercício da medicina. Habitualmente, as pessoas contratadas executam as tarefas em cumprimento de ordens que recebem do empresário ou do encarregado da obra. Por esta razão, uma das questões que se coloca neste âmbito é a da determinação da responsabilidade do empresário ou do encarregado por eventuais danos que venham a sofrer os trabalhadores durante a execução das tarefas que lhes foram atribuídas[266].

Há quem entenda que na generalidade dos casos impenderá sobre o empresário um dever de vigilância ou de supervisão sobre os seus trabalhadores, pelo que o princípio da confiança terá aqui um alcance muito mais limitado que nos demais âmbitos de actuação ou deverá mesmo ser afastado[267].

Porém, há ainda quem invoque a própria razão de ser da divisão de trabalho para justificar a aplicação do princípio da confiança com carácter geral também neste domínio de relações. O que pode acontecer é que o princípio da confiança venha a sofrer limites específicos neste ramo de actividade, na medida em que certas regras de segurança imponham deveres de controlo do risco que, por isso, se afastem da lógica da divisão de trabalho. Tais limites, porém, não implicarão a solução da generalidade destes casos com base numa ideia de *desconfiança*[268].

4. Um outro âmbito em que se tem questionado a possibilidade de aplicação do princípio da confiança é o relativo à designada responsabilidade

[266] Cf. GALLAS, Wilhelm, *Die strafrechtliche Verantwortlichkeit*, p. 34 e ss., e ARROYO ZAPATERO, Luis, *Seguridad en el Trabajo*, p. 177 e ss.; colocando o problema precisamente nestes termos, MARAVER GÓMEZ, Mario, *Principio de confianza*, p. 105 e ss.

[267] Cf. HERZBERG, Rolf Dietrich, *Die Verantwortung für Arbeitsschutz*, p. 173-174, ARROYO ZAPATERO, Luis, *Seguridad en el Trabajo*, p. 178, e CORCOY BIDASOLO, *in*: *Derecho Penal Económico*, p. 126 e ss.

[268] HEIERLI, Matthias, *Die Bedeutung des Vertrauensprinzips*, p. 252 e ss.; para uma síntese das várias propostas, *vide* MARAVER GÓMEZ, Mario, *Principio de confianza*, p. 106 e ss.

criminal pelo produto[269]. A possibilidade de resolução de problemas nesta área por mediação do princípio da confiança tem-se colocado sobretudo em relação a dois tipos de questões.

Dado que, normalmente, a correcta utilização do produto requer a adopção de certas medidas de cuidado por parte do consumidor, é importante analisar até que ponto os sujeitos que intervêm no processo produtivo devem adaptar o seu comportamento à possibilidade de o consumidor, fazendo um uso incorrecto do produto, contribuir para causar um resultado lesivo sobre si mesmo ou sobre um terceiro.

Por outro lado, na medida em que no processo produtivo há uma repartição de tarefas (por exemplo, entre fabricantes, transportadores e comerciantes), é necessário determinar também se o sujeito que se ocupa de uma tarefa concreta tem o dever de controlar ou evitar os riscos que podem gerar-se pela actuação incorrecta daqueles que se encarregam de uma tarefa distinta[270].

A este propósito, Kuhlen propõe a utilização do princípio da confiança para limitar o dever de o produtor prever condutas incorrectas do consumidor[271]. O autor defende também a aplicação do princípio da confiança para delimitar os deveres entre os diversos intervenientes no processo produtivo. Segundo Kuhlen, os fabricantes podem confiar que os comerciantes armazenam e conservam adequadamente os produtos; do mesmo modo que estes últimos podem confiar que os fabricantes produziram correctamente os bens de consumo[272]. Kuhlen salienta, porém, que não deve proceder-se a uma transferência automática do princípio da confiança do

[269] Entre nós, não desenvolvendo especificamente o problema da aplicação do princípio da confiança neste domínio, dedicando-se antes ao problema da determinação do nexo de causalidade entre a conduta de produção ou de comercialização de bens e o dano sofrido pelo consumidor na sua saúde, Sousa, Susana Aires de, *Responsabilidade criminal pelo produto*, p. 241 e ss., 472 e ss. e 603 e ss.; sobre a questão de saber se a protecção jurídico-penal de interesses dos consumidores forma parte do designado "direito penal do risco", cf. Dias, Augusto Silva, *Interesses dos Consumidores*, p. 15 e ss.

[270] Colocando as duas questões precisamente nestes termos, Maraver Gómez, Mario, *Principio de confianza*, p. 112.

[271] Kuhlen, Lothar, *Produkthaftung*, p. 137 e ss.

[272] Kuhlen, Lothar, *Produkthaftung*, p. 135; com desenvolvimentos sobre a proposta de Kuhlen no âmbito da responsabilidade criminal pelo produto, *vide*, entre nós, Sousa, Susana Aires de, *Responsabilidade criminal pelo produto*, p. 234 e ss. Cf., ainda a este propósito, Paredes Castañón, José Manuel / Rodriguéz Montañés, Teresa, *El Caso de la Colza*, p. 158 e ss.

âmbito do tráfego rodoviário para a órbita da responsabilidade pelo produto. A aplicação de tal princípio neste domínio deve ser feita a partir de uma ponderação de interesses baseada nas necessidades próprias do sistema de produção[273].

5. Nos últimos anos, há quem venha defendendo também a aplicação do princípio da confiança como critério de determinação da responsabilidade no domínio das organizações empresariais[274]. Tendo-se em vista que o princípio da confiança é "um critério de grande utilidade para determinar se uma pessoa violou ou não os seus deveres de cuidado nos casos de trabalho em equipa ou dentro de uma organização", a questão que se colocará com acuidade no domínio da empresa é a de saber até onde será permitido ou legítimo confiar[275]. Organizando-se a empresa a partir de uma estrutura hierárquica, o nível de confiança permitido dependerá, compreensivelmente, do plano em que o indivíduo actuar, bem como da posição que ocupar dentro da organização. Tem-se entendido, neste contexto, que o princípio da confiança não terá a mesma eficácia no sentido "descendente" e no sentido "ascendente": a vigência do princípio da confiança será mais evidente para quem tem uma posição subordinada, sobretudo quando existirem grandes desníveis em relação à qualificação dos trabalhadores, bem como ao modo de distribuição do poder dentro da estrutura empresarial[276].

[273] KUHLEN, Lothar, *Produkthaftung*, p. 130 e ss.; cf., *infra*, § 12, IV. Brinkmann, por seu lado, defende que na cadeia de produção a confiança se encontra muito limitada porque, por regra, recairá sobre cada um dos intervenientes um dever de supervisão dos produtos que recebe de outro participante no processo (BRINKMANN, Bernhard, *Vertrauensgrundsatz*, p. 39 e ss.). Fazendo uma síntese das propostas dos diversos autores e discutindo a possibilidade de aplicação do princípio da confiança no âmbito do conhecido caso do *Óleo de Colza*, MARAVER GÓMEZ, Mario, *Principio de confianza*, p. 111 e ss.

[274] Neste sentido, entre outros, HANNES, Miriam, *Der Vertrauensgrundsatz*, p. 93 e ss.; SILVA SÁNCHEZ, Jesús-María, *RBCC*, 99 (2012), p. 347 e ss., FEIJOO SÁNCHEZ, Bernardo, *in: Direito penal económico e financeiro*, p. 137 e p. 142 e ss., e, do mesmo autor, *Derecho penal de la empresa*, p. 193 e ss. Manifestando-se, porém, de forma crítica quanto à possibilidade de aplicação do princípio da confiança neste domínio, BOSCH, Nikolaus, *Organisationsverschulden in Unternehmen*, p. 382 e ss.

[275] FEIJOO SÁNCHEZ, Bernardo, *in: Direito penal económico e financeiro*, p. 137 e p. 142.

[276] Nesse sentido, FEIJOO SÁNCHEZ, Bernardo, *in: Direito penal económico e financeiro*, p. 143-144, e, do mesmo autor, *Derecho penal de la empresa*, p. 196-197. Voltaremos a referir este aspecto, *infra*, § 21, aquando das considerações sobre os limites do princípio da confiança.

6. Muitas das propostas apresentadas pela doutrina relativas à aplicação do princípio da confiança em determinados contextos de actuação foram, desde o início, acompanhadas de manifestações favoráveis ao reconhecimento deste princípio como critério geral de determinação da responsabilidade por negligência.

Quando, ainda antes de o princípio da confiança ser expressamente reconhecido pela jurisprudência alemã, Exner perguntava em que medida constituiria violação do dever *confiar* (*vertrauen*) que os terceiros cumprem os deveres que sobre eles impendem, a questão era apresentada no contexto de um estudo geral sobre responsabilidade por negligência[277]. O propósito do autor não era, por isso, que a solução apresentada ficasse limitada aos âmbitos do tráfego rodoviário e do exercício da medicina em equipa.

Também Engisch e Stratenwerth, ao tratarem do problema da aplicação do princípio da confiança no domínio da actividade médica, não deixaram de referir que o princípio deve actuar em todos os contextos em que seja necessário proceder-se a uma divisão de trabalho ou até em todos os domínios em que se estabeleça uma relação entre várias pessoas[278].

Desde então, um significativo sector doutrinal tem apresentado o princípio da confiança como um *critério geral* de determinação do dever objectivo de cuidado ou de imputação objectiva do resultado, quando na realização do facto intervém uma pluralidade de pessoas[279].

7. Há, no entanto, quem manifeste dúvidas quanto à possibilidade de uma aplicação tão ampla do princípio da confiança.

Ingeborg Puppe refere que uma observação atenta da realidade permitirá concluir que a possibilidade de confiar se apresenta, afinal, mais como uma excepção do que como uma regra. A autora salienta a frequência com que, no âmbito de actividades perigosas, se estabelecem sistemas de pro-

[277] Exner, Franz, *in: Fest. Reinhard von Frank*, p. 577 e p. 579.

[278] Engisch, Karl, *Langenbecks Arch.*, 288 (1958), p. 582, Stratenwerth, Günter, *in: Fest. Eb. Schmidt*, p. 392.

[279] Cf., entre outros, nomeadamente, Jescheck / Weigend, *Lehrbuch*[5], § 55, I, 2, *d)*, Roxin, Claus, *Allgemeiner Teil I*[4], § 24, nº 25, Stratenwerth / Kuhlen, *Allgemeiner Teil*[6], § 15, nº 63, Hannes, Miriam, *Der Vertrauensgrundsatz*, p. 135-138, Jorge Barreiro, Agustín, *La imprudencia*, p. 117, Feijoo Sánchez, Bernardo, *DPC*, 69 (2000), p. 110 e ss., e, entre nós, parecendo admitir a aplicação do princípio da confiança à generalidade dos domínios da vida social, Dias, Jorge de Figueiredo, *Direito Penal I*[2], 35º Cap., § 28.

tecção múltipla, em que se impõe a vários sujeitos o dever de controlar o mesmo tipo de riscos – são os casos em que se estabelecem as designadas medidas de *dupla segurança* (*Doppelsicherung*). Mesmo no direito rodoviário – que é o principal campo de actuação do princípio da confiança – há normas cujo propósito radica na possibilidade de compensar as infracções de terceiros (*v. g.*, as normas que impõem limites de velocidade)[280]. De igual modo, segundo a autora, no exercício da medicina em equipa, mesmo nas designadas relações horizontais, haverá casos em que se impõem estas medidas de dupla segurança, com a consequência de que nenhum dos profissionais pode confiar no integral cumprimento do dever por parte do outro. Já no âmbito das relações verticais (independentemente da afirmação de quaisquer medidas de dupla segurança), no entendimento de Puppe, o superior estará obrigado, até certo ponto, a controlar os seus subordinados[281].

Num estudo sobre a confiança no âmbito do tráfego rodoviário, Kirschbaum nega a existência de um verdadeiro princípio baseado na confiança[282]. Kirschbaum analisa várias decisões jurisprudenciais e conclui que são muitos os casos em que se recusa a protecção da confiança. As razões que justificam o afastamento do princípio são as mais variadas: porque, no caso, era cognoscível o comportamento do terceiro em violação das regras; porque se tratava de uma situação de trânsito especial ou pouco clara; ou porque se havia verificado uma "violação típica das regras de trânsito". Segundo Kirschbaum, o âmbito da protecção da confiança foi reduzido de tal forma por via das designadas "excepções ao princípio da confiança", que adquire sentido a questão de saber se será justificado falar-se de um verdadeiro princípio da confiança[283]. Segundo o autor, as várias excepções ao princípio da confiança, por um lado, e o facto de ter de se atender sempre às circunstâncias do caso concreto, por outro, fazem com que não possa falar-se de um princípio da confiança com carácter geral – a admissibilidade da possibilidade de confiar e a sua recusa não radicam numa relação de regra-excepção[284]. Segundo o autor, há apenas determina-

[280] PUPPE, Ingeborg, *Allgemeiner Teil*[2], § 5, nº 21, e, a mesma autora, *in*: *NK*[4], antes do § 13, nº 163.

[281] PUPPE, Ingeborg, *in*: *NK*[4], antes do § 13, nº 164. Voltaremos a referir este problema, *infra*, § 21, aquando das considerações sobre os limites do princípio da confiança.

[282] KIRSCHBAUM, Klaus, *Vertrauensschutz*, p. 16, 56-59, 204-207.

[283] KIRSCHBAUM, Klaus, *Vertrauensschutz*, p. 197.

[284] KIRSCHBAUM, Klaus, *Vertrauensschutz*, p. 59 e 204.

das situações de trânsito em que se protege a confiança, atendendo a uma "justa repartição do risco" entre os vários participantes[285]. O autor conclui, portanto, que não existe um verdadeiro princípio da confiança (*Vertrauensgrundsatz*), existe apenas uma protecção da confiança (*Vertrauensschutz*) em certas situações de trânsito[286].

8. Do percurso realizado podemos concluir que, enquanto um sector doutrinal defende a ampliação da actuação do princípio da confiança, entendendo que se trata de um critério jurídico de carácter geral para determinar a responsabilidade por negligência quando terceiras pessoas contribuem para a produção do resultado típico; outros autores há que, invocando quer os limites que são reconhecidos ao princípio da confiança, quer o facto de ele depender sempre das circunstâncias do caso concreto, chamam a atenção para o carácter excepcional da sua aplicação ou chegam mesmo a negar a existência de um verdadeiro princípio da confiança.

[285] Kirschbaum, Klaus, *Vertrauensschutz*, p. 185, 199 e 220; cf., *infra*, § 12, II.
[286] Kirschbaum, Klaus, *Vertrauensschutz*, p. 59-60 e p. 204-207.

PARTE II

FUNDAMENTO, FUNÇÃO E FINALIDADE DO PRINCÍPIO DA CONFIANÇA

Capítulo I
Fundamento do Princípio da Confiança

O reconhecimento jurisprudencial do princípio da confiança não foi acompanhado de uma sua adequada fundamentação dogmática. A jurisprudência apelava indistintamente à falta de previsibilidade do comportamento incorrecto, às regras da experiência, ao sentido das normas do tráfego rodoviário e à fluidez e demais exigências do tráfego[287].

O princípio da confiança é hoje um princípio reconhecido pela generalidade da doutrina, havendo um relativo consenso quer quanto à sua formulação, quer em relação ao seu entendimento como um critério delimitador ou concretizador do dever objectivo de cuidado em caso de pluralidade de agentes. Porém, a falta de clareza quanto ao fundamento dogmático do princípio, já referida por Stratenwerth em 1961[288], permanece até aos dias de hoje. A doutrina não logrou ainda alcançar consenso quanto ao fundamento do princípio da confiança[289]. O que está por esclarecer é, então, por que motivo é que o sujeito que actua ao abrigo do princípio da confiança não preenche, com a sua conduta, o tipo de ilícito negligente[290].

[287] Cf., *supra*, § 5 e § 6.

[288] STRATENWERTH, Günter, *in: Fest. Eb. Schmidt*, p. 389.

[289] Referindo esta ausência de consenso, cf. SCHUMANN, Heribert, *Selbstverantwortung*, p. 8, MANTOVANI, Marco, *Principio di affidamento*, p. 66, DUTTGE, Gunnar, *Fahrlässigkeitsdelikte*, p. 477, VOGEL, Joachim, *in: LK*, § 15, nº 224, e MARAVER GÓMEZ, Mario, *Principio de confianza*, p. 156.

[290] Seguiremos neste capítulo (sobretudo nos §§ 10-13) a sistematização proposta por Brinkmann (BRINKMANN, Bernhard, *Vertrauensgrundsatz*, p. 117 e ss.) e por Hannes (HANNES, Miriam, *Der Vertrauensgrundsatz*, p. 40 e ss.) e que é seguida também por outros autores (cf., designadamente, MARAVER GÓMEZ, Mario, *Principio de confianza*, p. 156 e ss.).

§ 10. A "teoria do prémio"

1. A convocação do princípio da confiança no âmbito do tráfego rodoviário foi explicada por alguns autores através de uma teoria que ficou conhecida como "teoria do prémio" (*Prämientheorie*) ou "pensamento do prémio" (*Prämiengedanke*)[291]. Para os defensores desta teoria, a protecção da confiança surge como um prémio ou uma recompensa que se atribui ao condutor que se comporta de acordo com as regras quando este, devido a uma violação das normas por parte de outro participante no tráfego, se vê envolvido num acidente rodoviário[292]. A convocação do princípio da confiança encontra-se sempre dependente de um comportamento correcto do agente: apenas o agente que se comporta regularmente no tráfego pode (*darf*) esperar dos outros um comportamento de acordo com as regras; somente o sujeito que actua de acordo com o direito pode confiar em igual lealdade por parte dos outros intervenientes no tráfego. O comportamento de acordo com o direito surge, assim, como uma espécie de "adiantamento" que se deve prestar para que se possa receber a protecção da confiança[293].

2. Pode encontrar-se este "pensamento do prémio" nos primeiros escritos de Hermann Gülde sobre o princípio da confiança. Segundo este autor, afirmar-se que os participantes no tráfego devem contar com condutas dos demais intervenientes em violação das normas traduzir-se-ia numa protecção daqueles que, ao infringir as regras, actuam em prejuízo do *povo*. E, deste modo, deixar-se-ia sem protecção os intervenientes que, por actuarem de acordo com as regras, devem ser privilegiados[294]. Da perspectiva de Gülde, aplicar o novo direito rodoviário significaria "declarar guerra ao incumprimento das normas de trânsito e pôr fim à tolerância em relação aos que circulam em violação das regras"[295].

[291] Cf. KRÜMPELMANN, Justus, *in*: *Fest. Karl Lackner*, p. 298, BRINKMANN, Bernhard, *Vertrauensgrundsatz*, p. 121.

[292] Cf. BRINKMANN, Bernhard, *Vertrauensgrundsatz*, p. 117, DUTTGE, Gunnar, *Fahrlässigkeitsdelikte*, p. 477, e HANNES, Miriam, *Der Vertrauensgrundsatz*, p. 40.

[293] Cf. KIRSCHBAUM, Klaus, *Vertrauensschutz*, p. 122, e KRÜMPELMANN, Justus, *in*: *Fest. Karl Lackner*, p. 298.

[294] GÜLDE, Hermann, *JW*, 1935, p. 1466, e *JW*, 1938, p. 2785.

[295] GÜLDE, Hermann, *JW*, 1938, p. 2785. Por esta razão, entende Vogel que no pensamento jurídico nacional-socialista a afirmação do princípio da confiança estava associada, antes de

Esta concepção de Gülde está intimamente relacionada com a ideologia nacional-socialista por ele defendida. Seria incompatível com o pensamento nacional-socialista exigir-se aos automobilistas cumpridores que, por regra, se adaptassem à possibilidade de os outros não cumprirem os deveres que sobre eles impendem. Uma vez que os primeiros estão a actuar de acordo com a ordem jurídica e os segundos contra essa ordem, os primeiros merecem protecção sendo, deste modo, *recompensados* pela sua lealdade para com o direito[296].

Esta protecção dos sujeitos que cumprem as regras não era, no entanto, vista por Gülde como um fim em si mesma. A afirmação do princípio da confiança contribuiria concomitantemente (e de modo principal) para o reforço da ideia de "comunidade do tráfego" e para o fomento da "disciplina do tráfego"[297]. Segundo Gülde, a confiança era "o fundamento da *comunidade*" e era do princípio da confiança que a ordem jurídica da *comunidade* extraía "a sua maior força e o seu mais profundo sentido"[298].

3. É, sobretudo, a partir dos anos cinquenta do século XX que mais claramente se afirma a "teoria do prémio" como fundamento do princípio da confiança. Começou, nesta altura, a associar-se este princípio às ideias de justiça e de igualdade. O próprio Gülde veio a afirmar que o princípio da confiança é um "postulado de justiça" – seria incompatível com a ideia de justiça privilegiar-se o sujeito que viola as regras de trânsito em vez de se proteger aquele que cumpre as normas[299].

Elisabeth Krumme refere que o dever geral de respeito e consideração mútuos que decorre do § 1 da StVO[300] é a "regra de ouro" do tráfego

mais, ao sancionamento da conduta de terceiros em violação das regras (Vogel, Joachim, *in: LK*[12], § 15, nº 225).

[296] Gülde, Hermann, *JW*, 1935, p. 1466, e *JW*, 1938, p. 2785.

[297] Gülde, Hermann, *JW*, 1938, p. 2786. Cf., também, Brinkmann, Bernhard, *Vertrauensgrundsatz*, p. 118, e Krümpelmann, Justus, *in*: *Fest. Karl Lackner*, p. 298.

[298] Gülde, Hermann, *JW*, 1938, p. 2785.

[299] Gülde, Hermann, *ZVerkS*, 1952, p. 259. Também Martin refere que se a ordem jurídica não quiser pôr em perigo a ideia de justiça material, deve conceder ao participante no tráfego que se comporta de acordo com as regras o poder de contar com que os outros façam o mesmo (Martin, Ludwig, *DAR*, 1953, p. 164).

[300] Como referimos já (*supra*, nota 234), o § 1 da StVO de 1937 estabelecia que "todo o participante no tráfego deve comportar-se de tal forma que não cause danos a nenhum outro, ou não o prejudique ou incomode mais do que seja inevitável segundo as circunstâncias".

rodoviário: "tudo o que quiseres que os outros te façam a ti (numa idêntica situação de tráfego), fá-lo tu também a eles"[301]. A protecção de confiança que daqui decorre representa "um prémio para o comportamento adequado às regras de trânsito"[302]. Segundo Krumme, do conteúdo do princípio da igualdade que está na base do § 1 da StVO decorre que quem circula em violação das regras de trânsito não beneficia da protecção da confiança, porque não pode exigir dos outros o respeito e a consideração que ele próprio não manifestou[303]. O automobilista incumpridor não pode confiar que os outros participantes no tráfego vão ter em consideração as infracções por ele cometidas e afastar os perigos por ele criados. Isto porque os intervenientes no tráfego que cumprem as regras devem poder circular livremente dentro dos limites impostos pelo direito rodoviário e, em qualquer caso, reclamar a protecção da sua confiança no comportamento de terceiros de acordo com as regras[304]. Apenas o interveniente no tráfego que cumpre as regras de trânsito poderá confiar que os outros fazem o mesmo – o princípio da confiança surge como uma *consequência* do comportamento próprio de acordo com as regras.

4. A "teoria do prémio" foi alvo de várias críticas.

Esta teoria procurou fundamentar a possibilidade de confiar na necessidade de fomento da disciplina no tráfego, bem como nas ideias de justiça e de igualdade, tendo sempre como pressuposto o comportamento correcto do agente. Tem-se dito, no entanto, que pressupondo tal comportamento, a teoria do prémio esquece que o princípio da confiança serve precisamente para determinar quando é que uma conduta é correcta e, deste modo, faz com que o princípio deixe de cumprir a sua função de concretização do dever objectivo de cuidado[305].

Por outro lado, os defensores da "teoria do prémio" aceitam os limites que habitualmente se impõem ao princípio da confiança, designadamente, os relacionados com a cognoscibilidade da conduta de terceiros em violação das regras. Os críticos desta concepção salientam que, deste modo, os

301 KRUMME, Elisabeth, *ZVerkS*, 1961, p. 1.

302 KRUMME, Elisabeth, *ZVerkS*, 1961, p. 1.

303 No mesmo sentido, referindo-se ao estabelecido no § 25 da RStVO de 1934, cf. MÜLLER, Fritz, *Straßenverkehrsrecht*[21], p. 722-723.

304 KRUMME, Elisabeth, *ZVerkS*, 1961, p. 2.

305 Assim, MARAVER GÓMEZ, Mario, *Principio de confianza*, p. 157 e p. 177.

defensores da teoria deixam por explicar os reflexos da posição que assumem quanto ao âmbito de aplicação do princípio da confiança[306]. O que fica por esclarecer é por que razão haverá situações em que o participante no tráfego cumpre as regras e, apesar disso, não pode invocar o princípio da confiança, recaindo sobre ele o dever de adaptar a sua conduta ao comportamento incorrecto do terceiro. O que permitirá concluir – salientam os críticos desta concepção – que a necessidade de fomentar a disciplina no tráfego, bem como as ideias de justiça e de igualdade não serão, afinal, suficientes para determinar em que casos o agente poderá convocar o princípio da confiança[307].

Uma outra crítica que se dirige à teoria do prémio é a de que não poderá aceitar-se uma proibição geral de convocação do princípio da confiança por parte daquele que se comporta em violação das regras. Não poderá, naturalmente, concordar-se com a ideia de que o incumprimento de uma qualquer regra de trânsito tenha como consequência imediata o afastamento do princípio da confiança – e a consequente imputação do resultado à conduta do agente – nos casos em que não existir qualquer relação entre o incumprimento dessa regra e a conduta incorrecta do terceiro que provocou o resultado[308].

[306] Neste sentido, BRINKMANN, Bernhard, *Vertrauensgrundsatz*, p. 118-119.

[307] Assim, MARAVER GÓMEZ, Mario, *Principio de confianza*, p. 177. Também Krümpelmann, associando o pensamento do prémio à prevenção no tráfego – a expectativa de receber o prémio deveria fazer crescer a motivação para um comportamento correcto e aumentar a "moral do tráfego" – salienta que a ideia de prevenção assume significado como elemento de interpretação, mas não permite que se prescinda dos princípios gerais de determinação do dever de cuidado e da imputação do resultado (KRÜMPELMANN, Justus, *in*: *Fest. Karl Lackner*, p. 298).

[308] Assim BRINKMANN, Bernhard, *Vertrauensgrundsatz*, p. 121, HANNES, Miriam, *Der Vertrauensgrundsatz*, p. 141, e MARAVER GÓMEZ, Mario, *Principio de confianza*, p. 158. Veja-se, a este propósito, o exemplo dado por Niewenhuis: *F* viajava numa estrada principal a uma velocidade adequada quando, repentinamente, um outro veículo entrou na estrada sem prestar a devida atenção ao trânsito que nela circulava. Apesar de *F* ter feito uma travagem brusca, houve uma colisão da qual resultaram ofensas à integridade física do outro condutor. Da perícia que se fez ao acidente resultou que a luz de travagem esquerda do veículo em que *F* circulava estava avariada e ainda que *F* circulava sem o sinal de pré-sinalização de perigo (triângulo). Segundo Niewenhuis, este exemplo mostra a insustentabilidade de uma proibição geral de convocação do princípio da confiança por parte daquele que viola as regras de trânsito (NIEWENHUIS, Helmut, *Verkehrsstrafrecht*, p. 112-113). Voltaremos a este problema, *infra*, § 19, aquando da referência aos limites do princípio da confiança.

Resumidamente, poderá dizer-se que esta teoria deixa por explicar, por um lado, por que é que há casos em que apesar de o agente cumprir as regras de trânsito, sobre ele recai o dever de evitar condutas incorrectas de terceiros; e, por outro, por que é que em certas constelações, apesar de o agente não cumprir as normas, se exclui a imputação do resultado à sua conduta ou se afasta a sua responsabilidade com base na conduta incorrecta do terceiro[309].

§ 11. O princípio da confiança como decorrência da falta de previsibilidade

1. Durante um tempo, a jurisprudência apelou à ideia de imprevisibilidade do comportamento incorrecto de terceiros para justificar a possibilidade de confiar[310]. A jurisprudência começou por limitar o alcance do critério da previsibilidade referindo que o comportamento em violação das normas não era conforme à experiência geral de vida. Convocava ainda considerações de vária ordem para justificar a limitação do critério da previsibilidade, como as exigências da vida diária e a natureza, particularidades e necessidades do tráfego rodoviário[311]. A partir daqui, acabou por afirmar a possibilidade de confiar como princípio geral, entendendo que tal princípio só deveria ser afastado quando as circunstâncias do caso concreto tornassem previsível o comportamento em violação das regras[312].

A previsibilidade era, assim, um elemento que condicionava a convocação do princípio da confiança. Ainda que não pudesse afirmar-se a possibilidade de confiar apenas a partir da ideia de imprevisibilidade, tal possibilidade seria afastada sempre que a conduta incorrecta do terceiro fosse previsível[313].

2. Também na doutrina houve quem pretendesse fundamentar o princípio da confiança na falta de previsibilidade de comportamentos incorrectos de terceiros.

[309] Nestes precisos termos, MARAVER GÓMEZ, Mario, *Principio de confianza*, p. 177.

[310] Cf. STRATENWERTH, Günter, *in: Fest. Eb. Schmidt*, p. 385-386.

[311] Cf. a decisão do *RG*, de 9 de Dezembro de 1935 (cf., *supra*, § 5, II, 2).

[312] Cf. a decisão do *RG*, de 29 de Janeiro de 1938 (cf., *supra*, § 5, II, 3).

[313] Assim, também, MARAVER GÓMEZ, Mario, *Principio de confianza*, p. 159.

2.1. Ludwig Martin, citando a jurisprudência dominante na época, salienta que os comportamentos em violação das regras constituem uma excepção. Encontrando-se para além da experiência normal de vida, eles não podem considerar-se previsíveis no sentido do conceito de negligência. O autor esclarece ainda que a previsibilidade não é uma noção abstracta. Trata-se sim de um conceito a determinar atendendo às particularidades de cada situação de trânsito[314]. Consequentemente, conclui Martin que pode afirmar-se, por princípio, que o agente não tem de contar com condutas incorrectas de terceiros, salvo se, atendendo às circunstâncias do caso concreto, estas forem previsíveis[315].

2.2. Também Eberhard Schmidt convocou a imprevisibilidade da conduta incorrecta de terceiros para fundamentar o princípio da confiança. No seu estudo sobre a responsabilidade penal no exercício da medicina, Schmidt esclarece, desde logo, que há casos em que a intervenção de terceiros não poderá conduzir à responsabilidade do médico. É o que acontece, designadamente, quando o médico remete o doente para um profissional de saúde que trabalha numa estrutura hospitalar do sector público. Estes estabelecimentos oficialmente reconhecidos encontram-se sob fiscalização do Estado, pelo que, por regra, o médico não pode ser considerado responsável por uma falha de um colega que aí trabalhe. Valoração idêntica deve merecer a relação que se estabelece entre o médico e o farmacêutico. O médico pode (deve), por regra, confiar que as farmácias cumprem as prescrições médicas de forma precisa, para que o doente receba exactamente os medicamentos que foram receitados pelo médico[316].

Quando a colaboração solicitada pelo médico não apresentar o valor determinante que merecem os estabelecimentos oficiais de saúde, colocar-se-á, com sentido, a questão da responsabilidade do médico nos casos em que na sequência da colaboração prestada por outro profissional, o doente vier a sofrer uma ofensa à sua saúde. De acordo com a normal experiência, o médico sabe, por exemplo, que não deve remeter casos complicados para colegas jovens. Segundo Schmidt, os erros eventualmente cometidos pelos profissionais com preparação insuficiente integram o âmbito da previsibi-

[314] MARTIN, Ludwig, *DAR*, 1953, p. 166.

[315] MARTIN, Ludwig, *VersR*, 1958, p. 139.

[316] SCHMIDT, Eberhard, *Der Arzt*, p. 189, e, o mesmo autor, *in*: *Manual de Medicina Legal*, p. 55.

lidade do médico mais experiente[317]. Tratando-se de profissionais de saúde que se encontrem numa relação de subordinação em relação ao médico, para se aferir se existe ou não um dever de controlo por parte do médico e, consequentemente, afirmar ou afastar a responsabilidade deste, tem de se atender à instrução e à experiência dos profissionais em causa. Tratando-se de colaboradores com instrução e experiência adequada ao exercício da função que lhes foi atribuída, uma falta cometida por eles pode vir a ser considerada excepcional e, consequentemente, fora do âmbito da especial previsibilidade do médico[318].

Do exposto resulta que Eberhard Schmidt, ao analisar a possibilidade de o médico confiar na conduta dos seus colaboradores e auxiliares, faz depender essa possibilidade directamente da imprevisibilidade da conduta do terceiro, atendendo à normal experiência e aos conhecimentos especiais do profissional em causa.

2.3. Alberto Crespi, dedicando-se também ao problema da convocação do princípio da confiança no exercício da medicina, faz um percurso semelhante ao apresentado por Eberhard Schmidt[319]. Crespi questiona também quando poderá considerar-se culpado por negligência o agente que confia que o outro cumprirá os deveres que sobre ele impendem utilizando a diligência necessária. Segundo Crespi, o problema não poderá ser resolvido em abstracto, devendo antes obter resposta caso a caso, de acordo com a ideia de que o médico só poderá confiar quando não tiver a possibilidade de prever a conduta negligente dos seus colaboradores[320].

2.4. Mais recentemente, também Brinkmann associou o princípio da confiança à ideia de previsibilidade[321]. Segundo Brinkmann, as tentativas para encontrar uma fundamentação normativa unitária para o princípio da confiança não alcançaram êxito porque são muito diversos os sectores em que o princípio da confiança é convocado. Não obstante a falta de fundamentação adequada, a verdade é que o princípio da confiança alcançou

[317] Schmidt, Eberhard, *Der Arzt*, p. 193.

[318] Schmidt, Eberhard, *Der Arzt*, p. 193.

[319] Crespi, Alberto, *Responsabilità penale*, p. 154 e ss.

[320] Crespi, Alberto, *Responsabilità penale*, p. 158.

[321] Brinkmann, Bernhard, *Vertrauensgrundsatz*, p. 138 e ss. Cf., também, Maraver Gómez, Mario, *Principio de confianza*, p. 160.

uma ampla aplicação na prática. Seria errado, contudo, a partir da sua mera verificação no plano fáctico, pretender afirmar a sua natureza normativa. Segundo Brinkmann, o princípio da confiança encontraria uma compreensão adequada se deixasse de ser perspectivado como uma *Sondernorm* e se aceitasse que ele é uma mera *regra da experiência*, com a função de auxiliar na formulação do juízo de perigo sobre o qual se baseia a negligência[322].

Segundo Brinkmann, a previsibilidade ou cognoscibilidade de um comportamento perigoso, que constitui o elemento central do tipo negligente, pode ser descrita como uma combinação de elementos ontológicos e nomológicos. As regras da experiência constituem, juntamente com as leis da natureza, a base nomológica que, a partir de uma realidade ontológica dada, permitem determinar a previsibilidade ou cognoscibilidade de uma conduta perigosa[323]. As regras da experiência são regras que, atendendo aos resultados verificados na experiência, indicam aquilo com que se pode contar com um certo grau de probabilidade[324]. Assentando numa base de facto, a regra da experiência surge, assim, como uma regra juridicamente neutral[325].

De acordo com Brinkmann, o princípio da confiança, sendo uma *regra da experiência*, indicará apenas a forma habitual de actuação numa determinada situação. Reconhece-se, por exemplo, o princípio da confiança no âmbito do tráfego rodoviário, porque a experiência mostra que, por regra, os participantes no tráfego se comportam de acordo com as normas[326]. A possibilidade de confiar dependerá, exclusivamente, daquilo que for pre-

[322] BRINKMANN, Bernhard, *Vertrauensgrundsatz*, p. 138-139.

[323] BRINKMANN, Bernhard, *Vertrauensgrundsatz*, p. 139.

[324] BRINKMANN, Bernhard, *Vertrauensgrundsatz*, p. 141. Brinkmann esclarece que é precisamente quanto ao grau de probabilidade de verificação do acontecimento que a regra da experiência a que se recorre para a construção do juízo de perigo se distingue do conceito de "experiência geral" que é comummente usado pela doutrina e pela jurisprudência (BRINKMANN, Bernhard, *Vertrauensgrundsatz*, p. 139).

[325] As regras da experiência e as leis da natureza contribuem para a construção da base nomológica da previsibilidade, sendo categorias subtraídas a qualquer valoração jurídica. Tal valoração só terá lugar num momento posterior, a partir de critérios como o do risco permitido (BRINKMANN, Bernhard, *Vertrauensgrundsatz*, p. 113).

[326] A validade do princípio da confiança no tráfego rodoviário na Alemanha basear-se-á apenas no facto de, na Alemanha, os condutores se comportarem de forma muito mais disciplinada que os seus congéneres noutros países onde, compreensivelmente, não vigora, nem poderá vigorar, o princípio da confiança (BRINKMANN, Bernhard, *Vertrauensgrundsatz*, p. 138 e p. 141). Cf., também, MARAVER GÓMEZ, Mario, *Principio de confianza*, p. 161.

visível de acordo com a experiência e os limites da possibilidade de confiar resultarão também da informação que dessa experiência for colhida.

Derivando da própria experiência, as *regras da experiência* não são estáticas – elas têm uma dinâmica própria. Tal como se altera a experiência, alterar-se-á também a regra – o que hoje é válido, pode deixar de o ser amanhã. Brinkmann salienta que a consideração do princípio da confiança como uma *regra da experiência* tem a vantagem de o tornar um instrumento altamente flexível. Porém, segundo o autor, terá também a desvantagem de nos levar a concluir que não pode reconhecer-se um princípio da confiança com carácter geral, pois a possibilidade de confiar encontrar-se-á sempre dependente do que resultar da experiência num dado momento. Em cada caso, será sempre necessário fazer-se prova de que era permitido confiar no comportamento correcto do terceiro[327].

3. A generalidade da doutrina recusa, no entanto, a fundamentação do princípio da confiança na falta de previsibilidade de comportamentos de terceiros em violação das normas[328]. Não pode dizer-se que o comportamento descuidado dos outros constitua uma excepção – falhas no comportamento dos outros acontecem com uma frequência considerável e o que é frequente não pode ser considerado imprevisível[329]. Com o princípio da confiança não se afirma que não seja previsível a realização do tipo, afirma-se sim que não é necessário que tal seja tido em consideração[330]. Deste modo, sobre o agente não recai um dever geral de ter em conta comportamentos de terceiros em violação das regras, mesmo quando esses comportamentos sejam previsíveis[331]. Por conseguinte, no domínio do princípio da confiança, o factor relevante não será a falta de previsibilidade em sentido fáctico, mas sim a necessidade de limitar o alcance da

[327] Brinkmann, Bernhard, *Vertrauensgrundsatz*, p. 146.

[328] Recusando, expressamente, a previsibilidade como fundamento do princípio da confiança, *vide*, por todos, Stratenwerth, Günter, *in: Fest. Eb. Schmidt*, p. 387, Engisch, Karl, *Langenbecks Arch. klin. Chir.*, 297 (1961), p. 245, Schumann, Heribert, *Selbstverantwortung*, p. 8, Krümpelmann, Justus, *in: Fest. Karl Lackner*, p. 299, Reyes Alvarado, Yesid, *Imputación*, p. 143-144, Puppe, Ingeborg, *Jura* (1998), p. 22, Feijoo Sánchez, Bernardo, *DPC*, 69 (2000), p. 46-47, e Hannes, Miriam, *Der Vertrauensgrundsatz*, p. 194-195.

[329] Stratenwerth, Günter, *in: Fest. Eb. Schmidt*, p. 387 e 392.

[330] Assim Schumann, Heribert, *Selbstverantwortung*, p. 8-9.

[331] Stratenwerth / Kuhlen, *Allgemeiner Teil*[6], § 15, nº 63, e Dias, Jorge de Figueiredo, *Direito Penal I*[2], 35º Cap., § 28.

previsibilidade através de considerações de carácter normativo[332]. Aliás, os limites do princípio da confiança que não estão relacionadas com a previsibilidade da conduta incorrecta de terceiros, mas que resultam da existência de um dever de controlo[333], contribuem para reforçar a ideia de que o factor decisivo não é a previsibilidade ou a possibilidade de prever, mas sim o *dever* de prever[334]. Da nossa perspectiva não será, assim, a falta de previsibilidade a fundamentar o princípio da confiança. Pelo contrário, o princípio da confiança constituirá precisamente um limite normativo do *dever* de prever[335].

§ 12. O princípio da confiança como expressão do resultado de uma ponderação de interesses

Como vimos, algumas decisões jurisprudenciais, a par da ideia de previsibilidade, convocavam outros critérios para justificar a utilização do princípio da confiança. Recorriam, designadamente, às exigências da vida diária e à natureza, particularidades e necessidades do tráfego rodoviário. Em outros arestos, abandonando a ideia de previsibilidade como fundamento do princípio da confiança, os tribunais entenderam que o princípio da confiança radicava nas normas que estabeleciam as regras de prioridade e no sentido ou finalidade dessas normas (evitar acidentes e assegurar a fluidez do tráfego)[336]. Também a doutrina começou a convocar o princípio da confiança a partir da necessidade de garantir a fluidez do tráfego; de estabelecer uma justa repartição de riscos entre os diversos participantes no tráfego; de possibilitar a divisão de trabalho; ou de não restringir em excesso o âmbito da liberdade individual. A convocação do princípio da confiança passou, assim, a ser associada à ideia de ponderação de bens[337]. Segundo Burgstaller, – que entende que o princípio da confiança não deve

[332] Neste sentido, Feijoo Sánchez, Bernardo, *Resultado lesivo*, p. 318-319, o mesmo autor, em *DPC*, 69 (2000), p. 46-47, e Gómez Rivero, M. Cármen, *Responsabilidad*², p. 402.

[333] Faremos referência a estes limites *infra*, § 21.

[334] Cf. Umbreit, Hans-Werner, *Verantwortlichkeit des Arztes*, p. 92.

[335] Entre nós, associando o princípio da confiança à falta de previsibilidade de condutas incorrectas de terceiros, cf. Correia, Eduardo, *Direito Criminal I*, p. 424, nota 1.

[336] Cf., *supra*, § 5 e § 6.

[337] Neste sentido, com ampla indicação jurisprudencial e doutrinal, Schroeder, Friedrich-Christian, *in*: *LK*¹¹, § 16, nº 170, e, mais recentemente, Vogel, Joachim, *in: LK*¹², § 15, nº 225.

ter validade geral, mas deve ser limitado a determinados campos de actuação –, o princípio da confiança poderá ser convocado quando a realização de uma situação reconhecida como socialmente desejável e juridicamente valiosa apenas surja como possível quando se for dispensado de ter em consideração o comportamento incorrecto de terceiros[338].

I. O princípio da confiança e o princípio do risco permitido

1. Partindo desta ideia de ponderação de bens, a doutrina dominante vê o princípio da confiança como um caso particular (*Unterfall*) de actuação do princípio do risco permitido[339]. Apesar de o conceito de risco permitido ser utilizado em múltiplos contextos na doutrina penal, a verdade é que quanto ao seu significado e base dogmática ainda há muito por esclarecer[340]. Em termos propositadamente simplistas, poderemos dizer que o risco permitido abrange as condutas que sendo portadoras, em si mesmas, de perigo para bens jurídicos penalmente tutelados (e, por isso, criadoras de um risco juridicamente relevante) são, todavia, permitidas de um modo geral pela ordem jurídica – os riscos em causa são tolerados

338 Burgstaller, Manfred, *Fahrlässigkeitsdelikt*, p. 63.

339 *Vide*, por todos, Welzel, Hans, *Strafrecht*[11], p. 132, Krümpelmann, Justus, *in*: *Fest. Karl Lackner*, p. 299, Müller, Roland, *Einschränkung des Vertrauensgrundsatzes*, p. 1 e 57 e ss., Roxin, Claus, *in*: *Fest. Herbert Tröndle*, p. 186, do mesmo autor, *Allgemeiner Teil I*[4], § 24, nº 22, Samson, Erich, *in*: *SK*[5], anexo ao § 16, nº 21, Schürer-Mohr, Wiebke, *Erlaubte Risiken*, p. 117, Vogel, Joachim, *in*: *LK*[12], § 15, nº 225, Umbreit, Hans-Werner, *Verantwortlichkeit des Arztes*, p. 63 e ss., Herzberg, Rolf Dietrich, *Die Verantwortung für Arbeitsschutz*, p. 171. Em Espanha, no mesmo sentido, entre outros, Luzón Peña, Diego-Manuel, *Derecho Penal*, p. 298, Martínez Escamilla, Margarita, *La imputación*, p. 334, Corcoy Bidasolo, Mirentxu, *Delito imprudente*, p. 327 e ss. (esta autora entende que, consideradas as particularidades do princípio da confiança e a sua actuação ao nível da autoria e da participação, tal princípio deve distinguir-se do risco permitido, embora considere que pode entender-se que o princípio da confiança é abrangido pelo risco permitido), Cancio Meliá, Manuel, *Conducta de la víctima*, p. 323 e ss., esp.[te] 326, Gómez Pavón, Pilar, *Tratamientos médicos*, p. 351. Na doutrina Italiana, Pagliaro, Antonio, *RIDirPP*, 1992, p. 781-782. Entre nós, entendendo o princípio da confiança como manifestação do risco permitido, Costa, António Manuel de Almeida, *Comparticipação*, p. 706, nota 279.

340 Cf. Roxin, Claus, *Allgemeiner Teil I*[4], § 11, nº 65. O princípio do risco permitido tem sido estudado por um amplo sector doutrinal; refira-se, a este propósito, por todos, a obra fundamental de Kienapfel, Diethelm, *Das erlaubtes Risiko, passim*, esp.[te] p. 7 e ss., e p. 22 e ss.; entre nós, Neves, João Curado, *Comportamento lícito alternativo*, p. 55 e ss., e p. 301 e ss., e Mendes, Paulo de Sousa, *Diminuição do risco*, p. 24 e ss.

pela sociedade dada a utilidade social das condutas a que eles são inerentes. Sendo o direito penal um direito de *ultima ratio*, não poderá sancionar comportamentos que tenham produzido uma ofensa a bens jurídicos em virtude da materialização desses riscos que são tolerados de forma geral[341].

A condução de veículos motorizados segundo as regras do tráfego rodoviário é um exemplo claro de uma conduta realizada ao abrigo do risco permitido. Trata-se de uma conduta perigosa que constitui um risco relevante para a vida, para a integridade física e para bens patrimoniais que, não obstante, é autorizada pela ordem jurídica (mediante o cumprimento de certas regras de cuidado), atendendo à prossecução de um interesse geral que a sociedade julga prevalente[342]. Uma vez que a actuação ao abrigo do risco permitido impede a imputação ao tipo objectivo, a conduta do participante no tráfego rodoviário que cumpre os deveres de cuidado a que está obrigado não deve ser considerada típica no sentido do crime de homicídio ou de ofensa à integridade física por negligência se, apesar de tal cumprimento, a vida, o corpo ou a saúde de terceiros vierem a ser ofendidos[343]. A ofensa dos bens jurídicos referidos pode ser consequência de factores alheios à vontade do homem (por exemplo, um inesperado lençol de água na estrada[344]) ou de condutas violadoras do dever objectivo de cuidado por parte de terceiros ou da própria vítima – uma grande parte dos acidentes rodoviários acontece porque, apesar de um dos intervenientes conduzir em cumprimento das regras de cuidado, o outro (ou outros) interveniente(s) não as cumpre(m). No entanto, se aquele que cumpre as regras realiza uma conduta atípica do ponto de vista do homicídio ou da ofensa à integridade física por negligência, não poderá vir a ser responsabilizado pelas consequências da conduta em violação do dever de cuidado de um terceiro ou da própria vítima. O princípio da confiança há-de ser convocado precisamente nestes casos. Segundo a doutrina dominante, o princípio da confiança, traduzindo a ideia de que aquele que actua de acordo com o dever de cuidado pode confiar, por regra, que os demais cumprirão os deveres

[341] Cf. ROXIN, Claus, *Allgemeiner Teil I*[4], § 11, nº 66; entre nós, DIAS, Jorge de Figueiredo, *Direito Penal I*[2], 12º Cap., § 24.

[342] Cf. ROXIN, Claus, *Allgemeiner Teil I*[4], § 11, nº 66. No âmbito do risco permitido não se procede a uma ponderação de interesses no caso concreto; trata-se de uma ponderação global que, uma vez respeitadas as regras do tráfico, exclui o preenchimento do tipo (*ibidem*).

[343] Cf. ROXIN, Claus, *Allgemeiner Teil I*[4], § 11, nº 66.

[344] Cf. DIAS, Jorge de Figueiredo, *Direito Penal I*[2], 12º Cap., § 25.

de cuidado que sobre eles impendem, permitirá delimitar os riscos que, apesar da actuação de terceiros ou da própria vítima, podem ainda dizer-se *criados* pelo agente. Tal como o princípio do risco permitido, também o princípio da confiança radicará numa ponderação entre a liberdade da actuação humana e as vantagens sociais com ela relacionadas, por um lado, e os perigos inevitáveis a ela inerentes, por outro. Desta perspectiva, o princípio da confiança é verdadeiramente uma manifestação ou um reflexo do princípio do risco permitido[345].

2. Para minimizar um certo pendor a-solidário do princípio da confiança – que resultaria da ideia de que para poder convocar o princípio da confiança seria suficiente que o agente cumprisse as regras de cuidado que sobre ele impendem –, os autores chamam a atenção para o facto de que o cuidado a que cada agente está obrigado não é integrado exclusivamente pelas regras de cuidado específicas do sector em causa, mas também pelos conhecimentos especiais de que o agente disponha no caso concreto[346]. Se, no caso concreto, o agente conhecer (ou dever conhecer) que os outros não vão cumprir as regras de cuidado que sobre eles impendem, tornar-se-á cognoscível para ele, de modo mediato, a produção do resultado danoso como consequência da sua própria conduta. Neste caso, surge para o agente o dever de adequar a sua conduta ao comportamento negligente dos outros, de modo a evitar a produção do resultado. O limite que habitualmente se aponta ao princípio da confiança (o da sua não actuação nas situações em que para o agente é cognoscível que os outros não vão cumprir as normas de cuidado que a eles se dirigem) surge como um limite que se refere, a montante, à própria configuração de uma situação de risco permitido. Para se considerar que o agente actua ao abrigo do risco permitido ele tem de cumprir os deveres de cuidado a que a ordem jurídica o obriga e, entre esses deveres de cuidado, encontram-se aque-

[345] Assim, ROXIN, Claus, *in*: *Fest. Herbert Tröndle*, p. 186-7. Com estas indicações, já FIDALGO, Sónia, *Responsabilidade Penal por Negligência*, p. 119 e ss. Refira-se que apesar de o comportamento de acordo com as regras ser também um pressuposto para a teoria que vê o princípio da confiança como um *Unterfall* do risco permitido, decidimos tratar a "teoria do prémio", *supra*, § 10, de modo autónomo, porque os autores que defendem a "teoria do prémio" não atribuem relevância expressa ao princípio da ponderação de interesses, fundamentando o princípio da confiança no próprio "pensamento do prémio".

[346] Cf. ROXIN, Claus, *Allgemeiner Teil I*[4], § 11, nº 56.

les que têm a sua razão de ser nos conhecimentos especiais do próprio agente. Se este não faz uso dos seus conhecimentos especiais de modo a evitar a produção do resultado poderá vir a ser responsabilizado, uma vez que não actuou ao abrigo do risco permitido, de que o princípio da confiança é apenas uma manifestação[347].

3. No âmbito do tráfego rodoviário, uma vez que o princípio da confiança foi inicialmente afirmado em relação ao condutor com direito de prioridade – este condutor pode confiar que o *Wartepflichtige* respeitará tal direito –, defende-se que o interesse preponderante será a fluidez do tráfego. Mesmo quando apelava ao sentido e à finalidade das regras sobre prioridade, a jurisprudência salientava que o sentido dessas normas era precisamente o de garantir a fluidez do tráfego. Se o condutor tivesse de contar sempre com possíveis condutas incorrectas de terceiros, teria de seguir a uma velocidade que lhe permitisse parar a todo o momento, o que conduziria a engarrafamentos que inviabilizariam tal fluidez[348]. Com a generalização da aplicação do princípio da confiança no âmbito do tráfego rodoviário, foi precisamente esta exigência da fluidez do tráfego que se contrapôs ao interesse na protecção absoluta de bens jurídicos, no âmbito da discussão entre a defesa do princípio da confiança e a afirmação do princípio da condução defensiva[349].

4. Contra a identificação da fluidez do tráfego como interesse preponderante que justifica a convocação do princípio da confiança, salientam os críticos que tal princípio actua também em situações em que não contribui para a fluidez do trânsito. Como esclarece Schumann, o princípio da confiança afirma-se em relação ao titular do direito de prioridade, mesmo que atrás dele não circule nenhum outro veículo[350].

Por outro lado, segundo Schumann, para se poder apoiar o princípio da confiança na ideia de interesse prevalente, teria de se aceitar que a flui-

[347] Cf. MANTOVANI, Marco, *Principio di affidamento*, p. 70-74.

[348] Cf. Acórdão do *BGH*, de 12 de Julho de 1954 (*BGHSt* 7, 1955, p. 122 e p. 126).

[349] Neste sentido, também, MARAVER GÓMEZ, Mario, *Principio de confianza*, p. 164. Já nos referimos a este aspecto, *supra*, § 7.

[350] SCHUMANN, Heribert, *Selbstverantwortung*, p. 9. Tecendo a mesma crítica, BRINKMANN, Bernhard, *Vertrauensgrundsatz*, p. 125-126, HANNES, Miriam, *Der Vertrauensgrundsatz*, p. 145-146, e MANTOVANI, Marco, *Principio di affidamento*, p. 77-78.

dez do tráfego poderia custar um número considerável de mortes e ofensas corporais, bem como de danos patrimoniais – teria de se aceitar que a fluidez do tráfego prevalece sobre a segurança no tráfego ("*navigare necesse est, vivere non*"!). Porém, tal ideia não está presente nem na doutrina nem na jurisprudência[351]. Deste modo, mesmo que se aceitasse que em todos os casos de convocação do princípio da confiança está em causa a fluidez do tráfego (o que nem sempre acontece), haveria ainda que provar a prevalência deste interesse em relação a outros bens co-envolvidos no tráfego rodoviário, como a vida e a integridade física dos participantes (o que não é razoável).

5. Tendo sido inicialmente afirmado no âmbito do tráfego rodoviário, o princípio da confiança foi depois objecto de transposição para o âmbito das actividades conjuntas, realizadas por vários profissionais sob o regime da divisão do trabalho, como é o caso da medicina. O tratamento jurídico-penal dos problemas relacionados com o exercício da medicina sofreu profundas alterações com a crescente afirmação, nesta área, do princípio da divisão do trabalho[352]. Este princípio possibilita a delimitação das competências de cada profissional participante na intervenção médica e, articulado com o princípio da confiança, há-de ser um elemento a considerar no momento da determinação do dever de cuidado de cada interveniente. A divisão do trabalho pressupõe o princípio da confiança. Afirmada a divisão do trabalho, não poderá exigir-se que cada um dos profissionais tenha de ocupar-se em vigiar a actuação dos demais participantes – as vantagens da divisão do trabalho só serão alcançadas se cada um dos profissionais puder contar com uma conduta adequada ao dever de cuidado por parte dos demais, isto é, só o princípio da confiança permitirá uma efectiva divisão do trabalho[353]. Deste modo, a necessidade de permitir a divisão de trabalho, associada ao desenvolvimento e à especialização da medicina, por um lado, e à protecção da vida e da integridade física dos pacientes, por

[351] SCHUMANN, Heribert, *Selbstverantwortung*, p. 9-10. Acompanhando Schumann nesta crítica, BRINKMANN, Bernhard, *Vertrauensgrundsatz*, p. 125-126, HANNES, Miriam, *Der Vertrauensgrundsatz*, p. 145, REYES ALVARADO, Yesid, *Imputación*, p. 144, e MANTOVANI, Marco, *Principio di affidamento*, p. 79.

[352] Cf. STRATENWERTH, Günter, *in: Fest. Eb. Schmidt*, p. 384, e KAMPS, Hans, *Ärztliche Arbeitsteilung*, p. 20-21.

[353] Assim, STRATENWERTH / KUHLEN, *Allgemeiner Teil*[5], § 15, nº 69.

outro, afirmar-se-á como o interesse a justificar a convocação do princípio da confiança nesta área de actuação[354].

6. Uma argumentação semelhante pode ser desenvolvida para justificar a convocação do princípio da confiança em outros âmbitos de actuação em que também se verifica uma divisão de trabalho. É o que acontece, designdamanete, no domínio laboral (em que o princípio da confiança é convocado como critério de determinação da responsabilidade no caso de acidentes de trabalho), na esfera da produção e distribuição de produtos destinados ao consumo e na determinação da responsabilidade no âmbito de organizações empresariais. Os autores que defendem a convocação do princípio da confiança nestes domínios destacam a importância da divisão de trabalho e a necessidade de permitir que cada interveniente se concentre na execução da sua própria tarefa, sem ter de controlar a actuação dos demais elementos da equipa[355].

7. Também em relação a esta posição se critica, à semelhança do que vimos suceder em relação à defesa da fluidez do tráfego, que não se percebe por que razão se permitirá a confiança em casos em que com a divisão de trabalho não se prossegue uma finalidade juridicamente valiosa. Segundo o exemplo dado por Schumann, os vários profissionais de saúde que integram uma equipa médica que esteja a levar a cabo uma interrupção da gravidez ilegal também deverão proceder de acordo com o princípio da confiança. Da perspectiva do autor, isto mostra claramente que a actuação do princípio da confiança não está dependente do facto de com a divisão de trabalho se prosseguir um objectivo socialmente valioso[356].

[354] Assim, ENGISCH, Karl, *Langenbecks Arch.*, 288 (1958), p. 578-581, BURGSTALLER, Manfred, *Fahrlässigkeitsdelikt*, p. 62-64, KAMPS, Hans, *Ärztliche Arbeitsteilung*, p. 167-168 e p. 184-185, UMBREIT, Hans-Werner, *Verantwortlichkeit des Arztes*, p. 88-89, JORGE BARREIRO, Agustín, *La imprudencia*, p. 119, HEIERLI, Matthias, *Die Bedeutung des Vertrauensprinzips*, p. 252-254, e HANNES, Miriam, *Der Vertrauensgrundsatz*, p. 133 e 190-195.

[355] Cf. MARAVER GÓMEZ, Mario, *Principio de confianza*, p. 166-167; cf., ainda, *supra*, § 9, 3 e ss., bem como as indicações bibliográficas aí referidas.

[356] SCHUMANN, Heribert, *Selbstverantwortung*, p. 20. Partilham da mesma opinião, PETER, Anne-Marie, *Arbeitsteilung im Krankenhaus*, p. 14-15, e HANNES, Miriam, *Der Vertrauensgrundsatz*, p. 147.

II. A "protecção da confiança" no âmbito de uma "justa repartição do risco"

No entender de Kirschbaum, a possibilidade de confiar na conduta correcta dos participantes no tráfego não resulta de uma ponderação abstracta dos interesses da fluidez do tráfego, por um lado, e da segurança no tráfego, por outro. Segundo o autor, uma análise cuidadosa revelará que a jurisprudência dá uma grande importância à ideia de segurança no tráfego[357]. São várias as decisões jurisprudenciais em que se recusa a protecção da confiança invocando-se que no caso era cognoscível o comportamento do terceiro em violação das regras; ou que se tratava de uma situação de trânsito especial ou pouco clara; ou ainda que, no caso, se havia verificado uma "violação típica das regras de trânsito"[358]. Como referimos já[359], da perspectiva de Kirschbaum, as várias excepções ao princípio da confiança, por um lado, e o facto de ter de se atender sempre às circunstâncias do caso concreto, por outro, fazem com que não possa falar-se de um verdadeiro princípio da confiança com carácter geral. A afirmação da possibilidade de confiar ou a sua recusa não se referem a uma relação de regra-excepção[360]. Segundo o autor, não existe um verdadeiro princípio da confiança (*Vertrauensgrundsatz*), existe apenas uma protecção da confiança (*Vertrauensschutz*) em certas situações de trânsito[361]. E, recusando-se a existência de um verdadeiro princípio da confiança, deixa de ser necessário questionar-se a sua natureza jurídica. Necessário será apenas determinar as condições da admissibilidade ou da recusa da protecção da confiança[362]. Desde logo, só poderá ser concedida a protecção da confiança àquele que se comporta correctamente[363] e, por outo lado, a protecção da confiança estará

[357] KIRSCHBAUM, Klaus, *Vertrauensschutz*, p. 182 e ss. e p. 197-198.

[358] KIRSCHBAUM, Klaus, *Vertrauensschutz*, p. 197.

[359] *Supra*, § 9, 7.

[360] KIRSCHBAUM, Klaus, *Vertrauensschutz*, p. 57-59 e p. 204.

[361] KIRSCHBAUM, Klaus, *Vertrauensschutz*, p. 59-60 e p. 204-207.

[362] KIRSCHBAUM, Klaus, *Vertrauensschutz*, p. 209.

[363] KIRSCHBAUM, Klaus, *Vertrauensschutz*, p. 120 e ss. e p. 213 e ss. Por este motivo, há quem veja na posição de Kirschbaum a defesa da já referida "teoria do prémio". Referindo-se à proposta de Kirschbaum como uma aplicação "radical" da "teoria do prémio", KRÜMPELMANN, Justus, *in*: *Fest. Karl Lackner*, p. 298, nota 37. Também Brinkmann refere Kirschbaum como um dos defensores da "teoria do prémio" (BRINKMANN, Bernhard, *Vertrauensgrundsatz*, p. 118 e p. 120, nota 35). Parece-nos, no entanto, que o que mais se destaca na proposta de Kirschbaum

sempre associada a uma ideia de "justa repartição do risco"[364]. Analisando uma situação concreta, realizar-se-á uma "justa repartição do risco" entre os vários participantes no tráfego quando se determinar em que medida será justo ou razoável exigir a cada um deles que contribua para evitar a situação de perigo. E admitir-se-á a possibilidade de confiar apenas nos casos em que não for exigível (*zumutbar*) ao participante no tráfego que ele contribua para a evitação da situação de perigo[365]. Se a decisão acerca da admissibilidade ou recusa do princípio da confiança se faz de acordo com a "justa repartição do risco", ficarão deste modo determinados também a dimensão e os limites do risco permitido ou socialmente adequado no trânsito[366]. Segundo Kirschbaum, o conceito de "justa repartição do risco", sendo um conceito próximo do conceito de "risco permitido", contribui para a clarificação deste conceito. Kirschbaum propõe, inclusivamente, que no âmbito do direito rodoviário o conceito de "risco permitido" seja substituído pelo de "justa repartição do risco". Deste modo, segundo o autor, tornar-se-á claro que o que está em causa não é a admissibilidade de qualquer risco que resulte dos avanços da técnica, mas que a tarefa da ordem jurídica é, atendendo às circunstâncias específicas (aos riscos) de um determinado âmbito de actividade, determinar os deveres de cuidado adequados à concreta situação de risco[367]. Segundo Kirschbaum, com a sua proposta torna-se claro que o conceito de "justa repartição do risco" e o mais aberto e neutral conceito de "protecção da confiança" são preferíveis ao conceito pouco preciso de "risco permitido" e à rigidez de um correlativo "princípio da confiança"[368].

não é a exigência de que o agente actue correctamente para que possa beneficiar da protecção da confiança. As ideias verdadeiramente determinantes na proposta de Kirschbaum são as de "mera protecção da confiança" e de "justa repartição do risco".

[364] KIRSCHBAUM, Klaus, *Vertrauensschutz*, p. 220.

[365] KIRSCHBAUM, Klaus, *Vertrauensschutz*, p. 185 e p. 199.

[366] KIRSCHBAUM, Klaus, *Vertrauensschutz*, p. 209.

[367] KIRSCHBAUM, Klaus, *Vertrauensschutz*, p. 221. Kirschbaum equaciona ainda a possibilidade de o conceito de "justa repartição do risco" ser utilizado também noutras áreas, como no exercício da medicina em equipa (KIRSCHBAUM, Klaus, *Vertrauensschutz*, p. 221-222).

[368] KIRSCHBAUM, Klaus, *Vertrauensschutz*, p. 221. Criticando a proposta de Kirschbaum, por entender que as reflexões por ele feitas acerca da "justa repartição do risco" carecem de fundamentação dogmática, KRÜMPELMANN, Justus, *in*: *Fest. Karl Lackner*, p. 298, nota 37.

III. O princípio da confiança como "consequência psicológica" de considerações normativas determinantes

1. Encontramos na proposta de Wolfgang Frisch uma outra concepção acerca do princípio da confiança, associada ainda à ideia de ponderação de interesses. Segundo Frisch, a tipicidade de uma conduta baseia-se no carácter juridicamente desaprovado do risco a ela inerente. A desaprovação de condutas criadoras de risco está motivada pela função do Estado de proteger e garantir as condições de existência do indivíduo e da comunidade (e, naturalmente, dos bens jurídicos necessários a tal existência). Mas esta função de protecção entra em conflito com a liberdade de acção dos sujeitos. Frisch parte da ideia de que praticamente todo o comportamento acarreta algum risco – quase todas as condutas comportam a possibilidade de ofender bens. No entanto, tal não será suficiente para se desaprovar uma conduta. Uma proibição de todas as condutas susceptíveis de lesar bens traduzir-se-ia numa limitação inaceitável da liberdade[369]. A essência do direito impõe que ele se restrinja ao círculo de condutas cuja proibição possa ser aceite pelo próprio sujeito que vê limitadas as suas possibilidades de acção, precisamente porque ele mesmo desejaria tal limitação se estivesse na posição de potencial afectado pela conduta[370]. Segundo o autor, todos os critérios utilizados para determinar o carácter desaprovado do risco hão-de fundamentar-se numa ponderação entre o valor positivo inerente à conduta perigosa do sujeito, enquanto manifestação da sua liberdade, por um lado, e a conservação ou protecção dos bens jurídicos, por outro[371]. Deste modo, a proibição de um comportamento, para que possa dizer-se legitimada a restrição da liberdade a ela associada, tem de ser necessária atendendo ao fim por ela visado – antes de mais, a protecção de bens – e, além disso, não deve representar uma intervenção inadequada e desproporcionada[372]. Mas não só as normas de conduta, que se traduzem numa limitação da liberdade de actuação, verão a sua legitimidade dependente da necessidade e adequação da sua intervenção. Também a aplicação de uma pena, como reacção *adicionalmente restritiva de direitos*, há-de

[369] Frisch, Wolfgang, *Tatbestandsmäßiges Verhalten*, p. 72 e, o mesmo autor, *in*: *Fest. Claus Roxin*, p. 222.

[370] Frisch, Wolfgang, *in*: *Fest. Claus Roxin*, p. 222.

[371] Frisch, Wolfgang, *Tatbestandsmäßiges Verhalten*, p. 73-77.

[372] Frisch, Wolfgang, *Tatbestandsmäßiges Verhalten*, p. 70-71.

satisfazer os princípios de necessidade, proporcionalidade e adequação[373]. Deste modo, segundo Frisch, para se ajuizar acerca da criação tipicamente desaprovada de um risco, será necessário realizar um percurso composto por duas fases. Primeiro, terá de se averiguar se a desaprovação de certas condutas criadoras de risco, atendendo à liberdade de acção, será um meio necessário, proporcional e adequado para conservar determinados bens. Num segundo momento, para se afirmar a validade da norma, há-de apurar-se se será necessário, proporcional e adequado reagir às criações de risco assim desaprovadas com a aplicação de uma pena[374].

2. A partir daqui, Frisch distingue, do ponto vista fenomenológico, três tipos básicos de condutas criadoras de perigo: as que atentam, de forma imediata, contra o bem jurídico; as que dão lugar a uma actuação posterior da vítima; e as que se encontram mediadas pela conduta de um terceiro[375].

Nos casos em que há intervenção da vítima ou de terceiros[376], há que ter em conta um conjunto de domínios em que a relação social dos sujeitos se encontra regulada (extrapenalmente) por *normas jurídicas de coordenação de condutas* (*verhaltenskoordinierende Rechtsnormen*). Estas normas que regulam diversos sectores de actividade estabelecem um esquema de coordenação a partir do qual os sujeitos devem orientar a sua actuação. Enquanto normas de coordenação, cumprem esta função de orientação de condutas e, materialmente, reflectem uma ponderação abstracta entre o interesse que representa a liberdade de actuação e o interesse na conservação dos bens jurídicos. O tráfego rodoviário constitui o exemplo clássico de um destes domínios. A circulação rodoviária seria impossível se cada indivíduo tivesse de assegurar individualmente a integralidade dos seus bens: o facto de apenas serem permitidos determinados comportamentos (e, portanto, em princípio, só ter de se contar com esses comportamentos) torna possível a participação no tráfego conservando os bens envolvidos e, simul-

[373] Frisch, Wolfgang, *Tatbestandsmäßiges Verhalten*, p. 77.

[374] Frisch, Wolfgang, *Tatbestandsmäßiges Verhalten*, p. 79-80.

[375] Frisch, Wolfgang, *Tatbestandsmäßiges Verhalten*, p. 86-89, 90 e ss., 148 e ss., e 230 e ss.

[376] No ponto em que se refere ao problema das condutas que possibilitam, favorecem ou ocasionam o comportamento de terceiros que violam bens jurídicos, Frisch remete precisamente para as considerações de carácter geral que teceu aquando da dilucidação do problema da determinação da desaprovação das condutas que dão lugar a uma actuação posterior da vítima (Frisch, Wolfgang, *Tatbestandsmäßiges Verhalten*, p. 230 e ss., esp.[te] p. 236).

taneamente, permite um nível adequado de liberdade[377]. O sujeito que actua de acordo com o disposto nas normas de coordenação encontra-se dentro do âmbito de liberdade juridicamente garantido, não realizando uma conduta juridicamente desaprovada.

A circunstância de, mesmo observando as normas, poder vir a ofender-se bens jurídicos por se verificar um desvio das regras por parte da vítima ou de terceiros (ou devido a acontecimentos naturais) não será suficiente para se afirmar a criação desaprovada de um risco. O argumento decisivo para afastar tal desaprovação não é, todavia, segundo Frisch, o de que observando as regras tal ofensa não será previsível – na verdade, a experiência ensina precisamente o contrário. O factor decisivo é que seria contraditório apresentar um esquema de coordenação – que opera como modelo de orientação e esquema básico de delimitação da liberdade de actuação e do interesse em conservar bens jurídicos – e, ao mesmo tempo, desaprovar a conduta que segue este esquema, devido ao perigo de que se produzam ofensas a bens jurídicos mediante a conduta incorrecta da vítima ou de terceiros. Do esquema de coordenação pode deduzir-se que corresponde ao âmbito de responsabilidade da vítima proteger-se de perigos que podem surgir quando se verifica um cumprimento alheio das regras e uma conduta errada da própria vítima[378]. E, nos casos em que a conduta do sujeito se encontra mediada pela intervenção de um terceiro, por princípio, valerá aqui a responsabilidade própria daquele que, de modo imediato, ofende os bens jurídicos[379]. Deste modo, as condutas que só ofendem bens jurídicos através da actuação incorrecta da vítima ou de um terceiro encontram-se, em princípio, fora do âmbito da criação do risco desaprovada. Uma solução diferente corresponderia a uma restrição insuportável da liberdade de acção[380] – "onde a produção de uma determinada consequência depende da conduta delitiva de terceiros auto-responsáveis ou da conduta errada, mas a todo o momento evitável, da própria vítima, não se poderá, em geral, desaprovar a conduta, limitando a liberdade de actuação, mas apenas afirmar a racionalidade ou responsabilidade do terceiro ou da própria vítima como garantia suficiente perante

[377] Frisch, Wolfgang, *Tatbestandsmäßiges Verhalten*, p. 185.

[378] Frisch, Wolfgang, *Tatbestandsmäßiges Verhalten*, p. 186-187.

[379] Frisch, Wolfgang, *Tatbestandsmäßiges Verhalten*, p. 241-243.

[380] Frisch, Wolfgang, *Tatbestandsmäßiges Verhalten*, p. 186-187 e p. 240-241.

a produção do dano"[381]. Só em casos excepcionais, em que a vítima ou o terceiro não tenham capacidade para se comportar de acordo com a regra – por se tratar, por exemplo, de uma criança, de um idoso, de uma pessoa com deficiência ou circunstancialmente afectada –, ou em que se trate de um tipo de infracção especialmente frequente, poderá, com o intuito de protecção de bens alheios, considerar-se desaprovada uma conduta levada a cabo de acordo com as regras[382].

Segundo Frisch, na prática, designadamente no tráfego rodoviário, nem sempre será fácil saber se a vítima ou o terceiro têm ou não capacidade para cumprir as regras – ao problema de delimitação dos âmbitos de responsabilidade acrescerá, assim, um *problema de conhecimento* (*Erkenntnisproblem*). E também para resolver este problema há que atender a uma consideração adequada do interesse em actuar e em desenvolver-se, por um lado, e do interesse na conservação de bens, por outro – tampouco a este nível poderá verificar-se uma restrição inadequada da liberdade de acção.

Frisch conclui que só será adequada uma restrição da liberdade de acção quando existirem *indícios concretos* de que o outro não vai cumprir as regras. Só nestes casos o sujeito terá o dever de adaptar a sua conduta às novas circunstâncias, afastando-se, assim, do prescrito no esquema de coordenação – nestes casos, a mera observância da regra de conduta traduzir-se-á numa criação desaprovada de um perigo[383].

3. Segundo Frisch, as considerações precedentes vêm confirmar os resultados a que chegam a jurisprudência e a doutrina dominantes, em matéria de tráfego rodoviário, através da convocação do princípio da confiança. Contudo, segundo Frisch, o modo como a jurisprudência e a doutrina encaram o princípio da confiança não deixa suficientemente claro que estão em causa dois problemas materiais distintos: o de saber como, partindo do conhecimento pressuposto acerca das capacidades dos sujeitos intervenientes, há-de delimitar-se os âmbitos de responsabilidade desses sujeitos, com vista a conservar determinados bens; e o de esclarecer de que modo há-de ter-se em conta a circunstância de que amiúde não se sabe o suficiente sobre as capacidades dos diversos intervenientes (problema de conhecimento).

[381] Frisch, Wolfgang, *in*: *Sobre el estado de la teoría del delito*, p. 47.

[382] Frisch, Wolfgang, *Tatbestandsmäßiges Verhalten*, p. 187-188 e p. 243-244.

[383] Frisch, Wolfgang, *Tatbestandsmäßiges Verhalten*, p. 188-189.

Por outro lado, segundo Frisch, da perspectiva tradicional resulta a ideia incorrecta de que o princípio da confiança é o fundamento normativo para que não possam desaprovar-se determinadas condutas, apesar da possibilidade de ofensa de bens jurídicos a elas associada. No entanto, da perspectiva do autor, há que refutar esta ideia. O fundamento para a não desaprovação de condutas desenvolvidas de acordo com o prescrito no esquema de coordenação radica em que o risco residual que fica quando se observam as regras não justifica uma ulterior limitação da liberdade de acção. Frisch conclui, afirmando que o designado princípio da confiança não é mais do que uma "descrição em termos psicológicos" do resultado de considerações normativas determinantes. Segundo o autor, a evitação de danos evitáveis através de uma conduta de acordo com as regras, numa repartição adequada das liberdades, há-de ser atribuída ao âmbito de responsabilidade da pessoa ameaçada; e porque esta tarefa pode ser compreendida, e sê-lo-á, pelo normal participante no tráfego, cada um pode confiar (no sentido de uma consequência formulada em termos psicológicos) que os demais observarão as regras e evitarão, deste modo, os danos evitáveis. Daqui decorre que ninguém terá o dever de adaptar o seu comportamento para além do que está prescrito na norma.

Frisch esclarece ainda que tampouco os limites da confiança se deduzem de um eventual princípio da confiança previamente dado (*vorfindbar*). Eles resultarão sim da ponderação entre o interesse na liberdade de actuação e o interesse na protecção de bens jurídicos. É esta ponderação que, indicando quando deve desaprovar-se uma conduta no interesse da conservação de bens, determina, do mesmo modo, os limites da possibilidade de confiar. Nos casos em que o ordenamento jurídico, devido a uma incerteza (demonstrável empiricamente) em relação ao comportamento correcto de determinadas pessoas, tem de impor deveres adicionais ao sujeito, este não poderá, naturalmente, confiar em que o outro vai actuar de acordo com a norma[384]. E as considerações expostas a propósito da circulação rodoviária terão aplicação também em outros grupos de casos em que se regulamentam juridicamente (extra-penalmente) as condutas mediante esquemas de coordenação com o objectivo de harmonizar os interesses na manutenção da liberdade e na conservação de bens, através da limitação da liberdade[385].

384 Frisch, Wolfgang, *Tatbestandsmäßiges Verhalten*, p. 190-191 e p. 237-238.

385 Frisch, Wolfgang, *Tatbestandsmäßiges Verhalten*, p. 191.

4. O mesmo acontecerá ainda, segundo Frisch, nos casos em que não existam normas jurídicas reguladoras da actividade que estabeleçam um esquema de coordenação[386]. É o que se verifica, designadamente, nos processos de produção com divisão de trabalho. Nestes casos, a estrutura organizativa adequada de produção – à semelhança do que sucede nas actividades desenvolvidas mediante esquemas de coordenação – também estabelece os deveres e as restrições da liberdade do indivíduo e, portanto, o círculo daqueles a quem pode atribuir-se determinada criação desaprovada do risco. Frisch refere que os resultados a que deste modo se chega poderão também expressar-se, em termos psicológicos, apelando ao princípio da confiança: cada interveniente no processo produtivo poderá confiar que os demais participantes nesse processo cumprem adequadamente as suas obrigações, sempre que não houver indícios de defeitos ou falhas em outros âmbitos parciais da produção[387].

5. De acordo com a proposta de Frisch, a delimitação dos âmbitos de responsabilidade resultará sempre da ponderação entre a liberdade individual e a protecção de bens jurídicos. Esta delimitação dos âmbitos de responsabilidade garante ao sujeito uma margem de liberdade individual, ao mesmo tempo que permite reconhecer a vítima e os terceiros como pessoas responsáveis, atribuindo-lhes também espaço para o seu livre desenvolvimento pessoal. Se existisse a obrigação de cuidar das condutas de terceiros, além de se produzir uma restrição insuportável da liberdade de actuação, negar-se-ia à vítima e aos terceiros a sua condição de pessoas com personalidade jurídica[388]. Daqui decorrerá o princípio da confiança, como consequência, definida de modo psicológico, de considerações normativas mais profundas: onde, por determinadas razões normativas, não há uma proibição da acção, pode-se actuar e confiar que os terceiros se comportam correctamente; pelo contrário, uma eventual confiança de nada servirá quando, por razões normativas, houver uma proibição da acção. Deste modo, o que verdadeiramente interessa é determinar os fundamentos normativos que permitem justificar a proibição de certas acções ou considerar

[386] FRISCH, Wolfgang, *Tatbestandsmäßiges Verhalten*, p. 192 e ss.

[387] FRISCH, Wolfgang, *Tatbestandsmäßiges Verhalten*, p. 210.

[388] FRISCH, Wolfgang, *Tatbestandsmäßiges Verhalten*, p. 180-184 e p. 240-243. Neste preciso sentido, com referência ao pensamento de Frisch, MARAVER GÓMEZ, Mario, *Principio de confianza*, p. 169.

tal proibição desadequada, assim se vedando ou conferindo, respectivamente, a possibilidade de confiar[389].

IV. O princípio da confiança no âmbito de uma "ponderação de interesses ampliada"

1. Também Kuhlen defende que o fundamento do princípio da confiança se encontra numa ponderação de interesses. Segundo o autor, há três formas possíveis de abordar o fundamento do princípio da confiança: defender que o princípio da confiança se deduz de princípios gerais do direito; entender que radica tão-só numa optimização da protecção de bens jurídicos; ou fundamentá-lo numa ponderação de interesses ampliada. A abordagem referida em primeiro lugar tem natureza deontológica, as duas últimas serão de natureza teleológica[390].

Kuhlen recusa claramente uma fundamentação deontológica do princípio da confiança, criticando a proposta de Schumann, que fundamenta o princípio da confiança no princípio da auto-responsabilidade[391]. Contudo, segundo Kuhlen, o fundamento do princípio da confiança também não se encontra na ponderação entre o interesse em desenvolver uma determinada actividade e o interesse em proteger bens jurídicos. Convocando-se uma ideia de optimização da protecção de bens jurídicos seria mais adequado, da perspectiva do autor, defender-se que o agente deve contar com o comportamento incorrecto de terceiros sempre que tal comportamento for possível. E, uma vez que tal possibilidade existirá sempre, seríamos levados e renunciar ao princípio da confiança em favor de um princípio da desconfiança. Ainda que se defendesse que só se deveria contar com o comportamento incorrecto de terceiros quando existisse uma probabilidade não irrelevante da sua verificação, tal traduzir-se-ia numa limitação inaceitável do âmbito de actuação do princípio da confiança e numa restrição injustificável da liberdade de acção individual. Por outro lado, tal tiraria ao ponto de vista da auto-responsabilidade de terceiros qualquer relevância normativa e reduziria o princípio da confiança ao pensamento

[389] Frisch, Wolfgang, *Tatbestandsmäßiges Verhalten*, p. 237-238.

[390] Kuhlen, Lothar, *Produkthaftung*, p. 130.

[391] Kuhlen, Lothar, *Produkthaftung*, p. 130-131. Referir-nos-emos, *infra*, § 13, II, à proposta de Schumann a propósito da fundamentação do princípio da confiança.

da previsibilidade. Consequentemente, esta fundamentação do princípio da confiança deve ser recusada[392].

2. Kuhlen considera ser necessário fazer-se uma ponderação de interesses ampliada (*erweiterte Interessenabwägung*), de modo a considerar-se também a liberdade de actuação do sujeito e a auto-responsabilidade de terceiros. O princípio da confiança amplia a liberdade de acção juridicamente reconhecida a cada sujeito e, numa ordem jurídica liberal, isto será, por si só, positivo. Se vigorasse o princípio da desconfiança, seria impossível desenvolver muitos ramos de actividade reconhecidos como socialmente desejáveis e juridicamente valiosos. Deste modo – salienta Kuhlen –, por trás do princípio da confiança estão importantes razões: o interesse em alargar o mais possível o âmbito de acção juridicamente permitido e o interesse no desenvolvimento de actividades socialmente valiosas.

Todavia, estas razões não justificam uma validade do princípio da confiança sem quaisquer excepções. Segundo Kuhlen, o princípio da confiança não terá validade quando for incompatível com o cumprimento de determinados papéis sociais que imponham o dever de controlar ou proteger o terceiro. Nestes casos, a convocação do princípio da confiança prejudicaria o interesse na protecção de bens jurídicos e, verificados certos pressupostos, entende-se que este interesse deve prevalecer[393].

Por outro lado, segundo Kuhlen, um requisito necessário para que possa proteger-se a confiança no comportamento correcto de terceiros é que estes sejam responsáveis pelo seu comportamento. Sendo os terceiros pessoas responsáveis, um comportamento incorrecto por parte destes, em princípio, só a eles poderá ser imputado. Não será de excluir totalmente a possibilidade de casos de co-responsabilidade. Porém, o reconhecimento de que os terceiros são responsáveis pela sua própria conduta permitirá, correspondentemente, reduzir o interesse juridicamente reconhecido (aos terceiros) em que o sujeito adapte o seu comportamento à eventual conduta incorrecta por parte daqueles. Naturalmente, tal redução não se verificará nos casos em que os terceiros não são responsáveis, como acontece, designadamente, com crianças. E o mesmo se verificará quando, apesar de o terceiro ser uma pessoa responsável, o agente tiver motivos concre-

[392] KUHLEN, Lothar, *Produkthaftung*, p. 132.
[393] KUHLEN, Lothar, *Produkthaftung*, p. 133.

tos para pensar que ele não vai actuar correctamente. Neste caso, haverá necessidade de introduzir alterações na ponderação: afastar-se-á a possibilidade de confiar em favor do interesse da solidariedade social[394].

Recusando que o princípio da confiança se fundamente quer no princípio da auto-responsabilidade, quer numa ideia de pura optimização da protecção de bens jurídicos, Kuhlen remete, assim, a fundamentação do princípio da confiança para uma "ponderação de interesses, que há-de ter em consideração, para além do aspecto de protecção de bens jurídicos, também os aspectos da auto-responsabilidade de terceiros e da liberdade da acção daquele sobre o qual recai o dever objectivo de cuidado"[395]. E, no âmbito desta ponderação ampliada, o princípio da confiança e os seus limites surgem precisamente como manifestação do compromisso entre a liberdade individual, característica dos ordenamentos jurídicos de carácter liberal, e a solidariedade, como valor próprio do Estado social[396].

V. Apreciação

Tem-se dirigido críticas a esta concepção que encontra o fundamento do princípio da confiança numa ideia de ponderação de interesses.

Schumann salienta que a afirmação de que a actuação do princípio da confiança – quer no tráfego rodoviário, quer no âmbito da divisão do trabalho – se fundamenta na ideia de ponderação de bens conduz a uma limitação do âmbito de actuação de tal princípio. Se o princípio da confiança só dever actuar nos casos em que para se alcançar uma situação socialmente desejada e reconhecida pelo direito como valiosa, se exige a libertação do agente da consideração de condutas de terceiros eventualmente violadoras do dever de cuidado, então o âmbito de actuação de tal princípio será muito limitado[397].

Marco Mantovani, por seu lado, refere que entender-se o princípio da confiança como uma manifestação do princípio do risco permitido significa confiná-lo a um sentido individual e negativo, ocultando as suas dimensões intersubjectiva e positiva[398]. À luz do princípio do risco permitido, o

[394] Kuhlen, Lothar, *Produkthaftung*, p. 134.
[395] Kuhlen, Lothar, *Produkthaftung*, p. 133.
[396] Kuhlen, Lothar, *Produkthaftung*, p. 133.
[397] Cf. Schumann, Heribert, *Selbstverantwortung*, p. 20.
[398] Mantovani, Marco, *Principio di affidamento*, p. 74.

princípio da confiança traduz a ideia de que o agente que cumpre o dever objectivo de cuidado (integrado pelas regras de conduta e pelos conhecimentos especiais de que eventualmente disponha) fica consequentemente dispensado de ter em conta os efeitos de eventuais comportamentos negligentes de terceiros. Deste modo, a tutela das expectativas do agente é um reflexo exclusivo do seu próprio comportamento – o que traduz uma perspectiva individual do princípio da confiança. No entanto, não há nota desta concepção do princípio da confiança na vasta jurisprudência alemã que a ele se refere. A jurisprudência salienta várias vezes que a expectativa de um comportamento correcto por parte dos outros, radicando na existência de deveres de cuidado que sobre eles impendem, não exonera aquele que tem a expectativa de um comportamento adequado de, ele mesmo, dever cumprir os deveres a que está singularmente obrigado[399].

Da nossa perspectiva, um dos aspectos mais merecedores de crítica radica no facto de que, para a concepção em análise, a possibilidade de confiar surge como o resultado de uma ponderação ou valoração prévia e não verdadeiramente como critério para realizar essa ponderação[400]. Por outro lado, no nosso entendimento, uma adequada fundamentação do princípio da confiança não poderá prescindir do reconhecimento de uma ideia de responsabilidade[401]. Aliás, nas propostas de Frisch e de Kuhlen, as ideias de ponderação de interesses e da necessidade de garantir uma certa margem de liberdade individual acabam por se articular também com o princípio da auto-responsabilidade[402].

§ 13. O princípio da confiança como expressão do princípio da auto-responsabilidade

Apesar de a doutrina que vê o princípio da confiança como um reflexo do princípio do risco permitido ser a dominante, há autores que procuram um outro fundamento para o princípio da confiança, nomeadamente, perspectivando-o como uma decorrência do princípio da auto-responsabilidade. Para esta concepção, a actuação do princípio da confiança não

[399] MANTOVANI, Marco, *Principio di affidamento*, p. 75.

[400] Neste sentido, também, MARAVER GÓMEZ, Mario, *Principio de confianza*, p. 240-241.

[401] Cf., *infra*, § 16.

[402] Cf. MARAVER GÓMEZ, Mario, *Principio de confianza*, p. 169.

dependerá do facto de com a circulação rodoviária ou com a divisão do trabalho se prosseguir um objectivo socialmente valioso, nem surgirá como efeito de um comportamento correcto por parte daquele que confia. Será a responsabilidade própria de cada agente a justificar e a exigir a redução do âmbito de responsabilidade de cada um dos outros. De acordo com o princípio da auto-responsabilidade, o âmbito de responsabilidade de cada um limita-se à sua própria conduta e só em circunstâncias especiais abrangerá também a conduta de terceiros. Consequentemente, por regra, não será necessário ter em consideração o comportamento descuidado de terceiros[403].

É esta a concepção defendida, entre nós, por Figueiredo Dias. Segundo este autor "as outras pessoas são também seres responsáveis; se se comportam descuidadamente, tal só deverá afectar, em princípio, a sua própria responsabilidade". Decorrendo daqui que "como regra geral não se responde pela falta de cuidado alheio, antes o direito autoriza que se confie em que os outros cumprirão os deveres de cuidado"[404].

Stratenwerth e Shumann dedicaram-se pormenorizadamente ao problema da fundamentação do princípio da confiança no princípio da auto-responsabilidade, pelo que se justificará, de seguida, uma referência às propostas apresentadas por estes autores[405].

I. O princípio da confiança como decorrência do carácter responsável de terceiros

1. Nas palavras de Stratenwerth, "no caso de acontecimentos regidos pelas leis naturais, vale a regra de que todo o risco deve ser evitado se for previsível e não se encontrar permitido como risco geral da vida ou a partir de

[403] Neste sentido, STRATENWERTH, Günter, *in: Fest. Eb. Schmidt*, p. 392, STRATENWERTH / KUHLEN, *Allgemeiner Teil*[6], § 15, nº 65, SCHUMANN, Heribert, *Selbstverantwortung*, p. 6, KÖHLER, Michael, *Die bewusste Fahrlässigkeit*, p. 188 e ss., WEHRLE, Stefan, *Fahrlässige Beteiligung*, p. 61 e ss., RUDOLPHI, Hans-Joachim, *in: SK*, antes do § 1, nº 73 e ss., RENZIKOWSKI, Joachim, *Restriktiver Täterbegriff*, p. 181-182 e p. 275-276; na doutrina italiana, FIANDACA / MUSCO, *Diritto Penale*[7], p. 584, e MANTOVANI, Ferrando, *Diritto Penale*[7], p. 353; na doutrina espanhola, FEIJOO SÁNCHEZ, Bernardo, *DPC*, 69 (2000), p. 48 e ss.

[404] DIAS, Jorge de Figueiredo, *Direito Penal I*[2], 35º Cap., § 29, e DIAS, Jorge de Figueiredo / BRANDÃO, Nuno, *in: Comentário Conimbricense*[2], artigo 137º, § 13.

[405] Sobre as propostas destes autores, de modo resumido, FIDALGO, Sónia, *Responsabilidade Penal por Negligência*, p. 124 e ss.

uma ponderação de interesses. Já no que diz respeito a condutas arriscadas de outras pessoas, a doutrina tende para a regra oposta: a de que, em geral, não é necessário que se tenha em conta tais comportamentos, ainda que eles sejam previsíveis"[406]. A partir desta ideia afirma-se o princípio da confiança.

2. Na década de sessenta, no estudo intitulado «Arbeitsteilung und ärztliche Sorgfaltsplicht», Stratenwerth convoca o princípio da confiança como fundamento da (necessária) delimitação do dever de cuidado de cada profissional de saúde, exigida pelo princípio da divisão do trabalho no exercício da medicina em equipa. Só libertando o médico do dever de contar com (e evitar) qualquer falta de cuidado do pessoal que com ele está a cooperar (médicos, enfermeiros e pessoal auxiliar) poderá esperar-se que as tarefas especificamente médicas sejam realizadas com uma dedicação pessoal "sem a qual o doente pode, na verdade, ser 'tratado' mas não curado"[407]. Segundo o autor, "um médico que se preocupe com tudo e com todos não estará certamente exposto à reprovação penal por falta de cuidado, mas dificilmente será um bom médico"[408].

Para determinar o dever de cuidado no exercício da medicina em equipa, Stratenwerth entende ser útil a distinção que se faz no âmbito dos crimes dolosos, entre autoria e participação. Segundo o autor, tal distinção permite identificar diferentes âmbitos de responsabilidade: um âmbito de responsabilidade primário, que corresponde ao domínio do facto; e um âmbito de responsabilidade secundário ou derivado, que só se verificará na medida em que o agente participar no facto do autor. Isto é, quem não domina o facto não responderá, em princípio, pelo resultado verificado, a menos que possa considerar-se responsável de acordo com a teoria da acessoriedade da participação – a responsabilidade no caso de participação será, deste modo, uma responsabilidade "derivada"[409].

Partindo desta distinção, Stratenwerth propõe uma delimitação correspondente dos âmbitos de responsabilidade nos crimes negligentes. Nos crimes negligentes não pode fazer-se a distinção entre autoria e participação, mas poderá identificar-se também um âmbito de responsabili-

[406] STRATENWERTH / KUHLEN, *Allgemeiner Teil*[6], § 15, nº 63.

[407] STRATENWERTH, Günter, *in: Fest. Eb. Schmidt*, p. 400.

[408] STRATENWERTH, Günter, *in: Fest. Eb. Schmidt*, p. 388.

[409] STRATENWERTH, Günter, *in: Fest. Eb. Schmidt*, p. 390.

dade primário e um âmbito de responsabilidade secundário ou derivado. Não podendo falar-se, nos crimes negligentes, de domínio do facto, Stratenwerth propõe o conceito correspondente de dominabilidade (*Beherrschbarkeit*) do facto, que se traduz no duplo requisito de previsibilidade (objectiva) e evitabilidade. Mas a previsibilidade e a evitabilidade do facto só serão determinantes da dominabilidade nos casos em que no processo causal intervierem apenas factores naturais. Já quando se verificar a intervenção de um terceiro haverá de convocar-se pontos de vista distintos[410]. Segundo Stratenwerth, a distinção entre diferentes âmbitos de responsabilidade justificar-se-á, quer nos crimes dolosos, quer nos negligentes, precisamente porque o comportamento de um terceiro responsável não obedece simplesmente a leis naturais e, portanto, não poderá ser equiparado a qualquer outro elemento do processo causal[411]. Tal como nos crimes dolosos a substituição de um sujeito por outro no domínio do facto afasta a responsabilidade primária do primeiro sujeito, também nos crimes negligentes quando um sujeito que dispõe da dominabilidade do facto se vê substituído por outro nessa dominabilidade, haverá uma transferência dessa responsabilidade primária, bem como dos deveres de cuidado que lhe são inerentes. Neste caso, em relação ao primeiro sujeito já não poderá falar-se de dominabilidade, mas apenas, eventualmente, de uma responsabilidade a título secundário ou derivado, que abrangerá a relação com o terceiro responsável que substitui o primeiro sujeito nessa dominabilidade. Deste modo, segundo Stratenwerth, na esfera da negligência poderá distinguir-se entre deveres de cuidado primários e deveres de cuidado secundários. Os primeiros impendem sobre o agente que tem a dominabilidade do facto e constituem o âmbito de responsabilidade primária. Os deveres de cuidado secundários integram o âmbito de responsabilidade secundária e surgem para o sujeito que foi substituído na dominabilidade do facto quando, no caso concreto, emergirem indícios cognoscíveis para este de que o terceiro que assumiu essa dominabilidade não está em condições de dominar todo o processo; ou indícios de que, em todo o caso, o cuidado exigível não vai ser cumprido[412].

[410] Stratenwerth, Günter, *in: Fest. Eb. Schmidt*, p. 390-391.

[411] Stratenwerth, Günter, *in: Fest. Eb. Schmidt*, p. 390. Cf., ainda, Stratenwerth / Kuhlen, *Allgemeiner Teil*[6], § 15, nº 62.

[412] Stratenwerth, Günter, *in: Fest. Eb. Schmidt*, p. 390-391.

Stratenwerth entende que quando um sujeito substitui o outro na dominabilidade do facto, o primeiro pode confiar (ressalvadas as hipóteses de deveres de cuidado secundários) que o segundo cumprirá os deveres de cuidado primários que sobre ele impendem. Mas por que motivo se pode afirmar esta confiança?

Stratenwerth recusa uma identificação do princípio da confiança, enquanto critério orientador das relações entre os vários membros da equipa médica, com o modo como a doutrina e a jurisprudência alemãs concebem tal princípio no âmbito da circulação rodoviária. Para o autor, no exercício da medicina em equipa, ao contrário do que sucede no contexto do tráfego rodoviário, o princípio da confiança não pode ser visto como um caso especial do princípio do risco permitido. É certo, refere o autor, que o princípio do risco permitido pode até fundamentar o afastamento da responsabilidade no exercício da medicina considerado em si e por si. Trata-se de uma actividade que, comportando perigos para bens jurídicos penalmente protegidos, é autorizada pela ordem jurídica tendo em vista os benefícios que com tal actividade (quando realizada de acordo com as *leges artis*) se pode alcançar – a cura do paciente. No entanto, no exercício da medicina em equipa, com divisão de trabalho, o fundamento do princípio da confiança não radicará numa ponderação de bens[413]. A divisão do trabalho constitui, ela mesma, uma fonte de perigos especiais, autónomos em relação àqueles que são inerentes à actividade médica enquanto tal. Consequentemente, a actuação do princípio da confiança no exercício da medicina em equipa convocará um fundamento específico. Esse fundamento, segundo Stratenwerth, radicará em que nas relações em sociedade cada um pode partir do pressuposto de que os outros vão actuar de acordo com as exigências da ordem jurídica, porque também os outros, fazendo parte dessa ordem, devem considerar-se destinatários das normas de comportamento que esta dirige indistintamente a qualquer sujeito[414]. Tal expectativa acerca de um comportamento do outro de acordo com o dever de cuidado não radica numa regra de experiência – aliás, a experiência mostra precisamente que faltas de cuidado acontecem com frequência. A expectativa radica sim no carácter do outro como uma pessoa responsável e que, por isso, "actuará de acordo com a própria responsabilidade,

[413] STRATENWERTH, Günter, *in: Fest. Eb. Schmidt*, p. 389.

[414] STRATENWERTH, Günter, *in: Fest. Eb. Schmidt*, p. 392.

cumprindo o seu dever de cuidado"[415]. Deste modo, é a auto-responsabilidade de cada um dos sujeitos que fundamenta a confiança que os outros têm no seu comportamento de acordo com as exigências de cuidado que lhe são dirigidas.

No entanto, o princípio da confiança não poderá ser convocado se, no caso concreto, emergirem indícios que afastem a expectativa de um comportamento de acordo com o cuidado e determinem o surgimento de deveres de cuidado secundários. Tal sucederá quando for cognoscível para um dos membros da equipa que um outro membro, tendo em conta as características que lhe são inerentes ou as circunstâncias em que assume a tarefa, apesar de ser o destinatário de um determinado dever de cuidado primário, não cumprirá esse dever. Stratenwerth esclarece que estes deveres de cuidado secundários podem surgir apenas no caso em que a expectativa no comportamento de acordo com o dever, tendo em conta a situação ou a pessoa do outro, se torna debilitada. Tal acontecerá, por exemplo, quando houver uma distracção, uma fragilidade, uma deficiência, ou uma falta de experiência devido à juventude[416].

3. Actualmente Stratenwerth defende claramente que o princípio da confiança pode fundamentar-se no princípio da auto-responsabilidade – "o âmbito da responsabilidade do indivíduo 'limita-se fundamentalmente à sua própria acção e só sob determinadas circunstâncias abrangerá também o comportamento dos outros'" – com a consequência de que, por regra, não tem de se tomar em consideração a possibilidade de os terceiros actuarem em violação do dever de cuidado[417]. Stratenwerth esclarece, no entanto, que o princípio da confiança não pode ser afirmado sempre com este carácter tão geral. Segundo o autor, entendido deste modo, tal princípio não recuaria mesmo nas situações em que fosse evidente a actuação dos outros em violação do dever. Por este motivo, Stratenwerth defende que talvez seja mais correcto fundamentar o princípio da confiança (tal como sucede com o princípio do risco permitido) numa ponderação de inte-

[415] STRATENWERTH, Günter, *in: Fest. Eb. Schmidt*, p. 392.

[416] STRATENWERTH, Günter, *in: Fest. Eb. Schmidt*, p. 392-393.

[417] STRATENWERTH / KUHLEN, *Allgemeiner Teil*[6], § 15, nº 65 (com referência a Schumann). Refira-se que a partir da 5ª edição da obra *Strafrecht. Allgemeiner Teil. Die Straftat*, Stratenwerth contou com a colaboração de Kuhlen (STRATENWERTH / KUHLEN, *Allgemeiner Teil*[5]). No entanto, o parágrafo agora citado não sofreu alterações significativas desde a 4ª edição (cf. STRATENWERTH, Günter, *Allgemeiner Teil*[4], § 15, nº 67).

resses, ou seja, "na ideia de que muitos processos regulares de interacção social não seriam possíveis ou seriam desproporcionadamente difíceis se tivesse de se contar permanentemente com uma eventual conduta de terceiros em violação do dever de cuidado"[418]. Conclui, então, Stratenwerth, que a limitação dos deveres de cuidado através do princípio da auto-responsabilidade não pode ser universal, mas apenas poderá ser convocada em âmbitos e sob condições determinadas[419]. Fica, no entanto, por esclarecer a *que âmbitos* e sob *que condições* estará a referir-se o autor[420].

4. Marco Mantovani critica a proposta que Stratenwerth apresentou na década de sessenta. Segundo Marco Mantovani, tal proposta traduzia uma "dependência genética" dos princípios que regem a comparticipação nos crimes dolosos e, mais precisamente, do modo como tal matéria é regulada no Código Penal alemão. Se, como propõe Stratenwerth, se dever estabelecer uma relação entre o fundamento do princípio da confiança e os postulados relacionados com o acolhimento da ideia de acessoriedade na participação enquanto modelo de explicação teórica do fenómeno da participação criminosa, então será difícil aceitar tal fundamento e, consequentemente, a justificação do reconhecimento do princípio da confiança no âmbito de ordenamentos em que a disciplina positiva do fenómeno da participação criminosa não imponha necessariamente uma construção teórica segundo os parâmetros da teoria da acessoriedade[421].

Da nossa perspectiva, além de não ser suficientemente convincente a tentativa de Stratenwerth de estabelecer uma *restrição* do conceito de autoria nos crimes negligentes por via do princípio da auto-responsabilidade[422], não será de aceitar também a possibilidade de indicar uma fundamentação diversa para o princípio da confiança conforme o domínio de actividade em que ele seja convocado. Aliás, como vimos, actualmente o próprio Stra-

[418] STRATENWERTH / KUHLEN, *Allgemeiner Teil*[6], § 15, nº 65.

[419] STRATENWERTH / KUHLEN, *Allgemeiner Teil*[6], § 15, nº 65.

[420] Salientando este carácter de certo modo inconclusivo da proposta de Stratenwerth, já FIDALGO, Sónia, *Responsabilidade Penal por Negligência*, p. 129.

[421] MANTOVANI, Marco, *Principio di affidamento*, p. 90-91.

[422] Refira-se que, actualmente, Stratenwerth parece defender uma diferente concepção a este propósito (cf. STRATENWERTH / KUHLEN, *Allgemeiner Teil*[6], § 15, nº 77). Não desenvolveremos aqui o problema do conceito de autoria no domínio dos crimes negligentes, por entendermos que extravasa claramente do domínio do nosso estudo. Cf., no entanto, as considerações tecidas em FIDALGO, Sónia, *Responsabilidade Penal por Negligência*, p. 159 e ss.

tenwerth já não procede, a este propósito, a uma distinção clara entre os diferentes âmbitos de actividade, limitando-se a avançar que a "delimitação dos deveres de cuidado através do princípio da auto-responsabilidade não pode ser universal"[423].

II. O princípio da confiança como expressão da segunda dimensão do princípio da auto-responsabilidade

1. Também Schumann se dedicou pormenorizadamente ao problema da fundamentação do princípio da confiança. Segundo Schumann, – ao contrário do que vimos ser defendido por Stratenwerth –, independentemente do âmbito problemático em que o princípio da confiança seja convocado (tráfego rodoviário ou actuação em equipa com divisão de trabalho), o fundamento deste princípio será sempre o princípio da auto-responsabilidade.

Schumann entende que o princípio da auto-responsabilidade é um princípio geral da ordem jurídica que deriva do reconhecimento dos indivíduos como seres livres[424]. Da perspectiva do autor, uma ordem jurídica que se baseie na ideia da liberdade dos homens não pode limitar-se a fazer derivar daqui a possibilidade de afirmação da culpa e da sanção. Do princípio da auto-responsabilidade decorre, num primeiro momento, que cada sujeito deve ser considerado juridicamente responsável e, consequentemente, "cada um deve responder pelo cumprimento dos seus deveres, bem como pela protecção dos seus interesses perante terceiros"[425]. Esta é a primeira dimensão do princípio da auto-responsabilidade: cada pessoa é juridicamente responsável e, como tal, deve responder pelo cumprimento dos deveres que sobre si impendem. Todavia, ao atribuir a cada pessoa um âmbito próprio de responsabilidade, a ordem jurídica realiza uma delimitação dos âmbitos de responsabilidade que é fundamental para determinar o dever de cuidado de cada sujeito perante a intervenção de terceiros. O reconhecimento do princípio da auto-responsabilidade na esfera da dimensão intersubjectiva das relações sociais tem, assim, como consequência, que os terceiros com os quais cada um contacta podem ter-se como responsáveis pelas condutas que adoptam, bem como pelas consequências (*rectius*, os resultados) que delas advêm. Deste modo, manifesta-se

[423] STRATENWERTH / KUHLEN, *Allgemeiner Teil*[6], § 15, nº 65.
[424] SCHUMANN, Heribert, *Selbstverantwortung*, p. 1.
[425] SCHUMANN, Heribert, *Selbstverantwortung*, p. 3 e 4.

uma segunda dimensão do princípio da auto-responsabilidade: o âmbito de responsabilidade atribuído ao indivíduo, bem como os deveres de comportamento a ele inerentes, devem ser delimitados de modo a que cada um não tenha de se adaptar à possibilidade de terceiros se comportarem em violação do dever que sobre eles impende[426]. E, segundo Schumann, esta segunda dimensão do princípio da auto-responsabilidade encontra expressão no princípio da confiança. A consequência imediata do princípio da auto-responsabilidade de terceiros (de acordo também com a genérica proibição *neminem laedere*) traduz-se em que "o âmbito de responsabilidade de cada um está limitado à sua própria conduta e só em circunstâncias especiais abrangerá também a conduta de terceiros"[427]. Deste ponto de vista, o princípio da confiança será não mais do que a expressão (*Auspregung*) dessa delimitação dos âmbitos de responsabilidade que resulta do princípio da auto-responsabilidade. Impor-se a cada um o dever de contar com condutas de terceiros em violação do dever, além de ser uma contradição, anularia quase por completo a liberdade de acção[428].

Na opinião de Schumann, esta fundamentação do princípio da confiança no princípio da auto-responsabilidade é a mais satisfatória. É certo que o princípio da confiança não pode fundamentar-se na falta de previsibilidade de condutas em violação das regras –Schumann afirma que o princípio da confiança não significa que não se possa prever a conduta irregular de terceiros, significa sim que o sujeito não precisa de ter essa possibilidade em consideração[429]. Schumann também considera que a fundamentação do princípio da confiança no princípio da auto-responsabilidade é mais satisfatória do que a que parte de uma ponderação de interesses, porque, apelando simplesmente à fluidez do tráfego ou às vantagens do exercício de determinadas actividades com divisão de trabalho, não se justifica o reconhecimento da possibilidade de confiar em certas constelações em que não se satisfazem esses interesses preponderantes (ou não se prossegue, sequer, um fim socialmente valioso)[430].

[426] SCHUMANN, Heribert, *Selbstverantwortung*, p. 5.

[427] SCHUMANN, Heribert, *Selbstverantwortung*, p. 6.

[428] SCHUMANN, Heribert, *Selbstverantwortung*, p. 5 e 6.

[429] SCHUMANN, Heribert, *Selbstverantwortung*, p. 8.

[430] SCHUMANN, Heribert, *Selbstverantwortung*, p. 8-10 e p. 20. Já tivemos oportunidade de referir, *supra*, § 11, 3 e § 12, V, as críticas de Schumann às concepções que fundamentam o princípio da confiança na falta de previsibilidade e no princípio da ponderação de interesses.

2. Schumann reconhece que a proposta por ele apresentada baseada na delimitação dos âmbitos de responsabilidade coincide essencialmente com as teorias da interrupção do nexo causal e da proibição de regresso, na medida em que toma como referência a responsabilidade dos terceiros para limitar ou excluir a responsabilidade do sujeito[431]. Mas, segundo o autor, a tentativa de resolver os problemas relacionados com a intervenção de terceiros no âmbito da causalidade tem conduzido a soluções erradas. Segundo Schumann, não se trata aqui de excluir a relação causal com o resultado. Também no que diz respeito ao problema da intervenção de terceiros, é necessário acompanhar a evolução da dogmática penal no sentido de deixar de se ver o desvalor de resultado como problema central. A prioridade sistemática deverá pertencer agora à análise do desvalor de acção e à resposta à questão de saber em que medida o princípio da auto-responsabilidade deve delimitar o âmbito das normas de comportamento e, consequentemente, os deveres de cuidado que recaem sobre cada sujeito[432].

3. No âmbito do tráfego rodoviário o princípio da confiança traduzirá a ideia de que todo o participante no tráfego pode confiar que os outros actuarão de acordo com as regras do direito rodoviário, não precisando, por isso, de adaptar a sua conduta a eventuais condutas violadoras das regras por parte de terceiros[433]. Schumann afirma que a circunstância de o condutor titular do direito de prioridade poder (por princípio) aproximar-se de um cruzamento sem obrigação de diminuir a velocidade a que circula, podendo confiar na observância do seu direito de prioridade por parte do *Wartepflichtige*, deriva, em última análise, do conteúdo da regra sobre o direito de prioridade da StVO. De acordo com esta regra, não será tarefa do titular do direito de prioridade, mas sim, "em primeira linha, tarefa do condutor que prossegue na estrada secundária, evitar eventuais acidentes mediante a observância da regra de prioridade"[434]. Segundo Schumann[435], tal resulta de modo claro do Acórdão do *BGH*, de 12 de

[431] SCHUMANN, Heribert, *Selbstverantwortung*, p. 2.

[432] SCHUMANN, Heribert, *Selbstverantwortung*, p. 2-3.

[433] SCHUMANN, Heribert, *Selbstverantwortung*, p. 7.

[434] SCHUMANN, Heribert, *Selbstverantwortung*, p. 11; no mesmo sentido, cf. JAKOBS, Günther, *ZStW*, 89 (1977), p. 13 e ss.

[435] SCHUMANN, Heribert, *Selbstverantwortung*, p. 11.

Julho de 1954[436]. Neste Acórdão, o *BGH* diz claramente que o "sentido das regras de prioridade (...) se traduz em que o titular do direito de prioridade pode, nos entroncamentos e cruzamentos, confiar e, fundadamente, avançar"[437]. No Acórdão afirma-se que a regra da prioridade é uma "clara regra de responsabilidade" e defender o princípio da desconfiança não só obnubilaria os contornos da repartição dos âmbitos de responsabilidade resultantes dessa regra, como conduziria ao "desvanecimento do sentido de responsabilidade dos condutores das vias secundárias"[438]. Fica clara, assim, a relação entre o princípio da confiança e a delimitação de âmbitos de responsabilidade.

Defendendo que a validade do princípio da confiança no tráfego rodoviário permitirá a todo o participante no tráfego contar com que os terceiros actuarão de acordo com as regras do direito rodoviário, Schumann adverte, no entanto, que tal princípio não dispensará o agente do seu dever de manter a atenção sobre o desenrolar do tráfego globalmente considerado e de evitar os perigos para ele cognoscíveis. O princípio da confiança recuará não apenas quando o outro participante no tráfego não for uma pessoa responsável, mas também quando forem cognoscíveis circunstâncias que devam fazer desvanecer a confiança na conduta correcta de terceiros, o que, na verdade, só acontecerá quando aqueles fornecerem "razões concludentes" para se contar com comportamentos violadores das regras[439].

4. Schumann afirma que ainda está por esclarecer em que situações poderá convocar-se o princípio da confiança para além do âmbito do tráfego rodoviário. O autor entende que tal princípio também poderá ser convocado no domínio do trabalho em conjunto sob a forma de divisão de tarefas[440]. Mas, refere Schumann, seria precipitado transferir, sem mais, para o âmbito da divisão do trabalho, o princípio da confiança tal como é afirmado no domínio do tráfego rodoviário. Na actuação segundo o esquema da divisão do trabalho (diferentemente do que sucede no tráfego rodoviário) não se trata de saber de que modo o princípio da auto-responsabilidade actua sobre a medida de cuidado a aplicar quando "na vida em sociedade

[436] *BGHSt* 7, 1955, p. 118-127. Já nos dedicámos ao estudo deste aresto, *supra*, § 6.

[437] *BGHSt* 7, 1955, p. 122.

[438] *BGHSt* 7, 1955, p. 125.

[439] Schumann, Heribert, *Selbstverantwortung*, p. 12.

[440] Schumann, Heribert, *Selbstverantwortung*, p. 19 e ss.

entram em contacto condutas de várias pessoas"[441]. Trata-se mais especificamente da questão de saber que deveres tem o agente que utiliza prestações ou resultados do trabalho de um terceiro na realização de uma tarefa própria. Segundo Schumann, afirmar-se que o titular do direito de prioridade pode confiar que o seu direito será observado pelos condutores que circulam nas estradas secundárias é diferente de se dizer que o condutor pode confiar que o funcionário da oficina de reparação de automóveis reparou adequadamente os travões de um veículo. Porque, segundo Schumann, no risco de violação da regra de prioridade trata-se de um perigo que se fundamenta na conduta de um terceiro e que, por isso, se encontra fora do âmbito da responsabilidade do agente. Diferentemente, o risco inerente a uma reparação defeituosa dos travões é um risco que passa a integrar a conduta do agente, pelo que se traduzirá num perigo que fica dentro do âmbito da responsabilidade própria. Correspondentemente a esta localização distinta do risco, distinguir-se-á também a função e o conteúdo do princípio da confiança nos dois casos.

A partir desta formulação abstracta do problema, torna-se claro, segundo Schumann, que não devem ser abrangidos apenas os casos em que os sujeitos realizam uma tarefa em conjunto, de acordo com um plano para alcançarem um objectivo comum, mas também os casos de intervenção sucessiva de diferentes agentes (por exemplo, o caso em que o médico injecta no doente um medicamento produzido pela indústria farmacêutica). E tornar-se-á claro também que o princípio da confiança não valerá em todos os casos em que um sujeito utiliza prestações de terceiros no exercício da sua actividade, mas valerá apenas quando se verificarem certos pressupostos[442].

5. Tecendo tais considerações, Schumann propõe-se resolver os problemas colocados no âmbito de uma actividade em que intervêm vários sujeitos com recurso à figura da autoria mediata (tal como vem regulada no § 25 do StGB). Segundo o autor, se da actuação de um dos intervenientes derivar uma ofensa para bens jurídicos enquanto resultado de uma prestação do

[441] SCHUMANN, Heribert, *Selbstverantwortung*, p. 21 e nota 11. O excerto entre aspas é uma citação que Schumann faz da obra de Stratenwerth (na edição actual, STRATENWERTH / KUHLEN, *Allgemeiner Teil*[6], § 15, nº 64). Da nossa perspectiva, porém, na expressão citada, Stratenwerth parece pretender incluir também a actuação em conjunto segundo um esquema de divisão de trabalho.

[442] SCHUMANN, Heribert, *Selbstverantwortung*, p. 21.

seu exclusivo âmbito de responsabilidade, quem interveio posteriormente, dando um qualquer contributo para tal prestação, não será, por força do princípio da confiança, responsabilizado. Com efeito, na medida em que um eventual resultado danoso derivar de modo imediato da conduta de um dos participantes, mas deva na realidade remontar a uma prestação precedente que integre o âmbito de responsabilidade exclusiva de um terceiro, aquele que actuou em último lugar não pode ser responsabilizado por tal resultado, à semelhança do que acontece nos casos de autoria mediata[443]. Na construção de Schumann, o homem-de-trás (*Hintermann*) identifica-se com aquele que realiza a primeira prestação sobre a qual – e em estreita dependência da qual – estão destinados a enxertar-se os sucessivos contributos dos outros sujeitos com os quais o primeiro é chamado a interagir. O homem-da-frente (*Vordermann*) é o sujeito que utiliza a prestação de um terceiro no desenvolvimento de uma actividade própria.

5.1. Mas para que possa invocar-se o princípio da confiança não basta que se verifique uma sucessão de condutas que, de algum modo, se inter-relacionem. Schumann esclarece que o homem-da-frente só poderá convocar o princípio da confiança "quando sobre o *Hintermann* recair um dever especial [um dever que vá para além do normal], isto é, quando a função do *Hintermann* consistir precisamente em desonerar o *Vordermann* de medidas de cuidado que integram a esfera de competência deste e que, com isso, o âmbito de responsabilidade [do *Hintermann*] se estenda, penetrando o âmbito de responsabilidade do *Vordermann*"[444].

Um tal dever de exoneração e a correspondente extensão do âmbito de responsabilidade pode resultar, em primeiro lugar, da assunção de tarefas de que tal dever faça parte. É precisamente partindo deste ponto de vista da assunção de deveres (*Pflichtübernahme*) que se justifica a validade do princípio da confiança no exercício da medicina em equipa. Partindo da relação entre *Hintermann* e *Vordermann*, poderá compreender-se, designadamente, a relação que se estabelece entre o cirurgião e o anestesiologista, aceitando-se que o anestesiologista (*Vordermann*), para seleccionar a anestesia, pode confiar que o cirurgião (*Hintermann*) fez o diagnóstico correcto[445].

[443] SCHUMANN, Heribert, *Selbstverantwortung*, p. 21.

[444] SCHUMANN, Heribert, *Selbstverantwortung*, p. 22.

[445] SCHUMANN, Heribert, *Selbstverantwortung*, p. 22, com abundantes referências jurisprudenciais.

O mesmo poderá dizer-se em relação a outros âmbitos de actuação, ainda que não constituam exemplos de divisão de trabalho em sentido estrito. Segundo Schumann, o jornalista que obtém uma notícia de uma agência noticiosa pode, fundadamente, partir do princípio de que a notícia em causa foi cuidadosamente investigada, justamente porque é função da agência fornecer notícias aptas para publicação. Já o mesmo não poderá dizer-se no caso em que o jornalista recebe uma notícia de um informador privado. Se esta última notícia vier a revelar-se um atentado contra a honra de terceiro, pode o jornalista vir a ser punido por difamação, uma vez que, neste caso, sobre o jornalista impendia o dever de comprovar a veracidade do conteúdo da informação recebida[446]. Poderá ainda aceitar-se que o contribuinte que entrega a sua declaração de rendimentos pode confiar que o seu contabilista a preencheu correctamente. Tal como, no exemplo já referido, o condutor pode confiar que a oficina de reparação de automóveis procedeu adequadamente à reparação do seu automóvel e que recebe o veículo em perfeitas condições de segurança[447].

Segundo Schumann, também os deveres que integram a habitualmente designada responsabilidade pelo produto – sobretudo os deveres relacionados com a segurança dos produtos – têm uma função exoneradora da responsabilidade do homem-da-frente. O condutor pode confiar que o automóvel que acabou de comprar é seguro na estrada, do mesmo modo que o profissional de saúde pode confiar que os aparelhos médicos não apresentam defeito e que o folheto de um medicamento indica correctamente a composição química, os efeitos secundários e as contra-indicações[448].

5.2. Segundo Schumann, o facto de sobre o homem-de-trás recair um dever especial dirigido a desonerar o homem-da-frente não é a única diferença que se verifica na transposição do princípio da confiança do âmbito rodoviário para os casos de utilização de prestações de terceiros no exercício de uma actividade própria. A segunda diferença radica em que, ao contrário do que sucede no tráfego rodoviário, nos casos de utilização de prestações de terceiros no exercício de uma actividade própria, o princípio da confiança não actua sobre o âmbito do dever de cuidado sempre na

[446] SCHUMANN, Heribert, *Selbstverantwortung*, p. 21-22, com amplas referências jurisprudenciais.

[447] SCHUMANN, Heribert, *Selbstverantwortung*, p. 22, com diversas referências jurisprudenciais.

[448] SCHUMANN, Heribert, *Selbstverantwortung*, p. 23, com várias referências jurisprudenciais.

mesma medida. Isto é, no caso agora em apreço, o cuidado do agente não se resume, em relação a eventuais violações do dever do homem-de-trás, em ter de reagir perante actuações incorrectas que para ele sejam cognoscíveis. Com efeito, por vezes, o *Vordermann* tem o dever de seleccionar os seus colaboradores e, em certas circunstâncias, tem a obrigação de controlar o trabalho daqueles que com ele colaboram. Nestes casos, estes deveres de selecção e controlo fazem parte do âmbito de responsabilidade do agente e uma falha no seu cumprimento só pode conduzir à sua própria responsabilidade. Deste modo, casos haverá em que à extensão da responsabilidade do homem-de-trás não corresponde necessariamente uma total exclusão da responsabilidade do homem-da-frente[449].

Por esta razão, defende Schumann que no âmbito do tráfego rodoviário o princípio da confiança impõe um limite aos deveres de cuidado de cada interveniente, limite este que já está traçado pelo princípio da auto-responsabilidade (por exemplo, é, em primeira linha, dever do condutor que circula na estrada secundária observar a prioridade do que circula na estrada principal). Na utilização de prestações de terceiros trata-se, pelo contrário, de uma exoneração (redução) de certos deveres de cuidado que tem a sua razão de ser na ideia de que há uma extensão da responsabilidade do homem-de-trás. Deste modo, ao contrário do que sucede no tráfego rodoviário, no caso de utilização de prestações de terceiros no desenvolvimento de uma actividade própria, a delimitação dos âmbitos de responsabilidade nem sempre poderá fazer-se apenas a partir do princípio da responsabilidade. Uma delimitação adequada dos âmbitos de responsabilidade far-se-á, nestes casos, a partir também das *funções sociais* (*sozialen Rollen*) que cumprem os diversos intervenientes e das tarefas que, de acordo com a concepção do tráfico, lhes estão associadas[450].

As formas de actuação em conjunto e as funções que os diversos intervenientes podem assumir são muito diversificadas para que possam ser tratadas em pormenor.

De qualquer modo, segundo Schumann, em termos genéricos, poderá antecipar-se que, por exemplo, os deveres de cuidado do comprador serão,

[449] SCHUMANN, Heribert, *Selbstverantwortung*, p. 23-24 e p. 26.

[450] SCHUMANN, Heribert, *Selbstverantwortung*, p. 24. Segundo o autor, este critério pode ser usado de modo semelhante ao critério do homem consciente e prudente pertencente ao círculo de vida do agente, que se convoca para determinar o dever de cuidado do agente individual (*idem*, p. 24-25).

em princípio, muito reduzidos. Quem compra um automóvel não terá o dever de verificar se os pneus estão devidamente colocados ou se os travões estão a funcionar adequadamente. Coisa diferente poderá dizer-se se o comprador – eventualmente por experiências anteriores – tiver uma razão concreta para duvidar da capacidade de trabalho ou da fiabilidade do trabalho do terceiro com quem contacta. Não sendo este o caso, o agente só violará o seu dever de cuidado nas situações em que se aperceber de uma falha na conduta do terceiro ou quando existirem circunstâncias evidentes que façam qualquer pessoa concluir pela falta de capacidade desse terceiro[451].

Espera-se, pelo contrário, um grau mais elevado de cuidado daquele que utiliza prestações de terceiros no desempenho da sua actividade profissional. Por um lado, o agente deve ser cuidadoso na escolha dos seus colaboradores e, por outro lado, como vimos já, pode haver necessidade de controlar a colaboração recebida. Por exemplo, defender que o jornalista pode confiar na fiabilidade de uma conhecida agência de notícias, não significa que aquele profissional deva divulgar as notícias sem as ler. Dizer que o médico pode confiar no fabricante de um aparelho técnico, não significa que ele possa utilizar o aparelho sem o testar – o médico não terá de fazer uma análise completa ao aparelho, mas terá de se certificar (pessoalmente ou através de técnicos para tal competentes) de que o aparelho está a funcionar correctamente[452].

Deste modo, a *função profissional* (*berufliche Funktion*) fundamentará certos deveres de cuidado e, simultaneamente, delimitará tais deveres – só poderão ser impostos deveres correspondentes à *função profissional* do agente[453]. Assim, o anestesiologista, na selecção da anestesia a aplicar a um doente, pode confiar no diagnóstico feito pelo cirurgião – não integra as funções do anestesiologista proceder a uma análise de tal diagnóstico; o anestesiologista agirá em violação do dever de cuidado apenas quando circunstâncias especiais tornarem cognoscível que o diagnóstico cirúrgico está errado[454]. Por sua vez, a função do médico incluirá uma certa obrigação de controlo dos medicamentos por ele prescritos – a confiança nos

451 SCHUMANN, Heribert, *Selbstverantwortung*, p. 25-26.

452 SCHUMANN, Heribert, *Selbstverantwortung*, p. 27.

453 SCHUMANN, Heribert, *Selbstverantwortung*, p. 27.

454 SCHUMANN, Heribert, *Selbstverantwortung*, p. 22 e p. 27.

dados constantes no folheto que acompanha o medicamento não isentará o médico do dever de se informar na literatura científica acerca das experiências com o medicamento. Mas já estará em contradição com a *função profissional* do médico a obrigação de mandar analisar a verdadeira composição dos medicamentos por ele usados – segundo Schumann, a função do médico consiste apenas nos correctos diagnóstico, escolha e utilização do medicamento[455].

Um elemento definidor de papéis e deveres é, por fim, também a posição concreta que assume o agente dentro de uma empresa, em face daquele cujas prestações de trabalho utiliza. Um empregador terá o dever de controlar os documentos apresentados por um candidato ao emprego, mas, após a contratação, poderá limitar-se a controlos ocasionais, cuja frequência dependerá das provas dadas pelo trabalhador[456]. Schumann esclarece que, embora limitado por eventuais deveres de controlo e vigilância, o princípio da confiança não deixará de ser convocado pelo superior em relação aos colaboradores que estão na sua dependência. Por exemplo, o anestesiologista pode confiar que o pessoal não médico para tal competente se certificou do correcto funcionamento dos aparelhos de anestesia, não estando obrigado a verificar pessoalmente tais aparelhos antes de cada intervenção[457].

6. São várias as críticas que se dirigem à proposta de Schumann[458]. Marco Mantovani salienta que o recurso, por parte de Schumann, à figura

[455] SCHUMANN, Heribert, *Selbstverantwortung*, p. 27. No mesmo sentido, KAMPS, Hans, *Ärztliche Arbeitsteilung*, p. 208 e ss.

[456] SCHUMANN, Heribert, *Selbstverantwortung*, p. 28.

[457] SCHUMANN, Heribert, *Selbstverantwortung*, p. 22 e p. 29.

[458] Schumann estuda o princípio da auto-responsabilidade e as suas consequências quer quanto à convocação do princípio da confiança (é a primeira parte da *Habilitationsschrift* de Schumann, *Selbstverantwortung*, p. 6 e ss.), quer quanto à distinção entre autoria e participação (Schumann defende um conceito restritivo de autoria negligente – é a segunda parte da sua *Habilitationsschrift*, *Selbstverantwortung*, p. 42 e ss.). Compreensivelmente, não vamos dedicar-nos, por ora, a este segundo problema. Muitos autores, na Alemanha e fora dela, criticaram as propostas de Schumann, sobretudo em relação à convocação do princípio da auto-responsabilidade como forma de distinguir entre autoria e participação (*vide*, MEURER, Dieter, *NJW*, 1987, p. 2424, FRISCH, Wolfgang, *JZ*, 1988, p. 655, ROXIN, Claus, *Dominio del Hecho*, p. 708, e, entre nós, COSTA, António Manuel de Almeida, *Comparticipação*, p. 865 e ss. e 1035 e ss.). Criticando expressamente a proposta de Schumann quanto à fundamentação do princípio da confiança no princípio auto-responsabilidade, *vide*, entre outros, FRISCH,

da autoria mediata para justificar a validade do princípio da confiança no caso de utilização de prestações de terceiros na realização de uma actividade própria, bem como o modo específico de avaliar o comportamento de terceiros geram perplexidades. A possibilidade de, a partir do princípio da confiança, se excluir ou limitar a responsabilidade daquele que utiliza prestações de terceiros através da equiparação da sua posição à do homem-da-frente pressupõe que se dê uma resposta afirmativa à questão de saber se poderão convocar-se as categorias próprias da autoria mediata no âmbito dos crimes negligentes. E a verdade é que a generalidade da doutrina alemã – à semelhança, aliás, do que sucede em Portugal e também em Itália – entende que só nos crimes dolosos fará sentido distinguir diferentes formas de autoria e, consequentemente, só neste tipo de crimes poderá falar-se de autoria mediata[459].

Já anteriormente dissemos discordar da proposta de Stratenweth, na medida em que pretenda traçar caminho no sentido de uma *restrição* do conceito de autoria nos crimes negligentes, através da delimitação dos âmbitos de responsabilidade. Reiteramos agora apenas que, do nosso ponto de vista, no âmbito dos crimes negligentes, o princípio da auto-responsabilidade pode eventualmente assumir-se como um princípio de delimitação da responsabilidade, mas não poderá ser convocado como critério de autoria (não permitirá a distinção entre autoria e *cumplicidade* negligente)[460].

III. Apreciação

1. Têm sido dirigidas várias críticas às propostas de fundamentação do princípio da confiança no princípio da auto-responsabilidade.

Tem-se dito, desde logo, que do facto de os terceiros serem pessoas responsáveis, sobre as quais impendem determinados deveres de cuidado, não

Wolfgang, *Tatbestandsmäßiges Verhalten*, p. 190, nota 133, KUHLEN, Lothar, *Produkthaftung*, p. 130-131, PETER, Anne-Marie, *Arbeitsteilung im Krankenhaus*, p. 15, MANTOVANI, Marco, *Principio di affidamento*, p. 104 e ss. e p. 121 e ss., HANNES, Miriam, *Der Vertrauensgrundsatz*, p. 162-163, SCHROEDER, Friedrich-Christian, *in*: *LK*[11], § 16, nº 172, e VOGEL, Joachim, *in: LK*[12], § 16, nº 225.

[459] MANTOVANI, Marco, *Principio di affidamento*, p. 121-122.

[460] Por entendermos que o problema da autoria negligente extravasa do âmbito do nosso estudo não teceremos, a este propósito, mais considerações. Cf., no entanto, de modo sintético, FIDALGO, Sónia, *Responsabilidade Penal por Negligência*, p. 171-172, e, com pormenor, COSTA, António Manuel de Almeida, *Comparticipação*, p. 963 e ss.

decorre necessariamente que um sujeito não possa ser responsável pelo comportamento de terceiros[461]. Salienta-se que "responsabilidade" (*Verantwortlichkeit*) não significa "responsabilidade única" (*Alleinverantwortlichkeit*)[462]. De acordo com os críticos da proposta em análise, se considerarmos que o ordenamento jurídico não parte de uma concepção individualista da sociedade e ponderarmos a inserção do indivíduo nessa sociedade, bem como a sua dependência da solidariedade alheia, teremos de concluir que do princípio da auto-responsabilidade não decorre necessariamente, em termos gerais, que cada indivíduo, para conformar a sua conduta, possa partir do princípio de que os terceiros se comportam de acordo com o direito[463]. Com efeito, o facto de o terceiro ser responsável pelo seu comportamento não significa necessariamente que ele se comporte correctamente[464]. No fundo, o que fica por esclarecer é por que razão a delimitação do âmbito de responsabilidade de terceiros há-de conduzir necessariamente a uma delimitação negativa do âmbito de responsabilidade própria[465].

2. A segunda crítica que se dirige à fundamentação do princípio da confiança no princípio da auto-responsabilidade radica na ideia de que há situações em que mesmo perante pessoas responsáveis o princípio da confiança não pode ser convocado. Esta crítica está directamente relacionada com o limite que habitualmente se aponta ao princípio da confiança, no sentido de que o agente não poderá confiar no comportamento correcto do terceiro quando tiver razões concretas para pensar ou dever pensar de outro modo[466].

Nas situações em que surgem deveres de cuidado secundários, nos exemplos dados por Stratenwerth na obra da década de sessenta, aquele a quem primariamente a ordem jurídica dirige as exigências de cuidado não é uma pessoa não responsável nem com responsabilidade diminuída. Nos

[461] Cf. MEURER, Dieter, *NJW*, 1987, p. 2424, FRISCH, Wolfgang, *JZ*, 1988, p. 655, KUHLEN, Lothar, *Produkthaftung*, p. 131.

[462] KUHLEN, Lothar, *Produkthaftung*, p. 131.

[463] Neste sentido, BURGSTALLER, Manfred, *Fahrlässigkeitsdelikt*, p. 63, e KUHLEN, Lothar, *Produkthaftung*, p. 133.

[464] Assim, PETER, Anne-Marie, *Arbeitsteilung im Krankenhaus*, p. 15, e ABRALDES, Sandro, *Delito imprudente*, p. 219.

[465] Cf. MARAVER GÓMEZ, Mario, *Principio de confianza*, p. 179.

[466] Dedicaremos a nossa atenção aos limites do princípio da confiança, *infra*, § 19 e ss.

exemplos referidos, não há uma exclusão da responsabilidade do sujeito primariamente obrigado, haverá sim um concurso de responsabilidades (do primariamente responsável e daquele sobre o qual impendem os deveres de cuidado secundários)[467].

Também Schumann esclarece que o princípio da confiança não dispensa o participante no tráfego do seu dever de manter a atenção sobre o desenrolar do trânsito na sua globalidade e de evitar os perigos para ele cognoscíveis. O autor defende que o princípio da confiança recuará não apenas quando um outro participante no tráfego não se encontrar reconhecidamente (*erkennbar*) em condições de actuar de modo responsável, – isto é, nos casos em que está ausente o próprio fundamento do princípio da confiança –, mas também quando forem cognoscíveis circunstâncias que façam remover (*erschüttern*) a confiança na conduta correcta dos terceiros, o que acontecerá quando estes fornecerem uma razão concludente (*triftige Veranlassung*) para se contar com comportamentos violadores das regras[468].

O que se vem defendendo é que, se o princípio da confiança tem como fundamento o princípio da auto-responsabilidade, não se compreende que deva recuar perante condutas de pessoas que, sendo plenamente responsáveis e estando a actuar dentro do seu âmbito de responsabilidade, não se comportam de acordo com o cuidado a que estão obrigadas[469]. Os autores que defendem que o princípio da confiança se fundamenta no princípio da auto-responsabilidade entendem ser "compreensível por si mesmo"

[467] Cf. o que dissemos, *supra*, § 13, I, sobre a proposta de Stratenwerth.

[468] SCHUMANN, Heribert, *Selbstverantwortung*, p. 12.

[469] WILHELM, Dorothee, *Verantwortung und Vertrauen*, p. 62, MÜLLER, Roland, *Einschränkung des Vertrauensgrundsatzes*, p. 101, KUHLEN, Lothar, *Produkthaftung*, p. 131, PETER, Anne-Marie, *Arbeitsteilung im Krankenhaus*, p. 16, MANTOVANI, Marco, *Principio di affidamento*, p. 106-108, HANNES, Miriam, *Der Vertrauensgrundsatz*, p. 162-163. Neste sentido, também, JAKOBS, Günther, *ZStW*, 89 (1977), p. 14. Refira-se que a fundamentação dada por Jakobs ao princípio da confiança não tem sido sempre a mesma. Relacionando o princípio da confiança quer com o risco permitido, quer com a proibição de regresso, o autor já afirmou que "o âmbito do princípio da confiança tem uma genuína analogia com o do risco permitido, mas também a particularidade de que o desenrolar do acontecimento não depende da simples natureza, mas sim do cuidado com que actuem outras pessoas" (JAKOBS, Günter, *in*: *Estudios de Derecho Penal*, p. 218). No entanto, já afirmou também que a razão que fundamenta o princípio da confiança radica em que os outros são pessoas responsáveis – "a ideia de responsabilidade ficaria destruída se se concebesse os outros de modo exclusivamente cognitivo e não, também, como sujeitos responsáveis" (JAKOBS, Günter, *La imputación objetiva*, p. 105).

(*selbstverständlich*)[470] que o sujeito deva adaptar a sua conduta quando tem razões concludentes para pensar ou dever pensar que o terceiro não vai actuar de acordo com o dever de cuidado, parecendo esquecer que tal limitação não tem qualquer relação com a maior ou menor responsabilidade dos terceiros[471]. No fundo, não há uma correspondência entre auto-responsabilidade de terceiros e tutela da expectativa quanto à actuação daqueles conforme ao dever de cuidado.

É a este problema que parece referir-se Roxin quando afirma que contra a fundamentação do princípio da confiança no princípio da auto-responsabilidade pode invocar-se o facto de, em caso de aumento do risco – por exemplo, no caso de falhas cognoscíveis por parte de um interveniente no tráfego –, o princípio da confiança perder a sua primazia, acabando por se proteger aquele que viola as normas do tráfego apesar da sua auto-responsabilidade[472].

Por tudo isto, segundo Marco Mantovani, se a expectativa acerca da observância de uma norma de cuidado pode ser afastada tendo em conta as circunstâncias do caso concreto, apesar da plena responsabilidade do destinatário dessa norma, então não será apenas a ausência ou a diminuição da responsabilidade deste último que afastará aquela expectativa – tal expectativa poderá ser afastada também perante um sujeito plenamente responsável. Deste modo, conclui o autor que, inversamente, também não poderá ser um estado de perfeita responsabilidade a justificar – a fundamentar – tal expectativa[473].

Deixaremos as nossas considerações a este propósito para um ponto posterior[474].

§ 14. O princípio da confiança enquanto "expressão de uma 'actualização' da relação de cuidado-de-perigo"

1. Faria Costa entende o princípio da confiança enquanto "expressão de uma 'actualização' da relação de cuidado-de-perigo"[475], tecendo refle-

[470] Schumann, Heribert, *Selbstverantwortung*, p. 12 e 14.

[471] Neste sentido, Kuhlen, Lothar, *Produkthaftung*, p. 131. Cf., também, Maraver Gómez, Mario, *Principio de confianza*, p. 176.

[472] Roxin, Claus, *Allgemeiner Teil I*^{4}, § 24, nº 22.

[473] Mantovani, Marco, *Principio di affidamento*, p. 99-100.

[474] Cf., *infra*, § 16.

[475] Costa, José de Faria, *Perigo*, p. 484.

xões acerca deste princípio no âmbito do tráfego rodoviário. Segundo Faria Costa, o princípio da confiança é, tal como as categorias do risco permitido e da adequação social, "um critério material para a determinação da relevância da imputação objectiva do facto ao agente em direito penal"[476]. O princípio da confiança apresenta, porém, características próprias, que impedem que seja absorvido por qualquer uma das outras categorias referidas.

Entende o autor que "o interagir motivado pelo tráfego rodoviário só tem sentido se for compreendido através do princípio geral da confiança"[477]. Neste âmbito de actuação, mais do que o cumprimento das regras de cuidado, "o que importa ter presente é que, objectivamente, vigora a ideia de que qualquer utente da via pública pode confiar nos sinais, nas comunicações, dos outros utentes e tem, sobretudo, de confiar, em uma óptica de total reciprocidade, na perícia, na atenção e no cuidado, de todos os outros utilizadores da via pública"[478].

Tecendo considerações acerca do conteúdo e do recorte normativo que enformam o princípio da confiança, refere Faria Costa que este princípio deve ser olhado através de uma formulação positiva, isto é, "não se confia que todos tenham condutas desadequadas àquelas regras de cuidado impostas pelo direito rodoviário, mas confia-se que cada um em particular não tenha comportamentos desconformes àquelas regras de cuidado"[479]. Entendendo, como Cramer, que quem age a coberto do princípio da confiança e provoca um resultado danoso não deve ser punido, Faria Costa defende, no entanto, que o princípio da confiança não é absorvido pelo princípio do risco permitido (posição de Cramer)[480]. Segundo Faria Costa, sendo certo que o princípio da confiança serve para estabelecer os limites entre os comportamentos que são e os que não são conformes às regras de cuidado e, com isso, dar indicação de comportamentos conformes ao direito, deve concluir-se, no entanto, que o que se passa com o princípio da confiança é qualquer coisa de diferente do que se observa no princípio

[476] COSTA, José de Faria, *Perigo*, p. 492, e, também, COSTA, José de Faria, *Direito Penal*, p. 257.

[477] COSTA, José de Faria, *Perigo*, p. 488. Neste sentido também Eduardo Correia (CORREIA, Eduardo, *Direito Criminal I*, p. 424).

[478] COSTA, José de Faria, *Perigo*, p. 488. Entende Faria Costa que as relações que se entretecem neste contexto não são mais do que refracções, no âmbito normativo da negligência, das relações onto-antropológicas de cuidado-de-perigo (*ibidem*).

[479] COSTA, José de Faria, *Perigo*, p. 488.

[480] COSTA, José de Faria, *Perigo*, p. 489, CRAMER / STERNBERG-LIEBEN, *in*: SCH / SCH[27], § 15, nº 211 e ss.

do risco permitido. O princípio da confiança encontra-se intrinsecamente ligado à cadeia de relações de cuidado acrescido que se estabelece sempre que há uma inter-relacionação contínua dos membros de uma comunidade em que os perigos são permanentes[481] – "confia-se no 'outro' porque se sabe que ele também desenvolve cuidados em ordem a proteger de perigos os restantes membros da comunidade"[482].

Faria Costa parte, assim, do pressuposto teórico de que a comunidade dos utilizadores da via pública constitui uma dessas específicas comunidades onde, por serem maiores os perigos, se desenvolvem cuidados acrescidos. O autor reconhece que os membros dessa comunidade são praticamente coincidentes com os da comunidade em geral, pois dela fazem parte os utilizadores de veículos motorizados, os utilizadores de veículos não motorizados e os simples peões. No entanto, refere Faria Costa, a comunidade dos utilizadores da via pública apresenta especificidades (vive em um tempo e um espaço próprios) que permitem dizer com segurança que "muito embora o universo dos membros seja potencialmente o mesmo, o facto é que, de jeito indesmentível, muita coisa distingue aquela 'comunidade' do nosso modo-de-ser comunitário"[483].

Na comunidade dos participantes no tráfego se o condutor *A* liga o sinal luminoso no sentido de que vai virar à esquerda, tal conduta assume um significado inequívoco para os membros dessa comunidade, verificando-se, neste caso, um "afloramento da refracção ontológica que deriva do acto comunicacional"[484]. Quem recebe essa comunicação acredita na veracidade

[481] Costa, José de Faria, *Perigo*, p. 489, e, do mesmo autor, *Direito Penal*, p. 256-257 e p. 420. Faria Costa salienta que as comunidades dos homens sempre se desenvolveram no seio de perigos (Costa, José de Faria, *Perigo*, p. 319), pelo que só em parte ou em sentido meramente formal poderá aceitar-se "a visão daqueles que concebem a relevância do perigo em termos parcelares e entrecortados (...), que defendem a existência de comunidades de perigo de que a comunidade do tráfego rodoviário, no pensamento de alguns, seria, por exemplo, uma das expressões mais acabadas" (*idem*, p. 320). Segundo o autor, "as chamadas comunidades de perigo não são mais do que espaços relacionais circunscritos onde o perigo se intensifica, tornando-se, aí, mais impressivo e perceptível. O que se verifica nessas comunidades de perigo é uma variação de grau, mas nunca de qualidade ou de matriz essencial. Esta permanece, dando à comunidade jurídica o toque único de comunidade de cuidado-de-perigo" (*idem*, p. 321).

[482] Costa, José de Faria, *Perigo*, p. 488.

[483] Costa, José de Faria, *Perigo*, p. 490, nota 58.

[484] O mesmo acontecerá, segundo Faria Costa, no caso em que *B* começa a atravessar a pé a estrada, da direita para a esquerda, o que expressará a vontade, reconhecida por todos, de

do seu conteúdo e projecta o seu comportamento em função daquilo que lhe foi transmitido por aquele sinal. No princípio da confiança, "mais do que actuar dentro do risco permitido, o agente está a comportar-se dentro do âmbito da convicção induzida pela conduta do outro membro daquela específica comunidade"[485] – o sujeito não só confia na atitude do "outro", como pode e deve nela confiar.

Com efeito, para que o princípio da confiança possa operar normativamente, é necessário que o agente tenha recebido uma comunicação que (objectivamente) crê ser verdadeira – é precisamente esta nota caracterizadora que permite estabelecer uma distinção clara entre o princípio da confiança, por um lado, e o risco permitido e a adequação social, por outro[486]. Faria Costa entende que o princípio da confiança só entra no debate da argumentação discursiva no momento em que há uma "actualização da relação comunicacional"[487]. Na sequência desse acto comunicacional, o contexto objectivo sugere, inequivocamente, uma ausência de perigo[488]. Pelo que aquele que emite a comunicação há-de responsabilizar-se pelas consequências decorrentes da sua conduta – ele assume a responsabilidade, perante todos os membros da específica comunidade em causa, de que vai realizar um certo comportamento. Se ele subverter o sentido da sua comunicação, violando o princípio da confiança, estará a colocar-se na posição de responsável pelos factos desencadeados. O sujeito que subverte a relação comunicacional estará, no fundo, a actuar contra facto próprio e, nesse sentido, afasta a responsabilidade do outro, assumindo ele mesmo a responsabilidade pelos factos desencadeados – o princípio da confiança há-de estruturar-se, deste modo, na ideia da proibição de *venire contra factum proprium*[489].

que a sua travessia continuará no mesmo sentido e que não recuará ou inverterá a marcha; ou, ainda, no caso em que *C* começa a travar ligeiramente e a fazer sinal luminoso para a direita, o que conduzirá a generalidade dos utilizadores da via pública a crer que *C* pretende parar ou estacionar (COSTA, José de Faria, *Perigo*, p. 489-490).

[485] COSTA, José de Faria, *Perigo*, p. 491, e, também, COSTA, José de Faria, *Direito Penal*, p. 257.

[486] COSTA, José de Faria, *Perigo*, p. 492.

[487] COSTA, José de Faria, *Perigo*, p. 495.

[488] COSTA, José de Faria, *Perigo*, p. 493.

[489] COSTA, José de Faria, *Perigo*, p. 493 e nota 66. Baseando-se nas reflexões de Baptista Machado em torno da tutela da confiança e da proibição de *venire contra factum proprium* no campo do direito civil (embora nem sempre coincidindo com este autor quanto à fundamentação das soluções adoptadas), Faria Costa procede a uma "legítima transposição

2. Partilhamos com Faria Costa a ideia fundamental de que o princípio da confiança se encontra intrinsecamente ligado à cadeia de relações de cuidado acrescido que se desenvolve na esfera de uma comunidade em que os perigos são permanentes[490]. Porém, já não acompanhamos o autor quando defende que para que o princípio da confiança possa operar normativamente é necessário que o agente tenha recebido uma comunicação que crê como verdadeira.

Da exposição de Faria Costa parece decorrer que a actualização da relação comunicacional terá de ser realizada de forma *expressa* (terá de haver um *novo sinal*). Em nosso entendimento, tal parece decorrer dos exemplos dados por Faria Costa: quando o condutor *A* liga o sinal luminoso da esquerda, criará nos demais participantes no tráfego a convicção de que vai virar à esquerda (e não vai seguir em frente); no caso de *B* começar a atravessar a pé a estrada, da direita para a esquerda, tal levará os demais intervenientes no tráfego a crer que a travessia de *A* continuará no mesmo sentido e que este não recuará nem inverterá a marcha[491]; ou, ainda, no caso em que *C* começa a travar ligeiramente e a fazer sinal luminoso para a direita, tal criará na generalidade dos utilizadores da via pública a convicção de que *C* pretende parar ou estacionar[492].

Daqui parece decorrer que para que o princípio da confiança adquira verdadeira autonomia em relação ao princípio do risco permitido tem de haver uma *comunicação prévia* entre os participantes no tráfego (a "actualização da relação comunicacional", a que se refere Faria Costa). Porém, se assim for, não vemos como poderá actuar o princípio da confiança, por exemplo, num caso em que o condutor sobre o qual recai o dever de ceder passagem não pára, colidindo com o automobilista titular do direito de prioridade e provocando ofensas na integridade física dos passageiros que seguiam neste último automóvel. Neste caso não haverá, em nosso modo de ver, qualquer actualização da relação comunicativa.

da proibição do *venire contra factum proprium* para o domínio das acções negligentes de resultado danoso" (*ibidem*). Já nos referimos, *supra*, § 2 e § 3, III, à posição de Baptista Machado a propósito do princípio da confiança.

490 Cf., *infra*, § 16.

491 Os factos submetidos a julgamento no Acórdão do Tribunal da Relação do Porto, de 17 de Dezembro de 2014 (processo nº 13395/11.1TDPRT.P1 – *in*: *www.dgsi.pt*), enquadram-se precisamente nesta *hipótese modelo* sugerida por Faria Costa, não tendo, porém, o tribunal resolvido o problema por mediação expressa do princípio da confiança.

492 Cf., *supra*, nota 484.

Da nossa perspectiva, o entendimento do princípio da confiança como "expressão de uma 'actualização' da relação de cuidado-de-perigo" conduz a uma inaceitável restrição do seu âmbito de actuação. Não vemos, designadamente, como tal princípio possa ser convocado, – com o sentido que lhe atribui Faria Costa –, na esfera do exercício da medicina em equipa. Se tal possibilidade seria dificilmente concebível nos casos de actuação simultânea, estaria totalmente excluída nos casos de intervenção sucessiva de vários profissionais no processo terapêutico de um doente. E, em nosso entendimento, o princípio da confiança é um critério indispensável para a determinação da responsabilidade dos diversos intervenientes no caso de actuação médica em equipa[493].

§ 15. O princípio da confiança como manifestação da expectativa generalizada que decorre dos tipos negligentes

1. Marco Mantovani entende que mais adequado do que procurar o fundamento do princípio da confiança a partir de outras categorias ou princípios, será procurá-lo precisamente no âmbito em que ele surgiu e se consolidou, isto é, no âmbito do crime negligente, atendendo ao enquadramento teórico das suas características essenciais[494].

O autor parte da ideia de que em todo o facto negligente existe um momento omissivo. Nas palavras do autor, "o que é omitido é, evidentemente, (o emprego) (d)o cuidado exigido para evitar lesões de bens jurídicos protegidos"[495]. E, superada a concepção que vê na negligência apenas uma forma de culpa, a omissão do cuidado objectivamente devido deve ser considerada ao nível do *Tatbestand*[496].

[493] A este propósito, *vide*, Fidalgo, Sónia, *Responsabilidade Penal por Negligência*, p. 182 e ss., p. 189 e ss. e p. 196 e ss. O princípio da confiança tem validade quer a intervenção do terceiro seja anterior, simultânea ou posterior ao comportamento do agente (*idem*, p. 114). Também Jakobs esclarece que não é necessário que a conduta danosa seja posterior ao comportamento do sujeito, podendo também ser anterior. É o que acontece, por exemplo, no caso em que o médico utiliza um bisturi confiando que ele foi previamente esterilizado quando, na verdade, tal instrumento não foi submetido a esterilização (Jakobs, Günther, *in*: *Estudios de Derecho Penal*, p. 219).

[494] Mantovani, Marco, *Principio di affidamento*, p. 138 e ss.

[495] Mantovani, Marco, *Principio di affidamento*, p. 139.

[496] Mantovani, Marco, *Principio di affidamento*, p. 146. Cf., *infra*, § 23.

Confirmada a existência de um momento omissivo no tipo negligente, Marco Mantovani pretende depois esclarecer a relação que se estabelece entre este momento omissivo e o princípio da confiança. Convocando os ensinamentos de Binding[497] e de Wilhelm Gallas[498], Marco Mantovani esclarece que a falta de cumprimento de um dever positivo surge como uma omissão juridicamente relevante na medida em que um tal comportamento positivo corresponda a uma expectativa (*Erwartung*) específica do ordenamento jurídico[499]. No caso do crime negligente, a omissão do sujeito assumirá relevância jurídica precisamente na medida em que se traduz em uma violação de uma expectativa da ordem jurídica relativa ao cumprimento, por parte daquele, do cuidado que lhe é exigido pelo próprio ordenamento jurídico. Daqui poderá inferir-se que à existência de um dever de cuidado a cargo de um determinado sujeito corresponde uma expectativa do ordenamento jurídico e, reflexamente, de todos aqueles que com o sujeito interagem, no sentido do efectivo cumprimento do dever de cuidado que sobre aquele recai. Todos os que entram em contacto com um sujeito obrigado a um dever de cuidado têm a expectativa de que *os resultados* da conduta daquele sejam precisamente os pretendidos pela ordem jurídica através da prescrição de cuidado àquele dirigida[500]. É nesta "expectativa generalizada" (expressão de Luhmann, convocada por Mantovani) acerca do comportamento dos outros cidadãos de acordo com as normas que radica o princípio da confiança[501].

Que tal confiança seja, por princípio, merecedora de tutela, decorre do facto de não poder aceitar-se que o ordenamento imponha o dever de se partir do pressuposto de que as suas prescrições não serão observadas pelos destinatários (nem, tão-pouco, o dever de se verificar, em concreto, se e como tais prescrições são observadas). Tal ideia – afastando a expectativa de cada um acerca do efectivo cumprimento das regras de conduta que o ordenamento impõe – equivaleria, mediatamente, a pôr em questão a própria legitimação do ordenamento jurídico para prescrever normas de comportamento verdadeiramente vinculantes e, enquanto tal, suscep-

[497] BINDING, Karl, *Die Normen IV* p. 499 e ss.

[498] GALLAS, Wilhelm, *ZStW*, 67 (1955), p. 10 e ss.

[499] MANTOVANI, Marco, *Principio di affidamento*, p. 149.

[500] MANTOVANI, Marco, *Principio di affidamento*, p. 154 (itálicos do autor).

[501] MANTOVANI, Marco, *Principio di affidamento*, p. 154.

tíveis de orientar o comportamento da *generalidade* dos cidadãos, porque dotadas de *efectividade*[502].

Marco Mantovani chama a atenção, no entanto, para o facto de que a tutela conferida pela ordem jurídica às referidas expectativas é apenas tendencial (não absoluta), uma vez que o princípio da confiança não pode ser convocado quando surgirem indícios concretos de que o sujeito com quem se interage não actuará de acordo com o cuidado a que está obrigado. O autor entende, inclusivamente, que é o modo específico de ver o princípio da confiança, atendendo aos seus limites, que comprova que a expectativa de um comportamento adequado ao dever de cuidado, com a qual se relaciona o momento omissivo da negligência, não se identifica com a expectativa do comportamento devido no âmbito dos crimes de omissão imprópria. É precisamente a diferente força das expectativas (e, consequentemente, a diferente extensão do princípio da confiança) que permite distinguir o momento omissivo nos crimes negligentes (por acção) da conduta omissiva nos crimes negligentes de omissão. No primeiro caso, a expectativa de um comportamento adequado por parte de terceiros goza, como vimos, de uma protecção apenas tendencial. Já no segundo caso, a tutela conferida pela ordem jurídica à expectativa daquele que se encontra a interagir com um titular do dever de garante é plena e incondicionada[503].

2. A proposta de Marco Mantovani quanto ao fundamento do princípio da confiança é profundamente condicionada pela sua concepção acerca do tipo de ilícito negligente. É exacto que a valoração da ilicitude típica das condutas negligentes se liga, em certo sentido, a uma omissão (a omissão do cuidado devido). E é verdade também que há casos em que se verifica uma *interpenetração* do dever de garante e do dever de cuidado, "sobretudo na ideia de todos quantos defendem critérios materiais de apuramento da responsabilidade negligente e da responsabilidade comissiva por omissão"[504].

Porém, há diferenças marcantes entre os dois tipos de responsabilidade. Como salienta Paula Ribeiro de Faria, pese embora a dificuldade prática de que se rodeia por vezes a delimitação entre a acção e a omissão, "uma

[502] MANTOVANI, Marco, *Principio di affidamento*, p. 154 (itálicos do autor).

[503] MANTOVANI, Marco, *Principio di affidamento*, p. 162 e ss.

[504] FARIA, Paula Ribeiro de, *in*: *BFD*, *Estudos Castanheira Neves III*, p. 712-713. Salientado a referida *interpenetração*, DIAS, Jorge de Figueiredo, *Direito Penal I*², 38º Cap., § 68.

coisa não deixa de ser a produção activa de um resultado, outra a realização omissiva do mesmo resultado"[505]. Em nosso modo de ver, convocar o momento omissivo dos crimes negligentes para aí se fundamentar o princípio da confiança será dar um passo desnecessário, que acabará por constituir um contributo (indesejável) para que se complexifique a distinção – já por si difícil – entre crimes negligentes por acção e crimes negligentes por omissão[506].

[505] FARIA, Paula Ribeiro de, *in*: *BFD, Estudos Castanheira Neves III*, p. 713; cf. também, *idem*, p. 732 e ss. Teresa Beleza entende que a negligência e a omissão não se confundem: "a omissão qualifica um tipo de crime em relação à estrutura do comportamento, ao passo que a negligência caracteriza um tipo de crime em relação à fundamentação subjectiva da responsabilidade" (BELEZA, Teresa Pizarro, *Direito Penal* 2, p. 509). Já Figueiredo Dias chama a atenção para as dificuldades da distinção quando se atende apenas à estrutura externa do comportamento, em todas as constelações em que se tocam elementos de acção e de omissão. Segundo o autor, o critério decisivo deve ligar-se essencialmente "à circunstância de o agente ter criado ou potenciado o perigo (conduta activa), ou antes não ter diminuído ou eliminado um tal perigo (conduta omissiva)" (DIAS, Jorge de Figueiredo, *in*: *Jornadas de Direito Criminal*, p. 53-54).

[506] Coisa diferente será questionar a relevância do princípio da confiança no âmbito dos crimes omissivos; cf., *supra*, nota 142.

Capítulo II
Proposta de Esclarecimento: Fundamento, Função e Finalidade do Princípio da Confiança

Em nosso modo de ver, a discussão que se tem gerado na doutrina acerca do fundamento do princípio da confiança tem vindo a confundir planos diferentes, cuja distinção urge clarificar. Uma coisa será perguntarmos *por que razão* há-de cada um de nós poder confiar que os outros se comportam de acordo com as normas de cuidado que a eles se dirigem. Neste plano do discurso estamos a indagar acerca do *fundamento* do princípio da confiança. Outra coisa será perguntarmos *para que serve* a afirmação e a protecção dessa confiança – estamos aqui a questionar a *finalidade* do princípio. Outra, ainda, será perguntarmos qual a *função* que esse princípio há-de cumprir no direito penal.

§ 16. Fundamento do princípio da confiança

1. Em estudos anteriores dissemos já entender, com Figueiredo Dias, que a justificação substantiva do princípio da confiança radica no princípio da auto-responsabilidade de terceiros. Segundo este autor "as outras pessoas são também seres responsáveis; se se comportam descuidadamente, tal só deverá afectar, em princípio, a sua própria responsabilidade. Dito por outras palavras: como regra geral não se responde pela falta de cuidado alheio, antes o direito autoriza que se confie em que os outros cumprirão os deveres de cuidado"[507]. A ordem jurídica impõe certos deveres de cuidado a todos os intervenientes numa determinada actividade e, se

[507] DIAS, Jorge de Figueiredo, *Direito Penal I*², 35º Cap., § 29.

tais intervenientes são seres responsáveis, pode partir-se do princípio de que todos cumprirão os deveres de que são destinatários[508].

2. Questionar o *fundamento* do princípio da confiança é perguntar por que razão cada sujeito pode confiar na conduta dos outros de acordo com o dever. Hoje continuamos a entender que o princípio da confiança se fundamenta num princípio de responsabilidade. Porém, não entendemos o princípio da confiança como corolário do princípio da auto-responsabilidade, nos termos propostos, designadamente, por Schumann.

Como tivemos já oportunidade de referir, para Schumann, a liberdade humana não se restringe a fundamentar o juízo de culpa e a justificar a aplicação de uma pena[509]. Do princípio da auto-responsabilidade decorre, é certo, num primeiro momento, que cada pessoa deve ser considerada juridicamente responsável e, consequentemente, cada um deve responder pelo cumprimento dos deveres que sobre si impendem. Porém, no entender de Schumann, a compreensão de cada sujeito como um centro autónomo de vontade impõe também que não se possa responsabilizar um agente por condutas livres de terceiros. Deste modo, para além daquela primeira dimensão do princípio da auto-responsabilidade, pode ainda dele retirar-se que o âmbito de responsabilidade atribuído ao indivíduo deve ser delimitado de modo a que cada um não tenha de se adaptar à possibilidade de terceiros se comportarem em violação do dever que sobre eles impende. Nesta segunda dimensão, a ideia de liberdade comporta a definição de um limite objectivo da *esfera de responsabilidade* dos indivíduos. O princípio da auto-responsabilidade vem a circunscrever, deste modo, o desvalor de acção característico da antijuridicidade penal, dele decorrendo, como seu corolário, o princípio da confiança como princípio delimitador do dever objectivo de cuidado que enforma o ilícito dos crimes negligentes[510].

Na exposição de Schumann, o princípio da auto-responsabilidade não surge como forma de *fundamentar* a responsabilidade de agentes reconhecidamente livres e responsáveis. Ele é visto antes como um modo de *delimitar*

[508] Cf. Fidalgo, Sónia, *Responsabilidade Penal por Negligência*, p. 138-139, e, a mesma autora, *in*: *Estudos Figueiredo Dias II*, p. 422.

[509] Schumann, Heribert, *Selbstverantwortung*, p. 1 e ss. Cf., *supra*, § 13, II, as considerações acerca da proposta de Schumann.

[510] Cf. Costa, António Manuel de Almeida, *Comparticipação*, p. 1035 e ss.

a responsabilidade penal, no sentido de que, por princípio, os sujeitos não devem ser responsabilizados pelo comportamento de terceiros[511]. Deste modo, da nossa perspectiva, de acordo com a proposta de Schumann, o princípio da responsabilidade e, consequentemente, o princípio da confiança, assumem uma dimensão meramente *limitativa* e não verdadeiramente *constitutiva* do dever objectivo de cuidado.

3. Acompanhamos Faria Costa na ideia fundamentante de que o princípio da confiança se encontra intrinsecamente ligado à cadeia de relações de cuidado acrescido que se estabelece sempre que há uma contínua inter-relacionação dos membros de uma comunidade em que os perigos são permanentes[512]. Para Faria Costa o direito penal encontra a sua razão de ser e o seu fundamento na dimensão onto-antropológica de uma relação de cuidado-de-perigo, manifestando-se a ilicitude penal material na ruptura daquela relação – em termos materiais, o crime há-de caracterizar-se justamente pela "perversão daquela relação de cuidado-de-perigo do 'eu' para com o 'eu' e do 'eu' para com o 'outro'"[513]. Não é, naturalmente, sobre este problema da fundamentação do direito penal que queremos debruçar-nos aqui. Pretendemos apenas convocar a ideia essencial, que decorre da tese de Faria Costa, no sentido de que o princípio da confiança é também expressão dessa relação comunicacional do "eu" com o "outro". Cada um de nós confia no outro porque sabe que ele também desenvolve cuidados em ordem a proteger de perigos os restantes membros da comunidade em que se insere[514]. E, acrescentaremos nós, cada um de nós confia que o outro desenvolverá tais cuidados porque ele é um ser responsável.

[511] Neste sentido, MEURER, Dieter, *NJW*, 1987, p. 2424.
[512] Cf., *supra*, § 14.
[513] COSTA, José de Faria, *Direito Penal*, p. 18. No mesmo sentido, veja-se a obra fundamental *Perigo*, p. 464 e ss., e ainda, entre outos estudos do autor, *RPCC*, 12 (2002), p. 13, «Uma ponte entre o direito penal e a filosofia penal», p. 223 e ss., e *RLJ*, 142 (2013), p. 160. Com referência ao pensamento de Faria Costa como modo de fundamentar um ilícito genuinamente pessoal, MOURA, Bruno, *RFDULP*, 3 (2013), p. 159 e ss. e p. 174-175. Lampe, reivindicando para si uma *via di mezzo*, que concilie a fundamentação ontológica com a fundamentação funcional do direito penal (LAMPE, Ernst-Joachim, *in*: *Fest. Hans Joachim Hirsch*, p. 86 e ss.), não deixa, todavia, de referir expressamente que o fundamento ontológico do ilícito penal radica na "desatenção pessoal a um bem social privando-o da sua pretensão de cuidado" (*idem*, p. 97).
[514] COSTA, José de Faria, *Perigo*, p. 489.

O cuidado convoca a responsabilidade para ser entendido como cuidado[515]. É neste cuidado para com o outro – no cuidado de colocar o outro fora de perigos – no âmbito de comunidades de perigos permanentes em que intervêm seres responsáveis, que pode encontrar-se o fundamento do princípio da confiança.

Faria Costa salienta que as comunidades dos homens sempre se desenvolveram no seio de perigos[516], pelo que só poderá aceitar-se a existência de *comunidades de perigo* na medida em que se reconheça que, em rigor, as referidas comunidades "não são mais do que espaços relacionais circunscritos onde o perigo se intensifica, tornando-se, aí, mais impressivo e perceptível"[517]. A comunidade dos utilizadores das vias públicas será uma das expressões mais acabadas dessas comunidades de perigo. E, em nosso

[515] Encontramos esta ideia também em Faria Costa, quando o autor tece considerações em torno do princípio da culpa (COSTA, José de Faria, *Perigo*, p. 251). Porém, não nos parece que a associação do princípio da responsabilidade à relação de cuidado-de-perigo que se estabelece entre os vários membros de uma comunidade para fundamentar o princípio da confiança seja incompatível com a posição defendida a este propósito por Faria Costa. É certo que Faria Costa não convoca o princípio da responsabilidade para fundamentar, de modo imediato, a confiança no comportamento do outro de acordo com o cuidado. Entende sim que o princípio da confiança radica na ideia de proibição de *venire contra factum proprium*. Mas a proibição de *venire contra factum proprium* há-de convocar uma ideia de responsabilidade – cada um de nós só pode confiar no acto comunicacional do outro (e actuar com base nessa confiança) se vir no outro um ser responsável. Aliás, Baptista Machado (em cujas reflexões acerca da tutela da confiança no campo do direito civil Faria Costa diz basear-se para proceder a uma transposição da proibição de *venire contra factum proprium* para o domínio das acções negligentes de resultado danoso – *vide, supra*, § 2 e, também, nota 489), entende que "dentro da comunidade de pessoas responsáveis (ou imputáveis), a toda a conduta (conduta significativa, comunicativa) é inerente uma 'responsabilidade' – no sentido de um 'responder' pelas pretensões de verdade, de rectitude ou de autenticidade inerentes à mensagem que essa conduta transmite" (MACHADO, João Baptista, «Tutela da confiança», p. 232), e prossegue esclarecendo que "a auto-vinculação através de uma conduta comunicativa (e subsequente responsabilização) pressupõe que o autor da conduta seja membro de parte inteira, membro adulto, dessa comunidade de interacção e comunicação" (*idem*, p. 265); "o menor, mediante a sua conduta (...) não [se] *autovilcula*, não [se] vincula a ser coerente e a um *non venire contra factum proprium*" (*idem*, p. 266, – itálicos do autor), portanto, com a sua conduta o menor "não pode engendrar uma 'confiança' legítima" (*ibidem*). Estas são reflexões no âmbito do direito civil (que radicam na ideia de capacidade negocial) mas, também no direito penal, a proibição de *venire contra factum proprium* há-de convocar a ideia de responsabilidade daquele em quem se confia.

[516] COSTA, José de Faria, *Perigo*, p. 319.

[517] COSTA, José de Faria, *Perigo*, p. 321; cf., também, *supra*, nota 481.

modo de ver, serão também comunidades de perigo as comunidades em que vários sujeitos desenvolvem tarefas, em conjunto, de modo simultâneo ou sucessivo, segundo o princípio da divisão de trabalho.

4. Em termos dogmáticos, o cuidado pode ser entendido como "uma exigência geral que impende sobre todos os membros da ordem jurídica no sentido de adequarem as suas condutas aos cânones comportamentais que a ordem jurídica, através de vários referentes, vai estabilizando"[518]. Um princípio da confiança fundamentado nos termos referidos surge como um princípio que não se restringe a *limitar* o âmbito do dever de cuidado. Ele manifesta-se como um princípio verdadeiramente *constitutivo* desse dever, no sentido de que faz do comportamento correcto dos outros o fundamento do comportamento apropriado de cada sujeito[519]. Quando os sujeitos realizam a sua conduta na esfera de uma comunidade de perigos permanentes, o cumprimento formal de todas as regras específicas e parcelares que regulam a actividade em causa – pense-se, por exemplo, nas regras de circulação rodoviária ou nas *leges artis medicinae* – não afasta, antes pressupõe, o cumprimento de uma regra geral de cuidado que envolve todas aquelas regras[520]. É nesta ideia que se fundamenta o princípio da confiança, enquanto verdadeiro princípio *concretizador* do dever de cuidado.

5. Entender que o princípio da confiança se fundamenta no princípio da responsabilidade não significará necessariamente defender que os limites e o âmbito de actuação do princípio da confiança são determinados exclusivamente a partir da extensão da responsabilidade de terceiros. Uma coisa será questionar a razão de ser do princípio da confiança; outra será perguntar em que circunstâncias tal princípio poderá ser convocado. Afirmar que o princípio da confiança radica no princípio da responsabilidade não significa que ele deva actuar de forma absoluta sempre que o

[518] COSTA, José de Faria, *Perigo*, p. 319.

[519] Cf. WELZEL, Hans, *Fahrlässigkeit und Verkehrsdelikte*, p. 19.

[520] Cf. COSTA, José de Faria, *Perigo*, p. 486. Também Puppe refere que sobre o participante no tráfego recai um dever geral de orientar o seu comportamento de forma a não ofender os demais intervenientes (dever que, segundo Puppe, deriva do § 1 da StVO e do § 276 do *Bürgerliches Gesetzbuch* – BGB). Porém, ao contrário daquilo que defendemos, Puppe não relaciona este dever geral de cuidado com o fundamento do princípio da confiança (cf. PUPPE, Ingeborg, *Jura* (1998), p. 22).

sujeito com quem se contacta seja um sujeito responsável. O princípio da confiança só terá validade no pressuposto de que a situação concreta não seja uma tal "que dê razoável e claramente a entender que o outro não se comportará de forma responsável"[521].

Porém, o afastamento do princípio da confiança nestas situações não parece ser suficiente para se negar a sua fundamentação no princípio da responsabilidade. Não podemos concordar com Marco Mantovani quando, como vimos, partindo da ideia de que há situações em que o princípio da confiança não pode ser convocado mesmo perante terceiros responsáveis, conclui, sem mais, que, inversamente, também não poderá ser um estado de responsabilidade dos sujeitos a fundamentar tal confiança[522]. Por regra, pode confiar-se que o outro actua de acordo com o cuidado, porque ele é um ser responsável. Mas há situações em que os outros são seres responsáveis e em que, não obstante, o princípio da confiança não pode ser convocado – são precisamente as situações em que *razões concretamente fundadas*[523] conduzam o agente a não confiar no comportamento do outro. Se, no caso concreto, o terceiro não está a (ou não vai) comportar-se de acordo com o cuidado e tal é cognoscível para o sujeito que com ele entra em contacto, nesse preciso momento cessa a confiança em que o outro desenvolve cuidados em ordem a proteger de perigos os restantes membros da comunidade e surge, na esfera do agente, o dever de intensificar o seu cuidado de modo a proteger o terceiro. Nesse momento, será afastado o princípio da confiança e surgirá para o agente o dever de evitar que o perigo se concretize em uma ofensa a um bem jurídico. A liberdade de acção de que o agente beneficia em virtude do princípio da confiança é limitada em função da protecção de bens jurídicos. É precisamente neste ponto que se cruzam três nódulos problemáticos distintos: o fundamento, a função e a finalidade do princípio da confiança.

§ 17. Função do princípio da confiança

1. A função do princípio da confiança é a protecção de bens jurídicos. Da nossa perspectiva, deve defender-se a repartição entre diversos sujeitos (não excluída a potencial vítima) do dever de tutela de um determi-

[521] Dias, Jorge de Figueiredo, *Direito Penal I*², 35º Cap., § 30.

[522] Mantovani, Marco, *Principio di affidamento*, p. 99-100. Cf., *supra*, § 13, III, 2.

[523] Dias, Jorge de Figueiredo, *Direito Penal I*², 35º Cap., § 17.

nado bem jurídico que se encontre simultaneamente exposto aos efeitos de uma multiplicidade de fontes de perigo. Quanto ao modo de realização dessa tutela, deve privilegiar-se uma vigilância circunscrita e concentrada sobre cada fonte de perigo singular, em vez de uma vigilância difusa, que se estenda sobre a totalidade da situação perigosa. Exigir a um sujeito a protecção de um determinado bem jurídico, concentrando-se nos seus próprios deveres e sem ser onerado com o dever de controlar o cumprimento das obrigações que impendem sobre os outros – com excepção dos casos em que seja cognoscível para o primeiro o incumprimento por parte de terceiros – garante uma maior efectividade da tutela desse bem. No próprio interesse do bem tutelado, uma vigilância mais restrita mas concretamente realizável é certamente preferível a uma vigilância difusa, mas, por isso mesmo, excessivamente dilatada e que corre o risco ser puramente simbólica. Noutros termos, quando a tutela de um determinado bem jurídico exigir a cooperação de vários sujeitos, os critérios de atribuição de responsabilidade hão-de ter em conta essa realidade. O princípio da confiança, tanto com as suas regras, como com as suas excepções, parece alcançar inteiramente este propósito[524].

2. Já Gülde referia que o *valor* (*der Wert*) do princípio da confiança radica em que, desonerando cada participante no tráfego da preocupação de contar com condutas em violação do dever por parte de terceiros, tal princípio permite a cada um, no caso concreto, cumprir de forma mais adequada e meticulosa os deveres que sobre si impendem – e que, de todo o modo, já são muitos[525]. Gülde critica expressamente uma decisão do *RG*, de 5 de Abril de 1938, em que o Tribunal se manifestou relutante em relação à possibilidade de o titular do direito de prioridade confiar em que os participantes no tráfego que circulam nas estradas secundárias observam as regras de prioridade. Gülde invoca as razões que, em seu juízo, justificam a plena validade, neste caso, do princípio da confiança. Desde logo – salienta Gülde –, a condução de um veículo (no caso, um camião com reboque) é por si só uma actividade difícil, que, como tal, exige a plena atenção do condutor. Sobre o condutor impendem vários deveres enquanto utilizador

[524] Neste sentido, Mantovani, Marco, *Principio di affidamento*, p. 27-28.

[525] Gülde, Hermann, *JW*, 1938, p. 2790. Sobre o pensamento de Gülde a este propósito, cf., *supra*, § 5.

da estrada principal. Designadamente, o dever de evitar perigos para os outros intervenientes no tráfego no momento em que se cruza com veículos que circulam no sentido contrário, bem como nos momentos em que ultrapassa ou em que é ultrapassado, e ainda o dever de adequar a velocidade e prestar atenção aos peões que se preparam para atravessar a estrada. Precisamente por isso, o condutor com prioridade deve ser libertado do dever de prestar atenção às numerosas desembocaduras de estradas secundárias. Sobre este condutor não recai o dever de se precaver contra uma eventual violação do direito de prioridade por parte dos intervenientes no tráfego que naquelas estradas circulam. A negação deste dever – e a correspectiva afirmação do princípio da confiança – tem precisamente o sentido de permitir ao condutor cumprir adequadamente os deveres que sobre ele impendem enquanto utilizador de uma estrada principal[526].

3. Concordamos inteiramente com esta argumentação de Gülde. O facto de o condutor que circula numa estrada principal poder confiar que os condutores sobre os quais impende o dever de cedência de passagem vão cumprir as regras de prioridade permitirá ao titular do direito de prioridade concentrar-se na observância das normas de cuidado relativas à circulação na estrada principal. Por conseguinte, os bens jurídicos postos em risco com a conduta daquele (por exemplo, a vida e a integridade física dos peões que atravessam a estrada principal) são protegidos de modo mais intenso do que seriam se, inversamente, quem percorre a estrada principal tivesse de contar também com a possibilidade de violação do direito de prioridade[527]. Aliás, se o condutor que circula na estrada principal estivesse obrigado a parar mesmo nos casos em que é titular do direito de prioridade, tal acabaria por criar novos riscos para os restantes utilizadores das vias públicas, designadamente, para os condutores que o precedessem, que seriam constantemente surpreendidos com travagens inesperadas[528].

4. Em relação ao exercício da medicina, já na década de sessenta Stratenwerth deixava claro que só libertando o médico do dever de contar com (e evitar) qualquer falta de cuidado do pessoal que com ele colabora (médicos, enfermeiros e pessoal auxiliar) poderia esperar-se que as tarefas

[526] Gülde, Hermann, *JW*, 1938, p. 2790.

[527] Neste sentido, também, Mantovani, Marco, *Principio di affidamento*, p. 31-32.

[528] Puppe, Ingeborg, *Jura* (1998), p. 22.

especificamente médicas fossem realizadas com uma dedicação pessoal, "sem a qual o doente pode[ria], na verdade, ser 'tratado' mas não curado"[529]. Segundo o autor, "um médico que se preocupe com tudo e com todos não estará certamente exposto à reprovação penal por falta de cuidado, mas dificilmente será um bom médico"[530].

É também nosso entendimento que, no exercício da medicina em equipa, a afirmação do princípio da confiança contribui para a segurança do doente[531]. E, da nossa perspectiva, a afirmação deste princípio concorrerá para a protecção de bens jurídicos no âmbito de qualquer actividade que seja desenvolvida em conjunto, simultânea ou sucessivamente, por diversos sujeitos. O princípio da confiança, ao permitir a cada um dedicar a máxima atenção à actividade que está concretamente a realizar, permitir-lhe-á cumprir o dever de cuidado que lhe é imposto pela ordem jurídica e, deste modo, conduzirá à protecção dos bens jurídicos que com essas exigências de cuidado a ordem jurídica pretende salvaguardar. Independentemente do tipo de actividade desenvolvida pelos diversos sujeitos, a possibilidade de cada interveniente realizar a sua conduta sem ter de contar com o facto de que os outros podem, a qualquer momento, não cumprir os deveres de cuidado que sobre eles impendem, permitirá a cada um dedicar-se com maior concentração ao cumprimento dos deveres que sobre si recaem, alcançando-se, deste modo, uma maior protecção dos bens jurídicos em causa (por exemplo, a vida e a integridade física)[532].

De uma outra perspectiva, também à delimitação do âmbito de actuação do princípio da confiança não será estranha uma ideia de protecção de bens jurídicos. O direito penal é um direito de tutela de bens jurídicos, pelo que se compreenderá que quando o agente se aperceber (ou dever aperceber-se) que o outro não está a cumprir (ou não vai cumprir) o dever

[529] STRATENWERTH, Günter, *in: Fest. Eb. Schmidt*, p. 400.

[530] STRATENWERTH, Günter, *in: Fest. Eb. Schmidt*, p. 388.

[531] Cf. FIDALGO, Sónia, *Lex Medicinae*, nº especial (2013), p. 153 e ss.

[532] Não podemos, por isso, concordar com Kühlen quando defende que a ideia de optimização da protecção de bens jurídicos conduziria a uma renúncia ou, pelo menos, a uma limitação do âmbito de actuação do princípio da confiança (KUHLEN, Lothar, *Produkthaftung*, p. 132). Já Jakobs entende que em determinados âmbitos estará subjacente ao princípio da confiança uma ideia de protecção de bens jurídicos: "quem está permanentemente a controlar os outros não pode concentrar-se plenamente na sua própria tarefa e, por isso, na maioria das vezes, perde mais em relação à realização da tarefa própria do que ganha através do controlo das tarefas dos outros" (JAKOBS, Günther, *La imputación objetiva*, p. 105).

de cuidado que sobre ele impende, deva adequar a sua conduta de modo a evitar uma eventual ofensa de bens penalmente tutelados. Os limites do princípio da confiança vão, precisamente, também, ao encontro desta ideia de protecção de bens jurídicos.

§ 18. Finalidade do princípio da confiança

Da nossa perspectiva, o princípio da confiança cumpre a finalidade de ampliar a liberdade de acção juridicamente reconhecida a cada sujeito e, concomitantemente, possibilitar a realização de certas actividades socialmente valiosas[533].

O princípio da confiança permite a cada sujeito, no momento de determinar o seu dever de cuidado, *confiar* que os outros observam os deveres de cuidado que sobre eles impendem, mesmo que tal não corresponda à experiência geral[534]. O princípio da confiança está, assim, associado à aceitação de uma margem mínima de perigos: apesar de se saber que há casos em que os outros não cumprem as regras, permite-se a confiança, ampliando-se deste modo a margem de liberdade dos sujeitos[535].

Por outro lado, se vigorasse o princípio da desconfiança seria impossível desenvolver muitos ramos de actividade reconhecidos como socialmente desejáveis e juridicamente valiosos. Há ramos de actividade cuja eficiência depende de que se possa confiar em terceiros – é o que acontece, designadamente, com o tráfego rodoviário e com a divisão de trabalho na actuação em equipa[536].

No tráfego rodoviário, num sentido puramente *fáctico*, não é verdade que não se possa prever infracções dos outros intervenientes. Mas se cada interveniente no tráfego tivesse de mobilizar esta experiência geral para determinar o seu próprio dever de cuidado, poderia circular apenas a uma velocidade muito reduzida, o que inviabilizaria o desenrolar do tráfego[537].

[533] Cf., neste sentido, também FRISCH, Wolfgang, *Tatbestandsmäßiges Verhalten*, p. 438, nota 225.

[534] PUPPE, Ingeborg, *Jura* (1998), p. 22 e, da mesma autora, *Allgemeiner Teil*², § 5, nº 20. Desta ideia decorre, segundo a autora, a confirmação de que o princípio da confiança é um princípio jurídico e não uma regra da experiência (*ibidem*).

[535] Cf. JAKOBS, Günther, *in*: *Estudios de Derecho Penal*, p. 219. Sobre este *minimal rest* de condutas negligentes, cf. COSTA, José de Faria, *Perigo*, p. 481 e ss.

[536] Cf. KUHLEN, Lothar, *Produkthaftung*, p. 133.

[537] Cf. PUPPE, Ingeborg, *Jura* (1998), p. 22, e, da mesma autora, *Allgemeiner Teil*², § 5, nº 20.

Esta ideia pode ser transposta para outros âmbitos. Se, por exemplo, para delimitar o seu dever de cuidado, cada membro de uma equipa cirúrgica tivesse de utilizar a experiência geral de que, por vezes, os seus colegas cometem erros, cada um deles teria de vigiar os demais durante a cirurgia, o que impediria a divisão de trabalho[538]. O sentido do princípio da divisão do trabalho em medicina (a verdadeira génese do princípio) radica em permitir a todos os membros da equipa a dedicação exclusiva de cada um às tarefas que especificamente lhe competem, com o que se garante uma melhor qualidade da assistência e uma maior protecção do paciente[539].

Em nosso modo de ver, o princípio da confiança cumpre, assim, a finalidade de alargar o mais possível o âmbito de acção juridicamente permitido e, simultaneamente, permitir o desenvolvimento de actividades socialmente valiosas, cujo desenvolvimento seria muito difícil ou até impossível se cada sujeito tivesse de contar em cada momento com condutas descuidadas de terceiros[540].

Antevemos a crítica de que, em rigor, com esta proposta de distinção entre fundamento, função e finalidade do princípio da confiança pouco acrescentamos à ideia de fundamentação do princípio da confiança na "ponderação de interesses ampliada", avançada por Kuhlen[541]. Sendo exacto que as ideias que convocamos nesta sede não se apartam significativamente das defendidas por Kuhlen, é certo também que com a distinção por nós proposta – entre fundamento, função e finalidade do princípio – ganhar-se-á indubitavelmente em sistematização e em clareza.

[538] Cf. PUPPE, Ingeborg, *Jura* (1998), p. 22.

[539] Neste sentido ASIN CARDIEL, Enrique, *in*: *Responsabilidad del personal sanitario*, p. 359, JORGE BARREIRO, Agustín, *La imprudencia*, p. 116, SALAS, E. / SIMS, E. D. / KLEIN, C., *in*: *Risk Management Foundation*, p. 5, MANSER, T., *Acta Anaesthesiologica*, p. 143., e FIDALGO, Sónia, *Lex Medicinae*, nº especial (2013), p. 154.

[540] Cf. KUHLEN, Lothar, *Produkthaftung*, p. 133.

[541] Cf. *supra*, § 12, IV.

Capítulo III
Limites do Princípio da Confiança

Nas palavras de Figueiredo Dias, segundo o princípio da confiança "quem se comporta no tráfico de acordo com a norma de cuidado deve poder confiar que o mesmo sucederá com os outros; salvo se tiver razão *concretamente* fundada para pensar ou dever pensar de outro modo"[542]. Esta noção coincide fundamentalmente com o modo como a jurisprudência alemã afirmou o princípio da confiança no âmbito do tráfego rodoviário. Daqui inferir-se-á, por um lado, que só pode invocar o princípio da confiança o agente que se comporta correctamente. E, por outro lado, deduzir-se-á também que a validade do princípio da confiança estará sempre dependente das circunstâncias concretas: o princípio da confiança não vale se, no caso, houver circunstâncias que evidenciem que o terceiro não está a actuar ou não vai actuar de acordo com a norma de cuidado. Da noção apresentada decorrerá, de qualquer modo, que o princípio da confiança não tem uma actuação ilimitada – não se pode confiar sempre e em qualquer circunstância[543]. A este propósito, a jurisprudência e a doutrina têm referido um conjunto de limites do princípio da confiança[544]. Schumann

[542] Dias, Jorge de Figueiredo, *Direito Penal I^2*, 35º Cap., § 28 (itálico do autor).

[543] Há mesmo círculos da vida em que não se afirma, de todo, o princípio da confiança. É, desde logo, o caso de certas profissões em que a observância das regras de cuidado implica uma actividade de controlo ou de fiscalização da actividade dos outros (cf. Dias, Jorge de Figueiredo, *Direito Penal I^2*, 35º Cap., § 30).

[544] A generalidade da doutrina refere-se expressamente ao conjunto de situações que desenvolveremos de seguida como *limites* do princípio da confiança – *vide*, por todos, entre nós, Dias, Jorge de Figueiredo, *Direito Penal I^2*, 35º Cap., § 29; na doutrina alemã, Gülde, Hermann, *JW*, 1938, p. 2785-2786, Stratenwerth, Günter, *in: Fest. Eb. Schmidt*, p. 392, do mesmo autor, *Allgemeiner Teil^3*, § 1157, Cramer, Peter, *Straßenverkehsrecht^2*, § 1 StVO, nº 44

esclarece que se trata de regras que foram desenvolvidas para corrigir e precisar o âmbito do princípio da confiança. Tais regras não radicam em princípios contrários ao princípio da confiança, pelo que não se trata de verdadeiras "excepções" (*Ausnahmen*) ao princípio da confiança – as regras em causa serão apenas expressão dos limites imanentes de validade do próprio princípio[545].

§ 19. Não pode confiar quem se comporta em violação da norma de cuidado

1. Partindo da noção do princípio da confiança que acabámos de enunciar, a jurisprudência e a doutrina têm considerado que um limite de validade do princípio da confiança radica, desde logo, na ideia de que só pode confiar o sujeito que se comporta de acordo com a norma de cuidado – quem se comporta em violação do cuidado não pode invocar o princípio da confiança.

Esta posição é defendida, desde logo, pelos autores que explicam o princípio da confiança recorrendo à "teoria do prémio" ou "pensamento do prémio"[546]. Para os defensores desta teoria, a protecção da confiança surge como um prémio ou uma recompensa que se atribui ao condutor que se comporta de acordo com as normas quando este, devido a uma violação das regras por parte de outro participante no tráfego, se vê envolvido num acidente rodoviário[547]. O comportamento correcto do agente surge assim

b), MÜLLER, Roland, *Einschränkung des Vertrauensgrundsatzes, passim*, SCHUMANN, Heribert, *Selbstverantwortung*, p. 12 e ss., CRAMER / STERNBERG-LIEBEN, *in*: SCH / SCH[27], § 15, nº 213; na doutrina italiana, MANTOVANI, Marco, *Principio di affidamento*, p. 155 e ss., e, o mesmo autor, *Indice Pen.* (1999), p. 1195 e ss., MANTOVANI, Ferrando, *Diritto Penale*[7], p. 355-356, MARINUCCI / DOLCINI, *Diritto Penale*[4], p. 324 e ss.; na doutrina espanhola CORCOY BIDASOLO, Mirentxu, *Delito imprudente*, p. 329 e ss., e FEIJOO SÁNCHEZ, Bernardo, *DPC*, 69 (2000), p. 57 e ss. Sem dar qualquer explicação para o efeito, Maraver Gómez utiliza a expressão *pressupostos de aplicação do princípio da confiança* para designar precisamente os casos que são apontados pela generalidade da doutrina como *limites* do princípio da confiança e, no desenrolar do texto, acaba por utilizar indistintamente as expressões *limitações* e *excepções* ao princípio da confiança (cf. MARAVER GÓMEZ, Mario, *Principio de confianza*, p. 120 e ss).

[545] SCHUMANN, Heribert, *Selbstverantwortung*, p. 12. Referindo-se também expressamente a "limites imanentes" do princípio da confiança, LEWISCH, Peter, *in: Fest. Burgstaller*, p. 106-109.

[546] Cf. GÜLDE, Hermann, *JW*, 1935, p. 1466, e *JW*, 1938, p. 2785, MÜLLER, Fritz, *Straßenverkehrsrecht*[21], p. 722-724, e KRUMME, Elisabeth, *ZVerkS*, 1961, p. 1.

[547] Cf. BRINKMANN, Bernhard, *Vertrauensgrundsatz*, p. 117, DUTTGE, Gunnar, *Fahrlässigkeitsdelikte*, p. 477, e HANNES, Miriam, *Der Vertrauensgrundsatz*, p. 40.

como um pressuposto da convocação do princípio da confiança: somente o sujeito que actua de acordo com o direito pode confiar em igual lealdade por parte dos outros intervenientes no tráfego.

E a verdade é que, independentemente do fundamento que assinala ao princípio da confiança, a generalidade da doutrina entende este princípio com o sentido de que *quem se comporta de acordo com a norma de cuidado* deve poder confiar que o mesmo sucederá com os outros (salvo se tiver razão concretamente fundada para pensar ou dever pensar de outro modo)[548].

Desde logo, subjacente a tal entendimento está a ideia de que a expectativa da actuação dos outros de acordo com o cuidado que lhes é exigível não permite a cada um actuar contra o dever de cuidado que sobre si impende. Não se trata aqui de qualquer limite ao âmbito de actuação do princípio da confiança. Trata-se sim, desta perspectiva, da convocação da verdadeira natureza do princípio da confiança – o princípio da confiança delimita o dever objectivo de cuidado, mas não dispensa cada um do seu cumprimento[549].

Stratenwerth e Kuhlen referem expressamente que não pode invocar o princípio da confiança o agente que actua em violação das regras de cuidado. Quem viola a norma de cuidado, criando uma situação perigosa, não pode confiar que outro evite a concretização deste perigo através de um aumento do seu cuidado – aquele que se comporta de modo contrário ao dever não pode pretender excluir a sua responsabilidade invocando a confiança em que os outros, através de um cuidado acrescido, compensarão os perigos por ele criados[550]. Também Roxin refere expressamente que quem, com a sua conduta incorrecta, pôs em perigo outros intervenientes no tráfego e, deste modo, contribuiu para um acidente, não pode invocar o princípio da confiança[551].

[548] Entre nós *vide*, por todos, DIAS, Jorge de Figueiredo, *Direito Penal I*^{2}, 35º Cap., § 28; no mesmo sentido, *v.g.*, MARTIN, Ludwig, *DAR*, 1953, p. 165-166 (com amplas referências de jurisprudência), MÖRING, Fritz, *VersR*, 1957, p. 634, ROXIN, Claus, *Allgemeiner Teil I*^{4}, § 24, nº 21, STRATENWERTH / KUHLEN, *Allgemeiner Teil*^{6}, § 15, nº 67, DUTTGE, Gunnar, *in*: *MK*^{2}, § 15, nº 140, ROMEO CASABONA, Carlos María, *El médico y el derecho penal*, p. 249.

[549] Neste sentido, BURGSTALLER, Manfred, *Fahrlässigkeitsdelikt*, p. 62, SCHUMANN, Heribert, *Selbstverantwortung*, p. 19, e STRATENWERTH, Günter, *Allgemeiner Teil*^{3}, § 15, nº 1161.

[550] STRATENWERTH / KUHLEN, *Allgemeiner Teil*^{6}, § 15, nº 67. No mesmo sentido, já WELZEL, Hans, *Strafrecht*^{11}, p. 133, KIRSCHBAUM, Klaus, *Vertrauensschutz*, p. 122, e KINDHÄUSER, Urs, *Strafrecht. Allgemeiner Teil*^{4}, § 33, nº 33.

[551] ROXIN, Claus, *Allgemeiner Teil I*^{4}, § 24, nº 24.

2. A questão radica em saber de que modo deve precisar-se o alcance deste limite do princípio da confiança. Interpretado de modo literal, ele pode conduzir à conclusão de que, independentemente das características da conduta do terceiro, quando o agente actuar em violação da norma de cuidado não poderá invocar o princípio da confiança. Desta forma, o agente pode vir a ser considerado responsável por todas as ofensas que venham a verificar-se, ainda que estas tenham sido, de algum modo, condicionadas pela conduta de terceiros. Um condutor que circule em excesso de velocidade ou sob efeito do álcool, por exemplo, não poderá confiar que os peões atravessam a estrada nos locais apropriados ou que os condutores das vias secundárias respeitam o seu direito de prioridade[552].

3. No entanto, a generalidade da doutrina salienta que da afirmação de que só pode invocar o princípio da confiança o agente que se comporta de acordo com as regras de cuidado não pode inferir-se que, em geral, quem se comporta de modo contrário ao dever não pode esperar um comportamento conforme ao dever por parte de terceiros. Nem poderá impor-se àquele que viola as normas de cuidado o dever de contar com um comportamento incorrecto de terceiros para determinar o seu comportamento posterior, não podendo exigir-se-lhe que evite a concretização de todos os riscos por aqueles criados[553]. Ou, o que é o mesmo, não pode imputar-se a uma pessoa que actua em violação da norma de cuidado qualquer resultado causalmente relacionado com a sua conduta descuidada. Pode verificar-se um resultado que não seja objectivamente imputável à violação do dever por parte daquele agente, mas apenas à conduta negligente de um terceiro. Conclusão que logo se alcança, aliás, de acordo "com o critério da imputação objectiva segundo o qual é necessário que seja o perigo típico criado ou aumentado pela conduta aquele que *se concretiza*, ele e não outro, no resultado típico"[554]. Nestes casos, o agente não deve ser responsabilizado, apesar de ter actuado em violação da norma de cuidado. No exemplo dado por Figueiredo Dias, "se o automobilista *C*, com uma taxa de álcool proibida, conduz por uma via prioritária com respeito pelas regras do trânsito, deve poder continuar a contar, apesar da situação ilícita (ou

[552] Cf. MARAVER GÓMEZ, Mario, *Principio de confianza*, p. 121.

[553] Neste sentido, CORCOY BIDASOLO, Mirentxu, *Delito imprudente*, p. 330.

[554] DIAS, Jorge de Figueiredo, *Direito Penal I*[2], 35º Cap., § 31 (itálicos do autor).

até porventura criminosa!) em que conduz, com que a sua prioridade será respeitada pelos outros (...); verificando-se um acidente por violação do direito de prioridade de *C* do qual resulta a morte de outro condutor, *D*, o tipo de ilícito negligente não deve considerar-se realizado pela conduta de *C*"[555]. Também Roxin, partindo de um exemplo semelhante ao referido por Figueiredo Dias, entende que "aquele que conduz um automóvel em estado de embriaguez não deve, todavia, ser responsabilizado, *invocando o princípio da confiança*, quando outro não respeita a sua prioridade e o acidente não fosse evitável por um condutor sóbrio"[556]. "Castigar" o condutor alcoolizado com a perda do direito à protecção da confiança consubstanciaria a sanção inadmissível de um *versari in re illicita*[557].

4. No entanto, na prática jurisprudencial alemã, esta ideia de que quem actua em violação do seu dever não pode confiar numa conduta dos outros de acordo com o cuidado tem conduzido, no caso de intervenção da vítima ou de terceiros, à imputação do resultado à conduta do agente sem se determinar adequadamente se o resultado verificado foi, efectivamente, concretização do risco criado ou aumentado pelo agente[558].

Krümpelmann[559] e, posteriormente, Puppe[560] dedicaram-se à análise crítica de uma decisão do BayObLG, de 1979[561], em que estava em causa, precisamente, a determinação do alcance deste limite do princípio da confiança. O Tribunal Superior da Baviera teve de decidir perante os seguintes factos: uma condutora circulou numa zona urbana em excesso de veloci-

[555] *Ibidem*. Em sentido semelhante veja-se o Acórdão do Tribunal da Relação do Porto, de 9 de Julho de 2003 (*in*: *www.dgsi.pt*), em que se afirma claramente que "a actuação do arguido, ao circular em excesso de velocidade, não obsta só por si, ao funcionamento do princípio da confiança no respeito da prioridade de passagem".

[556] ROXIN, Claus, *Allgemeiner Teil I*⁴, § 24, nº 24 (itálicos nossos).

[557] ROXIN, Claus, *Allgemeiner Teil I*⁴, § 24, nº 24. Referindo-se também a uma inaceitável sanção de um *versari in re illicita*, RUDOLPHI, Hans-Joachim, *in*: *SK*, antes do § 1, nº 73, VOGEL, Joachim, *in*: *LK*¹², § 15, nº 226, e DUTTGE, Gunnar, *in*: *MK*², § 15, nº 143.

[558] Com vasta referência jurisprudencial, PUPPE, Ingeborg, *in*: *NK*⁴, antes do § 13, nº 165, nota 208.

[559] KRÜMPELMANN, Justus, *in*: *Fest. Karl Lackner*, p. 289 e ss.

[560] PUPPE, Ingeborg, *Jura* (1998), p. 21 e ss., e, da mesma autora, *Allgemeiner Teil*², § 5, nº 5 e ss., e, ainda a mesma autora, com referência também a outra jurisprudência, *in*: *NK*⁴, antes do § 13, nº 165 e 166.

[561] BayObLG, *VRS* 58, p. 221 e ss.

dade (seguiu a pelo menos 85 km/h, num local onde poderia circular, no máximo, a 50 km/h). Já para além do sinal que indicava o final da zona urbana, um idoso decidiu atravessar a estrada sem se certificar de que poderia fazê-lo em segurança. Ao aperceber-se da presença de um peão na estrada, a condutora travou e tentou desviar-se, mas não conseguiu evitar o embate mortal.

O Tribunal Superior da Baviera confirmou a condenação da condutora, defendendo que "só pode invocar o princípio da confiança quem se comporta de acordo com as regras do tráfego" – quem se comporta de maneira contrária ao dever, não pode confiar que os terceiros se comportam de acordo com o dever[562]. A condutora não poderia invocar que para determinar a velocidade a que seguia para além da zona urbana havia confiado num comportamento do peão adequado às regras do tráfego. O facto de a condutora ter infringido previamente o seu dever de cuidado – excedendo o limite de velocidade dentro da zona urbana – fundamentaria o surgimento de um novo dever: o dever de, fora da zona urbana, conduzir mais devagar do que o habitualmente permitido[563].

4.1. Krümpelmann critica esta decisão, defendendo que não se trata aqui de um limite do princípio da confiança. Segundo o autor, trata-se sim de um problema de imputação do resultado[564] – e, nas palavras do autor, "a afirmação da perda do direito [de invocação do princípio da confiança] não tem uma função fundamentadora do resultado"[565]. O importante será determinar qual o sentido da norma de cuidado que foi violada e, para Krümpelmann, não pode dizer-se que o limite de velocidade estabelecido na zona urbana tenha por finalidade evitar acidentes que venham a verificar-se fora dessa zona. O argumento que deveria ter sido usado pelo tribunal para justificar a condenação da condutora seria o de que avistar-se uma pessoa idosa no passeio fará surgir um dever de reduzir a velocidade para comprovar a idade da pessoa, bem como a sua capacidade para atravessar a estrada correctamente. Seria a violação deste dever que, no caso *sub judice*, teria estado relacionada com o resultado que veio a verificar-se[566].

[562] BayObLG, *VRS* 58, p. 222.

[563] Cf. PUPPE, Ingeborg, *Jura* (1998), p. 22.

[564] KRÜMPELMANN, Justus, *in*: *Fest. Karl Lackner*, p. 292-294.

[565] KRÜMPELMANN, Justus, *in*: *Fest. Karl Lackner*, p. 292.

[566] KRÜMPELMANN, Justus, *in*: *Fest. Karl Lackner*, p. 301-306.

4.2. Segundo Puppe, a afirmação de que "quem se comporta em violação do cuidado não pode confiar no comportamento cuidadoso de terceiros" é verdadeira no sentido de que ninguém pode violar o seu dever de cuidado confiando que terceiros, mediante um comportamento de acordo com o cuidado devido, evitarão a concretização do perigo criado pelo primeiro[567]. Se o agente levou a cabo uma conduta em violação de um dever de cuidado previamente estabelecido e se esta sua conduta causou o resultado, ainda que só em relação com a conduta também violadora das regras por parte de um terceiro, não poderá invocar que infringiu o seu dever de cuidado porque confiou que o terceiro cumpriria o dever que sobre ele impendia. O condutor descuidado que atropela um peão desatento não poderá defender-se dizendo que seguia sem observar o cuidado devido porque confiava que o peão teria um comportamento de acordo com as regras. É certo que se o peão circulasse de acordo com as regras, a condução em violação das normas poderia não ter causado o atropelamento. Mas pode, inclusivamente, verificar-se que o fim de uma norma de cuidado seja também o de reduzir os perigos que derivam da eventual conduta incorrecta de terceiros. Isto é o que sucede, designadamente, com as regras que impõem limites de velocidade, bem como com as que proíbem a condução sob efeito do álcool[568]. Neste sentido, é correcta a afirmação de que "quem se comporta de modo contrário ao cuidado não pode invocar o princípio da confiança"[569].

Todavia, segundo Puppe, esta afirmação vem a revelar-se supérflua. Da perspectiva da autora, o princípio da confiança serve exclusivamente para determinar e delimitar os deveres de cuidado que não estão estabelecidos positivamente. Uma vez determinado que o sujeito actuou em violação do cuidado, não haverá mais espaço para a convocação do princípio da confiança – o princípio da confiança deixa de ser pertinente e "um princípio que não é pertinente não precisa de ser negado"[570].

[567] Puppe, Ingeborg, *Allgemeiner Teil*[2], § 5, nº 11 e 22.

[568] Assim, Puppe, Ingeborg, *Jura* (1998), p. 23. Cf., também, a mesma autora, *in*: *NK*[4], antes do § 13, nº 163 e 165. Referindo também que não pode invocar o princípio da confiança o agente que viola uma norma de cuidado cuja finalidade é a de evitar os riscos derivados de uma eventual conduta incorrecta de terceiros, Jakobs, Günther, *Allgemeiner Teil*[2], § 7, nº 55, e Brinkmann, Bernhard, *Vertrauensgrundsatz*, p. 119-120.

[569] Puppe, Ingeborg, *Jura* (1998), p. 23, e, da mesma autora, *Allgemeiner Teil*[2], § 5, nº 22.

[570] Puppe, Ingeborg, *Jura* (1998), p. 23. Cf., também, a mesma autora, *in*: *NK*[4], antes do § 13, nº 165, e, ainda, em *Allgemeiner Teil*[2], § 5, nº 12.

Contudo, como salienta Puppe, no caso julgado pelo Tribunal Superior da Baviera não se trata, em rigor, de uma situação em que a condutora invoque o princípio da confiança em relação ao momento em que se comportou em violação do cuidado. O Tribunal nega à condutora a possibilidade de invocação do princípio da confiança porque *anteriormente* ela havia realizado uma conduta descuidada. Do princípio de que aquele que se comporta em violação da norma de cuidado não pode confiar que os outros compensarão os perigos por ele criados mediante um comportamento cuidadoso, infere-se que o agente, depois de ter violado a norma de cuidado, tem de contar com um comportamento contrário às regras do tráfego por parte de terceiros para determinar o seu comportamento posterior. Quem não se comporta correctamente perde o direito de exigir dos outros um comportamento correcto[571]. De acordo com este entendimento, o condutor que anteriormente conduziu em excesso de velocidade, mas que posteriormente continua o seu percurso em cumprimento dos limites de velocidade impostos, não poderá invocar a confiança em que os peões atravessam a estrada de forma cuidadosa. Esta conclusão vai ao encontro da proibição de *venire contra factum proprium*. Porém, segundo Puppe, a razão que justifica esta proibição não deve intervir aquando da determinação do dever de cuidado[572]. O direito não sanciona o cidadão que violou previamente o seu dever de cuidado impondo-lhe um dever de cuidado acrescido para o futuro. As normas jurídicas protegem também aquele que infringe as regras, pelo que, posteriormente – e desde que não haja outras razões para afastar o princípio da confiança –, este pode continuar a confiar no comportamento cuidadoso de terceiros[573]. Deste modo, a afirmação de que "quem se comporta em violação do cuidado não pode invocar a sua confiança no comportamento cuidadoso de terceiros" será válida exclusivamente para a imputação do resultado àquela violação do dever (à violação que ocorre no momento em relação ao qual se pretende

[571] Cf., neste sentido, MÜHLHAUS, Hermann, *Fahrlässigkeit*, p. 61.

[572] PUPPE, Ingeborg, *in*: *NK*⁴, antes do § 13, nº 166.

[573] Puppe esclarece, no entanto, que já não será assim se o interveniente tiver razões para deduzir que o seu próprio comportamento em violação do dever confundirá (*irritiert*) os terceiros. Nestes casos, o comportamento próprio em violação da norma de cuidado poderá fundamentar indirectamente uma limitação futura do princípio da confiança (PUPPE, Ingeborg, *Jura* (1998), p. 23). Cf., também, a mesma autora, *in*: *NK*⁴, antes do § 13, nº 166. No mesmo sentido, KRÜMPELMANN, Justus, *in*: *Fest. Karl Lackner*, p. 293 e ss.

convocar o princípio da confiança). Aquela afirmação não fundamenta, porém, qualquer perda da confiança para o futuro. Pelo que, de tal afirmação, não pode deduzir-se que a acusada, por causa do excesso de velocidade dentro da zona urbana, fique obrigada a viajar a uma velocidade reduzida para além do sinal que indica o fim da zona urbana, por não poder confiar que os demais intervenientes no tráfego cumprem os deveres de cuidado que sobre eles impendem. Tal seria um erro metódico: não pode partir-se de uma ideia que em um contexto é tida como correcta e transferi-la, sem mais, para outro contexto"[574].

Puppe esclarece, todavia, que se aceitarmos que o princípio da confiança só deve ser convocado para determinar os deveres de cuidado que não estão estabelecidos positivamente, será supérflua também a afirmação de que "quem actua em violação do cuidado pode ainda continuar a confiar que os outros se comportam de modo cuidadoso"[575]. Não obstante, – e apesar da sua irrelevância –, esta afirmação tem provocado mal-entendidos, pois, uma vez aceite a sua correcção no âmbito da constituição das regras de cuidado, ela tem sido convocada não só nestes casos, mas também nos casos em que se trata da imputação dos resultados de uma violação do dever de cuidado já determinada. É o que acontece, designadamente, nos casos em que depois de uma violação do dever de cuidado já verificada, por parte do primeiro agente, se junta a violação do dever de cuidado de um segundo agente e tão-só as duas juntas causam o resultado. Nomeadamente, nos casos designados de *segundo dano* (*Zweitschaden*), em que sendo o agente responsável por um primeiro dano causado apenas por ele, há quem defenda que deverá negar-se a responsabilidade deste primeiro agente pelo segundo dano, uma vez que a sua confiança no cuidado devido do segundo agente se revela digna de protecção. Os exemplos mais relevantes de casos desta natureza são os de erros médicos cometidos em vítimas de acidentes e que provocam uma outra lesão ou inclusivamente a morte do paciente. Sobretudo quando o erro médico é grave, tem-se dito que é injusto responsabilizar pelo resultado do erro médico também o primeiro infractor[576].

[574] PUPPE, Ingeborg, *Allgemeiner Teil*[2], § 5, nº 13 e 23.

[575] PUPPE, Ingeborg, *Jura* (1998), p. 23. Cf., também, a mesma autora, *in*: *NK*[4], antes do § 13, nº 248.

[576] Cf. PUPPE, Ingeborg, *Jura* (1998), p. 23. Voltaremos a referir estes casos de *segundo dano*, *infra*, § 32, V, 2.

Puppe questiona se deverá aplicar-se nestes casos a afirmação de que "também aquele que se comporta de maneira contrária ao cuidado pode confiar num comportamento cuidadoso de terceiros". Segundo a autora, se existir uma confiança digna de protecção, tal confiança não estará dependente do facto de o primeiro agente poder ser já punido por um primeiro resultado causado unicamente pela violação do seu dever de cuidado. Deste modo, o agente deveria ver afastada a sua responsabilidade com base na protecção da sua confiança num comportamento diligente do segundo agente também nos casos em que a infracção do seu dever de cuidado só causa um dano (único) quando aliada à infracção do dever do segundo agente. Mas estes são precisamente os casos em que, como já vimos, segundo Puppe, vale a afirmação de que aquele que se comporta em violação do cuidado não pode confiar que os terceiros se comportem de modo cuidadoso. Isto é correcto não porque seja farisaico exigir dos outros aquilo que o próprio não quer cumprir, nem porque o primeiro agente, uma vez que violou o seu dever de cuidado, deva ser sancionado com a perda da protecção da confiança. Da perspectiva de Puppe, tal conclusão é correcta porque a infracção do dever de cuidado do primeiro agente já se encontra determinada e, consequentemente, o princípio da confiança deixa de ser pertinente. Ninguém está autorizado a violar o seu dever de cuidado nos casos em que o resultado lesivo depender também da violação do dever por parte de um outro agente. E isto independentemente de a infracção do dever de cuidado do primeiro agente poder ou não ser já penalmente sancionada por um primeiro resultado causado apenas por ele. O princípio da confiança não é válido para limitar o risco proveniente de uma infracção do dever de cuidado já verificada[577].

Puppe afirma que a confusão que o princípio da confiança e a sua negação têm gerado na doutrina da imputação objectiva deve desaparecer ao deixar-se claro que o princípio da confiança não faz parte da teoria da imputação objectiva – ele serve exclusivamente para determinar e delimitar os deveres de cuidado não estabelecidos positivamente[578].

[577] PUPPE, Ingeborg, *Jura* (1998), p. 23-24.

[578] PUPPE, Ingeborg, *Jura* (1998), p. 24. Dedicar-nos-emos, *infra*, § 30 e ss., ao problema do enquadramento dogmático do princípio da confiança na teoria do crime.

5. A generalidade da doutrina concorda que é necessário restringir o alcance deste limite do princípio da confiança, exigindo-se uma relação entre a infracção do sujeito e a conduta incorrecta do terceiro. Esta restrição obter-se-á através dos critérios relacionados com a imputação do resultado, sendo condicionada pela posição adoptada em relação a teorias como a do aumento do risco e a do fim de protecção da norma[579]. Neste ponto, fica claro que o problema já não estará relacionado com a determinação do dever de cuidado do primeiro agente, uma vez que a violação de tal dever já está verificada. O problema que verdadeiramente se coloca será, então, o da imputação do resultado à conduta a título de negligência[580]. E, consequentemente, a questão a que terá de se dar resposta será a de saber se o princípio da confiança deverá ser considerado um critério de valoração da relação entre a conduta e o resultado[581].

§ 20. Não se pode confiar se houver razão concretamente fundada para se pensar ou dever pensar de outro modo

Segundo o princípio da confiança, cada um de nós pode confiar numa actuação de terceiros de acordo com a norma de cuidado, "salvo se tiver razão *concretamente* fundada para pensar ou dever pensar de outro modo"[582]. Este limite esteve desde sempre associado à afirmação do princípio da confiança. Como vimos aquando da referência ao surgimento e evolução histórica do princípio da confiança, este princípio foi inicialmente afirmado com o propósito de restringir o alcance da previsibilidade. Da afirmação inicial de que o sujeito deve contar com todas as condutas incorrectas previsíveis de terceiros, passou a afirmar-se depois que o sujeito só deve contar com condutas incorrectas quando elas forem previsíveis de acordo com as circunstâncias do caso concreto. As circunstâncias do caso concreto passaram, assim, a constituir um limite de actuação do princípio da

[579] Cf. PETER, Anne-Marie, *Arbeitsteilung im Krankenhaus*, p. 35-41.

[580] Neste sentido, BURGSTALLER, Manfred, *Fahrlässigkeitsdelikt*, p. 62, SCHUMANN, Heribert, *Selbstverantwortung*, p. 18-19, CORCOY BIDASOLO, Mirentxu, *Delito imprudente*, p. 329-330, CHOCLÁN MONTALVO, J. Antonio, *Deber de cuidado*, p. 116-117, FEIJOO SÁNCHEZ, Bernardo, *DPC*, 69 (2000), p. 59, VILLACAMPA ESTIARTE, Carolina, *Responsabilidad penal*, p. 148. Cf., também, MARAVER GÓMEZ, Mario, *Principio de confianza*, p. 124.

[581] Responderemos a esta questão, *infra*, § 32, V.

[582] DIAS, Jorge de Figueiredo, *Direito Penal I*², 35º Cap., § 28.

confiança, limite este que se tem mantido até aos nossos dias e que é aceite pela generalidade da doutrina[583].

Com o tempo, a jurisprudência e a doutrina têm procurado precisar o tipo de circunstâncias que conduzem ao afastamento do princípio da confiança. Tem-se salientado que não se trata, genericamente, da possibilidade de prever a conduta incorrecta do terceiro, pois tal equivaleria a manter o critério da previsibilidade e, em último termo, a questionar a validade do princípio da confiança – terá de se tratar de circunstâncias especiais que dêem motivo para pensar que o terceiro não vai actuar de acordo com a norma de cuidado[584]. Figueiredo Dias salienta, precisamente, que tem de

[583] Segundo Kirschbaum, a principal "excepção ao princípio da confiança", referida pela generalidade da doutrina, é a de que o participante no tráfego não pode confiar no comportamento do terceiro de acordo com as regras quando tomar consciência de que aquele está a comportar-se em violação das normas. No entanto, segundo Kirschbaum, nestes casos, não devemos falar de uma verdadeira "excepção" ao princípio da confiança. Para Kirschbaum, resultará do próprio conceito de "confiança" que não poderá existir confiança na inexistência de comportamentos em violação das regras quando tais comportamentos são manifestos (KIRSCHBAUM, Klaus, *Vertrauensschutz*, p. 113; *vide*, no mesmo sentido, referindo-se ao princípio da confiança no âmbito do exercício da medicina em equipa, UMBREIT, Hans-Werner, *Verantwortlichkeit des Arztes*, p. 150). Também Peter salienta que afastar, nestes casos, o princípio da confiança é algo que se compreenderá por si mesmo: "onde *de facto* não existe confiança, não poderá qualquer confiança ser constituída *de jure*" (PETER, Anne-Marie, *Arbeitsteilung im Krankenhaus*, p. 29). Por seu lado, Murmann esclarece que a confiança, apesar de ter carácter normativo, deve ser *realizável* (*realisierbar*) psicologicamente. Se o sujeito vislumbrar a possibilidade de uma ofensa, deve adaptar-se a essa possibilidade. A confiança deve ter uma correspondência na realidade, pelo que não poderá ser contrafáctica – "onde se vislumbrar uma quebra de confiança, perde a confiança a sua legitimidade" (MURMANN, Uwe, *Nebentäterschaft*, p. 257). Já Jakobs, vendo a confiança como uma "metáfora da delimitação dos âmbitos de responsabilidade", defende que a confiança não deve ser afastada quando se verificar uma probabilidade de que se produza o comportamento inadequado, nem quando concorrerem indícios determinados de que vai ocorrer um comportamento inadequado. Segundo Jakobs, os âmbitos de responsabilidade continuam delimitados ainda que no caso não reste qualquer dúvida acerca de que o "receptor da confiança" vai ter um comportamento delituoso. Por conseguinte, a "confiança" pode chegar a ser plenamente contrafáctica. Ela não termina nunca, podendo, em todo o caso, sobrepor-se-lhe uma posição de garante de quem confia (JAKOBS, Günther, *ZStW*, 89 (1977), p. 29-30). Também Reyes Alvarado defende que não é o simples conhecimento da incorrecção de condutas alheias que estabelece uma limitação do princípio da confiança e a consequente necessidade de adaptar a conduta própria às novas circunstâncias. Exigir-se-á, ainda, que aquele que se apercebe de tal incorrecção seja competente para evitar a ofensa. A limitação do princípio da confiança deriva, então, da posição de garante do autor (REYES ALVARADO, Yesid, *Imputación*, p. 148-149).

[584] Assim MARAVER GÓMEZ, Mario, *Principio de confianza*, p. 125-126.

se tratar de uma razão concretamente fundada e não sob a alegação geral de que "há sempre que contar com aquela gente descuidada" – o que, em rigor, conduziria a um "princípio da desconfiança"[585].

I. Circunstâncias relacionadas com a condição do terceiro

1. Quando o *BGH* começou a defender que cada interveniente no tráfego podia confiar na actuação correcta de terceiros, salvo se o contrário derivasse das circunstâncias concretas do caso, reconhecia já que a *condição pessoal do terceiro* constituía uma dessas circunstâncias susceptíveis de limitar o âmbito de actuação do princípio da confiança. Em 1960, o *BGH* afirmava expressamente que o princípio da confiança não seria válido quando o condutor, mediante um razoável conhecimento de todas as circunstâncias, tivesse razões para duvidar de uma conduta de acordo com as regras por parte dos outros intervenientes no tráfego. Tal aconteceria, "em especial", quando se tratasse de pessoas com capacidade reduzida para a intervenção no tráfego, como se verifica com "pessoas de idade muito avançada, incapazes ou crianças, que exigem um especial cuidado por parte do condutor e, consequentemente, uma redução da velocidade"[586]. Reconhecia-se, deste modo, uma limitação do âmbito de actuação do princípio da confiança decorrente da presença, no caso concreto, de crianças, pessoas idosas ou incapazes, sempre que não se encontrassem vigiadas ou acompanhadas.

Este limite do princípio da confiança tem sido reconhecido pela generalidade da doutrina[587]. Compreensivelmente, não assumirá relevância particular no âmbito da divisão de trabalho, mas é frequentemente con-

[585] DIAS, Jorge de Figueiredo, *Direito Penal I²*, 35º Cap, § 28. Também Schumann defende que tem de tratar-se de uma "razão concludente" (*triftige Veranlassung*) que conduza o agente a desconfiar do comportamento do outro (SCHUMANN, Heribert, *Selbstverantwortung*, p. 12 e p. 14).

[586] *BGHSt* 14, 1960, p. 99-100.

[587] GÜLDE, Hermann, *JW*, 1938, p. 2788, MARTIN, Ludwig, *DAR*, 1953, p. 167, do mesmo autor, *VersR*, 1958, p. 140, STRATENWERTH, Günter, *in: Fest. Eb. Schmidt*, p. 392, CRAMER, Peter, *Straßenverkehsrecht²*, § 1 StVO, nº 41, 49 e 50, BÖHMER, Emil, *JR*, 1967, p. 293, KIRSCHBAUM, Klaus, *Vertrauensschutz*, p. 240 e ss., BURGSTALLER, Manfred, *Fahrlässigkeitsdelikt*, p. 59-60, JAKOBS, Günther, *Allgemeiner Teil²*, § 7, nº 54, SCHUMANN, Heribert, *Selbstverantwortung*, p. 13-15, MÜLLER, Roland, *Einschränkung des Vertrauensgrundsatzes*, p. 4, ROXIN, Claus, *Allgemeiner Teil I⁴*, § 24, nº 23, CHOCLÁN MONTALVO, J. Antonio, *Deber de cuidado*, p. 117-118, FEIJOO SÁNCHEZ, Bernardo, *DPC*, 69 (2000), p. 63-68, MARAVER GÓMEZ, Mario, *Principio*

vocado no contexto da circulação rodoviária[588] e não deixa de ter relevância também no âmbito de outras actividades perigosas como a produção de certos bens (brinquedos) ou a prestação de serviços (como lugares de recreio – parques infantis ou parques aquáticos) para bebés ou crianças[589].

2. As regras de circulação rodoviária são concebidas a pensar em adultos. As crianças, dada a sua formação e constituição, não se encontram em condições de apreender os riscos da vida diária e, em particular, os riscos inerentes à intervenção no trânsito. A experiência mostra que a conduta das crianças no tráfego é imprevisível – as crianças comportam-se de modo imprudente, chegando, por vezes, a brincar intencionalmente com o perigo[590]. E uma intensificação da formação teórica, designadamente através de aulas sobre o comportamento adequado no tráfego, não será suficiente para fazer face a este comportamento das crianças. Para que possam intervir adequadamente no tráfego, as crianças terão de adquirir uma experiência prática – é preciso tempo para que se familiarizem com as particularidades e os perigos do trânsito[591].

de confianza, p. 127-130, PUPPE, Ingeborg, *in*: *NK*[4], antes do § 13, nº 163, e MARINUCCI / DOLCINI, *Diritto Penale*[4], p. 324.

[588] Aliás, a generalidade dos diplomas que regulam o trânsito nas vias públicas faz referência expressa a estes *utilizadores vulneráveis*, estabelecendo, em relação a eles, regras especiais. O nosso Código da Estrada (Decreto-Lei nº 114/94, de 3 de Maio, com várias alterações posteriores, tendo as mais recentes sido introduzidas pelo Decreto-Lei nº 151/2017, de 7 de Dezembro) utiliza precisamente o conceito de "utilizadores vulneráveis" (peões e velocípedes, em particular, crianças, idosos, grávidas, pessoas com mobilidade reduzida ou pessoas com deficiência – artigo 1º, alínea *q)*), estabelecendo, em relação a eles, regras especiais em matéria de liberdade de trânsito (artigo 3º, nº 2), de condução de veículos (artigo 11º, nº 3), de distância entre veículos (artigo 18º, nº 1) e de limites de velocidade (artigos 24º, nº 1, e 25º, nº 1, alínea *e)*). Encontramos também referência especial a crianças, idosos e pessoas incapazes em legislação de outros países. Veja-se, a título de exemplo, o § 3, 2a da StVO alemã, que estabelece que "perante crianças, pessoas incapazes e idosas, os condutores devem actuar de modo a excluírem um perigo para estes intervenientes no tráfego, especialmente através de uma diminuição da velocidade e de uma predisposição para travar".

[589] Cf. KUHLEN, Lothar, *Produkthaftung*, p. 140.

[590] Cf., com referências a jurisprudência, BÖHMER, Emil, *JR*, 1967, p. 292. Cf., também, COSTA, José de Faria, *Perigo*, p. 508.

[591] HEIERLI, Matthias, *Die Bedeutung des Vertrauensprinzips*, p. 140-141. A este processo gradual de aprendizagem alia-se uma outra dificuldade de carácter prático: dada a sua baixa estatura, as crianças têm um campo de visão reduzido e também serão mais dificilmente vistas pelos condutores. É certo que os adultos de baixa estatura terão um problema semelhante, mas a

2.1. Deste modo, há quem defenda que o princípio da confiança não terá validade em relação a crianças. Neste caso, o limite à actuação do princípio da confiança basear-se-á numa presunção de conduta incorrecta por parte das crianças, que deriva da sua própria *condição pessoal* e não do comportamento que venham a manifestar no caso concreto – o condutor deve contar sempre com um comportamento das crianças em violação das regras[592].

Com esta afirmação aparentemente simples de que o princípio da confiança não tem validade em relação a crianças suscita-se, porém, um conjunto de problemas de difícil solução.

Desde logo, tem-se colocado a questão de saber como é que, na prática, se reconhece uma criança no tráfego. Costuma dizer-se que é normalmente possível reconhecer as crianças através da sua estatura, vestuário e comportamento. Existem também locais onde é mais provável a presença de crianças – é o que se verifica, por exemplo, na proximidade de creches, de escolas e de campos de jogos. Mas a verdade é que a idade da pessoa muitas vezes não é expressa pela sua estatura. Os critérios relativos ao vestuário e ao comportamento são critérios muito vagos. E a proximidade de determinados locais indica apenas uma maior probabilidade de surgimento de crianças[593].

Por outro lado, tem-se discutido – e esta será a questão principal – qual a idade a partir da qual a criança já estará integrada no desenrolar do tráfego, não mais se justificando, por isso, uma protecção especial. Naturalmente que se a partir de uma determinada idade o sujeito já tem a possibilidade do exercício da condução, não poderá mais ser considerado criança para aquele efeito. Mas ainda antes dessa idade poderá considerar-se que a criança já adquiriu capacidade para participar no tráfego, isto é, terá já a faculdade geral de se comportar nas vias públicas de modo a não

sua baixa estatura será, de certa forma, compensada pela experiência de que são titulares. Segundo Heierli, a necessidade de protecção acrescida das crianças é revelada pelas próprias estatísticas de acidentes que mostram que o número de acidentes com crianças (enquanto peões ou em velocípedes) é significativamente mais elevado que o número correspondente de acidentes com adultos (Heierli, Matthias, *Die Bedeutung des Vertrauensprinzips*, p. 142).

592 Cf., com referências a jurisprudência, Böhmer, Emil, *JR*, 1967, p. 292.

593 Razões pelas quais se vem defendendo que para uma maior protecção das crianças no tráfego deveria proceder-se a uma sua identificação enquanto tal, devendo generalizar-se, por exemplo, a utilização de barras reflectoras nas mochilas (Heierli, Matthias, *Die Bedeutung des Vertrauensprinzips*, p. 149-150).

colocar concretamente em perigo a si mesmo e os outros[594]. A doutrina e a jurisprudência alemãs têm procedido a uma distinção entre as crianças pequenas (*Kleinkinder*) e as crianças mais velhas, defendendo que em relação às crianças pequenas vale um verdadeiro princípio da desconfiança[595]. Já em relação às crianças mais velhas, o princípio da confiança valerá de forma limitada[596]. Em relação às crianças mais velhas não deve afirmar-se um princípio de desconfiança – a limitação do âmbito de actuação do princípio da confiança dependerá de, no caso concreto, existirem indícios que façam o interveniente no tráfego duvidar do comportamento correcto da criança em causa[597].

2.2. Há, porém, também quem considere que não deve aceitar-se este limite do âmbito de actuação do princípio da confiança baseado na própria *condição da criança*, que – pelo menos em relação às crianças mais pequenas – levará à afirmação de um verdadeiro princípio da desconfiança. Heierli considera que, independentemente da idade da criança, não é conveniente estabelecer em relação a elas um princípio de desconfiança que obrigue a contar com qualquer tipo de conduta descuidada. Se assim fosse, sempre que um condutor se apercebesse da presença de uma criança estaria obrigado a reduzir subitamente a velocidade, o que poderia provocar situações de perigo para os outros intervenientes no tráfego. Deste modo, segundo Heierli, o princípio da confiança continua a ter validade geral perante crianças e independentemente da idade destas. Tal princípio poderá, no

[594] HEIERLI, Matthias, *Die Bedeutung des Vertrauensprinzips*, p. 144 e p. 148.

[595] Neste sentido, MARTIN, Ludwig, *DAR*, 1963, p. 122, KIRSCHBAUM, Klaus, *Vertrauensschutz*, p. 244, SCHUMANN, Heribert, *Selbstverantwortung*, p. 13, CRAMER / STERNBERG-LIEBEN, *in*: SCH / SCH[27], § 15, nº 213, e ROXIN, Claus, *Allgemeiner Teil I*[4], § 24, nº 23. Na Alemanha consideram-se pequenas as crianças até aos sete anos de idade – limite que, de acordo com as regras do BGB, coincide com a aquisição de capacidade negocial e delitual (cf., respectivamente, § 104, nº 1, e § 828, nº 1, do BGB).

[596] Cf. KIRSCHBAUM, Klaus, *Vertrauensschutz*, p. 244, SCHUMANN, Heribert, *Selbstverantwortung*, p. 13-14, HEIERLI, Matthias, *Die Bedeutung des Vertrauensprinzips*, p. 141, e MARAVER GÓMEZ, Mario, *Principio de confianza*, p. 128. A doutrina e a jurisprudência alemãs têm defendido que a partir dos catorze anos já se poderá esperar dos jovens um comportamento no trânsito semelhante ao dos adultos (cf. MARTIN, Ludwig, *DAR*, 1963, p. 122, e KIRSCHBAUM, Klaus, *Vertrauensschutz*, p. 244); no mesmo sentido, em relação à situação na Suíça, HEIERLI, Matthias, *Die Bedeutung des Vertrauensprinzips*, p. 145 e p. 165.

[597] Precisamente neste sentido, ROXIN, Claus, *Allgemeiner Teil I*[4], § 24, nº 23, e CRAMER / STERNBERG-LIEBEN, *in*: SCH / SCH[27], § 15, nº 213.

entanto, sofrer limitações se, atendendo às circunstâncias do caso concreto, considerando os indícios fornecidos pela idade e pela atitude da criança, se concluir que ela vai comportar-se de modo incorrecto. Ou seja: o princípio da confiança tem validade também na presença de crianças, excepto se especiais circunstâncias do caso evidenciarem um comportamento incorrecto por parte daquelas. Deste modo, segundo Heierli, na presença de crianças, a única particularidade radicará em que devem ser substancialmente menores os indícios exigíveis para ter de se contar com uma conduta incorrecta por parte delas[598].

3. Um outro grupo problemático no tráfego é constituído pelas pessoas idosas. Quando se começou a afirmar o princípio da confiança na Alemanha, justificava-se a limitação de tal princípio aquando da presença de peões idosos invocando-se que essas pessoas haviam crescido num mundo sem automóveis, pelo que teriam dificuldade em adaptar-se ao trânsito moderno. E a verdade é que era muito frequente as pessoas idosas serem vítimas de atropelamento[599].

Naturalmente, o argumento invocado em meados do século passado deixou de fazer sentido nos nossos dias, questionando-se se deverá afirmar-se uma limitação do princípio da confiança com carácter geral fundada na *condição pessoal dos idosos*. Desde logo, também em relação aos idosos, à semelhança do que verificámos em relação às crianças, é difícil estabelecer uma idade concreta a partir da qual se deva reconhecer essa condição[600]. Por outro lado, tem-se dito que não se pode negar, à partida, a capacidade dos idosos para responder correctamente perante situações de perigo[601]. A tentativa de justificar a necessidade de especial protecção dos idosos através da frequente redução das suas capacidades físicas ou intelectuais não é plausível. Pelo menos até chegarem a idades muito avançadas, o normal é que as capacidades intelectuais dos idosos não se encontrem debilitadas, pelo que eles conseguem frequentemente compensar uma eventual diminuição da sua capacidadc física com a sua maior experiência e matu-

[598] HEIERLI, Matthias, *Die Bedeutung des Vertrauensprinzips*, p. 152 e p. 155. Defendendo também que em relação a crianças o princípio da confiança só deve ser afastado se tal resultar de circunstâncias especiais do caso concreto, HANNES, Miriam, *Der Vertrauensgrundsatz*, p. 45.

[599] Cf. KIRSCHBAUM, Klaus, *Vertrauensschutz*, p. 254.

[600] Cf. HEIERLI, Matthias, *Die Bedeutung des Vertrauensprinzips*, p. 177.

[601] Cf. MARAVER GÓMEZ, Mario, *Principio de confianza*, p. 128.

ridade. Aliás, enquanto condutores, os idosos comportam-se, por regra, de modo mais cuidadoso que os demais intervenientes no tráfego. É verdade que os condutores mais jovens reagem mais rapidamente ao perigo. Mas como os condutores mais velhos, por regra, conduzem com velocidade mais reduzida, aquela desvantagem acaba por ser compensada[602]. E, enquanto peões, a presença de idosos é mais facilmente perceptível e o seu comportamento não é tão imprevisível quanto o das crianças[603].

Por todas estas razões, tem-se defendido que a simples presença de uma pessoa de idade avançada não justifica, por si só, o afastamento do princípio da confiança – por regra, o condutor não precisa de contar com comportamentos incorrectos por parte de pessoas idosas[604]. Naturalmente, o princípio da confiança deve ser afastado quando, no caso concreto, a pessoa idosa revelar especial dificuldade de mobilidade ou claros problemas de índole intelectual. Mas estas circunstâncias justificarão a limitação do princípio da confiança em relação a qualquer pessoa, independentemente da idade. Pelo que se tem dito que a idade avançada, por si mesma, não justificará um afastamento do princípio da confiança: enquanto não houver indícios de que a pessoa em causa não está em condições de responder correctamente às exigências do tráfego, não há razão para limitar a possibilidade de confiar[605].

4. Em relação aos incapazes, a limitação do princípio da confiança fundamentar-se-á na sua especial dificuldade para responder perante situações de risco. Tal como vimos suceder em relação às crianças e aos idosos, também será difícil estabelecer um conceito de incapaz para efeitos de fundamentar, em relação a estas pessoas, o afastamento do princípio da confiança[606]. A dificuldade de cada sujeito para fazer face a situações de

[602] Kirschbaum, refere que as estatísticas mostram que condutores com mais de 65 anos intervêm em menos acidentes que os demais participantes no tráfego (KIRSCHBAUM, Klaus, *Vertrauensschutz*, p. 254).

[603] HEIERLI, Matthias, *Die Bedeutung des Vertrauensprinzips*, p. 180-181.

[604] Neste sentido Kirschbaum, que afirma que esta é também a posição da jurisprudência alemã maioritária a este propósito (KIRSCHBAUM, Klaus, *Vertrauensschutz*, p. 256).

[605] Neste sentido, MARTIN, Ludwig, *DAR*, 1963, p. 122-123, KIRSCHBAUM, Klaus, *Vertrauensschutz*, p. 254 e ss., SCHUMANN, Heribert, *Selbstverantwortung*, p. 14-15, HEIERLI, Matthias, *Die Bedeutung des Vertrauensprinzips*, p. 183, REYES ALVARADO, Yesid, *Imputación*, p. 147, nota 113, e MARAVER GÓMEZ, Mario, *Principio de confianza*, p. 129.

[606] Neste sentido, HEIERLI, Matthias, *Die Bedeutung des Vertrauensprinzips*, p. 174-177. Faria Costa refere que se se souber que o condutor de um automóvel é um psicopata com tendências

risco dependerá do tipo de incapacidade em causa bem como da situação em que concretamente se encontre. Deste modo, também nestes casos se tem recusado um afastamento do princípio da confiança com carácter geral, fundado na própria *condição dos incapazes*. A mera presença de um incapaz não será suficiente para afastar a possibilidade de confiar. O princípio da confiança só deve ser afastado se, além da especial condição do incapaz, outras circunstâncias do caso concreto tornarem cognoscível para o agente que o terceiro não vai actuar de acordo com o dever de cuidado[607].

5. A posição que se assume em relação aos limites de actuação do princípio da confiança está compreensivelmente condicionada pelas opções que se adoptem em relação ao fundamento deste princípio. Em nosso entendimento, o princípio da confiança encontra o seu fundamento no cuidado de cada um para com o outro no âmbito de comunidades de perigos permanentes, em que intervêm sujeitos responsáveis. As crianças pequenas não poderão ser consideradas *responsáveis* para este efeito – não poderá invocar-se, em relação a elas, o princípio da confiança. Daqui não resultará, porém, que sempre que o condutor se aperceba da presença de uma criança esteja obrigado a reduzir subitamente a velocidade. Em princípio, as crianças não se encontrarão na via pública desacompanhadas – o condutor poderá confiar que o cuidador da criança estará a vigiar o comportamento daquela. Quando as circunstâncias do caso tornarem evidente que a criança se encontra desacompanhada, o condutor não poderá invocar a confiança no comportamento da criança de acordo com as regras – terá o dever de adaptar o seu comportamento às circunstâncias do caso, designadamente, reduzindo a velocidade a que circula.

De todo o modo, o afastamento do princípio da confiança enquanto princípio delimitador do dever de cuidado nestes casos não significará, necessariamente, que o sujeito venha a ser considerado responsável pelo resultado que se verificar (ofensas à integridade física ou morte da criança). Nestas circunstâncias não poderá intervir o princípio da confiança, mas serão convocados os demais critérios concretizadores do dever de cuidado,

agressivas, estará erradicado o princípio da confiança da relação comunicativa e vigorará "inapelavelmente a regra da desconfiança" (Costa, José de Faria, *Perigo*, p. 493).

[607] Neste sentido, Heierli, Matthias, *Die Bedeutung des Vertrauensprinzips*, p. 182-184 e p. 188-189, Reyes Alvarado, Yesid, *Imputación*, p. 147, nota 113, e Maraver Gómez, Mario, *Principio de confianza*, p. 129.

podendo a violação do dever ser negada, designadamente, com recurso ao critério da (falta de) previsibilidade[608].

Reconhecemos a dificuldade em determinar a idade a partir da qual a criança já deverá considerar-se competente para intervir no tráfego. O processo de aquisição desta capacidade é um processo complexo, cuja evolução se verifica de forma gradual. O cuidado exigível em relação a uma eventual conduta da criança em violação das regras dependerá do grau de desenvolvimento a pressupor, normalmente, na idade (maior ou menor) que for reconhecida em cada caso[609]. Em relação às crianças mais velhas não haverá, por regra, razão para se recusar a validade do princípio da confiança com base na própria *condição da criança*[610].

E, da nossa perspectiva, poderá fazer-se um raciocínio semelhante em relação às pessoas idosas e incapazes. Em relação às crianças mais velhas, aos idosos e aos incapazes não deverá ser afirmado um limite à validade do princípio da confiança com fundamento na própria *condição da pessoa*. Nestes casos assumirá particular relevância o *problema de conhecimento*, a que se refere Frisch[611]. Na prática, designadamente no tráfego rodoviário, não será

[608] Veja-se, a este propósito, o exemplo referido por Faria Costa, em que *D*, ao conduzir o seu automóvel segundo as regras de trânsito, é surpreendido pelo aparecimento de uma criança que atravessa a estrada inadvertidamente e vem a morrer em virtude da colisão com o carro. Segundo Faria Costa, neste caso, a exclusão da responsabilidade do condutor deverá fazer-se por via da falta de previsibilidade (COSTA, José de Faria, *Perigo*, p. 494-495). O autor chega a esta conclusão por considerar que, no caso, não houve uma comunicação. Não partilhando com Faria Costa esta exigência de "actualização da relação comunicacional" para que possa afirmar-se o princípio da confiança (cf., *supra*, § 14), concordamos, porém, com a solução proposta para este caso: o aparecimento inopinado de uma criança na estrada não será, em abstracto, na generalidade dos casos, um acontecimento previsível. Diferente é o caso avançado por Fernanda Palma, em que o automobilista que circula em excesso de velocidade colhe mortalmente uma criança que, inadvertidamente, atravessou a estrada por manifesta falta de cuidado da mãe (PALMA, Maria, *Direito Penal. Parte Geral*, p. 93 e ss.). Sobre a (im)possibilidade de invocação do princípio da confiança neste caso, *vide, infra*, § 32, V.

[609] Cf. KIRSCHBAUM, Klaus, *Vertrauensschutz*, p. 244, HEIERLI, Matthias, *Die Bedeutung des Vertrauensprinzips*, p. 141, e MARAVER GÓMEZ, Mario, *Principio de confianza*, p. 128.

[610] A criança mais velha já poderá ser considerada responsável para efeitos de afirmação do princípio da confiança. A criança responsável para este efeito será aquela cujos cuidadores autorizam que circule na via pública sem necessidade de supervisão permanente. Esta capacidade para circular na via pública não tem, naturalmente, de coincidir com a imputabilidade civil (sete anos – artigo 488º, nº 2, do Código Civil), nem com a idade estabelecida para efeitos de imputabilidade penal (dezasseis anos – artigo 19º do CP).

[611] Cf., *supra*, § 12, III, 2.

fácil saber se aquelas pessoas têm ou não capacidade para cumprir as regras. A solução destes casos deverá ser encontrada através da convocação da finalidade do princípio da confiança e da função que reconhecemos a este princípio (e ao próprio direito penal). A finalidade do princípio da confiança é o alargamento da liberdade de acção individual e, concomitantemente, o desenvolvimento de actividades socialmente valiosas, como é o caso da circulação rodoviária. A função do princípio da confiança é a protecção de bens jurídicos. Daqui decorrerá que a liberdade de acção só deve ser limitada quando for cognoscível para o agente que o outro interveniente no tráfego não está a cumprir (ou não vai cumprir) o dever de cuidado que sobre ele impende. Só nestes casos impenderá sobre o agente o dever de adequar a sua conduta de modo a evitar uma eventual ofensa de bens jurídico-penalmente tutelados. Deste modo, em relação a crianças mais velhas, idosos e incapazes o limite à actuação do princípio da confiança há-de traçar-se apenas quando, no caso, existirem *indícios concretos* de que o outro participante no tráfego não vai cumprir as regras.

II. Circunstâncias relacionadas com a conduta do terceiro

1. Para além dos casos em que o terceiro é uma criança, um idoso ou um incapaz, outros casos existirão em que a validade do princípio da confiança deve ser restringida porque, *no caso concreto*, é cognoscível que o terceiro sofre uma limitação na sua capacidade de actuação e reacção. É o que acontece nos casos em que o terceiro sofre de uma incapacidade temporária (encontrando-se, por exemplo, sob a influência de álcool ou de estupefacientes), se encontra em um estado de cansaço notório ou revela inexperiência no desempenho da tarefa em causa[612].

2. Outros casos existirão, no entanto, em que o sujeito se encontra em condições de actuar correctamente, mas é evidente que vai levar a cabo

[612] STRATENWERTH, Günter, *in: Fest. Eb. Schmidt*, p. 392, CRAMER, Peter, *Straßenverkehrsrecht*², § 1 StVO, nº 44 *b)* e 49, KIRSCHBAUM, Klaus, *Vertrauensschutz*, p. 158-163, ULSENHEIMER, Klaus, *Arztstrafrecht*, § 145, PETER, Anne-Marie, *Arbeitsteilung im Krankenhaus*, p. 32-33, HEIERLI, Matthias, *Die Bedeutung des Vertrauensprinzips*, p. 190-193, HANNES, Miriam, *Der Vertrauensgrundsatz*, p. 208, ROXIN, Claus, *Allgemeiner Teil I*⁴, § 24, nº 23, CRAMER / STERNBERG-LIEBEN, *in*: SCH / SCH²⁷, § 15, nº 213, CHOCLÁN MONTALVO, J. Antonio, *Deber de cuidado*, p. 114, FEIJOO SÁNCHEZ, Bernardo, *DPC*, 69 (2000), p. 60, GÓMEZ RIVERO, M. Cármen, *Responsabilidad*², p. 417, e MARAVER GÓMEZ, Mario, *Principio de confianza*, p. 130-131.

uma conduta em violação das regras. Nestes casos, na medida em que a conduta do terceiro assuma a forma dolosa, há quem convoque o princípio da proibição de regresso para afastar a responsabilidade do primeiro agente. Mas há quem pretenda resolver estes casos por apelo ao princípio da confiança, defendendo que este princípio não poderá ser convocado quando "*especiais circunstâncias* do caso concreto derem claro, imediato e fundado motivo para pensar" que terá lugar a intermediação dolosa de um terceiro[613]. Segundo Figueiredo Dias, este será o caso do exemplo de escola de "*A* deixar uma arma de fogo carregada, por esquecimento ou imprevidência inadmissíveis, num local onde *B* e *C* travam violenta discussão, entremeada por sérias ameaças de morte: se *B* vem a matar dolosamente *C* com a arma em questão, o tipo de ilícito de homicídio negligente poderá dizer-se preenchido pela conduta de *A*", sem que a tal possa opor-se o princípio da confiança[614]. Roxin esclarece que quando o sujeito favorece *uma reconhecível inclinação ou propensão para o facto* (*erkennbare Tatgeneigtheit*) não pode invocar o princípio da confiança, pelo que poderá vir a ser considerado responsável (pelo menos a título de negligência) pelo resultado verificado[615]. Figueiredo Dias, acompanhando Roxin, defende também que o critério deverá ser o de que o princípio da confiança deve recuar quando o facto anterior revelar "reconhecidamente uma *especial aptidão* para provocar o facto posterior doloso, quando criar um *perigo intolerável* de cometimento do facto doloso, de tal modo que seria de todo desrazoável não contar com a sua possibilidade próxima"[616].

3. O princípio da confiança também deve ser limitado nos casos em que for cognoscível para o sujeito que o terceiro iniciou uma conduta em violação

[613] DIAS, Jorge de Figueiredo, *Direito Penal I²*, 35º Cap., § 33 (itálicos do autor).

[614] DIAS, Jorge de Figueiredo, *Direito Penal I²*, 35º Cap., § 33.

[615] ROXIN, Claus, *Allgemeiner Teil I⁴*, § 24, nº 28 e 30, e, o mesmo autor, *in*: *Fest. Herbert Tröndle*, p. 190 e ss. Cf., ainda, SCHROEDER, Friedrich-Christian, *in*: *LK¹¹*, § 16, nº 184.

[616] DIAS, Jorge de Figueiredo, *Direito Penal I²*, 35º Cap., § 33 (itálicos do autor). Também Marinucci e Dolcini defendem que o princípio da confiança tem um amplo campo de aplicação no que diz respeito a factos dolosos de terceiros e esclarecem que, de entre as várias soluções possíveis, deve merecer acolhimento a que conduz a uma autónoma responsabilidade por negligência quando o agente, na presença de indícios concretos que tornam cognoscível uma inclinação ou propensão do terceiro para cometer o facto doloso, favorece, com a sua própria conduta, essa reconhecível inclinação ou propensão (MARINUCCI / DOLCINI, *Diritto Penale⁴*, p. 327).

do dever de cuidado ou realizou anteriormente uma conduta descuidada[617]. É o que acontece, designadamente, quando o condutor se apercebe que o peão começou a atravessar a estrada em local não apropriado para o efeito, ou se apercebe que outro condutor, que não é titular do direito de prioridade, não vai parar num cruzamento, ou ainda quando, no decurso de uma intervenção médica, o médico se apercebe que o enfermeiro lhe forneceu uma substância errada[618].

Tem-se dito que nos casos em que terceiro iniciou já uma conduta em infracção das normas, o princípio da confiança continua a ter validade até ao momento em que se torne evidente que o terceiro já não pode (ou não quer) definitivamente evitar a ofensa. Enquanto for possível para o infractor evitar o resultado, o agente deve continuar a confiar na conduta daquele. Por exemplo, se o condutor que circula correctamente vê ao longe, de frente, um outro veículo que segue em contramão, não terá o dever de, imediatamente, se desviar da sua faixa de rodagem. Pelo contrário, enquanto houver espaço suficiente para que o outro veículo regresse à via de trânsito respectiva, o agente pode continuar a confiar que ele retomará o modo de condução adequado. O princípio da confiança só deve ser afastado quando, sendo evidente que o terceiro não vai retomar o comportamento correcto, o perigo já estiver instalado[619].

Por outro lado, do princípio da confiança decorre ainda que não tem fundadamente de se contar com o facto de que os terceiros que estão a com-

[617] Cf. STRATENWERTH, Günter, *in: Fest. Eb. Schmidt*, p. 392, BURGSTALLER, Manfred, *Fahrlässigkeitsdelikt*, p. 61, KIRSCHBAUM, Klaus, *Vertrauensschutz*, p. 113-14 e p. 159-162, SCHUMANN, Heribert, *Selbstverantwortung*, p. 12-1, CRAMER / STERNBERG-LIEBEN, *in:* SCH / SCH[27], § 15, nº 213, e HANNES, Miriam, *Der Vertrauensgrundsatz*, p. 43-44.

[618] Exemplos referidos por MARAVER GÓMEZ, Mario, *Principio de confianza*, p. 132.

[619] Neste sentido, STRATENWERTH, Günter, *Allgemeiner Teil*[3], § 1157, SCHUMANN, Heribert, *Selbstverantwortung*, p. 15, JAKOBS, Günther, *Allgemeiner Teil*[2], § 7, nº 55a, FEIJOO SÁNCHEZ, Bernardo, *DPC*, 69 (2000), p. 61-62. Em sentido contrário, defende Lewisch que o participante no tráfego não pode fundadamente confiar que o interveniente no tráfego que está a comportar-se em violação das regras corrigirá o seu comportamento "com brevidade". No caso de o outro participante, atempadamente, reassumir um comportamento de acordo com o cuidado, cairão, neste momento, os limites imanentes do princípio da confiança e este princípio reassumirá validade em toda a sua extensão (LEWISCH, Peter, *in: Fest. Burgstaller*, p. 109). Questionando se nestes casos em que o terceiro tem ainda a possibilidade de corrigir a sua conduta deve ou não recusar-se a possibilidade de confiar, MARAVER GÓMEZ, Mario, *Principio de confianza*, p. 132.

portar-se em violação das regras podem, a qualquer momento, adoptar um comportamento de acordo com as regras. Se um peão circula numa localidade pelo lado direito da estrada, ou se um ciclista circula erradamente pelo lado esquerdo, o condutor que pretende ultrapassar o peão ou o ciclista não tem de contar com que aqueles, subitamente, em total desconsideração dos veículos que se encontram em circulação, poderão tentar atravessar a estrada de modo a começarem a circular da forma devida. Isto não significa que o condutor deva confiar que o peão ou o ciclista vão prosseguir com o seu comportamento em violação do dever – não pode convocar-se o princípio da confiança em relação a um comportamento em violação das regras. Mas o condutor poderá confiar que aquele que pretende alterar o seu comportamento há-de fazê-lo de acordo com as regras, tendo em consideração os demais veículos que circulam na mesma estrada[620].

Tem-se colocado também a questão de saber em que medida é que uma conduta do terceiro em violação das regras deve, fundadamente, dar lugar a um dever do agente de contar com condutas descuidadas posteriores. Acompanhamos os autores que defendem que para este efeito deve distinguir-se conforme a conduta descuidada se tenha ou não revelado uma conduta perigosa. Se a conduta do terceiro tiver sido descuidada, mas não tiver sido perigosa, não tendo posto em causa a segurança no trânsito, o princípio da confiança deve ser deixado intocado, não havendo razão para se dever contar com comportamentos perigosos no futuro. A confiança no comportamento futuro do terceiro só deverá ser afastada quando ele tiver realizado uma conduta perigosa (por exemplo, se ele tiver feito uma ultrapassagem arriscada, transpondo a linha longitudinal contínua)[621].

III. Circunstâncias relacionadas com situações especiais e infracções frequentes ou típicas

1. A jurisprudência e a doutrina defendem ainda uma limitação do princípio da confiança nos casos em que houver *circunstâncias especiais* às quais

[620] Neste sentido, com amplas referências jurisprudenciais quer no sentido referido no texto, quer no sentido oposto, SCHUMANN, Heribert, *Selbstverantwortung*, p. 15.

[621] Neste sentido, com amplas referências jurisprudenciais, SCHUMANN, Heribert, *Selbstverantwortung*, p. 15. Nos termos do artigo 146º, alínea *o)*, do nosso Código da Estrada, tal conduta constitui uma contra-ordenação muito grave.

seja inerente um *aumento do perigo* na circulação rodoviária[622]. Trata-se de circunstâncias objectivas, relacionadas com a situação do tráfego, que dão lugar às designadas *situações especiais, críticas ou pouco claras*[623]. Estaremos perante uma situação deste tipo quando (ainda) não for cognoscível para o interveniente no tráfego qualquer violação das regras por parte do terceiro, mas existirem já indícios objectivos no sentido de que o terceiro dificilmente actuará de acordo com as normas[624]. A jurisprudência alemã tem considerado que existe uma situação deste tipo em diversas circunstâncias: quando as condições meteorológicas forem adversas; quando a sinalização for insuficiente; quando um cruzamento tiver visibilidade reduzida; quando se tiver verificado um acidente que esteja a perturbar o desenvolvimento normal do tráfego; quando for um dia festivo e, por isso, for provável que as pessoas tenham ingerido grandes quantidades de álcool; etc.[625].

A limitação do princípio da confiança nestes casos tem sido muito criticada pela doutrina. Na verdade, a única forma de perceber de que situações se trata será atendendo ao vasto conjunto de casos em que a jurisprudência alemã tem afastado o princípio da confiança com base nestas circunstâncias. Desta forma, em caso de acidente, para o participante no tráfego será frequentemente imprevisível se o tribunal vai considerar a conduta do agente abrangida pelo princípio da confiança ou se, pelo contrário, vai entender que se trata de uma situação especialmente perigosa onde, por isso, o princípio da confiança não deve ter lugar[626].

622 Cf. Cramer, Peter, *Straßenverkehsrecht*^{2}, § 1 StVO, nº 48, Burgstaller, Manfred, *Fahrlässigkeitsdelikt*, p. 61, Kirschbaum, Klaus, *Vertrauensschutz*, p. 151-167, Heierli, Matthias, *Die Bedeutung des Vertrauensprinzips*, p. 202-212, Cramer / Sternberg-Lieben, *in*: Sch / Sch^{27}, § 15, nº 213, e Hannes, Miriam, *Der Vertrauensgrundsatz*, p. 17-18.

623 Sobre a dificuldade de distinção entre as situações especiais e as situações pouco claras, bem como a dificuldade de distinção entre estas e as situações em que para o agente é já cognoscível um comportamento do terceiro em violação do dever, *vide* Kirschbaum, Klaus, *Vertrauensschutz*, p. 158-159.

624 Assim Kirschbaum, Klaus, *Vertrauensschutz*, p. 158, Heierli, Matthias, *Die Bedeutung des Vertrauensprinzips*, p. 202, e Maraver Gómez, Mario, *Principio de confianza*, p. 132.

625 Sobre estes e outros casos, com amplas referências jurisprudenciais, Cramer, Peter, *Straßenverkehsrecht*^{2}, § 1 StVO, nº 48, Kirschbaum, Klaus, *Vertrauensschutz*, p. 151-157, Cramer / Sternberg-Lieben, *in*: Sch / Sch^{27}, § 15, nº 213, e Maraver Gómez, Mario, *Principio de confianza*, p. 132.

626 Neste sentido, Kirschbaum, Klaus, *Vertrauensschutz*, p. 151 e p. 155. Este é também, aliás, um argumento de que Kirschbaum lança mão para mostrar que não existe, em abstracto, um

Em nosso entendimento deve ainda ser salientado, por outro lado, que a mera probabilidade ou possibilidade de um comportamento do terceiro em violação das regras não poderá ser tida como suficiente para limitar a esfera de aplicação do princípio da confiança. Com uma limitação do seu âmbito de actuação com base em tais indícios abstractos, ficaria o princípio da confiança absolutamente desvirtuado e acabaria por perder a sua razão de ser[627].

2. Um outro limite do âmbito de aplicação do princípio da confiança afirmado pela jurisprudência alemã radica na frequência com que se cometem determinadas infracções.

O conceito de "infracções de trânsito frequentes" (*häufige Verkehrsverstoße*) emergiu pela primeira vez na jurisprudência do *BGH*, de modo expresso, numa decisão de 17 de Setembro de 1958[628]. Neste caso estava em causa saber se o condutor tem o dever de contar com o facto de que os automobilistas que circulam no sentido oposto podem acender as luzes de estrada (máximos) antes de os dois veículos se terem cruzado completamente[629]. No caso, o condutor ficou encandeado com as luzes de estrada do veículo que vinha de frente e atropelou dois peões que seguiam do lado direito da estrada, tendo um deles vindo a morrer. O *BGH* deteve-se na análise do princípio da confiança e dos seus limites, afirmando expressamente que o princípio da confiança não poderá ser invocado nos casos de infracções de trânsito "que se cometem com tanta frequência, que um

verdadeiro "princípio da confiança", com validade geral, existindo apenas uma protecção da confiança em situações determinadas (*idem*, p. 155-156).

[627] Neste sentido também, Burgstaller, Manfred, *Fahrlässigkeitsdelikt*, p. 61, Heierli, Matthias, *Die Bedeutung des Vertrauensprinzips*, p. 205, Feijoo Sánchez, Bernardo, *DPC*, 69 (2000), p. 61, e Maraver Gómez, Mario, *Principio de confianza*, p. 133.

[628] *BGHSt* 12, 1959, p. 81 e ss. Referindo esta decisão do *BGH* como sendo a primeira em que se referiu expressamente o conceito de "infracções frequentes" como causa autónoma de afastamento do princípio da confiança, Müller, Roland, *Einschränkung des Vertrauensgrundsatzes*, p. 21. Mas já anteriormente se fazia referência a estas infracções frequentes ou típicas para se justificar que, nestes casos, o princípio da confiança teria apenas uma aplicação excepcional (Martin, Ludwig, *DAR*, 1953, p. 166).

[629] De acordo com o nosso Código da Estrada, a luz de estrada (máximos) destina-se a iluminar a via para a frente do veículo numa distância não inferior a 100 metros, enquanto a luz de cruzamento (médios) se destina a iluminar a via para a frente do veículo numa distância até 30 metros (artigo 60º). Nos termos do artigo 61º, nº 6, do mesmo Código, a utilização de máximos no cruzamento com outros veículos constitui contra-ordenação.

condutor consciente há-de contar razoavelmente com elas"[630]. A partir daqui, a questão radicava em determinar se, no caso, se estaria perante uma dessas "infracções frequentes". O tribunal entendeu que, em virtude da cada vez maior assimilação das regras de trânsito, o reacender antecipadamente as luzes de estrada já não devia ser considerado uma infracção frequente, pelo que o princípio da confiança teria plena aplicação. Defender o contrário, segundo o tribunal, seria pôr injustificadamente em causa a fluidez bem como a própria segurança do tráfego[631].

Numa outra decisão, de 27 de Maio de 1959, o *BGH* também reconheceu expressamente as infracções frequentes como limite do princípio da confiança[632]. No caso, o condutor atropelou um peão que, aparecendo da parte de trás de um autocarro que estava estacionado na faixa de rodagem, atravessou subitamente a estrada. O tribunal referiu que há casos em que, embora as infracções não sejam cognoscíveis, existe uma razão concludente (*triftige Veranlassung*) para se dever contar com elas[633]. Atendendo aos costumes e às exigências do tráfego, o *BGH* entendeu que atravessar a estrada nos termos em que o fez o peão não podia ser considerado uma infracção frequente[634]. Reconheceu, no entanto, que os peões que pretendem atravessar a estrada vindos de trás de um autocarro parado se encontram numa situação difícil, porque para que possam ter uma melhor visibilidade têm necessidade de se assomar por trás do veículo. Devem, por isso, os condutores contar com estes comportamentos. Consequentemente, o tribunal defendeu que, nas paragens de autocarros, os condutores devem circular a uma distância suficiente para não colocar em perigo os peões que, em violação das regras, se assomam por trás dos autocarros de modo a terem uma melhor visibilidade para atravessarem a estrada. Caso não seja possível manter essa distância, devem os condutores prosseguir a uma velocidade reduzida, que lhes permita parar em segurança caso tal seja necessário[635].

Num caso mais recente, o *BGH* invocou também a frequência com se verificam acidentes num certo cruzamento para fundamentar o afasta-

[630] *BGHSt* 12, 1959, p. 83.
[631] *BGHSt* 12, 1959, p. 83-84.
[632] *BGHSt* 13, 1960, p. 169 e ss.
[633] *BGHSt* 13, 1960, p. 173.
[634] *BGHSt* 13, 1960, p. 173-174.
[635] *BGHSt* 13, 1960, p. 174-177.

mento do princípio da confiança[636]. No caso, o titular do direito de prioridade seguia em excesso de velocidade e veio a colidir com um outro veículo cujo condutor não cumpriu as regras de prioridade. Segundo o *BGH*, o titular do direito de prioridade, ao circular em excesso de velocidade, terá dado motivo para o outro condutor – designadamente, através de um erro de cálculo na avaliação da velocidade a que circulava o primeiro – avançar numa situação em que não tinha prioridade. Deste modo, ter-se-á criado uma *situação crítica* antes mesmo de ter sido violado o direito de prioridade. Além disso, através das declarações do arguido, havia ficado provado que ele conhecia bem o local do acidente e sabia que ali ocorriam acidentes com muita *frequência*. Considerou o *BGH* que, nestas circunstâncias, o arguido não poderia invocar o princípio da confiança[637].

Têm sido ainda consideradas *infracções frequentes* ou *típicas*, por exemplo, a ultrapassagem de um veículo que já fez sinal indicador de mudança de direcção para a esquerda; a circulação em excesso de velocidade dentro de localidades em alturas de pouco trânsito; a não utilização da luz de mudança de direcção, num cruzamento, pelo condutor com direito de prioridade, entre outras[638].

Este conceito de *infracções frequentes* ou *infracções típicas* tem sido, assim, considerado pela jurisprudência e também por uma parte da doutrina como uma categoria autónoma de limites do princípio da confiança, justificando a não protecção da confiança em situações em que não há indícios concretos da violação das regras por parte de terceiros[639].

636 Decisão do *BGH*, de 25 de Março de 2003 (*NJW*, 2003, p. 1929 e ss.).

637 *NJW*, 2003, p. 1930. Sobre estas situações complexas em que há violação das normas de cuidado por parte dos dois intervenientes no acidente, cf. PUPPE, Ingeborg, *in*: *Fest. Wolfgang Frisch*, p. 447 e ss.; cf., também, *supra*, § 19 e, *infra*, § 32, V.

638 Com referência a estes e outros casos decididos pela jurisprudência alemã, CRAMER, Peter, *Straßenverkehrsrecht*[2], § 1 StVO, nº 47, KIRSCHBAUM, Klaus, *Vertrauensschutz*, p. 170 e ss., SAMSON, Erich, *in*: *SK*[5], anexo ao § 16, nº 21, e PUPPE, Ingeborg, *in*: *NK*[4], antes do § 13, nº 163. Estabelecendo uma distinção entre infracções frequentes e infracções típicas, defendendo que só as infracções típicas podem conduzir a uma limitação do âmbito de aplicação do princípio da confiança, por pressuporem outras considerações de carácter valorativo, MÜLLER, Roland, *Einschränkung des Vertrauensgrundsatzes*, p. 10, 22 e ss., 61 e ss. e 76 e ss.

639 Defendendo que o princípio da confiança deve ser afastado na presença de infracções frequentes ou típicas, MARTIN, Ludwig, *DAR*, 1953, p. 166-167 (incluindo neste grupo também as infracções cometidas por crianças, idosos e pessoas particularmente indefesas), CRAMER, Peter, *Straßenverkehrsrecht*[2], § 1 StVO, nº 44 e 47 (posteriormente, com uma posição mais restritiva quanto ao âmbito deste limite, CRAMER / STERNBERG-LIEBEN, *in*: SCH / SCH[27],

Da nossa perspectiva, porém, a mera frequência de uma infracção ou dados estatísticos de acidentes não podem, por si só, fundamentar o afastamento do princípio da confiança[640]. O princípio da confiança só deve ser limitado quando o agente tiver *razão concretamente fundada* para pensar ou dever pensar de outro modo – tem de haver indícios concretos que justifiquem o afastamento do princípio da confiança. Este limite baseado na frequência com que se cometem certas infracções tem um carácter ainda mais abstracto do que aquele que se descreveu a propósito da consideração de *situações especiais, críticas ou pouco claras*[641] – agora não se exigirá, sequer, a manifestação de certos indícios objectivos na situação concreta que permitam presumir o comportamento do terceiro em violação das regras; revelar-se-á, suficiente, tão-somente, a frequência com que se verifica tal comportamento. O princípio da confiança não poderá ser limitado com fundamento na mera "experiência abstracta" sobre a violação das regras[642].

Segundo Jagusch, a aceitação deste limite autónomo do princípio da confiança conduziria a que a casuística do princípio da confiança devesse coincidir com a estatística das causas de acidentes. Atendendo a que a violação do direito de prioridade pertence claramente ao conjunto das causas de acidentes mais frequentes, o princípio da confiança deixaria de poder ser convocado precisamente nos casos em que inicialmente havia encon-

§ 15, nº 215), SAMSON, Erich, *in: SK*[5], anexo ao § 16, nº 21, e ROXIN, Claus, *Allgemeiner Teil I*[4], § 24, nº 23. Para quem, como Brinkmann, defende que o princípio da confiança não se fundamenta em considerações de índole valorativa, constituindo simplesmente uma regra da experiência, será precisamente a frequência com se cometem certas condutas incorrectas que determina o alcance do princípio da confiança (BRINKMANN, Bernhard, *Vertrauensgrundsatz*, p. 138 e ss.). Jakobs chegou a defender que o princípio da confiança é um "problema estatístico" e não um problema normativo. A razão deste entendimento radica em que, segundo Jakobs, o princípio da confiança deve ser afastado também em situações em que o terceiro pode e deve dominar a fonte de risco, mas a experiência mostra que, com frequência, o terceiro não a domina (JAKOBS, Günther, *Erfolgsdelikt*, p. 88 e ss., nota 170). Mais tarde, Jakobs veio a reconhecer, no entanto, que o princípio da confiança é "algo mais que uma dimensão estatística", referindo expressamente que abandona a posição anteriormente assumida (JAKOBS, Günther, *ZStW*, 89 (1977), p. 13, nota 44).

640 Neste sentido, também, BURGSTALLER, Manfred, *Fahrlässigkeitsdelikt*, p. 61, STRATENWERTH, Günter, *Allgemeiner Teil*[3], § 15, nº 1157, KUHLEN, Lothar, *Produkthaftung*, p. 144, HEIERLI, Matthias, *Die Bedeutung des Vertrauensprinzips*, p. 224, LEWISCH, Peter, *in: Fest. Burgstaller*, p. 107, FEIJOO SÁNCHEZ, Bernardo, *DPC*, 69 (2000), p. 61.

641 Neste sentido, MARAVER GÓMEZ, Mario, *Principio de confianza*, p. 135.

642 HEIERLI, Matthias, *Die Bedeutung des Vertrauensprinzips*, p. 195.

trado o seu campo de aplicação mais significativo: a confiança no cumprimento das regras de prioridade[643].

Como salienta Schumann, tratando-se no princípio da confiança de uma expectativa normativamente fundada, a conclusão necessária será a de que tal princípio não poderá ser afastado pela mera frequência estatística de certas infracções. O princípio da confiança não se fundamenta na maior ou menor previsibilidade das condutas descuidadas de terceiros, mas sim em considerações valorativas ou normativas que permitem, precisamente, limitar essa previsibilidade[644].

§ 21. Não se pode confiar se existir um dever de evitar ou compensar a conduta incorrecta de um terceiro

1. Além dos casos em que o sujeito se comporta em violação do cuidado ou tem motivos concretos para pensar que o terceiro vai realizar uma conduta incorrecta, a doutrina tem entendido que a possibilidade de confiar será limitada também nas constelações em que impende sobre o agente o dever de prevenir ou evitar a conduta incorrecta do terceiro. Compreensivelmente, este limite da actuação do princípio da confiança começou a ser referido a partir do momento em que se colocou a possibilidade de se convocar este princípio nos âmbitos em que a actividade se realiza mediante uma divisão de trabalho[645].

[643] Jagusch, Heinrich / Hentschel, Peter, *Strassenverkehrsrecht*, *apud* Kirschbaum, Klaus, *Vertrauensschutz*, p. 174 e ss.

[644] Schumann, Heribert, *Selbstverantwortung*, p. 16. Todavia, Schumann acompanha Cramer na ideia de que uma ocorrência especialmente frequente de uma determinada infracção das regras pode impor um limite ao âmbito de validade do princípio da confiança nos casos em que se tratar de uma falha na qual incorre não raramente o participante no tráfego responsável e consciente. Tal será válido em relação a certas infracções às quais seja inerente uma reduzida perigosidade (por exemplo, violações insignificantes dos limites de velocidade), bem como em relação a infracções relacionadas com uma exigência excessiva em situações complexas do trânsito moderno (por exemplo, colocar-se tardiamente na via de trânsito respectiva em uma intersecção de estradas especialmente confusa). Tal será válido, ainda, em relação à infracção de novas regras de trânsito num período de transição legislativa ou ainda em relação a certos comportamentos que se afirmam em moldes diferentes do disposto no Código da Estrada, como uma espécie de direito consuetudinário, imposto pela *praxis* rodoviária (cf. Schumann, Heribert, *Selbstverantwortung*, p. 16-18, e Cramer / Sternberg-Lieben, *in*: Sch / Sch[27], § 15, nº 215, com amplas referências jurisprudenciais). No mesmo sentido, Hannes, Miriam, *Der Vertrauensgrundsatz*, p. 48-50.

[645] Nestes precisos termos, Maraver Gómez, Mario, *Principio de confianza*, p. 137-138.

No domínio do tráfego rodoviário impendem sobre os diversos utilizadores das vias públicas os mesmos deveres gerais, relacionados, naturalmente, com a concreta situação de tráfego em que cada um se encontre. Nas situações de realização de uma actividade mediante divisão de trabalho, existirão também deveres que impendem de igual modo sobre todos os profissionais[646]. Porém, os deveres que impendem sobre cada um dos sujeitos são definidos também em função da relação que se estabelece entre os diversos intervenientes na concreta situação de trabalho. Entre os vários profissionais estabelece-se uma teia complexa de relações, dependendo o âmbito de actuação do princípio da confiança da posição que cada sujeito assume no esquema da divisão de trabalho.

2. A doutrina que se tem dedicado ao modo como se estrutura a divisão de tarefas, – característica do trabalho realizado, em conjunto, por diversos profissionais –, costuma distinguir entre divisão de trabalho horizontal e divisão de trabalho vertical (ou relação de trabalho hierárquica)[647].

A divisão de trabalho horizontal é a que se verifica entre profissionais que, atendendo às suas competências, se encontram em situação de igualdade. Estes profissionais exercem conjuntamente funções complementares, podendo cada sujeito, por regra, confiar na correcta realização de funções por parte do outro – nenhum deles controla a actividade do outro – não sendo qualquer um deles responsável pelos actos realizados pelo colega[648]. No exercício da medicina em equipa, o exemplo que costuma ser referido a este propósito é o da relação que se estabelece entre o cirurgião e o anestesiologista. Trata-se, neste caso, de uma relação horizontal em que, por

[646] Pense-se, por exemplo, em certas normas jurídicas de comportamento que regulam o exercício de determinadas actividades. Veja-se, a este propósito, as considerações que faremos, *infra*, § 27, aquando da consideração do problema da determinação das fontes do dever de cuidado.

[647] Cf., entre outros, na doutrina alemã, Umbreit, Hans-Werner, *Die Verantwortlichkeit des Arztes*, p. 79 e ss. e 196 e ss., Ulsenheimer, Klaus, *MedR*, 3 (1992), p. 131, do mesmo autor, *Arztstrafrecht*, I, §§ 147 e ss. e 167 e ss., Brose, Johannes, *in*: *Medizinstrafrecht*, p. 53; na doutrina espanhola, Jorge Barreiro, Agustín, *La imprudencia*, p. 116-117; entre nós, Cruz, Ana Palmira, *A negligência punível*, p. 200 e ss., Rodrigues, Álvaro, *Responsabilidade Médica*, p. 381 e ss., e, do mesmo autor, *A Negligência Médica Hospitalar*, p. 355 e ss.

[648] Cf. Umbreit, Hans-Werner, *Die Verantwortlichkeit des Arztes*, p. 203, Ulsenheimer, Klaus, *Arztstrafrecht*, I, § 147, Brose, Johannes, *in*: *Medizinstrafrecht*, p. 54, e Jorge Barreiro, Agustín, *La imprudencia*, p. 117.

via do princípio da divisão do trabalho, tendo em conta a especialidade de cada um dos intervenientes, se delimitam os seus âmbitos de competência ficando, consequentemente, delimitados os deveres de cada um. Cada especialista, por regra, pode confiar na correcta realização de funções por parte do outro – nenhum deles controla a actividade do outro – não sendo qualquer dos especialistas responsável pelos actos realizados pelo colega[649]. A doutrina tem entendido que nas situações de divisão do trabalho horizontal o princípio da confiança só poderá ser afastado em circunstâncias muito especiais[650].

A divisão de trabalho vertical verifica-se quando há uma relação de hierarquia em que uma pessoa recebe instruções de outra que se encontra num nível superior e é controlada por esta, estabelecendo-se entre ambas uma relação de supra/infra ordenação[651]. O exemplo tradicionalmente indicado deste tipo de divisão de trabalho é o que se verifica na relação entre o médico cirurgião (chefe de equipa) e os enfermeiros que com ele colaboram na cirurgia[652]. Nestes casos de divisão de trabalho vertical pode acontecer que um sujeito, pela particular posição que tenha no trabalho em conjunto, venha a assumir tarefas destinadas precisamente a prevenir a possível conduta incorrecta de terceiros[653].

I. Divisão de trabalho vertical

1. O profissional que se encontra numa posição de superioridade hierárquica assume uma função diferente da desempenhada pelos restantes

[649] Assim, também, DIAS, João Álvaro, *Procriação assistida*, p. 243-244.

[650] Cf. FIDALGO, Sónia, *Responsabilidade Penal por Negligência*, p. 182 e ss.

[651] Neste sentido, na doutrina alemã, UMBREIT, Hans-Werner, *Die Verantwortlichkeit des Arztes*, p. 84 e ss., BROSE, Johannes, *in*: *Medizinstrafrecht*, p. 67 e ss., ULSENHEIMER, Klaus, *Arztstrafrecht*, I, § 1, nº 181 e ss.; em Espanha, entre outros, JORGE BARREIRO, Agustín, *La imprudencia*, p. 117 e p. 148 e ss.

[652] Neste sentido, na doutrina alemã, UMBREIT, Hans-Werner, *Die Verantwortlichkeit des Arztes*, p. 84 e ss., BROSE, Johannes, *in*: *Medizinstrafrecht*, p. 67 e ss., ULSENHEIMER, Klaus, *Arztstrafrecht*, I, § 1, nº 181 e ss.; em Espanha, entre outros, JORGE BARREIRO, Agustín, *La imprudencia*, p. 117 e p. 148 e ss. Entendendo que a relação de trabalho vertical não se resume às relações entre médicos e pessoal não médico, podendo verificar-se também uma relação de trabalho vertical entre médicos da mesma especialidade em que um deles se encontra numa situação de superioridade em relação ao outro, FIDALGO, Sónia, *Responsabilidade Penal por Negligência*, p. 106-107, com indicações bibliográficas.

[653] MARAVER GÓMEZ, Mario, *Principio de confianza*, p. 137.

membros que com ele colaboram. Pelo facto de assumir a posição de chefia, o profissional em causa, para além de ter de concentrar-se na execução das demais tarefas que lhe competem em virtude da divisão do trabalho, assumirá ainda o dever de organização e coordenação do trabalho dos seus colaboradores e, em determinadas circunstâncias, terá mesmo o dever de controlo da actividade destes[654].

2. A primeira função da pessoa que assume a chefia de uma equipa (qualquer que ela seja) há-de ser a de organização e coordenação da actuação da equipa – o chefe de equipa tem de proceder à divisão das tarefas pelos vários membros, tendo também de escolher, de entre os seus colaboradores, os que se encontram em condições para desempenhar tais tarefas. No que diz respeito à divisão de tarefas, o superior tem o dever de proceder a uma distribuição de modo a que todas elas sejam atribuídas e correctamente atribuídas. Ao proceder à distribuição de tarefas, o superior deverá escolher, para as desempenhar, profissionais que estejam em condições de o fazer de modo adequado e, por regra, ele poderá confiar que os seus colaboradores têm capacidades correspondentes às qualificações formais que apresentam[655].

No que diz respeito a este dever de organização e coordenação da actividade da equipa deve valer o princípio da confiança: quando não concorrerem circunstâncias que alterem a normal presunção de capacidade que é lícito supor nos seus colaboradores, o superior pode confiar na qualificação destes, bem como na actuação de acordo com o dever de cuidado que sobre eles impende[656].

Todavia, continuam a valer aqui, naturalmente, os limites gerais de actuação do princípio da confiança. O superior hierárquico poderá confiar, salvo se surgirem indícios concretos que alterem a situação de norma-

[654] IADECOLA, Gianfranco, *Il medico*, p. 79. Em sentido semelhante, LANDRO, Andrea Rocco di, *Riv.DPE*, p. 252 e ss.

[655] Neste ponto, há, no entanto, que proceder a uma distinção, pois a responsabilidade do chefe de equipa poderá adquirir contornos diferentes conforme ele tenha ou não o poder de escolher os profissionais que com ele vão colaborar (cf. MARINUCCI, Giorgio / MARRUBINI, Gilberto, *Temi* (1968), p. 227, e AMBROSETTI, Fabio / PICCINELLI, Marco / PICCINELLI, Renato, *La responsabilità*, p. 16. Os autores convocam, a este propósito, a ideia de *culpa in eligendo*. Sobre o valor das distinções civilísticas de *culpa in eligendo* e *culpa in vigilando* no âmbito do direito penal, MARINUCCI, Giorgio / MARRUBINI, Gilberto, *Temi* (1968), p. 227.

[656] Neste sentido, também, GÓMEZ RIVERO, M. Cármen, *Responsabilidad*[2], p. 437 e ss.

lidade[657]. Tal sucederá, designadamente, nos casos em que o colaborador manifeste incapacidade para cumprir as ordens que o chefe de equipa lhe dirige. Nestas situações, o superior terá o dever de se certificar de que no caso concreto o colaborador compreendeu o sentido das instruções que recebeu assim como da sua capacidade para as executar, fornecendo, se necessário, informações e instruções complementares que assegurem a correcta execução da tarefa[658]. No caso de a incapacidade técnico-profissional do colaborador não poder ser remediada com informação e instruções complementares, o chefe de equipa deverá abster-se de atribuir tarefas ao profissional em causa[659].

3. Além do dever de organização e coordenação inicial, sobre o superior impenderão também, em certas situações, deveres de vigilância, instrução e coordenação no decurso da actividade da equipa – ou seja, sobre o superior impenderá, em certas circunstâncias, um dever de controlo da actuação dos seus subordinados.

Havendo consenso na doutrina quanto à afirmação de um dever de controlo a cargo do superior hierárquico para fazer face às especiais fontes de perigo que possam manifestar-se, já quanto à extensão deste dever as opiniões divergem.

A extensão do princípio da confiança no âmbito das relações hierárquicas depende do alcance que se conceder ao dever de controlo da actuação dos subordinados[660]. O princípio da confiança e o dever de controlo delimitam-se reciprocamente: quanto maior for o alcance do dever de controlo, menor será a extensão do princípio da confiança e, inversamente, quanto menor for o dever de controlo, maior será a extensão do princípio da confiança. No nosso entendimento, a resposta a dar a esta questão estará condicionada pelo âmbito de actividade em causa.

3.1. Na esfera do exercício da medicina em equipa, na doutrina alemã, Umbreit, alarga de tal modo os deveres de controlo do superior sobre a actuação dos subordinados que acaba por negar a vigência do princípio

[657] Cf. Fidalgo, Sónia, *Responsabilidade Penal por Negligência*, p. 222 e ss.

[658] Cf. Gómez Rivero, M. Cármen, *Responsabilidad*[2], p. 431.

[659] Neste sentido, também, Landro, Andrea Rocco di, *Riv.DPE*, p. 259.

[660] Cf. Gómez Rivero, M. Cármen, *Responsabilidad*[2], p. 437.

da confiança com carácter geral nas relações verticais[661]. Também na doutrina italiana, há quem defenda que não pode convocar-se o princípio da confiança na órbita das relações hierárquicas, pois tal seria incompatível com o dever de controlo que impende sobre o superior[662].

Quanto a nós, também nas relações verticais, no exercício da medicina em equipa, o princípio da confiança continua a ter validade geral. O chefe de equipa não actuará contra o seu dever de cuidado quando confiar que os seus colaboradores cumprirão adequadamente as tarefas para as quais se encontram oficialmente habilitados. Quando não houver motivos para duvidar da preparação e da capacidade dos colaboradores valerá plenamente o princípio da confiança[663]. Com a afirmação de um dever de vigilância permanente da actividade dos colaboradores criar-se-ia uma insuportável atmosfera de nervosismo e de desconfiança[664], que poderia ser prejudicial para o próprio doente[665]. Além de que correr-se-ia o risco de se esvaziar de conteúdo a distribuição de tarefas.

No nosso entendimento, o dever de controlo da actividade dos colaboradores surgirá na esfera do chefe de equipa apenas em casos excepcionais, quando "a expectativa no comportamento de acordo com o dever, tendo em conta a situação ou a pessoa do outro, se torne debilitada"[666]. O superior pode confiar na actuação adequada dos seus subordinados, salvo se circunstâncias especiais do caso concreto o fizerem (ou deverem fazer) duvidar da capacidade daqueles para desempenhar as tarefas em causa e, consequentemente, o fizerem (ou deverem fazer) esperar uma conduta incorrecta por parte deles[667]. Tal acontecerá, desde logo, nas situ-

[661] UMBREIT, Hans-Werner, *Verantwortlichkeit des Arztes*, p. 118 e ss.

[662] AMBROSETTI, Fabio / PICCINELLI, Marco / PICCINELLI, Renato, *La responsabilità*, p. 173. Em sentido semelhante, BILANCETTI, Mauro, *La responsabilità penale*, p. 756.

[663] Assim, também, WILHELM, Dorothee, *MedR*, 2 (1983), p. 51, e FIDALGO, Sónia, *Responsabilidade Penal por Negligência*, p. 230 e ss.

[664] ENGISCH, Karl, *Langenbecks Arch.*, 288 (1958), p. 580.

[665] A este propósito, *vide*, FIDALGO, Sónia, *Lex Medicinae*, nº especial (2013), p. 153 e ss.

[666] STRATENWERTH, Günter, *in: Fest. Eb. Schmidt*, p. 392. Nas palavras do autor, os deveres de controlo "não devem ser deduzidos de forma geral a partir da previsibilidade dos erros dos outros nem da mera possibilidade de intervir. Portanto, o princípio da confiança limita, por sua vez, quando não existem circunstâncias *especiais*, também os deveres de controlo. Caso contrário seria impossível (...) uma efectiva divisão do trabalho" (STRATENWERTH / KUHLEN, *Allgemeiner Teil*[6], § 15, nº 66).

[667] Neste sentido, *vide*, entre outros, SCHMIDT, Eberhard, *Der Arzt*, p. 193, WILHELM, Dorothee, *MedR*, 2 (1983), p. 51, MARINUCCI, Giorgio / MARRUBINI, Gilberto, *Temi* (1968),

ações em que o superior se aperceber (ou dever aperceber) de erros do colaborador[668]. Também nos casos em que um membro da equipa, apesar de ter qualificação suficiente, for ainda inexperiente no desempenho da tarefa em causa, além do dever prévio de informação e instrução no início da intervenção, sobre o superior recairá ainda um dever de vigilância da actividade do colaborador inexperiente. Pode acontecer também que um colaborador experiente e habitualmente competente não tenha cometido qualquer erro mas, no decurso da intervenção, manifeste não se encontrar em plenas condições físicas e/ou psíquicas, nomeadamente por se encontrar cansado por excesso de trabalho[669]. Também neste caso o princípio da confiança deverá ceder o seu lugar a um dever de controlo por parte do superior sobre a actuação do colaborador[670].

3.2. Numa organização empresarial, o nível de confiança permitido dependerá da posição que o sujeito ocupar dentro da organização. Concordamos que, no âmbito de uma empresa, nos casos de divisão de trabalho, o princípio da confiança tem um alcance significativamente mais limitado para o superior hierárquico, do que nos casos de divisão horizontal. Por exemplo, o chefe de uma equipa ou secção de produção tem de tomar decisões em relação à actividade dessa secção, pelo que poderá ter uma responsabilidade geral ou final pelo que suceda nesse âmbito. Sobre ele impende, aqui, um dever de controlo do trabalho colectivo[671].

Estes deveres de controlo podem obrigar a adoptar medidas de precaução, mesmo que não existam indícios concretos de comportamento incorrecto dos subordinados. Naturalmente, a determinação destes deveres de controlo não pode ser estabelecida em abstracto, dependendo antes dos protocolos de actuação em vigor na empresa.

Apesar disso, o princípio da confiança não deixa de ter utilidade nas relações verticais que se estabelecem dentro de uma organização empre-

p. 220, JORGE BARREIRO, Agustín, *La imprudencia*, p. 155, e FIDALGO, Sónia, *Responsabilidade Penal por Negligência*, p. 231 e ss.

[668] Marco Mantovani, com referência à doutrina alemã, esclarece que para excluir o princípio da confiança não é suficiente um erro que, apesar de cognoscível, seja insignificante, mas apenas o erro que constituir uma fonte de perigo para o paciente (MANTOVANI, Marco, *Indice Pen.* (1999), p. 1198-1199).

[669] FEIJOO SÁNCHEZ, Bernardo, *DPC*, 69 (2000), p. 68.

[670] Nestes precisos termos, já FIDALGO, Sónia, *Responsabilidade Penal por Negligência*, p. 232.

[671] FEIJOO SÁNCHEZ, Bernardo, *Derecho penal de la empresa*, p. 194.

sarial. Compreensivelmente, não será fácil determinar o nível de confiança permitido neste tipo de relações. Terá de se compatibilizar a existência de deveres de controlo com a responsabilidade própria dos subordinados no cumprimento das suas funções. O ponto de partida parece ser o de que não existe um dever geral de tratar os subordinados como pessoas irresponsáveis, na medida em que eles tenham a capacidade mínima exigível para o desempenho da função em causa[672].

II. Princípio da confiança e medidas de dupla segurança

1. No âmbito de certas actividades perigosas, há situações em que se estabelecem sistemas de protecção múltipla, impondo-se a vários sujeitos o dever de controlar o mesmo tipo de riscos. São os casos em que se encontram as designadas medidas de dupla segurança (*Doppelsicherung*). Nestas situações, a não verificação de um risco está duplamente assegurada, pretendendo-se evitar por diversas vias que o resultado lesivo chegue a produzir-se. Nestas circunstâncias, competirá a certos sujeitos uma função de certificação da não verificação do risco, independentemente de o terceiro actuar ou não correctamente – há diferentes instâncias de controlo que não se desoneram reciprocamente das suas funções, antes se complementam[673].

Estes deveres de dupla segurança já tinham sido reconhecidos pela doutrina no âmbito do tráfego rodoviário. Há medidas que se impõem aos condutores tendo em atenção, precisamente, a possibilidade de os demais participantes no tráfego se comportarem incorrectamente[674]. Como exemplos destas medidas costumam referir-se, designadamente, as seguintes: os deveres que decorrem das normas que impõem limites de velocidade[675]; o dever de manter uma distância de segurança entre veículos, de modo a evitar uma eventual colisão em caso de travagem repentina por parte

672 FEIJOO SÁNCHEZ, Bernardo, *Derecho penal de la empresa*, p. 195.

673 Nestes precisos termos, FEIJOO SÁNCHEZ, Bernardo, *Derecho penal de la empresa*, p. 197.

674 Estas medidas de dupla segurança foram destacadas, num primeiro momento, por Wimmer, para quem tais deveres constituem uma manifestação do princípio da condução defensiva (WIMMER, August, *DAR*, 1964, p. 41-42). Cf., ainda, MARAVER GÓMEZ, Mario, *Principio de confianza*, p. 144.

675 Cf. PUPPE, Ingeborg, *Allgemeiner Teil*², § 5, nº 21, e, a mesma autora, *in*: *NK*⁴, antes do § 13, nº 163. Veja-se, a este propósito, os artigos 27º e ss. do nosso Código da Estada.

do veículo que segue à frente[676]; o dever de vigiar os condutores que se aproximem, vindos de trás, com o intuito de realização de uma manobra incorrecta de ultrapassagem, de modo a não colidir com eles em caso de viragem à esquerda[677]. Nestes casos, dado que as normas em causa têm por finalidade evitar a concretização dos riscos gerados pelas possíveis condutas incorrectas de terceiros, o condutor não poderá convocar o princípio da confiança para delimitar o seu dever de cuidado[678]. Valendo o princípio da confiança no domínio do tráfego rodoviário de modo geral, estes casos constituirão um limite do âmbito de actuação do referido princípio.

Também nas organizações empresariais pode haver trabalhadores – que não sejam directores nem assumam qualquer outra função de superioridade hierárquica – cuja tarefa consista em controlar problemas concretos da organização que podem estar ou não relacionados com a possível conduta incorrecta de outros trabalhadores. Trata-se do estabelecimento de um sistema complementar de segurança que, em rigor, é alheio à divisão de trabalho horizontal e vertical[679]. Compreensivelmente, os sujeitos sobre os quais impendem estes deveres de controlo não poderão invocar a confiança na correcção da conduta de terceiros para afastar a sua responsabilidade.

Estes casos em que, na empresa, se impõe a certos sujeitos o cumprimento de medidas de dupla segurança, não constituem, porém, em nosso modo de ver, um verdadeiro limite do campo de actuação do princípio da confiança. O princípio da confiança não tem validade em todos os círculos de vida. Designadamente, nos círculos profissionais em que a observância do cuidado implicar uma actividade de controlo ou de fiscalização da actividade de terceiros, o princípio da confiança não terá qualquer validade[680]. Pelo que, mais do que um limite do âmbito de aplicação do princípio da confiança, se trata – nestes casos em que numa estrutura empresarial se impõem específicos deveres de controlo a determinados sujeitos –, de uma área de actividade em que o princípio da confiança não tem aplicação.

[676] Veja-se o artigo 18º do Código da Estrada.

[677] Veja-se, a este propósito, os artigos 35º e ss. do Código da Estada.

[678] Neste sentido, WIMMER, August, *DAR*, 1964, p. 41-42, e MARAVER GÓMEZ, Mario, *Principio de confianza*, p. 144.

[679] FEIJOO SÁNCHEZ, Bernardo, *Derecho penal de la empresa*, p. 195.

[680] Cf., neste sentido, DIAS, Jorge de Figueiredo, *Direito Penal I*², 35º Cap., § 30, e STRATENWERTH / KUHLEN, *Allgemeiner Teil*⁶, § 15, nº 66. É o que acontece, nomeadamente, no âmbito da relação que se estabelece entre o médico interno e o médico formador (cf. FIDALGO, Sónia, *in*: *Direito penal*, p. 975 e ss.).

PARTE III
ENQUADRAMENTO DOGMÁTICO DO PRINCÍPIO DA CONFIANÇA

Capítulo I
O Dever Objectivo de Cuidado como Elemento do Tipo de Ilícito Negligente

No facto negligente manifestam-se um tipo de ilícito e um tipo de culpa próprios, diferentes dos que se verificam no facto doloso. Figueiredo Dias vem defendendo, há décadas, que o facto negligente não é simplesmente uma forma atenuada ou menos grave de aparecimento do respectivo acto doloso, "é 'outra coisa', é 'outro facto', em suma, é um *aliud* relativamente ao facto doloso correspondente" [681/682].

Ao nível do tipo de ilícito, a característica que distingue, desde logo, o tipo negligente do tipo doloso é a diferente relação que nele intercede entre a acção e o resultado[683]. Nos crimes negligentes, diferentemente do que

[681] DIAS, Jorge de Figueiredo, *Direito Penal I²*, 34º Cap., § 3. A estrutura dogmática do facto negligente de que partimos foi defendida por Figueiredo Dias já na década de sessenta, em DIAS, Jorge de Figueiredo, *Responsabilidade pelo resultado*, p. 60 e ss. e desenvolvida em trabalhos posteriores como: *RPCC*, 1 (1991), p. 48 e ss., *RPCC*, 2 (1992), p. 14 e ss., *O problema*, p. 249 e ss., *Liberdade*, p. 209 e ss. e p. 264 e ss., *Temas* básicos, p. 349 e ss., *in*: *Estudos Almeida Costa*, p. 665 e ss., *Direito Penal I²*, Tít. III, e, mais recentemente, *in*: *Estudos Barbosa de Melo*, p. 418.

[682] Esta é a designada doutrina do "duplo escalão", defendida por Figueiredo Dias (DIAS, Jorge de Figueiredo, *Direito Penal I²*, 34º Cap., § 3, § 11 e § 12). Também Jescheck, apesar de tratar a negligência no capítulo relativo às "Formas especiais de aparecimento do facto punível", considera que a negligência não é nem uma forma atenuada de dolo (sendo algo de diferente deste), nem, juntamente com o dolo, uma mera forma de culpa, é sim um tipo de acção punível com uma estrutura autónoma, quer ao nível do tipo de ilícito, quer ao nível do tipo de culpa (JESCHECK / WEIGEND, *Lehrbuch⁵*, § 54, I, 2 e 3).

[683] Mais correctamente se referirá a relação entre a acção e a realização típica integral, porque também os crimes negligentes podem assumir a forma de crimes de mera actividade (DIAS, Jorge de Figueiredo, *Direito Penal I²*, 35º Cap., § 1 e § 6). Porém, tendo nós assumido como objecto de estudo as implicações do princípio da confiança na dogmática do crime negligente de resultado, referir-nos-emos em texto à "produção de um resultado".

sucede nos crimes dolosos, a vontade do agente não se dirige ao resultado – "a relevância penal dessa vontade não resulta imediatamente do seu conteúdo, mas sim de uma comparação com o comportamento imposto"[684]. O tipo de ilícito negligente consubstancia-se na violação, por parte do agente, de um dever objectivo de cuidado que sobre ele impende e que conduz à produção de um resultado típico que seria previsível e evitável pelo homem médio, pertencente à categoria intelectual e social e ao círculo de vida do agente[685].

Porém, para que possa legitimamente desencadear-se a punição respectiva, é necessário que aos elementos do tipo de ilícito negligente acresçam os elementos do tipo de culpa correspondente. O tipo de culpa manifesta-se enquanto expressão, actualizada no facto, de uma atitude pessoal de descuido ou leviandade perante o direito e as suas normas[686].

A consideração da negligência como uma entidade complexa integrada quer por elementos pertencentes ao tipo de ilícito, quer por elementos próprios do tipo de culpa, é fruto de uma experiência multímoda e multifacetada, constituindo uma aquisição relativamente recente – e de aceitação não unânime – na elaboração dogmática do facto negligente. Ainda na década de oitenta, Gössel afirmava que "saber em que consiste um crime negligente, quais os seus elementos constitutivos e como se encontra construído são coisas acerca das quais se verifica uma total falta de clareza"[687].

[684] STRATENWERTH / KUHLEN, *Allgemeiner Teil*[6], § 15, nº 3. Faria Costa entende que o "direito penal encontra a sua razão de ser e o seu fundamento (...) na dimensão onto-antropológica de uma relação de cuidado-de-perigo" (COSTA, José de Faria, *RPCC*, 12 (2002), p. 13) e afirma que a acção dolosa se refracta no campo da normatividade penal através de uma "perversa" relação de cuidado, enquanto a acção negligente, ancorada também na relação onto-antropológica de cuidado-de-perigo, se refracta na ordem penal por meio de uma "incontensa" relação de cuidado-de-perigo – isto é, "na negligência, o agente não mantém a relação de cuidado-de--perigo ao nível tensional que a ordem jurídica lhe exigia para aquele específico caso" (COSTA, José de Faria, *Perigo*, p. 476 e nota 20).

[685] DIAS, Jorge de Figueiredo, *Direito Penal I*[2], 34º Cap., § 9, e 35º Cap., § 4. Também Jescheck distingue entre a "violação do dever objectivo de cuidado" – que constitui o desvalor de acção nos crimes negligentes – e a "produção, causação e previsibilidade do resultado" – que constitui o desvalor de resultado (JESCHECK / WEIGEND, *Lehrbuch*[5], § 55, I e II).

[686] Exactamente nestes termos, DIAS, Jorge de Figueiredo, na generalidade das obras referidas, *supra*, nota 682, e, especificamente, em *Direito Penal I*[2], 34º Cap., § 9, 35º Cap., § 4, e 36º Cap., § 1. Com uma diferente concepção de culpa, adoptando uma verdadeira construção subjectiva da culpa, numa reaproximação às teses da culpa da vontade e da capacidade de motivação pela norma, PALMA, Maria Fernanda, *Princípio da Desculpa*, *passim*, e esp.[te] p. 42 e ss.

[687] GÖSSEL, Karl Heinz, *BFD*, 59 (1983), p. 213.

§ 22. A negligência como não previsão do resultado previsível

A concepção clássica (positivista-naturalista) do facto punível – contando com os contributos decisivos de von Liszt e Beling[688] – parecia haver dominado a problemática da negligência[689]. À vertente objectiva do crime (acção típica e ilícita) acresceria a vertente subjectiva (acção culposa)[690]. A culpa, assumindo-se como o vínculo subjectivo (psicológico) que liga o agente ao seu facto objectivo, manifestar-se-ia sob a forma de dolo – enquanto conhecimento e vontade de realização do facto – ou de negligência – enquanto "não previsão do resultado previsível"[691] (ou, de forma mais clara, enquanto deficiente tensão de vontade impeditiva de prever correctamente a realização do facto[692]). A negligência poderia surgir sob a forma de negligência consciente ou inconsciente. Neste último caso, o agente não chegaria sequer a representar a possibilidade de verificação do resultado. Na primeira hipótese, o agente representaria tal possibilidade, mas afastá-la-ia com base na ideia de que tal resultado não teria lugar. O dolo e a negligência eram, assim, considerados apenas graus de culpa relativamente a um tipo de ilícito comum.

[688] Von Liszt, na sua obra de 1881, *Lehrbuch des deutschen Strafrecht*, e Beling, na sua obra fundamental, *Die Lehre vom Verbrechen*, de 1906.

[689] Sobre a "visão do mundo" do positivismo, bem como sobre os pressupostos filosóficos em que se fundamenta o sistema jurídico-penal de von Liszt, *vide* WELZEL, Hans, *Naturalismus*, p. 1-40. Nas páginas referidas, analisando as soluções dadas por von Liszt aos vários problemas do direito penal, Welzel põe em evidência como elas são um desenvolvimento e uma aplicação no âmbito jurídico-penal das ideias fundamentais do positivismo.

[690] Costa Pinto entende que, diversamente do que se encontra em inúmeras referências doutrinárias, o conceito clássico de crime proposto por Liszt e Beling não correspondia a um sistema tripartido, reduzido às categorias da tipicidade, ilicitude e culpa. Segundo o autor, na construção de von Liszt são usados quatro elementos de forma sistemática e com intencionalidade classificatória: acção, ilicitude, culpa e ameaça penal. A formulação de Beling assenta, por seu turno, em seis elementos: acção, tipicidade, ilicitude, culpa, adaptação a uma ameaça penal e verificação das condições de punibilidade (PINTO, Frederico da Costa, *Punibilidade I*, p. 326 e ss., esp^te^. p. 348-350).

[691] LISZT, Franz v., *Lehrbuch*[1], p. 105-106, e BELING, Ernst, *Verbrechen*, p. 45-47 e p. 180 e ss., esp^te^. p. 185. Schünemann salienta que a partir da 14ª/15ª ed. do *Lehrbuch des deutschen Strafrecht*, von Liszt procede a uma distinção entre "culpa em sentido material" e "culpa em sentido formal", denotando já a influência do conceito normativo de culpa, que começava a surgir (SCHÜNEMANN, Bernd, *in*: *El sistema moderno*, p. 44, nota 30).

[692] Cf. DIAS, Jorge de Figueiredo, *Direito Penal I*[2], 10º Cap., § 9.

De acordo com este sistema classificatório e descritivo, todos os elementos constitutivos do conceito de crime se encontravam ordenados de forma racional, de harmonia com a mundividência naturalista e técnica da época. Todavia, esta construção do conceito de facto punível cedo veio a revelar-se um mecanismo de funcionamento imperfeito. Havia esquecido uma ideia fundamental: o crime é muito mais que a simples soma de parcelas isoladas e distintas entre si[693]. E, no que tange especificamente à negligência – para além da consideração geral de que a ilicitude se esgota na simples lesão de um bem jurídico –, esqueceu desde logo que, pelo menos na negligência inconsciente, em que o agente não representa o resultado, não existirá qualquer relação psicológica entre o agente e o facto – verificando-se antes a *ausência* dessa relação –, tendo de se aceitar o resultado como um efeito puramente causal da conduta realizada[694].

§ 23. Evolução da posição dogmática do dever de cuidado

I. O dever de cuidado como elemento da culpa

1. A concepção neoclássica (normativista) – com os contributos de Mezger, Delitala[695] e, entre nós, Eduardo Correia –, reconheceu que o ilícito não é explicável, em todos os casos, por elementos puramente objectivos e, inversamente, a culpa tampouco se baseia exclusivamente em elementos subjectivos[696]. Pretendendo situar o direito no mundo da axiologia e dos sentidos, o sistema neoclássico passou a caracterizar o ilícito como *dano-*

[693] Assim, GÖSSEL, Karl Heinz, *BFD,* 59 (1983), p. 215. Sobre as razões que levaram à compreensão de que o sistema naturalista-positivista do crime não poderia prevalecer, *vide* WELZEL, Hans, *Das neue Bild*², p. 12 e ss., SCHÜNEMANN, Bernd, *in*: *El sistema moderno,* p. 45 e ss., e, entre nós, por todos, CORREIA, Eduardo, *A Teoria do Concurso,* p. 67 e ss., e, do mesmo autor, *Direito Criminal I,* p. 199 e ss.

[694] Referindo já que as dificuldades suscitadas pela concepção psicológica da culpa constituem um obstáculo a que nela possa ser incluída a negligência inconsciente, RADBURCH, Gustav, *ZStW,* 24 (1904), p. 338 e 346. Com indicação de autores que consideram a negligência dentro de uma noção ampla de responsabilidade objectiva, QUINTANO RIPOLLÉS, António, *Culpa,* p. 12 e p. 246-247. Cf., ainda, DIAS, Jorge de Figueiredo, *Direito Penal I*², 10º Cap., § 10, e FARIA, Paula Ribeiro de, *in*: *BFD, Estudos Castanheira Neves III,* p. 710.

[695] Referimo-nos a MEZGER, Edmund, na sua obra *Strafrecht. Ein Lehrbuch,* de 1931, e DELITALA, Giacomo, com a obra *Il "fatto" nella teoria generale del reato,* de 1930.

[696] Para uma síntese esclarecedora sobre o normativismo neokantiano, *vide,* PINTO, Frederico da Costa, *Punibilidade I,* p. 350 e ss.

sidade social e a culpa como *censurabilidade* do agente por ter agido como agiu quando podia ter agido de forma diferente.

Porém, apesar de o pensamento neokantiano ter suposto uma verdadeira revolução no sistema e no método da ciência do direito penal, as suas consequências quanto à classificação do sistema do facto punível acabaram por ser surpreendentemente limitadas. O ilícito continuaria a constituir uma entidade fundamentalmente objectiva; o dolo e a negligência continuariam a ser incluídos no plano sistemático da culpa, como formas ou elementos da mesma. Pelo que, mesmo quando a relação entre o agente e o facto deixa de ser encarada como uma ligação psicológica e passa a ser vista como ligação normativa, que supõe a violação do dever de cuidado por parte do agente – concepção normativa da culpa –, a negligência continua a ter tratamento integral na órbita da culpa[697].

2. Na doutrina da negligência de finais do século XIX e inícios do século XX não faltavam já referências à violação do cuidado externo. Este elemento, porém, era objecto de escassa atenção e era considerado acessório pela doutrina. A violação do cuidado externo era vista como um requisito óbvio (*selbstverständlische Voraussetzung*) da negligência, sendo, sem embrago, estranha à sua essência. Quando se tratava de determinar o conceito de negligência, a violação do cuidado externo acabava por não desempenhar qualquer papel. A dogmática deste período concebia a negligência de modo puramente subjectivo[698].

Foi desde a publicação da monografia de Engisch[699] e do Tratado de Hippel[700] – obras publicadas no mesmo ano, mas que receberam de estudos prévios do próprio Hippel e de Frank contributos importantes –, que a afirmação de que o crime negligente se baseia numa dupla infracção – a infracção do cuidado *objectivamente devido* e a infracção do cuidado *subjectivamente possível* – se foi afirmando progressivamente na ciência penal alemã[701].

[697] Cf. FARIA, Paula Ribeiro de, *in*: *BFD*, *Estudos Castanheira Neves III*, p. 710.

[698] Cf. ENGISCH, Karl, *Vorsatz und Fahrlässigkeit*, p. 275-276.

[699] Referimo-nos à obra *Untersuchungen über Vorsatz und Fahrlässigkeit im Strafrecht*, de 1930.

[700] Referimo-nos à obra *Deutsches Strafrecht. Das Verbrechen – allgemeine Lehren, Band II*, de 1930.

[701] Cf., nestes termos, TORÍO LÓPEZ, Ángel, *ADPCP*, 27 (1974), p. 26-27. Refira-se que já Exner havia referido o dever objectivo de cuidado, juntamente com o resultado, como elementos integrantes do tipo de ilítico negligente (EXNER, Franz, *Fahrlässigkeit*, p. 193).

3. Para Hippel e Frank, o conceito de atenção (*Aufmerksamkeit*), que ambos entendem de forma psicológica, não é suficiente para lograr uma determinação satisfatória da essência da negligência. Propõem, consequentemente, a sua substituição pelo conceito de prudência / cuidado (*Vorsicht / Sorgfalt*). Segundo Hippel, é possível pensar em casos em que, apesar de ter realizado a conduta com uma atenção escrupulosa, o agente actuou de modo descuidado e, por isso, com negligência. O caçador que, sem êxito, emprega todo o esforço para que o seu disparo não alcance, de forma simultânea, a peça cinegética e o seu companheiro de caça, actua de forma imprudente, podendo ser-lhe censurado o não ter omitido o disparo, apesar de, no caso concreto, ter actuado com atenção[702]. Frank, por sua vez, destaca que quem aceita uma tarefa perigosa para o desempenho da qual não tem preparação suficiente, – como o médico que, sem formação cirúrgica adequada, realiza uma cirurgia complexa –, actua com negligência em relação ao resultado morte, ainda que tenha realizado a função com toda a atenção possível, uma vez que, considerando a sua falta de competência, não deveria ter assumido tal encargo[703].

No juízo de Engisch, o que Hippel e Frank pretendem sugerir é que se trata de casos em que o problema não é que o caçador e o médico tenham prestado atenção insuficiente às fontes de perigo, mas sim que eles, apesar de terem reconhecido o perigo, fizeram algo que não deviam ter feito, executando uma conduta perigosa. Com isto, o cuidado começa a ser deslocado do plano psicológico para o plano do comportamento externo – há uma deslocação da dimensão subjectiva para a órbita objectiva. Nos casos referidos, a acção do sujeito não é cuidadosa porque, de uma perspectiva externa, não é adequada para evitar a realização do tipo de homicídio[704].

[702] Já em 1908 Hippel fez referência a esta questão (cf. HIPPEL, Robert von, *in*: *Vergleichende Darstellung*, p. 431, nota 6, e p. 567). Posteriormente, cf., do mesmo autor, *Deutsches Strafrecht II*, p. 360 e ss., e, ainda, do mesmo autor, *Lehrbuch*, p. 143, nota 8.

[703] FRANK, Reinhard, *Strafgesetzbuch*[17], § 59, VIII. Também Exner procede à distinção entre *Aufmerksamkeit*, por um lado, e *Vorsicht / Sorgfalt*, por outro. Exner esclarece ainda que, na língua alemã, *Sorgfalt* significa uma forma mais intensa de *Vorsicht*. No entanto, ao contrário do que acontece em Hippel e Frank, em Exner, o conceito de cuidado é ainda um conceito de carácter inteiramente psicológico (EXNER, Franz, *Fahrlässigkeit*, p. 160 e ss.).

[704] ENGISCH, Karl, *Vorsatz und Fahrlässigkeit*, p. 274.

4. Na verdade, de um ponto de vista material, a distinção entre um aspecto subjectivo e um aspecto objectivo na negligência encontra expressão clara no Tratado de Hippel. Segundo Hippel, em contraposição com o mero acaso, a negligência traduzir-se-á na censura de um comportamento contrário ao dever jurídico: a essência da negligência é a realização do tipo legal de crime com uma falta de cuidado contrária ao dever. Tal realização determina-se de acordo com um duplo critério. Objectivamente, trata-se de determinar se o agente observou o cuidado exigido no tráfego (nos termos do § 276 do *Bürgerliches Gesetzbuch* – BGB). Para tal, deve atender-se às regras relativas ao âmbito de actividade em causa (regras atinentes ao serviço ferroviário, às empresas de construção, ao exercício da caça, à actividade médica, etc.)[705]. No que diz respeito à medida do cuidado objectivamente necessário, Hippel adverte para o facto de que há situações de perigo em que se requer um cuidado particular – como conduzir uma embarcação durante uma tempestade ou realizar uma intervenção médico-cirúrgica com perigo para a vida. Mas estas serão situações excepcionais. Por regra, será de exigir o cumprimento do cuidado ordinário ou médio, ou seja, aquele cuidado cuja inobservância possa, sem dúvida, ser de censurar ao homem consciente na situação correspondente, como contrária ao exercício da actividade em causa. Segundo Hippel, o juiz penal deve aqui precaver-se de eventuais exageros quanto às exigências de cuidado[706]. Concluindo que, no caso concreto, o agente actuou de acordo com o cuidado exigível no tráfego, deve o juiz proferir sentença de absolvição. Entendendo-se, porém, que o agente infringiu o cuidado exigível, haverá ainda lugar a um juízo ulterior (de limitação), através do designado critério subjectivo[707]. O juiz terá de averiguar se o agente, atendendo às suas capacidades individuais (eventuais deficiências físicas, por exemplo), podia

[705] Hippel salienta que inúmeras actividades, mesmo quando realizadas de modo prudente, implicam um certo perigo, frequentemente relevante. Porém, este perigo jamais pode fundamentar a negligência. Tal perigo só poderia excluir-se mediante a proibição das actividades correspondentes, o que seria impensável, atendendo ao interesse público no desenvolvimento de tais actividades (HIPPEL, Robert von, *Deutsches Strafrecht II*, p. 361-362, e, do mesmo autor, *Lehrbuch*, p. 143, nota 9).

[706] Hippel relembra que juiz civil estará em condições para decidir em favor do lesado (HIPPEL, Robert von, *Lehrbuch*, p. 144).

[707] Hippel salienta que no direito privado a doutrina alemã dominante utiliza apenas o critério objectivo (HIPPEL, Robert von, *Lehrbuch*, p. 144, nota 4).

ter evitado o resultado. Só respondendo afirmativamente a esta segunda questão poderá fazer-se o juízo de censura próprio da culpa[708].

5. Também Frank salienta que para que alguém seja punido por negligência não basta que se afirme a previsibilidade do resultado. Será necessário ainda que o agente tenha violado o cuidado devido (*die gebotene Vorsicht vernachlässigen*). As fontes do dever de cuidado são preceitos jurídicos ou costumes do tráfego que permitem a adopção de certas condutas arriscadas em vista da utilidade social a elas inerente. Porém, adverte Frank, a afirmação da responsabilidade por negligência não está dependente do cuidado que se possa esperar de um "homem normal". Só poderá afirmar-se a responsabilidade por negligência se o agente, atendendo às suas características pessoais, puder cumprir esse cuidado. De acordo com os exemplos referidos por Frank, poderá exigir-se um maior cuidado a um trabalhador *fresco* que àquele que já se encontra claramente cansado; tal como poderá exigir-se um maior cuidado ao agente que tem mais conhecimentos do que a quem sabe menos. O juízo sobre a negligência estará, assim, sempre dependente daquilo que se pode esperar do agente concreto[709].

6. Também Mezger refere que no juízo sobre a negligência se espera fundamentalmente que o agente cumpra o cuidado exigido no tráfego (nos termos do § 276 do BGB). O determinante não são os costumes e hábitos unilaterais de um círculo mais ou menos amplo de participantes especiais, mas sim as exigências que são geralmente requeridas no tráfego e que devem ser respeitadas pelo agente. Quando existirem preceitos jurídicos especiais, ordens de polícia ou outros regulamentos ou instruções, estes serão, por regra, determinantes da medida do cuidado exigido. Sempre que o agente tiver cumprido o dever objectivo de cuidado, haverá que negar o carácter negligente da conduta. Mas, além disto, na esfera do direito penal, o dever de cuidado experimenta uma restrição imposta pela necessária consideração das circunstâncias individuais, subjectivas, do agente. Poderá falar-se, deste modo, de um *duplo critério* (*doppelter Maßstab*) de determinação do dever de cuidado em ordem à afirmação do juízo de

[708] Hippel, Robert von, *Deutsches Strafrecht II*, p. 361-364, e, ainda, do mesmo autor, *Lehrbuch*, p. 143-144.
[709] Frank, Reinhard, *Strafgesetzbuch*[17], § 59, VIII.

censura próprio da culpa. A exigência que é determinada em um primeiro momento atendendo às circunstâncias objectivas do facto, segundo as concepções gerais do tráfego e da vida de relação, requer depois, necessariamente, que se proceda a um exame ulterior de modo a averiguar se o agente, atendendo às suas capacidades e ao seu entendimento pessoal, estava obrigado a cumprir tal exigência e até que ponto estava obrigado a tal cumprimento[710]. Mezger adverte que a negligência, como forma de culpa por referência a uma acção típica e ilícita, exige ainda a previsibilidade do resultado, ou previsibilidade da especial realização típica. Segundo o autor, existirá previsibilidade do resultado quando o agente, se tivesse realizado uma conduta de acordo com o dever, teria podido prever o resultado da sua conduta contrária ao dever. Consequentemente, também aqui serão determinantes para o juízo de previsibilidade todas as circunstâncias objectivas e subjectivas da situação do agente[711].

7. A previsibilidade do resultado, – não deixando de ser um elemento referido pela generalidade da doutrina no âmbito da negligência – deixou, no entanto, de constituir a essência da negligência. A negligência, continuando a ter tratamento integral na esfera da culpa, passou a ser vista como violação de um dever de cuidado (com o qual se relacionava a previsibilidade). A disquisição acerca do cumprimento do dever de cuidado estaria sujeita a dois níveis de apuramento: um objectivo e outro subjectivo. A introdução do elemento *dever objectivo de cuidado* na culpa teria, desde logo, em relação à doutrina anterior, uma função de restrição da responsabilidade: se o agente tivesse observado o cuidado geralmente exigível, renunciar-se-ia à censura pessoal do facto. Entendia-se que o cumprimento do dever geral de cuidado expressaria que o agente havia elevado a norma de cuidado a motivo de comportamento. Pelo que a acção exterior não revelaria uma atitude pessoal juridicamente censurável[712]. Concluindo-

[710] MEZGER, Edmund, *Strafrecht*, p. 358-359.

[711] MEZGER, Edmund, *Strafrecht*, p. 360-361.

[712] Nestes termos, TORÍO LÓPEZ, Ángel, *ADPCP*, 27 (1974), p. 25 e 54. Neste artigo publicado em 1974, Torío Lopez assume uma concepção que, no essencial, coincide com a construção dogmática neoclássica dos crimes negligentes. Torío Lopez defende que a violação do dever de cuidado deve manter-se na culpa, entendendo que a determinação objectiva do cuidado tem uma função de limitação da culpa negligente, ao passo que a violação do dever de cuidado subjectivo fundamenta tal culpa (p. 54-55). Torío Lopez assume esta posição por razões relacionadas com o direito penal positivo espanhol e com os inconvenientes que associa à

-se, porém, pela violação do dever objectivo de cuidado, haveria ainda que averiguar, a um segundo nível, o poder do agente no caso concreto, considerando as suas circunstâncias pessoais. Só em caso de se poder afirmar que o agente violou também o cuidado subjectivo, poderia fazer-se o juízo de censura próprio da negligência. Podemos concluir, deste modo, que o critério geral de cuidado era condicionado "de forma determinante pelo poder do agente concreto", manifestando-se uma "prioridade absoluta" do poder individual sobre a medida objectiva geral[713].

8. Saliente-se que esta solução monista, de que tanto o dever objectivo como o dever subjectivo de cuidado integram a culpa, permite afirmar que a acção em causa é típica e ilícita, na medida em que tenha sido causa de uma lesão para um bem jurídico. O eventual cumprimento do dever objectivo de cuidado terá por efeito apenas a exclusão da culpa. Se o condutor de um automóvel provocar a morte de um peão mediante uma conduta que, do ponto de vista do cuidado necessário no tráfego, for irrepreensível, apenas a culpa jurídico-penal ficará por afirmar. A tipicidade e a ilicitude deste comportamento estarão presentes, em virtude da causação de um resultado típico, danoso para o bem jurídico vida. Sendo dominante, na Alemanha, a ideia da unidade da ordem jurídica – que conduz à admissibilidade de uma unidade da ilicitude, comum a todos os ramos do direito –, esta concepção monista teria a vantagem de a valoração penal da conduta não prejudicar a eventual intervenção de outros ramos do direito. Aten-

admissibilidade de um *crimen culpae* (p. 51-52). Em trabalhos posteriores, porém, Torío Lopez afasta-se da posição assumida anteriormente, defendendo que o dever objectivo de cuidado é um momento próprio do *tipo* dos crimes negligentes (cf. Torío López, Ángel, *ADPCP*, 33 (1980), p. 86-87, do mesmo autor em *ADPCP*, 39 (1986), p. 39, e, ainda, do mesmo autor, *in*: *Estudios Aurelio Menéndez IV*, p. 5181 e ss.).

[713] Faria, Paula Ribeiro de, *in*: *BFD*, *Estudos Castanheira Neves III*, p. 711, nota 17. O tratamento integral da negligência no plano da culpa coincide com a posição ainda hoje dominante no direito civil. A responsabilidade civil, com a sua função essencialmente reparadora ou indemnizatória, procura alcançar o "equilíbrio da repartição de bens" afectado pela lesão. O cerne do ilícito civil assenta, assim, no desvalor de resultado (Deutsch, Erwin, *Fahrlässigkeit*, p. 82; sobre o sentido de ilicitude no direito civil, cf., por todos, Serra, Adriano Vaz, *BMJ*, 92 (1960), p. 37 e ss., e Monteiro, Jorge Sinde, *in*: *Comemorações Código Civil*, p. 453 e ss.). Na esfera da responsabilidade civil, a culpa – como reprovabilidade pessoal da conduta do agente – exprime um juízo que assenta no nexo existente entre o facto e a vontade do autor, podendo revestir a forma de dolo ou de negligência (Varela, João Antunes, *Das obrigações em geral*, p. 566-567).

dendo a que os casos de responsabilidade por negligência, na altura, se reconduziam, sobretudo, a situações relacionadas com acidentes de viação, esta concepção teria a vantagem de permitir a intervenção, sem entraves, do direito civil do tráfego[714].

II. A omissão do dever objectivo de cuidado como elemento que intervém em sede de adequação causal da conduta

1. É certo que o pensamento de Eduardo Correia se nutriu das ideias que caracterizam o sistema neoclássico do facto punível[715]. Há, porém, certas especificidades no pensamento deste autor sobre o facto negligente que devem ser referidas.

Para Eduardo Correia, a elaboração do direito criminal há-de partir do conceito de acção. Fazendo parte da construção do crime e devendo ser válido para toda e qualquer incriminação, o conceito de acção terá de se apresentar antes da doutrina da tipicidade e da ilicitude e mesmo fora dela. De outra banda, servindo de pressuposto a toda a valoração jurídico--criminal, o conceito de acção não há-de conter em si qualquer valoração deste género. Sendo a acção, na sua essência, negação de valores pelo

[714] Salientado, também, esta vantagem, TORÍO LÓPEZ, Ángel, *ADPCP*, 27 (1974), p. 31. Entendendo o dever de cuidado no âmbito da culpa, há também quem defenda, todavia, que a medida de cuidado determinante em ordem à verificação da negligência deve ser puramente subjectiva. Para a evitação de um resultado lesivo, o direito penal exige a cada um o cumprimento do cuidado que lhe é pessoalmente possível – não mais nem menos do que isso. A medida objectiva do cuidado pode conduzir, em alguns casos – nos casos de agentes particularmente dotados –, a uma limitação excessiva das capacidades do agente. Pelo que a medida da culpa há-de ser sempre uma medida individualizada. Estas ideias conduzem um sector doutrina a recusar a própria relevância do dever objectivo de cuidado como elemento essencial da negligência. Neste sentido, OEHLER, Dietrich, *in*: *Fest. Eb. Schmidt*, p. 246-247. Em Espanha, Cobo del Rosal e Vives Antón assumem uma posição semelhante. Após recusarem a inclusão do dever objectivo de cuidado quer no tipo, quer na ilicitude, defendem que, também na culpa, não há nada que corresponda à ideia de um dever geral de cuidado: "o dever é individual e existe ou não segundo as capacidades e potencialidades do indivíduo concreto" (COBO DEL ROSAL / VIVES ANTÓN, *Derecho Penal*[5], p. 646). Os autores concluem afirmando que a referência ao modelo normativo do cuidado geralmente exigível representa um instrumento auxiliar na formulação do juízo de censura a que deve conceder-se um certo valor heurístico. Não constitui, porém, um elemento próprio do crime negligente, pelo que carece de qualquer função sistemática (*idem*, p. 647).

[715] Cf. DIAS, Jorge de Figueiredo, *Direito Penal I*[2], 10º Cap., § 12.

homem, certo é que só se torna em acção tipicamente ilícita quando forem negados "os específicos valores jurídico-criminais". E a determinação dos valores como "específicos valores jurídico-criminais" não pertence à teoria da acção, mas sim à da ilicitude[716]. Traduzindo-se a ilicitude na negação desses específicos valores jurídico-criminais, compete ao legislador a descrição, no tipo legal de crime, das expressões da vida humana que encarnam a violação desses valores. Deste modo, na construção do facto punível defendida por Eduardo Correia, "o segundo elemento do conceito de infracção é *formalmente* a *tipicidade*, ou seja, o preenchimento de um certo *tipo legal de crime*, e, *substancialmente*, a *negação de valores*, de interesses ou bens jurídico-criminais"[717]. O tipo é entendido como *ratio essendi* da ilicitude. A realização do tipo traduz apenas um primeiro momento de valoração do facto. Só no momento subsequente, na ilicitude, se procede à ponderação do eventual conflito entre a necessidade abstracta de protecção de bens jurídicos traduzida no tipo legal e a consideração de outros interesses ou bens jurídicos[718].

Mas para que exista um crime não basta que uma conduta seja tipicamente antijurídica. Para além do juízo de valor que refere o comportamento humano a bens ou valores jurídicos, é necessário fazer-se um outro juízo de valor que se analisa na censura de um facto típico à pessoa do seu agente. Estamos, aqui, perante a concepção normativa de culpa – a censura ético-jurídica dirigida a um sujeito por não ter agido de modo diverso. O dolo e a negligência surgem agora como elementos daquele juízo de censura (de que fazem parte também a imputabilidade e a exigibilidade de um comportamento adequado ao direito)[719].

2. Já nas Lições de 1949, Eduardo Correia defendeu que a negligência se traduz na censura da realização de um tipo legal de crime a um agente, na medida em que este tenha omitido os deveres de diligência a que, segundo

[716] Correia, Eduardo, *Direito Criminal I*, p. 231 e ss. Por fim, a acção terá de englobar em si o resultado que produziu, sempre que este interesse "à negação de valores, e, ao mesmo tempo, se possa juridicamente imputar à acção" – o que levanta o problema do nexo de causalidade (*ibidem*, p. 237).

[717] Correia, Eduardo, *Direito Criminal I*, p. 276 (itálicos do autor). Cf., do mesmo autor, *A Teoria do Concurso*, p. 84 e ss.

[718] Correia, Eduardo, *Direito Criminal II*, p. 3-4, e, do mesmo autor, Direito *Criminal I*, p. 311.

[719] Correia, Eduardo, *Direito Criminal I*, p. 315 e ss.

as circunstâncias e os seus conhecimentos pessoais, era obrigado e, em consequência disso, não tenha podido prever aquela realização do delito (negligência inconsciente) ou, tendo-a previsto, tenha confiado que ela não teria lugar (negligência consciente)[720].

Na década de sessenta, Eduardo Correia continua a defender o conceito de negligência que encontramos nas *Lições* de 1949, mas, ao fazer referência às obras de Engisch e Welzel, torna mais claros certos aspectos da doutrina do crime negligente. Eduardo Correia salienta que, ao contrário do defendido por Welzel, o conceito de negligência deve ser construído a partir do resultado da violação de bens jurídicos[721]. O autor esclarece que defender que a negligência é, antes de mais, a omissão de um dever objectivo de cuidado ou de diligência não significa a aceitação do pensamento finalista, segundo o qual nem toda a lesão ou colocação em perigo de um bem jurídico criminalmente protegido constitui uma conduta ilícita. E, consequentemente, a aceitação de que os crimes negligentes assumem características próprias já em sede de ilicitude. De acordo com Eduardo Correia, "esta visão do problema não é necessária, nem são exactas as consequências que dela se pretendem sacar"[722]. Na sequência do que já vinha defendendo desde a década de quarenta, Eduardo Correia afirma agora claramente que a omissão do dever objectivo de cuidado, sendo um elemento constitutivo da negligência, não pertence ainda à culpa. Tal elemento intervém em sede de adequação causal da conduta a criar um risco de produção dos resultados que a lei quer evitar. Segundo o autor, efectivamente, por vezes, deve ser negada a ilicitude da causação de certos resultados perigosos ou danosos para bens jurídicos, mas tal fica a dever-se ao facto de que, já antes disso, tem de se negar o nexo de causalidade adequada entre a conduta permitida e os resultados proibidos. Pelo que, conclui Eduardo Correia, o facto de se reconhecer que a violação de um dever objectivo de cuidado é elemento da negligência "não obriga a negar que a ilicitude reside na produção de um dano ou um perigo para bens jurídicos criminalmente protegidos – mas produção que tem de resultar como *consequência adequada, típica, normal,* da conduta –, nem conduz de

[720] CORREIA, Eduardo, *Lições ao Curso do 4º ano*, p. 368.

[721] CORREIA, Eduardo, *BMJ*, 109 (1961), p. 23. Sobre as propostas de Welzel, cf., *infra*, § 23, IV.

[722] CORREIA, Eduardo, *Direito Criminal I*, p. 422.

nenhuma forma a dualizar, como querem os finalistas, a construção da ilicitude conforme se trate de factos dolosos ou negligentes"[723].

3. Segundo o autor, há omissão do dever de diligência sempre que o agente praticar uma actividade de onde resultar, contra a convicção ou sem a consciência daquele, um facto punível, como consequência adequada da sua actividade – "objectivamente existe a omissão do dever de diligência apenas quando o resultado seja objectivamente imputável à actividade do agente; mas, inversamente, também sempre que o nexo de causalidade for afirmado isso significa que aquele dever de cuidado foi violado"[724]. O dever de diligência ligado ao exercício de certas actividades não pode ser fixado em geral, variando conforme a conduta em causa. Pelo que poderá dizer-se, resumidamente, que o dever cuja violação a negligência supõe, consiste "*em o agente não ter usado aquela diligência exigida segundo as circunstâncias concretas para evitar o evento*"[725].

Da perspectiva de Eduardo Correia, para haver negligência não basta que tenha tido lugar uma actividade em violação da lei, dos usos ou costumes da experiência comum. É necessário ainda que a produção do evento seja previsível e só a omissão do dever impeça a sua previsão ou justa previsão. Pelo que o dever em causa tem de visar obstar à produção do evento, ou seja, tem de ser adequado a evitá-lo[726]. Daqui resulta que é o nexo de causalidade adequada a fixar objectivamente os deveres de previsão, isto é, a dizer quando se deve prever um resultado[727].

[723] CORREIA, Eduardo, *Direito Criminal I*, p. 423 (itálicos do autor). Deste modo, não podemos concordar com Ana Bárbara Sousa Brito quando refere a posição de Eduardo Correia no âmbito dos autores que, "não obstante considerarem a negligência como uma forma de culpa, tratam do dever de cuidado ou de diligência enquanto elemento caracterizador da mesma, quer ao nível da ilicitude, quer ao nível da culpa" (BRITO, Ana Bárbara Sousa, *A Negligência Inconsciente*, p. 233). Das palavres de Eduardo Correia infere-se, precisamente, que o dever de cuidado, sendo um elemento da negligência, deve ser investigado antes do momento da ilicitude (e não na ilicitude).

[724] CORREIA, Eduardo, *Direito Criminal I*, p. 423-424 e, também, em *Lições ao Curso do 4º ano*, p. 369.

[725] CORREIA, Eduardo, *Lições ao Curso do 4º ano*, p. 370 (itálicos do autor), e, também, em *Direito Criminal I*, p. 425.

[726] CORREIA, Eduardo, *Lições ao Curso do 4º ano*, p. 370, e, também, em *Direito Criminal I*, p. 425.

[727] CORREIA, Eduardo, *Lições ao Curso do 4º ano*, p. 370-371, e, também, em *Direito Criminal I*, p. 426

Mas é certo ainda que a existência de um dever objectivo de previsão ou de justa previsão não justifica, por si só, a censura a título de negligência – e, segundo Eduardo Correia, tal faz com que o problema da negligência não se confunda com o da causalidade adequada. É que o emprego de uma determinada diligência pode ser exigido pela previsibilidade de um certo resultado e, todavia, o agente, dadas as suas qualidades pessoais, não poder cumprir esse dever de diligência. Igualmente, pode um resultado ser normalmente previsível, mas, dada a inferioridade intelectual ou física do agente, ser-lhe impossível prever tal resultado. Sendo a negligência uma forma de culpa e, portanto, de censura, conclui Eduardo Correia que nestes casos será impossível imputar-se o resultado ao agente a título de negligência[728].

4. Sendo a omissão (de um dever de cuidado) um conceito negativo, segundo Eduardo Correia, tal permitirá a imputação objectiva do resultado, mas não a sua imputação subjectiva. Questionando que acto volitivo, ou equivalente, deve considerar-se fundamento da punição por negligência, o autor defende que é o facto de o agente "não ter querido, em face do conhecimento de que certos factos são puníveis, preparar-se para – sempre que uma conduta que projecta seja adequada para os produzir – representar esses resultados (negligência inconsciente) ou para os representar justamente (negligência consciente)"[729]. Conclui o autor que a *censura* na negligência é constituída por dois elementos: por um lado, uma não representação ou uma representação inexacta do resultado; por outro lado, uma omissão concreta da vontade, um não ter querido levar a cabo a diligência que permitiria representar tal resultado[730].

5. Em jeito de conclusão, poderemos dizer que são três os elementos a partir dos quais Eduardo Correia estrutura a negligência[731]. Primeiramente, há-de verificar-se a omissão de um dever objectivo de cuidado que ainda não pertence à teoria da culpa, na medida em que tal elemento inter-

[728] Correia, Eduardo, *Lições ao Curso do 4º ano,* p. 372-373, e, o mesmo autor, em *Direito Criminal I,* p. 428-429.

[729] Correia, Eduardo, *BMJ,* 109 (1961), p. 29, e, o mesmo autor, em *Direito Criminal I,* p. 433.

[730] Correia, Eduardo, *BMJ,* 109 (1961), p. 30, e, o mesmo autor, em *Direito Criminal I,* p. 433-434.

[731] Cf., a este propósito, Costa, José de Faria, *BFD, Estudos Teixeira Ribeiro, III,* p. 370 e ss.

vém em sede de adequação causal da conduta a criar um risco de produção dos resultados que a lei pretende evitar. Em segundo lugar, a produção do evento não querido pela lei tem de ser previsível – só a omissão do dever impedirá a sua previsão. De onde resulta que o dever tem de ser adequado a evitar o resultado. Em terceiro lugar – e agora já dentro da teoria da culpa – exige-se que o agente "*possa* ou *seja capaz*, segundo as circunstâncias do caso e as suas capacidades pessoais, de prever ou de prever correctamente a realização do tipo legal de crime"[732].

III. O dever objectivo de cuidado como elemento do tipo de ilícito

1. Engisch vê o crime como um comportamento típico, ilícito, culposo, evitável, praticado por um sujeito imputável, estando preenchidas as condições objectivas de punibilidade. Da perspectiva do autor, fazem parte do tipo legal elementos positivos – que descrevem um comportamento imposto ou proibido –, mas também elementos negativos – a *ausência* de circunstâncias que excluem a ilicitude do facto. Engisch integra o grupo de autores que pretendeu fazer caber no tipo todos os elementos relevantes para o juízo de ilicitude, quer sejam gerais ou especiais, descritivos ou normativos, referidos à conduta ou ao agente[733] – doutrina dos *elementos negativos do tipo* ou do *tipo total* (*Gesamttatbestand*)[734]. Por sua vez, o juízo de culpa teria, como elementos positivos, o dolo ou a negligência e, como elementos negativos, a *ausência* de causas de desculpa ou de inexigibilidade[735].

[732] CORREIA, Eduardo, *Direito Criminal I*, p. 427 (itálicos do autor).

[733] ENGISCH, Karl, *in*: *Fest. deutschen Juristentag*, p. 409.

[734] Sobre a doutrina dos *elementos negativos do tipo*, *vide*, por todos, ROXIN, Claus, *Offene Tatbestände*, p. 173 e ss., e, entre nós, CORREIA, Eduardo, *Direito Criminal I*, p. 311 e ss. Figueiredo Dias salienta que a discussão em torno dos elementos negativos do tipo se confundiu (indevidamente) com o problema de determinar se a prioridade teleológico e funcional na construção do sistema há-de pertencer ao tipo ou antes ao ilícito. Em perspectiva teleológico-funcional, segundo o autor, a questão dos elementos negativos do tipo constitui um problema sem significado material, não existindo qualquer diferença sistemática essencial entre esta doutrina e a que se lhe opõe. O tipo continua a ser o substantivo, o *prius*, e a ilicitude apenas a predicação, o *posterius* (DIAS, Jorge de Figueiredo, *Direito Penal I*², 10º Cap., § 51 e 52).

[735] ENGISCH, Karl, *Vorsatz und Fahrlässigkeit*, p. 2 e ss. e p. 450-451.

2. No que diz respeito ao crime negligente, o mérito de Engisch é, antes de mais, sistemático[736]. Na sua monografia *Untersuchungen über Vorsatz und Fahrlässigkeit im Strafrecht* (de 1930), Engisch procedeu a uma transformação sistemática do quadro material do facto negligente ao afirmar que a violação do dever objectivo de cuidado não integra a esfera da culpa, integrando sim o âmbito da tipicidade. Engisch abre assim caminho à concepção moderna da negligência, não por conceber a violação do dever objectivo de cuidado como elemento material do facto negligente – ideia já salientada anteriormente por autores que são referidos pelo próprio Engisch, como Frank e Hippel –, mas sim pela atribuição de uma nova localização a este elemento no sistema, subtraindo-o ao domínio da culpa, para afirmar a sua vinculação ao âmbito do tipo de ilícito[737].

3. Para Engisch, a negligência apresenta-se como um modo de realização do tipo de ilícito. Os elementos da negligência devem, por isso, referir-se às diversas categorias da realização do delito. Traduzindo-se em uma forma de punição menos grave que a punição a título de dolo, só se colocará a questão da punição por negligência nos casos em que não se revelarem reunidos os pressupostos da punição do facto doloso. Mas, esclarece Engisch, a negligência não pode ser caracterizada apenas negativamente, como a realização não querida ou não aprovada dos elementos do delito[738]. Engisch concorda com os autores que definem a negligência como a realização ilícita do tipo que o agente devia e podia ter evitado. A negligência será, abreviadamente, "um ilícito típico evitável"[739]. Porém, com esta afirmação surge para Engisch uma nova perplexidade: a realização dolosa do tipo é também um ilícito típico evitável. O dolo e a negligência apresentam-se, desta perspectiva, apenas como casos especiais de ilícitos típicos evitáveis. Compreensivelmente, não ficará a negligência

[736] Nestes termos, Torío López, Ángel, *ADPCP*, 27 (1974), p. 27.

[737] Para uma exposição pormenorizada da proposta de Engisch, *vide*, entre nós, Brito, Ana Bárbara Sousa, *A Negligência Inconsciente*, p. 29 e ss. e p. 80 e ss.

[738] Engisch, Karl, *Vorsatz und Fahrlässigkeit*, p. 241. Já neste sentido, Hippel, Robert von, *in*: *Vergleichende Darstellung*, p. 565. Claramente contra a caracterização da negligência como um "resultado não querido", Binding, Karl, *Die Normen IV*, p. 314.

[739] Engisch, Karl, *Vorsatz und Fahrlässigkeit*, p. 241. Neste sentido também, Hippel, Robert von, *in*: *Vergleichende Darstellung*, p. 567, Exner, Franz, *Fahrlässigkeit*, p. 136, Binding, Karl, *Die Normen IV*, p. 339 e ss., e, do mesmo autor, *Die Schuld*, p. 120 e ss.

suficientemente caracterizada quando, para tal, se recorrer a elementos que também estão presentes nos factos dolosos. A questão será, então, a de saber em que radica a especificidade da conduta negligente. A doutrina dominante vinha referindo que a realização do ilícito típico seria evitável se o agente utilizasse o empenho devido. Correspondentemente, a negligência era vista como falta de empenho (*Fleiß*), atenção (*Aufmerksamkeit*), prudência (*Vorsicht*) ou cuidado (*Sorgfalt*)[740].

4. Segundo Engisch, só uma análise do conceito de cuidado permitirá saber se, tal como afirma a doutrina dominante, ele se revela um elemento essencial do conceito de negligência. Deparamos, por um lado, com um conceito de cuidado interno (*innere Sorgfalt*), um cuidado psicológico que consiste em identificar e valorar correctamente os perigos que ameaçam o bem jurídico protegido. Este cuidado interno vai ao encontro daquilo que Binding havia já designado de *dever de exame prévio* (*Vorprüfungspflicht*). O *dever de exame prévio*, – que é parte integrante e constante das normas (e que exige a evitação da ilicitude) –, consiste na observação das condições sob as quais a acção tem lugar, no cálculo da sua evolução e das possíveis modificações das circunstâncias concomitantes, assim como na reflexão acerca de como pode desenvolver-se o perigo identificado[741]. O cuidado externo (*außere Sorgfalt*), por seu lado, corresponde ao comportamento exterior adequado a evitar a realização do tipo[742].

Acerca da relação recíproca que se estabelece entre os dois tipos de cuidado, Engisch esclarece que nenhum deles pressupõe o outro. Um sujeito pode ser muito cuidadoso ao nível psíquico e o seu comportamento externo não ser correcto. Um médico pode realizar uma intervenção cirúrgica de modo muito concentrado e, ainda assim, cometer um *erro da arte* (*Kunstfehler*). Inversamente, mesmo em situações perigosas, as pessoas actuam frequentemente de acordo com o dever de cuidado externo, de modo auto-

[740] Cf. Engisch, Karl, *Vorsatz und Fahrlässigkeit*, p. 268, notas 8-11, com amplas referências bibliográficas.

[741] Binding, Karl, *Die Normen IV*, p. 503 e ss., e, do mesmo autor, *Die Schuld*, p. 121. Cf. Engisch, Karl, *Vorsatz und Fahrlässigkeit*, p. 273, do mesmo autor, *Kausalität*, p. 53, e, ainda o mesmo autor, *in*: *Fest. deutschen Juristentag*, p. 416 e ss. A este propósito, *vide*, ainda, Jescheck / Weigend, *Lehrbuch*[5], § 55, I, 2. *a*).

[742] Engisch, Karl, *Vorsatz und Fahrlässigkeit*, p. 270 e p. 273. A este propósito, *vide*, ainda, Jescheck / Weigend, *Lehrbuch*[5], § 55, I, 3.

mático, sem estarem particularmente concentradas. É o que acontece, segundo Engisch, designadamente, com os motoristas experientes e com os enfermeiros de sala de operações[743].

Concordando com a doutrina dominante no sentido de que o cuidado se traduz no comportamento do agente que se revelar adequado a evitar a realização do tipo legal de crime, Engisch salienta que cuidado interno e cuidado externo terão, assim, uma *raiz comum* (*gemainsame Wurzel*). Cumprem ambos a função de impedir a realização do tipo; são ambos meios que servem esta finalidade. De uma perspectiva *subjectiva*, serão os meios de comportamento que o agente tem por necessários para evitar a realização do tipo. De um ponto de vista *objectivo*, serão os meios de comportamento que, de acordo com os conhecimentos que resultam da experiência da vida diária, conduzirão à evitação da realização do tipo[744].

O conceito de cuidado surge em Engisch como um *conceito de valor* (*Wertbegriff*). Não apenas porque o resultado que deve ser alcançado (a evitação de realização de tipos legais) é considerado um valor, quer pela ordem jurídica, quer pelo próprio agente, mas também porque o conceito de cuidado selecciona, de entre as várias formas de comportamento possíveis, aquelas que servem o resultado pretendido. No exemplo referido por Engisch, o meio mais eficaz para evitar homicídios seria o de impedir a concepção e o nascimento. Porém, ninguém entenderá neste sentido a exigência da ordem jurídica. O cuidado pode ver-se, assim, como *cuidado exigível* (*erforderliche Sorgfalt*) e, compreendido da perspectiva objectiva já referida, pode ser entendido como *cuidado objectivamente exigível* (*objektiv erforderliche Sorgfalt*)[745].

Considerando a impossibilidade de esclarecer o conceito de *cuidado objectivamente exigível* em relação à inabarcável multiplicidade de casos que podem surgir na prática, Engisch propõe-se indicar apenas as características essenciais do cuidado naquelas que podem ser consideradas as constelações principais, por referência aos tipos legais de crime que prevêem a punição por negligência. Procede, assim, à distinção entre três formas de cuidado: o cuidado como omissão de acção perigosa; o cuidado como

[743] Engisch, Karl, *Vorsatz und Fahrlässigkeit*, p. 279. Em sentido semelhante, também Exner salienta que muitas vezes o sujeito desempenha em segurança tarefas perigosas, de modo automático (Exner, Franz, *Fahrlässigkeit*, p. 160).

[744] Engisch, Karl, *Vorsatz und Fahrlässigkeit*, p. 280.

[745] Engisch, Karl, *Vorsatz und Fahrlässigkeit*, p. 282.

acção externa em situação perigosa; e o cuidado como cumprimento do dever jurídico de atenção ou de informação[746].

Nos crimes de resultado por acção, o cuidado traduzir-se-á na omissão de acções idóneas a provocar o resultado. Sendo a adequação um elemento dos delitos de resultado, o cuidado abrangerá a omissão das acções que, com probabilidade não insignificante, conduzirão à verificação do resultado[747]. Engisch esclarece que o dever de omitir acções perigosas será afastado quando se mostrarem reunidos os pressupostos de uma causa de exclusão da ilicitude[748].

Nos casos de crimes de omissão – quer nos casos de crimes próprios de omissão, quer nos de crimes impróprios – o cuidado assumirá a forma de realização da acção idónea a evitar o resultado descrito no tipo (o cuidado apresentar-se-á como acção externa em situação perigosa)[749].

O cuidado poderá surgir, por fim, como dever jurídico de atenção ou de informação. Esta forma de cuidado pode manifestar-se quer no âmbito crimes formais – em que o cuidado consistirá na não realização do comportamento proibido –, quer na órbita dos crimes de resultado[750].

Do exposto pode extrair-se já que o cuidado há-de apresentar uma relação fáctica interna com o resultado que se pretende evitar – o cuidado juridicamente exigível muda segundo as circunstâncias concretas e as diferentes formas de evitar a realização do tipo legal. O conteúdo material da idoneidade e da exigibilidade do comportamento (para evitar a realização do tipo) há-de ser moldado de acordo com as circunstâncias do caso concreto – o cuidado será aquele que, segundo as circunstâncias, o sujeito está obrigado a aplicar para evitar a realização do tipo legal[751].

[746] A este propósito, *vide*, JESCHECK / WEIGEND, *Lehrbuch*[5], § 55, I, 3. *a) b) c)*, e, entre nós, desenvolvidamente, BRITO, Ana Bárbara Sousa, *A Negligência Inconsciente*, p. 34 e ss.

[747] ENGISCH, Karl, *Vorsatz und Fahrlässigkeit*, p. 283-284.

[748] Na sua obra de 1930, o autor considera causas de justificação não apenas as tradicionalmente reconhecidas como tal, mas também um conjunto de situações que designa como de *perigo permitido* e que considera casos especiais de exclusão de ilicitude (ENGISCH, Karl, *Vorsatz und Fahrlässigkeit*, p. 285 e ss.). Posteriormente, apesar de salientar que para quem defende a teoria dos elementos negativos do tipo acaba por não ser essencial a questão de determinar se com o *risco permitido* (expressão de Binding, que viria a prevalecer) se exclui a tipicidade ou a ilicitude, Engisch tende a inclinar-se para a primeira hipótese (ENGISCH, Karl, *in*: *Fest. deutschen Juristentag*, p. 418).

[749] ENGISCH, Karl, *Vorsatz und Fahrlässigkeit*, p. 290 e ss.

[750] ENGISCH, Karl, *Vorsatz und Fahrlässigkeit*, p. 306 e ss.

[751] ENGISCH, Karl, *Vorsatz und Fahrlässigkeit*, p. 327.

Porém, o conteúdo do cuidado obtém-se também através de considerações normativas. Engisch – apelando, de certo modo, à teoria das normas de Binding – considera que o conteúdo do cuidado se manifesta também mediante uma relação com a ordem jurídica, uma vez que a cada tipo legal corresponde uma norma, um imperativo de não preencher esse tipo legal. E a norma que impõe a evitação da realização do tipo é idêntica à norma que impõe a utilização dos meios idóneos – ou seja, do cuidado necessário – para evitar tal realização[752].

5. Engisch conclui, deste modo, que o específico poder-dever de evitar (*Vermeidensollen und -können*) nas acções negligentes radica em um poder-dever de evitar através do cuidado. O comportamento cuidadoso será o comportamento voluntário (acção ou omissão) que constitua um meio idóneo para evitar a realização do tipo no caso concreto. Com uma limitação, porém. A aferição acerca do que é um comportamento cuidadoso encontra um limite na ideia de dever: "cuidado é o cuidado conforme ao dever"[753]. Deste modo, o conteúdo do cuidado é determinado por dois momentos: por um lado, trata-se de aferir o que é idóneo para evitar uma determinada forma de realização do tipo; por outro lado, terá de se questionar, do ponto de vista da ordem jurídica, o que será exigível para alcançar tal fim[754].

Um sujeito comportar-se-á de modo contrário à norma jurídica quando deixar de observar o cuidado objectivamente exigível para evitar o resultado que ele deve evitar. E se legislador pune a violação da norma através da configuração de tipos legais de crime, então os elementos da violação da norma – como a perigosidade da conduta – hão-de ser elementos da tipicidade. Se a inobservância do cuidado exigível radica na prática de acções perigosas ou na omissão de acções idóneas a evitar a ameaça da realização do tipo, ela só poderá constituir um elemento do tipo. Deste modo, entende Engisch ter criado a base para o enquadramento sistemático da inobservância do cuidado exigível: trata-se de um elemento do tipo[755].

[752] Engisch, Karl, *Vorsatz und Fahrlässigkeit*, p. 327 e p. 335-336, e, do mesmo autor, *Kausalität*, p. 54.

[753] Engisch, Karl, *Vorsatz und Fahrlässigkeit*, p. 347.

[754] Engisch, Karl, *Vorsatz und Fahrlässigkeit*, p. 347.

[755] Engisch, Karl, *Vorsatz und Fahrlässigkeit*, p. 344.

6. Nas considerações que tece a propósito da doutrina da causalidade adequada, com o intuito de esclarecer que o pressuposto da conduta adequada a causar o resultado não é parte integrante do conceito causal jurídico-penal, mas sim elemento da contrariedade objectiva da conduta à norma jurídica – elemento da ilicitude –, Engisch convoca novamente o conceito de cuidado[756]. Engisch volta a referir que um sujeito se comporta de modo contrário à norma jurídica apenas se deixar de observar o cuidado objectivamente exigível para evitar o resultado que ele deve evitar. O cuidado exigível, neste sentido, traduzir-se-á na omissão das acções que conduzem ao resultado de modo não improvável ou na prática das acções que, numa situação em que é de esperar o resultado com uma certa probabilidade, são idóneas para evitar tal resultado. Pelo que deixar de observar o cuidado exigível significa sempre praticar uma conduta adequada a causar o resultado. Nessa medida, o elemento da adequação é absorvido pelo elemento da inobservância do cuidado exigível[757].

Segundo Engisch, se considerarmos que a ameaça legal de uma pena, em relação com o tipo legal respectivo, permite reconhecer de modo inequívoco que a conduta caracterizada no tipo está em contradição com a vontade do ordenamento jurídico, impõe-se, por si mesmo, que os elementos do tipo (por exemplo, "matar uma pessoa...") tipificam uma contrariedade específica à norma jurídica – ou seja, os elementos do tipo são elementos de um ilícito especial. Inversamente – se ampliarmos o conceito de tipo para além dos requisitos mencionados expressamente –, todos os elementos da ilicitude podem assumir-se como elementos do tipo, em parte como especiais, em parte como gerais, em parte como positivos, em parte como negativos (causas de justificação). A adequação, como parte

[756] Sobre a teoria da condição conforme às leis da natureza, proposta por Engisch, bem como sobre as considerações daquele autor a propósito da doutrina da causalidade adequada, *vide*, entre nós, com pormenor, Sousa, Susana Aires de, *Responsabilidade criminal pelo produto*, p. 379 e ss. Salientando também que grande parte dos problemas levantados nas últimas décadas em matéria de imputação do resultado encontra já resposta nos estudos de Engisch da década de trinta, cf. Neves, João Curado, *Comportamento lícito alternativo*, p. 159 e ss. Cf., ainda, Schünemann, Bernd, *GA* (1999), p. 210-211.

[757] Cf. Engisch, Karl, *Kausalität*, p. 53. Engisch refere que na sua obra anterior (*Vorsatz und Fahrlässigkeit*, p. 283 e ss.), embora tivesse relacionado o requisito da inobservância do cuidado exigível com o elemento da adequação, não havia acentuado de forma clara que o elemento da adequação é absorvido pelo da inobservância do cuidado exigível (Engisch, Karl, *Kausalität*, p. 53, nota 2).

integrante da inobservância do cuidado exigível, apresentar-se-á, assim, como um elemento positivo geral do tipo[758].

7. Feito este percurso, não é de estranhar que Engisch acabe por concluir, afinal, que a inobservância do cuidado entendida como violação do dever jurídico – como conduta adequada a causar o resultado – é um elemento típico não só dos factos negligentes, mas também dos factos dolosos. Relembrando a distinção entre as três formas de cuidado – o cuidado como omissão de acções perigosas, o cuidado como acção exterior em situação perigosa, e o cuidado como cumprimento do dever jurídico de atenção –, Engisch refere que os factos dolosos também podem ser cometidos através da execução de uma acção perigosa ou da não utilização de meios externos idóneos a evitar o resultado numa situação perigosa. Já o cuidado na dimensão de dever jurídico de atenção vem a apresentar-se, segundo Engisch, como um elemento específico da negligência, uma vez que através da inobservância deste dever se comete um ilícito evitável, que não é pensável na forma dolosa[759].

8. Engisch salienta ainda que a negligência não se traduz na mera inobservância do cuidado devido. Ao lado da violação do dever de cuidado manifesta-se um outro elemento especial da negligência: a cognoscibilidade. Para a determinação do cuidado objectivamente devido deve partir-se da cognoscibilidade da realização do tipo por parte do "homem mais sábio". Porém, salienta Engisch, para que possa fazer-se o *juízo de censura* próprio da negligência não será suficiente que se verifique o incumprimento deste dever de cuidado determinado objectivamente. É ainda necessário que o agente, em função das suas próprias capacidades e circunstâncias individuais, esteja em posição de prever a possibilidade de realização do tipo, compreender a ilicitude a ele inerente e, simultaneamente, reconhecer os meios idóneos para o evitar. O juízo de censura da negligência estará, assim, sempre depende de uma cognoscibilidade individual ou pessoal[760].

[758] Cf. ENGISCH, Karl, *Kausalität*, p. 59.

[759] ENGISCH, Karl, *Vorsatz und Fahrlässigkeit*, p. 347-348.

[760] ENGISCH, Karl, *Vorsatz und Fahrlässigkeit*, p. 365-366. Sobre a base e o critério da cognoscibilidade, com uma extensa exposição em torno das teorias objectivas e subjectivas (aderindo a estas últimas), cf. ENGISCH, Karl, *Vorsatz und Fahrlässigkeit*, p. 418 e ss., esp[te].,

IV. As dificuldades da concepção finalista no tratamento do facto negligente

A distinção entre o cuidado objectivamente devido e o cuidado subjectivamente possível ganhou particular relevância no âmbito do debate sobre a natureza do crime negligente na sequência das propostas da concepção finalista do facto punível[761].

Para a concepção finalista – em que se destacam as propostas de Hans Welzel –, estando a construção jurídica vinculada às estruturas lógico-materiais do mundo do ser e não sendo a construção dogmática constitutiva da realidade axiológica, devendo antes reflecti-la nos seus conceitos e critérios, seria decisivo determinar o "ser", a natureza ontológica do conceito fundamental da construção do crime: o conceito de acção[762]. Segundo tal concepção, a essência da acção humana radica em que o homem dirige finalisticamente os processos causais naturais em direcção a fins mentalmente antecipados, escolhendo, para o efeito, os meios correspondentes: a acção humana é *a supradeterminação final de um processo causal*[763]. A característica ontológica da acção humana é a sua intrínseca finalidade – o conceito de acção passou a ser compreendido à luz do conceito de finalidade do actuar humano. E toda a teoria da infracção se traduz numa organização de juízos de valor sobre a acção humana – a ilicitude e a culpa são conceitos valorativos ou juízos negativos de valor articulados entre si e com a tipicidade[764]. O tipo, que é integrado por elementos objectivos e subjectivos – o dolo faz parte do tipo e não já da culpa –, é uma figura meramente conceptual de acesso à ilicitude. O tipo é a descrição da matéria proibida

p. 439-440. Para uma análise pormenorizada das propostas de Engisch nesta matéria, *vide*, entre nós, BRITO, Ana Bárbara Sousa, *A Negligência Inconsciente*, p. 54 e ss.

761 Sobre a concepção finalista da construção do facto punível, cf. SCHÜNEMANN, Bernd, *in*: *El sistema moderno*, p. 54 e ss., JESCHECK / WEIGEND, *Lehrbuch*[5], § 22, V, ROXIN, Claus, *Allgemeiner Teil I*[4], § 7, nº 16. Entre nós, CORREIA, Eduardo, *Direito Criminal I*, p. 210 e ss. e p. 238 e ss., BELEZA, Teresa Pizarro, *Direito Penal* 2, p. 70 e ss., DIAS, Jorge de Figueiredo, *Direito Penal I*[2], 10º Cap., § 16 e ss., CARVALHO, Américo Taipa de, *Direito Penal*[2], § 445 e ss., e , PINTO, Frederico da Costa, *Punibilidade I*, p. 369 e ss.

762 Cf. WELZEL, Hans, *Das neue Bild*[2], p. 13 e ss., e, já antes, do mesmo autor, *ZStW*, 51 (1931), p. 703 e ss.

763 Cf., WELZEL, Hans, *Naturalismus*, p. 79, do mesmo autor, *Allgemeine Teil*[3], p. 32, e, ainda do mesmo autor, *Strafrecht*[11], p. 33.

764 WELZEL, Hans, *Strafrecht*[11], p. 49 e ss. Cf., nestes termos, PINTO, Frederico da Costa, *Punibilidade I*, p. 371.

e apenas a sua realização pode ser ilícita. A ilicitude, enquanto juízo negativo de valor, traduz uma relação de contradição entre a acção e a ordem jurídica. A ilicitude é uma ilicitude pessoal – o sujeito manifesta um desvalor de acção na medida em que actua de modo contrário à ordem jurídica. A culpa, pressupondo esta "desconformidade substancial entre a acção e o ordenamento jurídico", adiciona-lhe, com autonomia, uma censura pessoal – que também é um juízo negativo – dirigida ao agente, por não ter omitido a acção ilícita, quando podia tê-lo feito. O juízo de culpa é, nesta concepção, um juízo baseado em elementos puramente normativos (totalmente desligados de juízos de ordem psicológica)[765].

O facto de a acção humana como acção final constituir uma estrutura (pré-jurídica) lógico-objectiva essencial para o direito penal, resultava, para Welzel, de uma análise das funções e dos instrumentos deste ramo do direito. Dado que o fim do direito penal de protecção de bens jurídicos há-de alcançar-se através de proibições e imposições acompanhadas das respectivas sanções, a capacidade do ser humano de causar ou evitar resultados por meio de uma actividade final, expressa na estrutura final da acção, converte-se em substrato imediato do direito penal e, com isso, a finalidade converte-se na estrutura lógico-objectiva fundamental deste ramo do direito[766].

1. A finalidade potencial

A concepção finalista do facto punível manifesta grandes dificuldades no tratamento e na fundamentação do facto negligente[767]. Tais dificuldades foram particularmente sentidas por Welzel, ao tentar encontrar na acção negligente uma característica – a finalidade inerente a toda a acção humana – que ela não apresenta nem pode apresentar[768].

[765] WELZEL, Hans, *Strafrecht[11]*, p. 49 e ss., 51 e ss., 59 e ss., e, do mesmo autor, *Das neue Bild[2]*, p. 32 e ss. Cf., ainda, a este propósito, PINTO, Frederico da Costa, *Punibilidade I*, p. 371.

[766] Cf. WELZEL, Hans, *Naturalismus*, p. 64 e ss., esp.[te] p. 84 e ss., e SCHÜNEMANN, Bernd, *in*: *El sistema moderno*, p. 55.

[767] Salientando expressamente este aspecto, *vide*, por todos, STRUENSEE, Eberhard, *JZ*, 42 (1987), p. 54 e ss., e FRISCH, Wolfgang, *in*: *Strafrechtssystem*, p. 231. Entre nós, CARVALHO, Américo Taipa de, *Direito Penal[2]*, § 447, BELEZA, Teresa Pizarro, *Direito Penal* 2, p. 78 e ss., FARIA, Paula Ribeiro de, *Adequação social*, p. 845 e ss., e, a mesma autora, *in*: *BFD, Estudos Castanheira Neves III*, p. 714 e ss.

[768] Neste sentido, FARIA, Paula Ribeiro de, *in*: *BFD, Estudos Castanheira Neves III*, p. 714.

Num primeiro momento, Welzel concebeu a negligência como uma forma "incompleta" ou "defeituosa" do comportamento doloso[769]. Deste modo – e ao invés do pretendido por Welzel – ficava claro que a construção finalista do conceito de facto punível não se adequava à realização negligente, ao mesmo tempo que era posta em causa a natureza unitária da acção.

Na tentativa de desvirtuar as críticas à natureza não unitária do conceito de acção, Welzel procedeu à caracterização do que designa por *acção em sentido amplo*: acção em sentido amplo é a causação finalisticamente evitável[770]. Segundo o exemplo dado por Welzel, quando um sujeito que não teve o cuidado de verificar previamente se a arma estava descarregada, ao limpá-la, dispara, matando acidentalmente alguém que se encontra à sua frente, tal morte constitui uma consequência cega (não querida) do manejo descuidado da arma. Não há, neste caso, qualquer finalidade efectiva da parte do agente à qual a sua acção possa ser referida. Não há, neste caso, ao contrário do que acontece na realização dolosa, um processo dirigido à morte; há sim um processo causal, cego. Trata-se, porém, segundo Welzel, de um processo que se distingue de um puro processo natural, na medida em que o resultado seria evitável mediante uma *acção final possível* do sujeito. Na acção negligente, não estando presente uma finalidade efectiva, será possível identificar o que Welzel designou de *finalidade potencial*. Esta construção permite a Welzel defender que a finalidade está presente em ambas as formas de acção, dolosa e negligente. Porém, enquanto no facto doloso a finalidade se manifesta como finalidade real ou actual (*aktuelle Finalität*), no facto negligente ela surge apenas como finalidade virtual ou potencial (*potentielle Finalität*)[771].

Em virtude da característica da *finalidade*, a acção liga-se ao agente por um vínculo pessoal, que está para além da mera produção causal do resultado. A negligência traduz-se, deste modo, na produção de um efeito desaprovado pela ordem jurídica que seria evitável "se o agente tivesse utilizado a melhor direcção final da sua vontade que as circunstâncias lhe permitiam"[772].

[769] WELZEL, Hans, *Allgemeine Teil*[1], p. 79.

[770] WELZEL, Hans, *Deutsche Strafrecht*[2], p. 22.

[771] WELZEL, Hans, *Deutsche Strafrecht*[2], p. 23 e p. 85. Já anteriormente Welzel havia referido que no âmbito da negligência o elemento da acção radica não em "uma relação final real, mas em uma relação final possível" (WELZEL, Hans, *ZStW*, 58 (1939), p. 559).

[772] FARIA, Paula Ribeiro de, *in*: *BFD, Estudos Castanheira Neves III*, p. 715, nota 24.

O agente não evitou a produção do resultado porque não usou o cuidado necessário no exercício da sua actividade. E, segundo Welzel, o cuidado pressupõe por parte do sujeito uma plena compreensão dos seus deveres de actuar e a capacidade de dirigir a sua conduta de acordo com essa compreensão – ou seja, pressupõe o tipo de culpa. Pelo que, conclui Welzel, nos crimes negligentes, a distinção entre ilicitude e culpa carece de sentido e é materialmente impossível: "só a acção de um sujeito capaz de culpa é tipicamente ilícita"[773]. Deste modo, podemos afirmar, com Paula Ribeiro de Faria, que os critérios de definição da *finalidade potencial* acabam por se aproximar do que pode designar-se um princípio geral de inexigibilidade – o agente "não responde aqui pela orientação final da sua vontade, mas por uma finalidade que não esteve presente, pela previsibilidade e evitabilidade de um resultado que lhe tornariam possível a afirmação de uma finalidade correcta (a existência do *dever* a deixar-se pautar pelo *poder* do agente)"[774].

Nesta fase da obra de Welzel, o ilícito negligente baseia-se em dois elementos: a produção do resultado lesivo e a infracção do dever de cuidado. No entanto, só o primeiro elemento assume uma função fundamentadora do ilícito – o segundo elemento tem apenas o papel de restringir o âmbito da tipicidade precisamente às acções que produziram o resultado típico em razão da violação do dever de cuidado. Por outro lado, com a ideia de *finalidade potencial*, verifica-se a deslocação da finalidade do plano ontológico para o plano normativo. A possibilidade de evitar o resultado mediante outra acção final não pode ser valorada num plano objectivo, não valorativo, mas unicamente no plano do dever. Na proposta de Welzel, o final e o normativo acabam por confundir-se, com o que se perde o momento final, retomando o tipo de ilícito negligente a sua natureza inicial de tipo causal. Ao mesmo tempo, tal tipo de ilícito passa a ser construído como um ilícito

[773] WELZEL, Hans, *Deutsche Strafrecht*[2], p. 85. Já anteriormente, procedendo à distinção entre negligência consciente e inconsciente, Welzel afirmara claramente que na negligência inconsciente não é possível distinguir entre ilícito e culpa. Concluindo, porém, que sendo o limite entre negligência consciente e inconsciente muito fluido, a ideia de inseparabilidade entre ilícito e culpa valerá também, em larga medida, para os casos de negligência consciente (WELZEL, Hans, *ZStW*, 58 (1939), p. 562-563). Posteriormente, como acabámos de referir em texto, Welzel passou a afirmar que nos crimes negligentes (sem fazer, agora, para este efeito, qualquer referência à distinção entre negligência consciente e inconsciente) não tem sentido a distinção entre ilicitude e culpa (cf., também, WELZEL, Hans, *Allgemeine Teil*[1], p. 80).

[774] FARIA, Paula Ribeiro de, *in*: *BFD*, *Estudos Castanheira Neves III*, p. 715.

culposo, ficando a culpa negligente reduzida a um juízo de desvalor sobre o sentido da motivação do agente no caso concreto[775].

2. A crítica de Niese e a reformulação de Welzel

2.1. Niese, ele mesmo partidário da doutrina da acção final, veio criticar o conceito de finalidade potencial. Foi a impossibilidade de explicar a negligência exclusivamente a partir do ponto de vista da produção causal (cega), que conduziu Welzel a recorrer ao conceito de finalidade potencial. Mas o próprio Welzel havia definido a finalidade como categoria ontológica que caracteriza a estrutura fundamental de todo o actuar humano. Niese questiona se será possível estender o conceito de finalidade de modo a abranger não só a finalidade actual, realmente existente, mas também uma finalidade potencial, apenas possível, mas não existente na realidade. Niese relembra que a finalidade, sendo uma categoria do ser, ou "existe" ou "não existe" – ou o sujeito quis produzir o resultado e o realizou de modo final ou não quis. Segundo Niese, a finalidade potencial não é outra coisa senão um juízo de valor característico da culpa, pelo que não pode pertencer ao âmbito da acção[776]. Por outro lado, Niese salienta que a distinção entre ilicitude e culpa nos crimes negligentes não só se revela necessária como, uma vez comprovada a ilicitude, será necessário proceder ao exame posterior, autónomo, da culpa[777].

Segundo Niese, a finalidade não é relevante no âmbito dos crimes negligentes. Nestes crimes, será suficiente que se verifique o mínimo de que a doutrina da acção causal faz depender a responsabilidade penal: tem de se tratar de uma conduta humana *querida*. E, uma conduta *querida* é também, sempre, ontologicamente, uma acção dirigida a um fim. Pelo que o que distingue a acção dolosa da acção negligente não é, portanto, a falta de finalidade desta última, mas sim a circunstância de que na acção negligente a finalidade se dirige a um resultado diferente do descrito no tipo legal, enquanto na acção dolosa esta finalidade se identifica com o resultado típico. As acções dolosas são desaprovadas juridi-

[775] Cf., neste sentido, SERRANO GONZÁLEZ DE MURILLO, José, *Delito Imprudente*, p. 51-52, e FARIA, Paula Ribeiro de, *Adequação social*, p. 849.

[776] NIESE, Werner, *Finalität*, p. 43-44.

[777] NIESE, Werner, *Finalität*, p. 45 e ss.

camente e sancionadas com penas precisamente devido ao conteúdo da vontade – o dolo é a "finalidade juridicamente relevante"[778]. Pelo contrário, os tipos negligentes abrangem a causação de um resultado juridicamente desaprovado através de uma acção não desaprovada na sua finalidade, isto é, estes tipos abrangem acções com "finalidade jurídico-penalmente irrelevante"[779].

Tal não significa, porém, que toda a causação de um resultado típico seja necessariamente típica. Partindo da doutrina da adequação social de Welzel, Niese entende que só as causações do resultado evitáveis através do cumprimento do dever de cuidado são socialmente inadequadas e, consequentemente, tipicamente ilícitas no sentido dos tipos negligentes. Deste modo, para Niese, o ilícito negligente não radica apenas no desvalor do resultado, mas também e em primeira linha, no desvalor de acção. E o desvalor de acção não reside aqui, como no dolo, em uma finalidade jurídico-plenamente relevante em si mesma, radicando sim na violação do dever objectivo de cuidado[780]. Começa, assim, a doutrina finalista a usar o conceito de dever de cuidado – desenvolvido por Engisch – como elemento fundamentador do ilícito negligente.

Niese separa, claramente, a questão da violação do dever de cuidado da questão da culpa: só após a comprovação da violação, por parte do agente, do dever objectivo de cuidado, se procederá à censura característica da culpa. E tal censura poderá não ter lugar, designadamente, quando o agente, segundo as suas capacidades pessoais e as circunstâncias do caso, não *pudesse* cumprir o dever de cuidado[781].

Sendo de aplaudir a crítica de Niese ao conceito de finalidade potencial, a proposta que este autor apresenta acaba por significar o abandono da doutrina da acção final em relação aos crimes negligentes – a sua pro-

[778] NIESE, Werner, *Finalität*, p. 9 e p. 43 e ss.

[779] NIESE, Werner, *Finalität*, p. 58.

[780] NIESE, Werner, *Finalität*, p. 61 e ss. Na síntese esclarecedora de Paula Ribeiro de Faria, segundo Niese, "no que toca à acção, esta contém decerto um momento de finalidade que fica fora do tipo de ilícito, é tão-só ou apenas a vontade de modificação do mundo exterior que, onde se concretiza em efeitos típicos, esses causais, desencadeia por parte da ordem jurídico-penal um juízo de ilicitude com base na violação de um dever de diligência por parte do agente, na violação de um '*rechtliches Sollen*'. Aí se encontra o desvalor da acção" (FARIA, Paula Ribeiro de, *Adequação social*, p. 851).

[781] NIESE, Werner, *Finalität*, p. 63.

posta traduz o reconhecimento de que o crime negligente não se pode compreender a partir do conceito de acção final[782].

2.2. Perante as críticas que lhe foram dirigidas, Welzel vem a abandonar o conceito de finalidade potencial, reformulando o dogma final a partir da consideração do cuidado objectivo[783]. De acordo com o novo modelo proposto por Welzel, a acção é final em relação aos resultados *queridos* e é apenas causal em relação aos demais efeitos que possam verificar-se. O tipo de ilícito nos crimes negligentes abrangerá, agora, precisamente, as lesões de bens jurídicos não produzidas de modo final – produzidas de forma meramente causal, portanto – por acções cuja meta (*das Ziel*) é *indiferente* ou *neutra* para o ordenamento jurídico[784]. Porém, ao contrário do que decorria da doutrina causal, não pode aceitar-se que todo o resultado ligado causalmente a uma acção constitua um ilícito típico negligente. O desvalor da acção nos tipos negligentes consiste "na omissão da orientação final juridicamente exigida em ordem a evitar a lesão de bens jurídicos"[785]. Consequentemente, só serão tipicamente ilícitas no sentido dos tipos negligentes as lesões dos bens jurídicos provocadas por acções em que não se observou o cuidado exigido no tráfego.

Tal como sucede nos delitos dolosos, só depois de comprovada a ilicitude, se averiguará se o sujeito actuou com culpa. A negligência – defende agora Welzel – é um conceito complexo, em que ao lado da violação do dever objectivo de cuidado, enquanto elemento da ilicitude, surge a censurabilidade, enquanto elemento da culpa. Será no âmbito do juízo de

[782] Neste sentido, STRUENSEE, Eberhard, *JZ*, 42 (1987), p. 55-56, SERRANO GONZÁLEZ DE MURILLO, José, *Delito Imprudente*, p. 57, e, entre nós, FARIA, Paula Ribeiro de, *Adequação social*, p. 851. Com referências à proposta de Niese, *vide*, ainda, BRITO, Ana Bárbara Sousa, *A Negligência Inconsciente*, p. 75-76.

[783] Sendo certo, no entanto, que mesmo antes de ser publicada a obra de Niese, já Welzel havia percebido as incongruências da proposta que apresentara (cf. SERRANO GONZÁLEZ DE MURILLO, José, *Delito Imprudente*, p. 53, e FARIA, Paula Ribeiro de, *Adequação social*, p. 849).

[784] WELZEL, Hans, *Das neue Bild*², p. 9 e ss.

[785] WELZEL, Hans, *Das neue Bild*², p. 25. Desta forma, no crime negligente há um certo paralelismo com o crime de omissão impróprio. Paralelismo que, aliás, já havia sido salientado por Niese, que considera que os crimes negligentes são, em última análise, crimes de omissão imprópria que se traduzem na não observação de um dever de cuidado cujo cumprimento teria evitado o facto e as suas consequências (NIESE, Werner, *Finalität*, p. 62). A este propósito, *vide*, ainda, BRITO, Ana Bárbara Sousa, *A Negligência Inconsciente*, p. 75.

culpa que se afere se o agente deve ser censurado pela violação do dever objectivo de cuidado, na medida em que podia ter conhecido tal dever e, consequentemente, evitado o resultado[786].

Tanto na concepção de Niese como nesta – muito similar – proposta de Welzel, a distinção entre crimes dolosos e negligentes não se fará no âmbito da acção - a distinção faz-se, agora, na esfera dos tipos[787].

Compreensivelmente, esta proposta de Welzel não permite afastar a crítica – de resto, reconhecida pelo próprio Welzel – de que, no crime negligente, a acção se mantém em relação ao resultado como puramente causal[788].

3. A finalidade referida à execução da conduta ou à escolha e utilização dos meios

Posteriormente, em uma nova compreensão dos crimes negligentes, Welzel procura centrar-se na acção final real, no conteúdo efectivo da vontade, passando a referir o conceito de finalidade à *execução da conduta* ou à *escolha e utilização dos meios* por parte do agente[789]. Segundo Welzel, na acção negligente, o conteúdo da vontade é penalmente irrelevante em relação ao fim, mas nunca em relação aos meios utilizados[790].

O autor esclarece que a teoria final da acção, inicialmente, não havia apreendido correctamente o crime negligente porque partira da ideia tradicional de que o aspecto essencial do facto negligente é o resultado. Segundo o autor, só com a compreensão de que o momento essencial do facto negligente não reside no resultado, radicando sim no modo de execução da acção – ou seja, na violação do cuidado –, se abrirá caminho para

[786] Welzel, Hans, *Das neue Bild*², p. 31.

[787] Cf. Serrano González de Murillo, José, *Delito Imprudente*, p. 60.

[788] Welzel, Hans, *Das neue Bild*², p. 19. Cf., também, Serrano González de Murillo, José, *Delito Imprudente*, p. 60. Paula Ribeiro de Faria salienta que, nesta fase do pensamento de Welzel, a finalidade da acção se mantém, em certa medida, uma finalidade potencial. Pois se, em rigor, "a acção que efectivamente tem lugar não se dirige a um fim, e o fim que se coloca perante ela é um 'não fim', no sentido de que a acção não o teve em conta, o que ocorreu foi a omissão da finalidade querida pela ordem jurídica, pelo que, na verdade, essa finalidade que não foi atendida ou observada acaba por ser uma finalidade potencial ou virtual" (Faria, Paula Ribeiro de, *Adequação social*, p. 852, nota 1369).

[789] Welzel, Hans, *JuS* (1966), p. 423-424.

[790] Welzel, Hans, *JZ* (1956), p. 317.

uma compreensão adequada da acção negligente. Na acção negligente "não se atende à meta (*das Ziel*), mas sim à forma e maneira de dirigir e realizar a acção: é este o momento de ilicitude decisivo no delito negligente"[791]. A acção final (dirigida) deve ser perspectivada de modo diferente nos crimes dolosos e nos negligentes. Os tipos dos delitos dolosos compreendem a finalidade da acção na medida em que a vontade está dirigida à realização de resultados socialmente intoleráveis (este é o objectivo da acção). Já os tipos dos delitos negligentes se ocupam (não tanto do objectivo, mas sim) da forma de execução da acção final e compreendem as execuções da acção que violarem o cuidado exigido no tráfego para evitar as consequências socialmente intoleráveis que se verificaram. Determinada a tipicidade e, com isso, (indiciada) a ilicitude de um comportamento negligente – a ilicitude verificar-se-á se não ocorrer qualquer causa de justificação – há, depois, que averiguar se o agente conheceu ou podia ter conhecido a ilicitude (o carácter violador do dever) da sua conduta. Problema este – o da censura da inobservância do cuidado objectivamente devido – que será resolvido no âmbito da doutrina da culpa[792].

Segundo Welzel, não só é errado dizer-se que as acções negligentes não podem compreender-se por referência à teoria finalista da acção, como, em rigor, o fundamento objectivo a que faz referência o juízo de ilicitude no delito negligente (ou seja, a inobservância do cuidado objectivamente devido) só é compreensível e explicável correctamente mediante o modelo de acção da teoria finalista: isto é, concebendo-se a acção como um acontecimento dirigido e orientado pela vontade. É verdade que o fim antecipado da acção é completamente indiferente no facto negligente – e a doutrina finalista nunca negou tal asserção. Porém, na acção negligente é de outra coisa que se trata. Na acção negligente, o agente produz consequências socialmente indesejáveis porque, na direcção e orientação da acção, não usou o cuidado exigido no tráfego. Desta forma, fica comprovado que a acção negligente integra o conceito de acção da teoria finalista. Aliás, foi precisamente a teoria finalista da acção que sublinhou, pela primeira vez, com clareza, o núcleo essencial do tipo de ilícito nos delitos negligentes: a direcção defeituosa e contrária ao cuidado da acção concreta[793].

[791] WELZEL, Hans, *Strafrecht*[11], p. 131.

[792] WELZEL, Hans, *Strafrecht*[11], p. 129-130.

[793] Cf. WELZEL, Hans, *JuS* (1966), p. 424, e, o mesmo autor, em *ADPCP*, 21 (1968), p. 228. Já neste sentido, anteriormente, WELZEL, Hans, *Fahrlässigkeit und Verkehrsdelikte*, p. 13.

Welzel reconhece que há um aspecto em que os críticos da sua concepção têm razão. Não quando se referem ao modelo de acção da teoria final em si, mas sim quando salientam que a expressão teoria *final* da acção não se adequa à acção negligente. Na acção negligente o *fim* (*finis*) da acção é juridicamente irrelevante, o que é relevante é a forma de direcção da acção (enquanto acção descuidada). Welzel reconhece que não devia ter limitado a sua teoria apenas à direcção da acção a um *fim*; deveria tê-la referido à direcção e orientação da acção em geral. Desta forma, tal teoria abrangeria – sem dar lugar a mal-entendidos – em igual medida a acção dolosa e a negligente, referindo, em ambos os casos, aquilo que é juridicamente relevante: a direcção da acção. No caso do delito doloso, a direcção da acção orienta-se para o resultado desaprovado. No caso do delito negligente a direcção da acção não observa o cuidado exigido no tráfego, pelo que vem a causar um resultado desaprovado e não querido[794].

De acordo com esta proposta de Welzel, a finalidade deixa de estar num plano normativo, referindo-se já a um *quid* real, efectivo, que, no entanto, se encontra fora do tipo de ilícito. E, por outro lado, sendo a finalidade alheia ao resultado, este acaba por assumir uma importância residual como elemento do tipo de ilícito – o resultado não tem de estar abrangido pela vontade do agente e, nos casos de negligência inconsciente, não tem, sequer, de ter sido previsto[795].

[794] Welzel, Hans, «La teoría de la acción finalista», p. 111-112.

[795] Cf. Serrano González de Murillo, José, *Delito Imprudente*, p. 65-66, e, entre nós, Faria, Paula Ribeiro de, *Adequação social*, p. 853-856. Aliás, Welzel não deixa de reconhecer esta dificuldade. O autor afirma ser certo que, no direito alemão, a inobservância do dever objectivo de cuidado no decurso da acção tem de se concretizar numa lesão de um bem jurídico. Aqui poderia ver-se, segundo Welzel, um "resquício" da doutrina da acção causal. No entanto, jamais poderá dizer-se que só o elemento causal tem relevância jurídica, pois tal elemento só será relevante na medida em que for consequência de uma acção dirigida (finalista) que violou o cuidado objectivamente devido (Welzel, Hans, *ADPCP*, 21 (1968), p. 228). Foram vários os autores que se dedicaram à determinação da relevância do conteúdo da vontade nos crimes negligentes. Armin Kaufmann defendeu que a negligência gira em torno de acções queridas, em que o conteúdo da vontade é, portanto, juridicamente relevante. Segundo o autor, quando se cria regras de cuidado pressupõe-se sempre uma finalidade com um determinado conteúdo, podendo entender-se que esta finalidade é também juridicamente relevante (cf. Kaufmann, Armin, *ZfR* (1964), p. 46 e ss., e, o mesmo autor, *in*: *Fest. Hans Welzel*, p. 409 e ss.). Jakobs defende que a determinação do conteúdo da vontade não resulta directamente da determinação da meta, mas apenas indirectamente, através da característica da falta de cuidado (cf. Jakobs, Günther, *Erfolgsdelikt*, p. 74 e ss.). Hirsch defende que a

V. O contributo da doutrina finalista para a evolução da construção dogmática do facto negligente

1. Apesar das dificuldades sentidas pela doutrina finalista na tentativa de encontrar uma finalidade na acção negligente, é inegável o contributo desta teoria para a evolução da construção do facto punível em geral e do facto negligente em particular. Coube a Welzel o mérito de ter posto definitivamente em relevo que o tipo de ilícito do facto negligente não se esgota na mera *causação do resultado*. É indispensável que o agente tenha violado um dever de cuidado que sobre ele impendia e que conduziu à produção do resultado típico. É nesta violação do dever de cuidado que radica a essência do *desvalor de acção* nos crimes negligentes[796].

2. No início da década de sessenta, na obra *Fahrlässigkeit und Verkehrsdelikte*, Welzel sintetizou a sua teoria sobre os crimes negligentes e, com isto, deu um contributo inegável para a evolução da dogmática penal sobre o

finalidade da acção negligente se relaciona com um acontecimento prévio ao resultado, concluindo, no entanto, que, diferentemente do que acontece no crime doloso, o juízo de valoração jurídica a realizar no âmbito do crime negligente há-de ter em conta não apenas a vontade da acção, mas também a previsibilidade do resultado final (cf. Hirsch, Hans Joachim, *ZStW*, 93 (1981), p. 857 e ss.). Zielinski procurou construir o desvalor da acção na negligência a partir do desvalor da meta perseguida. Segundo o autor, as normas de cuidado, como regras gerais, abrangem comportamentos perigosos, típicos ou abstractos. Actuará de modo contrário ao cuidado quem levar a cabo a conduta sem cumprir as medidas de cuidado que resultam necessárias atendendo à perigosidade na situação concreta das acções abstractamente perigosas. Zielinski refere uma *ohne-zu-Komponente*, isto é, a omissão pelo agente das precauções adicionais adequadas a evitar o perigo de resultado típico de que ele tomou consciência. Segundo Zielinski a *ohne-zu-Komponente* há-de, por um lado, assumir a função autenticamente fundamentadora do ilícito, devendo, por outro lado, permanecer fora da conexão final (cf. Zielinski, Diethart, *Handlungs- und Erfolgsunwert*, p. 152 e ss.). Da perspectiva de Struensee, a finalidade juridicamente desaprovada constitui um elemento integrante do tipo de ilícito negligente, pelo que os crimes dolosos e os crimes negligentes têm uma estrutura homogénea (Struensee, Eberhard, *JZ*, 42 (1987), p. 57 e ss.). Entre nós, desenvolvidamente, com referências às propostas de Kaufmann e Zielinski, cf. Faria, Paula Ribeiro de, *Adequação social*, p. 859 e ss., e, com referências às propostas de Armin Kaufmann e Stratenwerth, Jakobs, Zielinski, e ainda Struensee, cf. Brito, Ana Bárbara Sousa, *A Negligência Inconsciente*, p. 84 e ss., 93 e ss., 102 e ss., e 107 e ss., respectivamente. Cf., ainda a este propósito, Caeiro, Pedro / Santos, Cláudia, *RPCC*, 6 (1996), p. 127.

[796] Cf. Schünemann, Bernd, *in*: *El sistema moderno*, p. 56-57, e Dias, Jorge de Figueiredo, *Direito Penal I*², 34º Cap., § 9, nota 15.

facto negligente. Welzel começa por salientar, precisamente, a importância de a dogmática penal pensar os crimes negligentes. Segundo o autor, não era possível continuar a ver a negligência apenas como um problema de culpa. Era necessário repensar o problema dos crimes negligentes em todos os níveis da construção do crime: no âmbito do tipo, do ilícito, da culpa, assim como na esfera ontológica da acção que os precede[797].

Ao contrário do que havia sido referido por Engisch trinta anos antes[798], não podia mais afirmar-se a relativa raridade da verificação de crimes negligentes. A jurisprudência alemã de meados da década de cinquenta do século passado havia sido inundada de casos relativos quer a ofensas corporais negligentes, quer a homicídios por negligência, resultantes de acidentes rodoviários[799]. Em grande parte dos casos levados a tribunal tratava-se de problemas que dificilmente poderiam resolver-se por apelo às noções da doutrina tradicional do facto punível. Na generalidade das situações seria fácil provar que se havia verificado um facto voluntário que provocara uma ofensa a um bem jurídico, pelo que, de acordo com a concepção tradicional, ter-se-ia verificado um facto típico e ilícito. Porém, o núcleo das decisões dos tribunais naquela altura passou a ser constituído por novas preocupações que se traduziam em expressões que começaram a encontrar-se com frequência: o participante no tráfego "está obrigado a", "tem o direito de", "deve poder contar com", "circulava (ou não circulava) de acordo com as regras de trânsito"[800]. Welzel salienta que estas questões nada têm a ver com a relação psicológica entre o autor e o seu facto. Pelo que não podem ser resolvidas no domínio de uma culpa assim definida, nem, por conseguinte, poderão ser resolvidas no âmbito da negligência, enquanto esta se considerar apenas uma forma de culpa. Ficava, então, a questão de saber a que elemento do facto punível devem pertencer estas questões[801].

Para exemplificar as suas preocupações, Welzel descreve um caso-tipo de um acidente de viação. Os automóveis de *A* e *B* colidem quando estão a mudar de direcção. Em consequência da colisão, *B* vem a sofrer lesões na sua integridade física. *A* virava para a direita, em cumprimento de todas

[797] WELZEL, Hans, *Fahrlässigkeit und Verkehrsdelikte*, p. 12.

[798] ENGISCH, Karl, *Vorsatz und Fahrlässigkeit*, p. 476.

[799] WELZEL, Hans, *Fahrlässigkeit und Verkehrsdelikte*, p. 5-6.

[800] Cf., *supra*, § 6.

[801] WELZEL, Hans, *Fahrlässigkeit und Verkehrsdelikte*, p. 7-8.

as regras de condução. Já *B*, que virou à esquerda, fê-lo em violação das regras. Aplicando-se a este caso as noções da concepção tradicional do facto punível, *A*, por acto voluntário (o facto de circular num automóvel), havia causado uma ofensa a um bem jurídico-penalmente protegido (lesões na integridade física de *B*). A conduta de *A* traduzir-se-ia, por conseguinte, num facto típico que, na ausência de causas de justificação, seria também ilícito. Restaria apenas perguntar se *A* havia actuado com culpa, ou seja, se este facto típico e ilícito deveria ser censurado ao seu autor. A doutrina tradicional, negando a culpa neste caso, acabaria, assim, por recusar a punição de *A* pelo facto típico e ilícito praticado.

Welzel questiona, no entanto, se esta apreciação jurídica do facto terá em consideração as suas principais características. Pergunta Welzel se não deverá considerar-se que *A*, que circulava em cumprimento das regras de trânsito, actuou de forma lícita. Se a circulação rodoviária, – com as velocidades elevadas que lhe estão associadas e o risco que, inevitavelmente, lhe é inerente –, é autorizada pelo direito desde que se observem determinadas regras de comportamento, a intervenção no tráfego em cumprimento dessas regras não pode ser considerada ilícita, mesmo que os riscos venham a concretizar-se em ofensas a bens jurídicos.

Este é o pensamento subjacente à teoria do risco permitido. As acções realizadas no âmbito de actividades que implicam um perigo acrescido para bens jurídicos, mas cujo desenvolvimento é essencial à vida em sociedade, são permitidas desde que praticadas de acordo com as regras de segurança necessárias. Uma das tarefas do direito é dizer ao cidadão o que lhe é permitido fazer; enquanto a conduta se mantiver dentro do âmbito do permitido, ela não pode ser considerada ilícita. Deste modo, mesmo quando tal perigo se materialize num resultado danoso, o direito deve considerar que tais acções são lícitas e não apenas não culposas[802].

Começou a ser frequente encontrar-se na jurisprudência a ideia de que a inobservância do dever de cuidado se refere a um problema de licitude

[802] Welzel recorda que inicialmente chegou a considerar-se que o risco permitido era uma causa de justificação, uma vez que a produção do resultado, em si mesmo, era indício de ilicitude (cf. ENGISCH, Karl, *Vorsatz und Fahrlässigkeit*, p. 286, e, *supra*, nossa nota 749). Porém, a partir do momento em que se quebrou o monopólio da noção de ilícito edificada sobre o desvalor de resultado e se afirmou o desvalor da acção como elemento essencial da ilicitude, a teoria do risco permitido pôde, finalmente, expandir-se (cf. WELZEL, Hans, *Fahrlässigkeit und Verkehrsdelikte*, p. 8-9 e p. 24-25).

ou ilicitude da conduta. Welzel recorda que já Exner e Engisch haviam sublinhado que os problemas relacionados com o cuidado devido se referiam à ilicitude da acção. As propostas destes autores não deram frutos no âmbito da doutrina clássica porque a noção de acção e de ilícito, centrada exclusivamente no resultado, não dava a esta doutrina possibilidade de encontrar um lugar adequado para o elemento da violação do dever de cuidado. Com o reconhecimento da verdadeira importância do elemento do cuidado objectivo, o valor (ou desvalor) da acção passa para o centro da teoria do ilícito em matéria de crimes negligentes e o valor ou desvalor do resultado (a ofensa a um bem jurídico) passa para segundo plano. Welzel reconhece que não é fácil determinar o papel do resultado nos crimes negligentes. O autor rejeita a posição que vê o resultado como uma condição objectiva de punibilidade, porque entende que o resultado deve estar em relação específica com a acção típica. A acção deve ser materializada (*realisiert*) no resultado. Pelo que o resultado faz parte da definição do facto típico e ilícito, assumindo, no entanto, uma função restritiva e não verdadeiramente constitutiva da tipicidade e da ilicitude[803].

Comprovada a prática de um facto ilícito típico, será necessário averiguar se o agente actuou com culpa. A culpa é a censurabilidade (*Vorwerfbarkeit*) da realização ilícita do facto típico; a realização ilícita do facto típico é censurável quando o agente concreto o pudesse ter evitado. A doutrina tradicional também se ocupou desta questão, mas perspectivou-a do ponto de vista (errado) do dever subjectivo de cuidado. Para a doutrina tradicional, o grau de cuidado que o agente *devia* e *podia* manifestar na situação concreta era analisado de um ponto de vista exclusivamente subjectivo. Esta noção pouco clara, que confundia a ilicitude com a culpa, dificultava a análise da estrutura dos crimes negligentes. Com o reconhecimento de que o cuidado necessário no tráfego se determina em função do comportamento que teria adoptado, no lugar do agente real, uma pessoa dotada de discernimento e prudência; e com a aceitação de que será já uma questão de culpa determinar em que medida o agente podia ter conhecido e evitado o desvio da sua acção (final) em relação ao comportamento devido, torna-se, finalmente, possível edificar uma noção completa de ilícito (desvalor de acção), assim como uma construção do facto puní-

[803] WELZEL, Hans, *Fahrlässigkeit und Verkehrsdelikte*, p. 10-11 e p. 20-21.

vel que tenha adequadamente em consideração todos os seus elementos constitutivos[804].

Segundo Welzel, o conteúdo do dever de cuidado, isto é, o dever de cuidado necessário nas relações com o outro deve sempre e necessariamente determinar-se de um ponto de vista objectivo. Trata-se aqui do comportamento exigível (*gefordet*) ao agente na concreta situação do tráfego. Este dever impõe-se objectivamente ao agente e não se concretiza em função das capacidades individuais deste, a não ser no sentido de que o agente capaz de realizar a conduta de forma adequada deve fazê-lo e o agente que não é capaz de a realizar de forma adequada deve abster-se de actuar. Não é este dever, mas apenas a censurabilidade da violação do dever que se encontra limitada pelos elementos subjectivos da falta de previsibilidade e de prudência[805].

3. Em jeito de conclusão, podemos dizer que, para Welzel, uma acção é típica no sentido dos crimes negligentes se a sua direcção real não corresponder ao cuidado necessário no tráfego e, em consequência disso, produzir um resultado típico. A tipicidade será indício de ilicitude; a ilicitude verificar-se-á sempre que não ocorrer uma causa de justificação da acção negligente. A culpa é a censurabilidade da inobservância do cuidado objectivamente devido. Há culpa sempre que o autor previu ou podia ter previsto a violação do cuidado objectivamente devido.

A doutrina da acção final fundamentou, deste modo, a dogmática do crime negligente. Esta construção dogmática da negligência proposta por Welzel converteu-se na opinião dominante na doutrina[806].

4. A *sobreexaltação* da posição finalista no âmbito do ilícito foi levada a cabo pelos seguidores das propostas de Welzel. Zielinski desenvolveu a ideia de Welzel de completar o conceito de ilícito referido apenas ao resultado (desvalor de resultado) com a ideia de ilícito pessoal (desvalor de acção) até elaborar uma doutrina de ilicitude referida puramente à proibição da acção. Para Zielinski, o resultado (a lesão do bem jurídico) deve

[804] WELZEL, Hans, *Fahrlässigkeit und Verkehrsdelikte*, p. 25 e p. 29-31.

[805] WELZEL, Hans, *Fahrlässigkeit und Verkehrsdelikte*, p. 31.

[806] WELZEL, Hans, *ADPCP*, 21 (1968), p. 229.

ser visto como uma condição objectiva de punibilidade[807], e o protótipo do ilícito deve ser encontrado na tentativa[808].

5. Também Stratenwerth e Jakobs extraíram consequências radicais das propostas de Welzel para os crimes negligentes, ao fazerem depender a própria tipicidade da capacidade individual do autor de evitar a lesão do bem jurídico, afastando a separação fundamental entre dever geral e poder individual, que se encontrava na base da moderna sistemática jurídico-penal – proposta que, aliás, tinha sito inicialmente feita por Welzel, que logo a afastou[809].

§ 24. O tipo de ilícito negligente como tipo aberto

Apesar do grande desenvolvimento da dogmática da negligência dos últimos anos, continua a não existir um conceito preciso que nos permita afirmar com clareza quando nos encontramos perante um comportamento negligente. A maioria dos Códigos Penais não define negligência e aqueles que a definem não vão além de caracterizações genéricas[810].

Não descrevendo a lei penal as condutas que consubstanciam os tipos negligentes, tem-se caracterizado o tipo legal negligente como *tipo aberto*. A tal caracterização tem sido associada a eventual violação do princípio

[807] ZIELINSKI, Diethart, *Handlungs- und Erfolgsunwert*, p. 143 e ss., 172 e ss., 208 e ss. Em sentido semelhante já KAUFMANN, Armin, *ZfR* (1964), p. 44 e p. 54-55, e, o mesmo autor, *in*: *Fest. Hans Welzel*, p. 410-411. Criticando expressamente a proposta de consideração do resultado como condição objectiva de punibilidade SCHÜNEMANN, Bernd, *JA* (1975), p. 511-512, e, o mesmo autor, *in*: *Fest. Schaffstein*, p. 171 e ss., STRATENWERTH, Günter, *in*: *Fest. Schaffstein*, p. 177 e ss., WOLTER, Jürgen, *Objektive und personale Zurechnung*, p. 113 e ss., HIRSCH, Hans Joachim, *ZStW*, 94 (1982), p. 241 e ss.; entre nós, cf. COSTA, José de Faria, *RLJ*, 141 (2011), p. 63-64.

[808] Cf. SCHÜNEMANN, Bernd, *in*: *El sistema moderno*, p. 61.

[809] Cf. SCHÜNEMANN, Bernd, *in*: *El sistema moderno*, p. 61.

[810] O artigo 15º do nosso CP tem como epígrafe "negligência", estabelecendo que "age com negligência quem, por não proceder com o cuidado a que, segundo as circunstâncias, está obrigado e de que é capaz: *a)* representar como possível a realização de um facto que preenche um tipo de crime mas actuar sem se conformar com essa realização; ou *b)* não chegar sequer a representar a possibilidade de realização do facto". Sobre a definição de negligência empregada pelo lesgislador português, *vide*, COSTA, José de Faria, *BFD*, 69 (1993), p. 374 e ss. Para um percurso sobre as soluções vertidas nos vários Códigos Penais no contexto europeu, cf. DUTTGE, Gunnar, *in*: *MK*², § 15, nº 60 e ss.

da legalidade criminal, na sua dimensão de princípio da determinabilidade do tipo.

I. O conceito de tipos abertos na proposta de Welzel

1. É antiga a discussão em torno da questão de saber se os tipos negligentes devem ser considerados tipos abertos. O conceito de tipos abertos foi desenvolvido por Welzel na década de cinquenta do século passado[811]. Segundo Welzel, há que fazer uma distinção entre tipos fechados e tipos abertos. Nos tipos fechados a ilicitude pode averiguar-se mediante um procedimento puramente *negativo*. Ou seja, depois de ter comprovado a existência dos elementos do tipo – depois de ter comprovado a tipicidade da conduta – para determinar a ilicitude da conduta o juiz limitar-se-á a investigar se no caso *não* concorre uma causa de justificação. Nestes casos, o círculo dos elementos indiciadores da ilicitude encontra-se fechado – a tipicidade é indiciadora da ilicitude. Casos existem, porém, em que a conduta proibida não está caracterizada através de uma descrição objectiva e exaustiva e, portanto, a realização do tipo não é, nestes casos, indiciadora da ilicitude. Estes são os tipos abertos. O juiz, em vez de realizar o procedimento *negativo* habitual, próprio dos tipos fechados, terá de comprovar a ilicitude de forma *positiva*. Para tal, após ter determinado a realização de um tipo *aberto*, o juiz deve investigar a ilicitude através da comprovação dos chamados "elementos do dever jurídico" (*Reschtspflichtmerkmalen*). Este seria o caso dos tipos negligentes, dos tipos omissivos e ainda de alguns tipos dolosos de acção (como o tipo de coacção – § 240, nº 2, do StGB), em que não se encontra no tipo o conjunto completo dos elementos da ilicitude, devendo esta ser determinada mediante um juízo de valor autónomo por parte do juiz[812].

Nesta fase do pensamento de Welzel, para a realização do *tipo* de um crime negligente de resultado será suficiente a mera causação do resultado descrito na lei penal, na medida em que tal resultado esteja relacionado de modo adequado e previsível com a acção[813]. O condutor que atropela uma

[811] Em 1952 Welzel publicou um conjunto de artigos na *Juristenzeitung* em que se dedicou aos problemas do erro e foi nessas publicações que, pela primeira vez, Welzel se referiu ao conceito de tipos abertos (cf. Roxin, Claus, *Offene Tatbestände*, p. 1, nota 1).

[812] Cf. Welzel, Hans, *JZ* (1952), p. 343-344 e, o mesmo autor, em *Das neue Bild*[2], p. 18-19.

[813] Cf. Welzel, Hans, *Strafrecht*[5], p. 103-104, e Roxin, Claus, *Offene Tatbestände*, p. 11.

criança que se atravessa à frente do automóvel de tal modo que mesmo o condutor mais experiente não teria evitado o acidente, realiza o tipo de ofensa à integridade física por negligência. Há, assim, casos em que se causam resultados típicos que não se podem evitar, nem mesmo actuando com o cuidado devido. Nestes casos, a lesão dos bens jurídicos não pode ser considerada ilícita, já que o juízo de ilicitude expressa sempre a desaprovação de uma acção por comparação com a acção juridicamente exigível. Deste modo, segundo Welzel, a mera lesão de um bem jurídico, ou seja, a realização do tipo negligente, carece de efeito indiciador da ilicitude – o tipo dos delitos negligentes é um tipo aberto. Tal tipo tem de ser completado, para determinação da matéria proibida, por uma valoração autónoma realizada pelo juiz; valoração esta que se encontra já fora do tipo e constitui uma regra de ilicitude[814]. A acção típica negligente só será ilícita se o agente tiver actuado com violação do dever objectivo de cuidado. Este dever de cuidado é um elemento que pertence já à ilicitude e o juiz terá de comprovar a violação de tal dever antes de averiguar a existência de causas de justificação[815].

2. O reconhecimento da categoria dos tipos abertos[816] – que, como vimos, segundo Welzel, abrange também certos tipos dolosos – tem implicações importantes, desde logo, naturalmente, em sede de relações entre ilicitude e tipicidade[817], mas também em matéria de erro e de falta de consciência do ilícito.

[814] Cf. DIAS, Jorge de Figueiredo, *Direito Penal I*², 11º Cap., § 13.

[815] WELZEL, Hans, *Strafrecht*⁵, p. 68 e p. 105. Cf., ainda, ROXIN, Claus, *Offene Tatbestände*, p. 11.

[816] Para além de Welzel, também Armin Kaufmann se dedicou ao estudo dos tipos abertos. Kaufmann dedicou a sua atenção a um conjunto de elementos especiais do dever jurídico, que classificou em dois grandes grupos: as "ordens oficiais" e os "elementos de autoria" (cf. KAUFMANN, Armin, *Normentheorie*, p. 98 e ss. e p. 134 e ss.).

[817] Da concepção do tipo como descrição da matéria proibida resulta que ele não poderá estender-se aos "elementos do dever jurídico" sem que, por outro lado, tais elementos devam ser entendidos como causas de justificação. Deste modo, confere-se autonomia material à valoração da ilicitude. Porém, tem-se entendido que esta inserção dos elementos do dever jurídico na ilicitude é feita pela doutrina finalista mais para que possa libertar o tipo de elementos normativos – elementos que não se apresentam como puramente descritivos da matéria proibida –, do que para conferir autonomia material à ilicitude (cf. DIAS, Jorge de Figueiredo, *O problema*, p. 80).

A teoria dos tipos abertos foi sujeita a críticas da mais diversa natureza[818]. Logo no final da década de cinquenta Roxin salientou que os tipos abertos não cumprem as exigências que o sistema do facto punível impõe ao conceito de tipo, pelo que seriam uma categoria sistematicamente inútil[819]. O tipo supõe sempre uma indicação esgotante da matéria proibida, através de elementos descritivos ou normativos. O tipo como *tipo de ilícito* só pode ser concebido de um modo *fechado*, caso contrário faltar-lhe-á precisamente a sua qualidade de tipo. Pelo que, abrangendo comportamentos jurídico-penalmente irrelevantes, os tipos abertos não são verdadeiros tipos[820].

Roxin salientou ainda que a categoria dos tipos abertos não corresponde à essência do tipo penal. Este autor afirmou não encontrar razão para renunciar ao desenvolvimento sistemático de várias décadas e retomar a posição de Beling. O tipo não pode ser considerado valorativamente neutro em relação à ilicitude. Especificamente no que diz respeito aos crimes negligentes, Roxin salienta que a violação do dever objectivo de cuidado é um pressuposto da realização do tipo. Dado que uma norma só pode exigir razoavelmente aquilo que se pode realizar, não teria sentido que nos crimes negligentes se exigisse do agente mais do que a aplicação do cuidado que se requer na situação concreta. A circunstância de o texto legal se expressar mediante uma fórmula puramente causal não pode ser decisiva; a violação do dever objectivo de cuidado pertence sistematicamente ao tipo penal[821]. Depois de fazer uma análise pormenorizada da proposta de Welzel, Roxin conclui que o conceito de tipo aberto não tem utilidade como categoria sistemática autónoma, carecendo, consequentemente, de qualquer significado na esfera da sistemática jurídico-penal[822].

[818] Com uma crítica pormenorizada das propostas de Welzel e de Armin Kaufmann a este propósito, ROXIN, Claus, *Offene Tatbestände*, p. 53 e ss.

[819] Cf. ROXIN, Claus, *Offene Tatbestände*, p. 167-169.

[820] Cf., neste sentido, por todos, JESCHECK / WEIGEND, *Lehrbuch*[5], § 25, II, 1, ROXIN, Claus, *Allgemeiner Teil I*[4], § 10, nº 44, entre nós, DIAS, Jorge de Figueiredo, *Direito Penal I*[2], 11º Cap., § 17, e, o mesmo autor, em *O problema*, p. 81. Estas insuficiências do conceito de tipo aberto foram, de resto, percebidas pelo próprio Welzel que, em relação aos tipos negligentes e aos tipos omissivos, chegou a reconhecer que só poderia "falar-se de 'tipos' ('*Tatbeständen*') em sentido impróprio" (cf. WELZEL, Hans, *Das neue Bild*[2], p. 19).

[821] ROXIN, Claus, *Offene Tatbestände*, p. 71-72.

[822] ROXIN, Claus, *Offene Tatbestände*, p. 172-173.

3. A teoria dos tipos abertos foi recusada pela generalidade da doutrina. Nas últimas edições do Tratado, Welzel modificou a sua posição em relação a tal teoria e, em parte, acabou por a abandonar[823]. No que diz respeito aos crimes negligentes, na década de sessenta Welzel alterou a sua concepção em relação à violação do dever de cuidado. Segundo o autor, toda a acção que fique aquém das exigências objectivas do comportamento adequado no tráfico é uma acção típica no sentido dos delitos negligentes. Inversamente, já não será típica a acção que corresponde ao cuidado exigido no tráfico. O ordenamento jurídico não pode impor a quem quer que seja mais do que a observância do cuidado exigível no âmbito da relação. Com a execução de uma acção típica e a sua concretização numa lesão ou colocação em perigo de um bem jurídico há um indício de ilicitude que, todavia, pode ser excluída através da presença de uma causa de justificação[824].

Welzel refere, porém, que nos crimes negligentes a acção típica não está legalmente determinada, pelo que os tipos negligentes são tipos "abertos" ou "com necessidade de completação". O juiz tem de os completar, no caso concreto, de acordo com o *critério modelo* (*Leitbild*) do cuidado exigível no tráfego (§ 276 do BGB). O juiz tem de investigar qual é o cuidado exigível na situação concreta e, através da comparação do comportamento exigível com a acção real do agente, determinar se esta foi ou não adequada ao cuidado[825]. Segundo Welzel, nestes tipos abertos em que há um *critério modelo* de completação do tipo, o método de determinação da ilicitude não apresenta diferenças em relação ao utilizado nos tipos fechados. Uma vez comprovada a realização completa do tipo através de uma conduta, a determinação da ilicitude far-se-á de um modo puramente negativo, isto é, através da comprovação de que não intervém nenhuma causa de justificação. A única diferença em relação aos tipos fechados residirá no facto de que primeiramente o juiz deve proceder à completação do tipo de acordo com o *critério modelo*, extraído da lei. Realizada esta tarefa, a comprovação da licitude far-se-á do mesmo modo que nos tipos fechados[826].

[823] Cf., neste sentido, KAUFMANN, Armin, *in: Fest. Ulrich Klug*, p. 277.

[824] Cf. WELZEL, Hans, *Strafrecht*[11], p. 134-135 e p. 137.

[825] Cf. WELZEL, Hans, *Strafrecht*[11], p. 131, e, o mesmo autor, em *Fahrlässigkeit und Verkehrsdelikte*, p. 14-15.

[826] Isto é o que acontece, segundo Welzel, em relação aos tipos negligentes (por referência ao "cuidado exigível no tráfego") e aos crimes omissivos (por referência à "posição de garante"). Coisa diferente se verifica em relação aos tipos abertos em que falta um critério modelo para

4. Welzel abandona, deste modo, a ideia previamente defendida no sentido de que os tipos negligentes não seriam tipos indiciadores da ilicitude. A violação do dever de cuidado é, agora, parte integrante do tipo negligente. O conceito de tipo aberto, em relação aos crimes negligentes, passou a ser utilizado já não por referência à questão de saber se certos elementos pertencem ao tipo ou antes à ilicitude, mas apenas no sentido de que, não estando a acção típica previamente definida pelo legislador, tais tipos necessitam de uma completação judicial adicional.

5. Acompanhando nós Figueiredo Dias no sentido de que, em sede de relações entre ilicitude e tipicidade a prioridade pertence ao ilícito, e exprimindo o tipo um sentido jurídico-social de desvalor – não sendo, por isso, valorativamente neutro –, não podemos, naturalmente, aceitar a proposta inicial de Welzel, de que as valorações a realizar pelo juiz não fariam parte da categoria sistemática da tipicidade, integrando apenas a categoria da ilicitude. Na síntese esclarecedora de Figueiredo Dias, "se o tipo de ilícito é sempre individualização de um sentido de ilicitude de uma espécie de delito, não fica espaço para elementos do facto que, participando do conteúdo da ilicitude de uma espécie de delito, não pertençam ao tipo"[827]. A este propósito, é indiferente a forma utilizada pelo legislador para concretizar um tal conteúdo – "positiva ou negativamente, descrevendo a acção ou caracterizando o dever do agente, utilizando na medida possível elementos objectivo-factuais ou antes fórmulas gerais de valor"[828].

É certo que o grau de precisão da matéria objecto de proibição é diferente em cada preceito penal. Porém, os elementos de completação da matéria proibida que o juiz obtém a partir de juízos de valor não deixam de constituir elementos do tipo – elementos que não se distinguem dos demais elementos, excepto quanto ao procedimento da sua obtenção. Pelo que, ainda quando a lei penal não enuncia os elementos do tipo de modo integral, abandonando, em certa medida, ao juiz a sua formulação por meio

a completação do tipo, como sucede designadamente com o tipo de coacção (§ 240, nº 2, do StGB). Nestes casos, a ilicitude deve ser determinada mediante um juízo de valor autónomo do juiz (cf. WELZEL, Hans, *Strafrecht*[11], p. 82). Referindo que não se compreende a razão pela qual Welzel continua a defender que no caso do tipo de coacção a determinação da ilicitude há-de ser realizada de modo positivo pelo juiz, ROXIN, Claus, *Allgemeiner Teil I*[4], § 10, nº 44, nota 89.

[827] DIAS, Jorge de Figueiredo, *Direito Penal I*[2], 11º Cap., § 19.

[828] DIAS, Jorge de Figueiredo, *Direito Penal I*[2], 11º Cap., § 19.

de uma *completação do tipo* – como acontece nos tipos negligentes –, os elementos em falta continuam a ser parte integrante do tipo[829].

II. A *abertura* dos tipos negligentes e a sua compatibilidade com o princípio da determinabilidade do tipo

Do que acbámos de dizer resulta que uma questão é a de saber se os elementos determinados pelo juiz através de valorações adicionais pertencem ao tipo ou antes à ilicitude – questão a que respondemos já no sentido de que não há espaço para elementos da ilicitude que não pertençam ao tipo. Outra questão que pode colocar-se é a de saber se a individualização dos elementos que fundamentam um determinado tipo legal de crime é levada a cabo pelo legislador ou pelo juiz. Esta será uma questão que poderá contender com o princípio da legalidade criminal, na sua vertente de lei determinada (*nullum crimen sine lege certa*), mas já não com o problema da pertença de tais elementos ao tipo[830].

Como vimos, o próprio Welzel deixou de considerar a *abertura* dos tipos negligentes como um problema da relação entre as categorias sistemáticas da tipicidade e da ilicitude. Esta característica dos tipos negligentes passou a referir-se apenas à necessidade de completação do tipo por parte do juiz – um problema relacionado, portanto, com o princípio da determinabilidade do tipo. Aliás, quando se dedica especificamente ao princípio da determinabilidade do tipo, Welzel não deixa de salientar que tal princípio sofre uma restrição considerável no âmbito dos tipos abertos, em especial na esfera dos tipos negligentes. Nos tipos negligentes só está descrita na lei uma parte do tipo, devendo a outra parte ser construída pelo juiz. O autor conclui, no entanto, que os reparos que poderiam fazer-se a propósito de uma eventual violação do princípio da determinabilidade ficam atenuados pelo facto de a lei fornecer ao juiz *pontos de apoio* (*Anhaltspunkte*) para a completação do tipo[831].

Roxin, na sequência da crítica que dirige contra ao conceito de tipo aberto proposto inicialmente por Welzel – a que não reconhece utilidade como categoria sistemática autónoma – não deixa, no entanto, de referir

[829] Cf., neste sentido, JESCHECK / WEIGEND, *Lehrbuch*^{5}, § 25, I, 2, e § 25, II, 1.
[830] Cf., neste sentido, JESCHECK / WEIGEND, *Lehrbuch*^{5}, § 25, I, 2.
[831] WELZEL, Hans, *Strafrecht*^{11}, p. 23-24.

que tal conceito pode ser útil para abranger os tipos legais de crime em que o legislador utiliza cláusulas gerais cujo conteúdo tem de ser determinado pelo juiz, de acordo com as circunstâncias do caso concreto[832]. E a verdade é que se generalizou na doutrina a referência aos tipos negligentes como tipos abertos, neste sentido de tipos que manifestam uma certa *indeterminação.*

Sobretudo na Alemanha tem sido muito questionada a compatibilidade dos crimes negligentes com o princípio da legalidade criminal (decorrente do artigo 103, nº 2, da *Grundgesetz* – GG), na sua refracção de determinabilidade do tipo.

1. A teoria da concordância de Bohnert

Bohnert questiona a constitucionalidade dos tipos abertos, da perspectiva do princípio da determinabilidade do tipo[833]. Segundo o autor, quando a lei penal não descreve todos os pressupostos da punição ou só os descreve de modo insuficiente, tal insuficiência não pode ser eliminada com a invocação de que a jurisprudência determina os elementos ausentes a partir de pontos de apoio legais. Porém, segundo Bohnert, tal problema não se coloca verdadeiramente em relação aos crimes negligentes, porque os tipos negligentes não são tipos abertos. Para Bohnert, os tipos negligentes são semelhantes aos tipos dolosos. São ambos tipos fechados, constituídos pela causação de um resultado[834].

Bohnert salienta que, por regra, a diferença entre a redacção de um tipo doloso e do tipo negligente correspondente radica apenas no acrescento da expressão "por negligência". E da perspectiva da norma e da sua finalidade de protecção também não há diferenças a assinalar[835]. As normas

[832] ROXIN, Claus, *Offene Tatbestände*, p. 172-173.

[833] BOHNERT, Joachim, *ZStW*, 94 (1982), p. 70-71.

[834] BOHNERT, Joachim, *ZStW*, 94 (1982), p. 74 e ss., p. 79-80.

[835] Bohnert estrutura a sua tese a partir da identidade entre norma e finalidade de tutela de bens. Bohnert afirma que "bem jurídico e orientação de comportamentos são fundamentalmente iguais" (BOHNERT, Joachim, *ZStW*, 94 (1982), p. 75). Não podemos aceitar sem reparos esta afirmação. Acompanhamos Paula Ribeiro de Faria quando salienta que a afirmação de Bohnert apenas seria verdadeira "se a única indicação de comportamento tipicamente relevante fosse no sentido da proibição da produção causal do resultado". Mas não é isto que acontece no direito penal. O direito penal valora de modo diferente a produção

penais que estão na base dos crimes dolosos e dos crimes negligentes são idênticas (por exemplo: não deves matar). E, sendo normas abstractas, a proibição penal é conhecida de igual modo pelos autores de factos dolosos e pelos autores dos factos negligentes. A única diferença radica em que nos delitos dolosos ocorre uma concretização da norma penal abstracta, através do plano do agente e da sua realização. Já nos delitos negligentes falha tal concretização da norma. No crime negligente falta o efeito concretizador do plano, porque o autor não *quer* o resultado. A norma permanece abstracta para o autor que, mesmo que a conheça, não relaciona o preceito normativo com a situação em que actua, seja porque não conhece em absoluto a relação da norma com a situação (negligência inconsciente), seja porque aprecia incorrectamente tal relação (negligência consciente)[836]. Porém, como esta atitude interior não é um elemento de determinação da norma, não pode, por esta via, defender-se que os tipos dolosos e os negligentes se distinguem do ponto de vista da determinação.

Esta *teoria da concordância*[837] proposta por Bohnert – se o tipo doloso e o tipo negligente são iguais, não pode dizer-se que o primeiro é fechado e o segundo é aberto – será compreensível se o tipo for entendido apenas como desvalor de resultado (como lesão do bem jurídico). As dificuldades surgem, porém, quando se convoca o elemento do dever de cuidado que, de acordo com a doutrina dominante, integra o tipo de ilícito negligente.

Recusando relacionar a violação do dever de cuidado com um específico desvalor de acção – referindo-o antes ao âmbito da relação causal entre a conduta e o resultado –, Bohnert defende que a violação do dever de cuidado não é um elemento característico apenas da negligência. Nos crimes dolosos o agente também viola o dever de cuidado, só que a existência (de certo modo subsidiária) deste elemento nos crimes dolosos não é evidente. Nos crimes negligentes, o dever de cuidado cumpre uma *função de advertência* (*Warnungsfunktion*) que se revela necessária para que se possa dirigir ao agente uma censura pela previsibilidade do resultado. Como no facto doloso o agente *quer* produzir o resultado, a função de advertência

negligente ou dolosa de um resultado, atribuindo-lhes significados diferentes do ponto de vista da consequência jurídica a aplicar (FARIA, Paula Ribeiro de, *in*: *BFD, Estudos Castanheira Neves III*, p. 705, nota 8).

836 BOHNERT, Joachim, *ZStW*, 94 (1982), p. 75-77.

837 Esta denominação da proposta de Bohnert ficou a dever-se a SCHÖNE, Wolfgang, *in*: *Gedächtnisschrift Hilde Kaufmann*, p. 663.

acerca da perigosidade da conduta perde relevância[838]. Pelo que, segundo Bohnert, o elemento da violação do dever de cuidado também não constituirá um obstáculo à *teoria da concordância*.

Salienta Bohnert que, ao contrário do afirmado por Welzel, os tipos negligentes não precisam de uma completação judicial. Na generalidade dos casos o que o juiz é chamado a fazer é não mais do que uma prognose de perigosidade da conduta que não assume, por si só, carácter normativo. Situações há, no entanto, em que a função jurisprudencial adquire esse significado normativo. Tal acontecerá nos casos em que por via judicial se procede a uma limitação da responsabilidade do agente, na medida em que se considere, designadamente, que uma conduta à partida violadora do cuidado deve, atentas as circunstâncias concretas, ser imputada à esfera do risco permitido. Esta imputação ao âmbito do risco permitido – sendo uma tarefa judicial – é um expediente normativo que, conduzindo a uma limitação do tipo e funcionando em favor do agente, não tem de estar legalmente determinada[839].

Não sendo o dever de cuidado uma particularidade dos crimes negligentes e distinguindo-se os crimes negligentes dos crimes dolosos apenas pela relação interna do autor com o resultado causado, conclui Bohnert que os tipos dolosos e os negligentes são igualmente (in)determinados, não sendo os negligentes mais abertos que os dolosos[840].

São várias as críticas que podem dirigir-se a esta proposta de Bohnert. Críticas que, no fundo, vão encontro das que se dirigem à proposta clássica do conceito de facto punível e que, aqui, podem resumir-se à ideia de que, hoje, não pode mais aceitar-se que o ilícito se reduz ao desvalor de resultado[841].

[838] Bohnert, Joachim, *ZStW*, 94 (1982), p. 78.

[839] Bohnert, Joachim, *ZStW*, 94 (1982), p. 79-80.

[840] Bohnert, Joachim, *ZStW*, 94 (1982), p. 80.

[841] Para uma crítica pormenorizada da proposta de Bohnert, *vide*, Schöne, Wolfgang, *in*: *Gedächtnisschrift Hilde Kaufmann*, p. 660 e ss., Serrano González de Murillo, José, *Delito Imprudente*, p. 162 e ss. Entre nós, *vide*, Faria, Paula Ribeiro de, *Adequação social*, p. 939, nota 1487, e, a mesma autora, *in*: *BFD, Estudos Castanheira Neves III*, p. 705 e ss.

2. A proposta de Schöne

Segundo Schöne são justificadas as suspeitas de inconstitucionalidade em relação aos tipos abertos, por ausência de *lex scripta e stricta*[842]. É clara a dificuldade de compatibilizar a exigência constitucional de determinabilidade do tipo com a necessidade de punir as condutas negligentes. É certo, por um lado, que não é possível converter todas as formas de conduta contrárias ao cuidado em objecto de proibições ou obrigações, formulando as leis penais respectivas. Mas, por outro lado, o direito penal não pode prescindir da punição das condutas negligentes porque tal significaria suprimir um instrumento necessário de protecção de bens jurídicos[843]. E também não é aceitável solucionar o problema com remissão para o carácter do direito penal como ciência prática, de modo a resolver unilateralmente as tensões entre política criminal e direito constitucional em favor daquela[844].

Segundo Schöne, descrevendo as leis penais de forma incompleta os pressupostos dos crimes negligentes, o único modo de ser excluída a inconstitucionalidade daquelas será mediante o entendimento de que o artigo 103, nº 2, da GG, não exige uma maior determinação legal. Não se trata aqui de uma capitulação da Constituição perante a política criminal – trata-se sim de limites imanentes do princípio *nullum crimen sine lege*[845]. Analisar tais limites é matéria de direito constitucional. A este propósito, na esfera do direito penal só se pode perguntar se a verificação da *impossibilidade "de princípio"* (*eine "prinzipielle" Unmöglichkeit*) de se criar *leis penais aptas a subsunção* (*subsumtionsfähige Strafgesetze*) no âmbito dos crimes negligentes permitirá uma redução das exigências de determinação legal decorrentes do artigo 103, nº 2, da GG. A questão será a de saber se poderá afirmar-se a inconstitucionalidade apenas nos casos em que o legislador

[842] No nosso entendimento, o problema da determinabilidade do tipo contende fundamentalmente com o princípio da legalidade criminal na sua dimensão de *lege certa*. O corolário *nullum crimen sine lege stricta* convoca de modo imediato o problema da proibição da analogia (e não o da determinabilidade do tipo). Sobre os quatro corolários do princípio da legalidade criminal, *vide*, Neves, A. Castanheira, *BFD, Estudos Eduardo Correia, I*, p. 307 e ss.

[843] Schöne, Wolfgang, *in*: *Gedächtnisschrift Hilde Kaufmann*, p. 656-657.

[844] Schöne, Wolfgang, *in*: *Gedächtnisschrift Hilde Kaufmann*, p. 657. Cf., a este proósito, Jescheck, Hans-Heinrich, *Aufbau und Behandlung der Fahrlässigkeit*, p. 10 e ss., e Bohnert, Joachim, *ZStW*, 94 (1982), p. 70 e ss.

[845] Schöne, Wolfgang, *in*: *Gedächtnisschrift Hilde Kaufmann*, p. 657-658.

podia ter cumprido as exigências de determinabilidade do tipo; negando-se já tal inconstitucionalidade quando, claramente, não tenha sido possível ao legislador ir mais longe em termos de determinabilidade[846].

Schöne esclarece, no entanto, que para atenuar a tensão entre Constituição e direito penal não deve apenas reflectir-se acerca de uma eventual redução teleológica do artigo 103, nº 2, da GG. Também o direito penal deve dar o seu contributo mediante uma revisão autocrítica da sua vinculação à política criminal, bem como dos instrumentos de que vem lançando mão[847]. Schöne salienta que a problemática da negligência tem crescido nas últimas décadas de forma quase explosiva. Tal deve-se em grande parte aos perigos renovados inerentes ao mundo mecanizado e industrializado e sobre cujo crescimento o direito penal não exerce qualquer influência. Existe, porém, uma tendência para incorporar em cada nova lei, de forma quase automática, ameaças penais ou contra-ordenacionais para as infracções negligentes. Este esforço para alcançar uma protecção de bens jurídicos sem lacunas traz consigo o perigo de reacções penais desnecessárias ou desproporcionadas e o direito penal não pode deixar de reflectir sobre esta realidade[848].

O facto de o juiz ser chamado a determinar o tipo negligente deve torná-lo consciente desta tendência para a ampliação da responsabilidade. O juiz deve ser criterioso na determinação da violação do dever de cuidado, devendo, sempre que tal se justificar, concluir pelo *fracasso* do legislador: "o homem não pode ser motivado por regras de conduta que não existem"[849].

Em jeito de conclusão poderá dizer-se que, perante a impossibilidade de eliminar o carácter indeterminado do tipo negligente, para Schöne a solução estará, por um lado, na restrição da criação de crimes negligentes segundo um critério de necessidade e, por outro lado, na determinação criteriosa, por parte do juiz, do conteúdo do dever de cuidado.

[846] SCHÖNE, Wolfgang, *in*: *Gedächtnisschrift Hilde Kaufmann*, p. 658.
[847] SCHÖNE, Wolfgang, *in*: *Gedächtnisschrift Hilde Kaufmann*, p. 659.
[848] Na ilustração expressiva de Schöne, não pode esquecer-se que "o instrumento da punição da negligência se torna tanto menos eficaz quanto maior for a frequência com que o cidadão abandonar o tribunal com a sensação de que o Estado podia tê-lo informado previamente – e não apenas posteriormente, através do juiz –, acerca do carácter incorrecto da conduta e que, na verdade, o juiz não está a aplicar uma pena por um comportamento incorrecto e censurável, estando antes a cobrar um imposto pelo risco inerente à participação na vida em comunidade" (SCHÖNE, Wolfgang, *in*: *Gedächtnisschrift Hilde Kaufmann*, p. 659).
[849] SCHÖNE, Wolfgang, *in*: *Gedächtnisschrift Hilde Kaufmann*, p. 659-660.

3. As propostas mais recentes

1. Apesar de esta questão da compatibilidade do tipo negligente com o princípio da determinabilidade do tipo ser, desde há muito, discutida na Alemanha, tal questão ressurgiu com particular intensidade nos últimos anos[850].

A questão foi recolocada por Duttge, que considera que o direito penal alemão não oferece uma determinação legal suficiente do conceito de negligência; questão tanto mais complexa quanto é certo que, segundo o autor, o conceito de negligência é ainda hoje um conceito pouco seguro em termos semânticos e etimológicos[851]. Duttge considera ser de repudiar a opção do legislador alemão de não fornecer uma definição legal de negligência. A exigência de determinabilidade legal – e não apenas de determinabilidade jurisprudencial e/ou doutrinal – na esfera penal é afirmada por razões relacionadas com a segurança dos cidadãos que não podem ser ignoradas[852].

Por outro lado, Duttge entende que os critérios que têm sido avançados pela doutrina para caracterização do ilícito negligente – como a violação do dever de cuidado ou a infracção do risco permitido – não contribuem suficientemente para a determinação do conceito. Para Duttge, o núcleo da negligência vai ao encontro do que designa por *razão concludente (triftige Veranlassung)*: a censura por negligência radica no facto de, não obstante a presença de uma *razão concludente* no sentido de uma violação de bens jurídicos, o agente não ter renunciado (ou não ter renunciado tempestivamente) ao curso ulterior dos acontecimentos que conduziu a tal

[850] E a doutrina alemã está longe de alcançar consenso a este propósito. É curioso observar que, por exemplo, no *Münchener Kommentar zum Stragesetzbuch*, Freund e Hardtung defendem que os tipos negligentes gozam de uma determinabilidade suficiente (cf. FREUND, Georg, *in*: *MK*², antes dos §§ 13 e ss., nº 457, e HARDTUNG, Bernard, *in*: *MK*², § 222, nº 1 e 7), enquanto Duttge e Schmitz questionam a compatibilidade de tais tipos legais de crime com o princípio constitucional da determinabilidade (cf. DUTTGE, Gunnar, *in*: *MK*², § 15, nº 32 e ss., e SCHMITZ, Roland, *in*: *MK*², § 1, nº 49 e ss.). Chamando também a atenção para a intensidade com que a questão da (in)determinabilidade dos tipos negligentes tem sido colocada nos últimos anos, cf. SILVA SÁNCHEZ, Jesús-Maria, *InDret* 2 (2012), p. 1, e FEIJOO SÁNCHEZ, Bernardo, *RJUAM*, 27 (2013), p. 144.

[851] Cf. DUTTGE, Gunnar, *Fahrlässigkeitsdelikte*, p. 202 e ss., espte., p. 206 e p. 486-487, e, o mesmo autor, *in*: *MK*², § 15, nº 33 e ss.

[852] Cf. DUTTGE, Gunnar, *in*: *MK*², § 15, nº 34 e 37.

violação[853]. Conduzindo o conceito de *razão concludente* a soluções mais seguras e determinadas que os critérios tradicionais, entende Duttge que os princípios por ele avançados abrem caminho para uma interpretação dos tipos negligentes conforme à constituição. Deste modo, evitar-se-á uma situação jurídica de inconstitucionalidade – por via da violação do artigo 103, nº 2, da GG –, pelo menos enquanto o legislador continuar a recusar-se a proceder a uma clarificação do conceito de negligência[854].

2. Partindo dos contributos de Duttge a este propósito, entende Schmitz que o princípio da legalidade se *perde completamente* quando o legislador declara a punibilidade de determinados comportamentos, mas omite a regulação dos pressupostos de tal punibilidade. É precisamente o que acontece com os tipos negligentes. Assumindo uma posição mais radical que a defendida por Duttge, Schmitz entende que os tipos negligentes são inconstitucionais por violação do disposto no artigo 103, nº 2, da GG, pelo que devem ser considerados nulos[855].

3. Herzberg, por seu lado, tem-se mostrado particularmente crítico desta concepção que põe em causa a compatibilidade dos tipos negligentes com o princípio da determinabilidade do tipo[856]. O autor chama a atenção para a consequência – gravíssima, do seu ponto de vista – das concepções mais radicais a este respeito. Considerando-se que os tipos legais de crimes que prevêem e punem comportamentos negligentes são incompatíveis com um preceito constitucional, eles devem ser considerados inconstitucionais e, consequentemente, a punição de tais comportamentos deixa de

[853] DUTTGE, Gunnar, *Fahrlässigkeitsdelikte*, p. 356-357 e p. 493, e, o mesmo autor, *in*: *MK*², § 15, nº 122. Sobre a construção dogmática do facto negligente proposta por Duttge, cf. FIDALGO, Sónia, *in*: *Estudos Costa Andrade I*, p. 596 e ss.

[854] DUTTGE, Gunnar, *Fahrlässigkeitsdelikte*, p. 496.

[855] Cf. SCHMITZ, Roland, *in*: *MK*², § 1, nº 49 e ss. O autor desenvolve esta sua ideia com mais pormenor em SCHMITZ, Roland, *in*: *Fest. Erich Samson*, p. 181 e ss., onde, convocando também os contributos de Mikus e de Ciacchi, responde às críticas dirigidas por Herzberg contra a doutrina que questiona a constitucionalidade dos tipos legais negligentes por violação do princípio da legalidade criminal (cf. MIKUS, Rudolf Alexander, *Verhaltensnorm*, p. 32 e ss., CIACCHI, Aurelia Colombi, *Fahrlässigkeit*, p. 13 e ss., e HERZBERG, Rolf Dietrich, *NStZ* (2004), p. 593 e ss., respectivamente).

[856] Cf. HERZBERG, Rolf Dietrich, *GA* (2001), p. 568 e ss., do mesmo autor, *NStZ* (2004), p. 593 e ss., e, ainda do mesmo autor, *ZIS* 5 (2011), p. 444 e ss.

estar legitimada (apesar de tais comportamentos estarem previstos como crimes e serem puníveis com sanções penais).

Herzberg salienta que todos os pressupostos da punição são expressos através de conceitos mais ou menos abstractos, cujo preenchimento no caso concreto apenas pode ser conhecido mediante uma valoração que é sempre mais ou menos incerta. Aliás, são vários os tipos legais de crimes dolosos em que encontramos conceitos indeterminados. E, no caso dos tipos negligentes, não raras vezes podemos lançar mão de normas jurídicas – pense-se, por exemplo, nas normas do Código da Estrada – que nos dão instruções precisas acerca do permitido e do proibido. E tais normas fornecem uma informação de tal modo pormenorizada que não poderia ser inserida no Código Penal.

Herzberg esclarece, no entanto, que do seu ponto de vista não há qualquer especificidade nos tipos negligentes no que diz respeito à determinação ou delimitação do tipo. E a crítica do autor não se esgota ao apontar os referidos tipos legais de crimes dolosos em que o legislador lança mão de conceitos indeterminados. Herzberg vai mais longe, ao afirmar que a indeterminação que certos autores apontam aos tipos negligentes, na verdade, também está presente nos crimes dolosos. Também nos crimes dolosos existem elementos não escritos, referentes à violação do risco permitido (e à imputação objectiva) e, portanto, ao carácter penalmente desaprovado da conduta do agente. A seguir-se a posição dos autores que defendem a inconstitucionalidade dos tipos negligentes por falta de determinabilidade, tal crítica teria de valer também para os tipos dolosos e, consequentemente, a conclusão teria de ser a de que nenhum tipo legal de crime cumpre as exigências do artigo 103, nº 2, da GG, o que, naturalmente, não é defensável[857].

4. Apreciação

Não querendo tecer aqui considerações profundas sobre o princípio da legalidade criminal, os seus fundamentos e os diversos planos em que

[857] HERZBERG, Rolf Dietrich, *ZIS* 5 (2011), p. 444 e ss., esp.te, p. 447-448 e 451-452. Também Roxin salienta que, em relação às regras da imputação objectiva, não existem diferenças entre os crimes negligentes e os dolosos, uma vez que as regras pelas quais se determina a negligência são igualmente válidas na esfera dos crimes dolosos (ROXIN, Claus, *Allgemeiner Teil I*[4], § 24, nº 95).

produz efeitos, sempre diremos, com Figueiredo Dias, que no plano da determinabilidade do *tipo legal* ou *tipo de garantia*, importa que "a descrição da matéria proibida e de todos os outros requisitos de que dependa em concreto uma punição seja levada até a um ponto em que se tornem objectivamente determináveis os comportamentos proibidos e sancionados e, consequentemente, se torne objectivamente motivável e dirigível a conduta dos cidadãos"[858]. Uma lei penal indeterminada ou imprecisa não protege o cidadão da arbitrariedade, porque não proporciona uma autolimitação do *ius puniendi* do Estado. Simultaneamente, não cumprirá a sua função de prevenção, na medida em que o cidadão não conhece com clareza os comportamentos que são proibidos. Razão pela qual tal lei não pode, compreensivelmente, proporcionar a base para a realização de um juízo de culpa. Além disso, uma lei penal indeterminada contraria o princípio da divisão de poderes, na medida em que oferece ao juiz uma ampla margem para interpretação, permitindo-lhe uma invasão do âmbito de actuação do legislador[859].

Sendo o dever de cuidado parte do tipo de ilícito negligente, necessário se torna que a definição e a extensão do seu conteúdo estejam claramente equacionadas. Todavia, também nós damos por assente que "é precisamente nos crimes negligentes que mais facilmente se percebe a 'abertura' do próprio tipo legal"[860]. Os tipos penais negligentes nada dizem

[858] DIAS, Jorge de Figueiredo, *Direito Penal I*², 8º Cap., § 16. Sobre os fundamentos do princípio da legalidade da intervenção penal, distinguindo entre fundamentos internos (ligados à concepção fundamental do Estado) e fundamentos externos (de natureza especificamente jurídico-penal), *vide*, por todos, DIAS, Jorge de Figueiredo, *Direito Penal I*², 8º Cap., § 4 e 5, e, de modo aproximado, ROXIN, Claus, *Allgemeiner Teil I*⁴, § 5, nº 18 e ss., e MARINUCCI / DOLCINI, *Diritto Penale*⁴, p. 37 e p. 57 e ss. Distinguindo entre um *fundamento político* e um *fundamento dogmático-jurídico*, entendendo que este último vai ao encontro da *axiológica normatividade do próprio direito*, NEVES, A. Castanheira, *BFD, Estudos Eduardo Correia, I*, p. 362 e ss., 368 e ss. e 383 e ss.

[859] Cf. ROXIN, Claus, *Allgemeiner Teil I*⁴, § 5, nº 67.

[860] COSTA, José de Faria, *Perigo*, p. 478-9. Cf., ainda, DIAS, Jorge de Figueiredo, *Direito Penal I*², 35º Cap., § 39, e ROXIN, Claus, *Allgemeiner Teil I*⁴, § 24, nº 94. Paula Ribeiro de Faria entende que não pode falar-se em relação à *fattispecie* negligente de uma *fattispecie* aberta. Nas palavras da autora, "o ilícito negligente deixa-se fundar numa *fattispecie* materialmente fechada, porque, embora não se encontrem exaustivamente descritas as hipóteses de violação do dever de cuidado típicas, sabe-se que devem corresponder sempre a um juízo socialmente relevante de previsibilidade e evitabilidade objectivas" (FARIA, Paula Ribeiro de, *Adequação social*, p. 938). No entanto, a autora refere também que no âmbito da *fattispecie* negligente o

acerca do género e da medida do cuidado exigível. Nesse sentido, o tipo dos crimes negligentes há-de completar-se por meio de valorações judiciais adicionais[861].

Daqui não resulta, porém, qualquer violação do princípio da determinabilidade do tipo. Os tipos negligentes não exigem do cidadão o conhecimento inalcançável de inúmeros "tipos de riscos" não escritos, exigindo apenas uma avaliação do perigo que corresponde à valoração feita pelo legislador. E tal avaliação é, por regra, perfeitamente acessível ao indivíduo, através das diversas fontes do dever de cuidado[862]. Em rigor, os deveres de cuidado estão em contínuo e permanente desenvolvimento, pelo que não é imaginável outro modo de concretização de tais deveres que não seja, precisamente, através da prática judicial[863].

Por outro lado, a circunstância de o conteúdo do dever de cuidado não estar descrito no tipo legal de crime não faz com que se perca o limite material das valorações que o juiz terá de realizar no caso concreto. Partindo das características do caso, o juiz terá sempre de pensar todos os elementos do tipo legal de crime "à luz do sentido material que corresponde ao 'todo' da incriminação" – a norma penal que incrimina a negligência surge sempre como "critério material vinculante da decisão"[864]. E, na verdade, esta a tarefa de comparação do sentido material da conduta que o agente realizou no caso concreto com o sentido material da incriminação que o legislador verteu formalmente no tipo é uma tarefa que o

juiz desempenha "uma tarefa de criação do direito ao ter que pensar o caso à luz da norma e do seu sentido, pelo que, sob esta perspectiva de coisas, a *fattispecie* negligente acaba por ser uma *fattispecie* aberta" (*idem*, p. 939). Na doutrina espanhola, Corcoy Bidasolo recusa a caracterização do tipo negligente como um tipo aberto (CORCOY BIDASOLO, Mirentxu, *Delito imprudente*, p. 124 e ss.).

861 Cf. JESCHECK / WEIGEND, *Lehrbuch*⁵, § 54, I, 3.

862 Cf. ROXIN, Claus, *Allgemeiner Teil I*⁴, § 24, nº 96. Na expressão sugestiva de Roxin, "um leigo poderá decidir na maioria das vezes com maior competência sobre a questão de saber se uma conduta é negligente do que, por exemplo, sobre os limites da legítima defesa ou do *dolus eventualis*" (*ibidem*). O autor salienta, porém, que há casos em que é impossível para o sujeito saber que se comporta de modo perigoso (por falta de experiência, conhecimentos ou capacidades, por exemplo). Estes casos poderão, todavia, ser resolvidos por meio da negação da culpa negligente (*idem*, nº 97).

863 Neste sentido, já BOCKELMANN, Paul, «Blendung und Ermüdung», p. 280 e ss., e, entre outros, JESCHECK / WEIGEND, *Lehrbuch*⁵, § 54, I, 3.

864 FARIA, Paula Ribeiro de, *in*: *BFD, Estudos Castanheira Neves III*, p. 709.

juiz terá de desempenhar sempre, independentemente de se tratar de um tipo legal de crime doloso ou negligente[865].

§ 25. A violação do dever objectivo de cuidado como essência do tipo de ilícito negligente

1. Tem sido discutido qual deve ser o conteúdo do elemento da negligência que determina o ilícito-típico. Há quem considere que o ilícito típico negligente se consubstancia na violação pelo agente de um dever objectivo de cuidado que sobre ele juridicamente impende[866]. E há também quem proponha a abolição de tal critério, entendendo que a delimitação da tipicidade negligente deve fazer-se através de uma remissão directa para os princípios gerais da imputação objectiva, em particular, para os critérios da teoria da "conexão do risco". A categoria da criação ou potenciação pelo agente de um risco não permitido, comum aos delitos dolosos e negligentes de resultado, passaria a conformar a tipicidade dos crimes negligentes[867].

2. Entre o segundo grupo de autores encontra-se Claus Roxin. Roxin vem criticando a prestabilidade dos elementos tradicionais da dogmática do facto negligente. Em seu modo de ver, a violação do dever objectivo de cuidado é um critério mais vago que os de imputação objectiva e, por isso, prescindível; podendo dizer-se o mesmo em relação à previsibilidade e evitabilidade do resultado. Segundo o autor, tudo radicará em saber se o agente criou ou não um risco não permitido e se esse risco se concretizou no resultado típico: na realização de um tipo negligente não é neces-

[865] Neste sentido, também, FARIA, Paula Ribeiro de, *in*: *BFD*, *Estudos Castanheira Neves III*, p. 707 e ss., concluindo a autora que, ao contrário do defendido por Schöne, a norma que incrimina a negligência não é dotada apenas da determinabilidade "possível", sendo dotada da determinabilidade "necessária" (*idem*, p. 709).

[866] Neste sentido, JESCHECK / WEIGEND, *Lehrbuch*[5], § 54, I, 3, MAURACH / GÖSSEL / ZIPF, *Allgemeiner Teil 2*[8], § 43, nº 9 e ss., STRATENWERTH / KUHLEN, *Allgemeiner Teil*[6], § 15, nº 11, DIAS, Jorge de Figueiredo, *Direito Penal I*[2], 35º Cap., § 4 e ss., CARVALHO, Américo Taipa de, *Direito Penal*[2], § 928 e ss., MONIZ, Helena, *Agravação pelo resultado*, p. 695 e ss., e FIDALGO, Sónia, *Responsabilidade Penal por Negligência*, p. 54 e ss.

[867] Nestes termos, ROXIN, Claus, *Allgemeiner Teil I*[4], § 24, nº 8 e ss., WOLTER, Jürgen, *GA* (1977), p. 262, 267 e ss. e 273-274, e, do mesmo autor, *Objektive und personale Zurechnung*, p. 195.

sário convocar-se critérios que vão para além dos critérios da doutrina da imputação objectiva[868].

3. Figueiredo Dias afirmou já que as duas formulações (violação de um dever objectivo de cuidado e criação de um perigo não permitido) são equivalentes, "ao menos no sentido de que, sempre que o agente, com o seu comportamento, não tenha criado um perigo não permitido, também aí não será possível divisar a violação de qualquer dever objectivo de cuidado; e inversamente: sempre que o agente crie com a sua conduta um perigo não permitido, tanto parece bastar para que possa comprovar-se a violação do cuidado objectivamente devido"[869]. Segundo o autor, a opção por uma das duas formulações radicaria numa questão de mera preferência conceitual dogmática, derivada de se considerar um critério mais ou menos vago, ou mais ou menos sugestivo que o outro[870]. Já nesta altura, Figueiredo Dias concluía, porém, que a fórmula da violação do dever objectivo de cuidado teria a vantagem de dar a entender que "também nos crimes negligentes o tipo de ilícito encerra um indiscutível desvalor de acção e não se esgota no (ou não equivale completamente ao) problema da imputação objectiva do resultado à conduta"[871].

Figueiredo Dias aprofundou, depois, as considerações a este propósito. Diz agora claramente que não crê "que possam divisar-se vantagens" na substituição do elemento da violação do cuidado devido pela categoria da criação ou potenciação pelo agente de um risco não permitido, não sendo, pelo contrário, difícil encontrar nesta substituição "defeitos e inexactidões teorético-dogmáticas sensíveis"[872]. Acompanhamos plenamente Figuei-

[868] ROXIN, Claus, *Allgemeiner Teil I*[4], § 24, nº 8 e ss., esp.[te] nº 12 e 13.

[869] DIAS, Jorge de Figueiredo, *Direito Penal I*, 28º Cap., § 5. Cf. o mesmo autor, *Responsabilidade pelo resultado*, p. 61. Entendendo também que as duas formulações são equivalentes e salientando que o critério da criação de um risco juridicamente relevante contribuiu para uma "controvérsia terminológica", cf. OLIVEIRA, Maria Joana, *Imputação Objectiva*, p. 92.

[870] Nestes termos, DIAS, Jorge de Figueiredo, *in*: *Estudos Almeida Costa*, p. 671.

[871] DIAS, Jorge de Figueiredo, *Direito Penal I*, 28º Cap., § 5. Também Paula Ribeiro de Faria salienta que no ilícito típico negligente não se poderá falar apenas, como faz Roxin, de um problema de imputação objectiva de um resultado à conduta, devendo proceder-se sempre a uma valoração "de forma global" da conduta praticada pelo agente (cf. FARIA, Paula Ribeiro de, *Adequação social*, p. 872-873).

[872] DIAS, Jorge de Figueiredo, *Direito Penal I*[2], 35º Cap., § 5.

redo Dias nestas suas considerações, bem como nas razões que convoca para justificar a posição que sustenta.

Desde logo, sendo verdade que os crimes negligentes são, na sua maioria, crimes de resultado, é certo também que por vezes surgem como crimes de mera actividade. É o que sucede, entre nós, designadamente, com o crime de condução (negligente) de veículo em estado de embriaguez (artigo 292º do CP), bem como com outros crimes integrantes do diploma que prevê as infracções contra a economia e contra a saúde pública (artigos 30º, 33º e 35º, do Decreto-Lei nº 28/84, de 20 de Janeiro[873]). Não deixa, de resto, de ser interessante salientar que a noção de negligência apresentada no artigo 15º do CP conexiona a violação do cuidado objectivamente devido não com a produção de um resultado, mas com "a realização de um facto que preenche um tipo de crime". Compreensivelmente, em relação aos crimes negligentes de mera actividade não terá sentido a afirmação de que a tipicidade se reduz à questão da imputação objectiva (que, nestes crimes, nem sequer se suscita). Por conseguinte, nos crimes negligentes de mera actividade, "a *violação de um dever de cuidado* no sentido de o agente dever prever e evitar a realização de um facto típico ganha autonomia teorético-dogmática"[874].

Mas, mesmo em relação aos crimes negligentes de resultado, não será adequado dizer-se que a tipicidade se resume ao problema da imputação objectiva do resultado à conduta. É certo que, na maioria as vezes, o legislador não descreve o facto negligente, limitando-se a remeter para a descrição respectiva feita no tipo doloso. É o que se verifica, designadamente, no âmbito dos crimes de perigo comum, em que, após ter descrito a conduta dolosa, o legislador acrescenta "se a conduta for praticada por negligência..." (artigos 272º e seguintes do CP). É exacto também que na construção do tipo, por regra, o legislador não acrescenta à violação do dever de cuidado e, eventualmente, à referência ao resultado, elementos

[873] O Decreto-Lei nº 28/84, de 20 de Janeiro, foi já sujeito a diversas alterações, tendo a mais recente sido introduzida pela Lei nº 20/2008, de 21 de Abril. Com interesse nesta matéria, referindo-se expressamente ao crime de especulação por negligência, cf. ABREU, Marcelino António, *ROA*, 4 (2012), p. 1448.

[874] DIAS, Jorge de Figueiredo, *Direito Penal I*², 35º Cap., § 6 (itálicos do autor). No mesmo sentido, FARIA, Paula Ribeiro de, *Adequação social*, p. 873. Com referência expressa também aos crimes negligentes de mera actividade, entre nós, MONIZ, Helena, *in*: *Liber Discipulorum Figueiredo Dias*, p. 560, e CARVALHO, Américo Taipa de, *Direito Penal*², § 926; em relação ao direito penal alemão, onde também são pouco frequentes, STRATENWERTH / KUHLEN, *Allgemeiner Teil*⁶, § 15, nº 6.

típicos adicionais. Veja-se o que acontece, designadamente, no tipo legal de crime de homicídio por negligência ("quem matar outra pessoa por negligência..." – artigo 137º do CP) ou no de ofensas à integridade física por negligência ("quem, por negligência, ofender o corpo ou a saúde de outra pessoa..." – artigo 148º do CP). Porém, casos há em que o legislador acrescenta à produção do resultado elementos caracterizadores do tipo de ilícito respectivo. É o que se verifica, nomeadamente, no tipo legal de crime de negligência na guarda. Neste tipo legal de crime o legislador afasta-se da descrição realizada no tipo de auxílio de funcionário à evasão (atrigo 350º do CP) e prevê a punição do "funcionário encarregado da guarda de pessoa legalmente privada da liberdade que, por negligência grosseira, permitir a sua evasão..." (artigo 351º do CP)[875]. Concordamos, também neste ponto, com Figueiredo Dias, quando salienta que em casos como este, não terá sentido reduzir a essência do tipo de ilícito negligente à mera imputação objectiva do resultado[876].

Para além disso, como salienta Paula Ribeiro de Faria, a própria natureza pessoal do ilícito penal impedriá que este se baste, no âmbito da negligência, com a mera violação de regras legais ou técnicas por parte do agente. Há-de ser, por isso, a violação de um dever de cuidado por um agente concreto e não o conceito de criação desaprovada de um risco a caracterizar o ilícito negligente[877].

Da nossa perspectiva, por todas estas razões, a violação do dever objectivo de cuidado surge como verdadeira essência do tipo de ilícito negligente, como *qualidade da conduta*, que a transforma em conduta típica[878]. A questão que poderá colocar-se – e a que não deixaremos de nos referir posteriormente – é a de saber de que modo poderá compatibilizar-se esta ideia com os critérios de imputação objectiva do resultado à conduta nos crimes negligentes[879].

[875] A este propósito, salienta Cristina Líbano Monteiro que neste tipo legal de crime, diferentemente do que se passa na maior parte dos delitos negligentes, a origem do risco para o bem jurídico não está na actividade perigosa do agente. Sobre o agente recai um dever de permanente "neutralização do perigo que cada recluso representa (ao menos teoricamente) para a segurança da custódia" (MONTEIRO, Cristina Líbano, *in*: *Comentário Conimbricense*, artigo 351º, § 6). Cf. também COSTA, José de Faria, *Direito Penal Especial*, p. 83.

[876] Nestes precisos termos, DIAS, Jorge de Figueiredo, *Direito Penal I*², 35º Cap., § 8.

[877] FARIA, Paula Ribeiro de, *Formas Especiais do Crime*, p. 60-61.

[878] Nestes termos, também, FIDALGO, Sónia, *in*: *Estudos Costa Andrade I*, p. 589 e ss.

[879] Cf., *infra*, § 33, I.

4. A consideração da violação do dever objectivo de cuidado como a essência do tipo de ilícito negligente, permitindo a negação da redução de tal ilícito típico ao problema da imputação objectiva do resultado, garante, do mesmo passo, a sua autonomia em relação ao tipo de ilícito doloso.

Vimos que Engisch fez remontar o dever de cuidado interno ao *dever de exame prévio* (já referido por Binding), entendendo-o como parte integrante de toda a norma de comportamento[880]. Compreendendo a inobservância do cuidado como violação do dever jurídico – como conduta adequada a causar o resultado –, Engisch acabou por concluir que a violação do dever de cuidado é um elemento típico não só dos factos negligentes, mas também dos factos dolosos[881].

Entre nós, também Faria Costa defende que a violação do dever de cuidado está presente mesmo quando se verifica uma acção dolosa. O agir doloso, sendo manifestação da subversão da relação de cuidado-de-perigo, arrasta consigo necessariamente a violação do dever objectivo de cuidado[882]. Figueiredo Dias também já defendeu que quando se define a negligência como violação de um dever objectivo de cuidado, tal não deve servir para "obnubilar o bom fundamento da asserção de que também o facto (ilicitamente) doloso viola um dever objectivo de cuidado"[883]. Subjacente a estas considerações estará a tese segundo a qual a norma de ilicitude exige, antes de mais, a observância por parte do agente do cuidado necessário a evitar o resultado delituoso[884], ou se afirma mesmo fundamentalmente como uma "norma de cuidado" no relacionamento com o "outro"[885].

880 Cf. as referências apresentadas, *supra*, nota 741.

881 ENGISCH, Karl, *Vorsatz und Fahrlässigkeit*, p. 347-348. Salientando que Engisch mostrou que o dever objectivo de cuidado "tem cabimento tanto nas acções dolosas como nas negligentes", DIAS, Jorge de Figueiredo, *Direito Penal, Lições de 1975-1976*, p. 158. Defendendo que a violação do dever objectivo de cuidado constitui denominador comum, tanto das acções negligentes como das dolosas, ainda por referência a Binding, CÓRDOBA RODA, Juan, *El conocimiento de la antijuridicidad*, p. 64 e ss., esp.te p. 68-69.

882 COSTA, José de Faria, *Perigo*, p. 486-487, nota 50. Defendendo também uma existência unitária do dever objectivo de cuidado, quer nas acções dolosas, quer nas negligentes, HARDWIG, Werner, *ZStW* (1966), p. 2-4, e BINAVINCE, Emilio, *Fahrlässigkeitsdelikte*, p. 127.

883 DIAS, Jorge de Figueiredo, *RPCC*, 2 (1992), p. 17-18. *Vide*, também, o mesmo autor, em *RPCC*, 1 (1991), p. 50.

884 DIAS, Jorge de Figueiredo, *O problema*, p. 214-215, nota 25.

885 Segundo Faria Costa, "a norma de proibição penal, enquanto proibição ético-jurídica dos comportamentos relevantes, impõe[-se] como referente de um cuidado" (COSTA, José de Faria, *Perigo*, p. 251; cf. também p. 316 e ss.).

Porém, não estamos a tratar aqui da categoria do *cuidado* como fonte legitimadora do direito penal. Estamos a referir-nos tão-só à questão dogmática do elemento *violação do cuidado devido* como núcleo do ilícito típico negligente. Este esclarecimento da questão surge agora de modo expresso na exposição de Figueiredo Dias. O autor refere hoje – de uma forma que não deixa margem para dúvidas – que quando se afirma que também nos crimes dolosos se verifica a violação de um dever de cuidado se avança "uma proposição porventura *formalmente verdadeira,* mas que não possui capacidade explicativa do conteúdo do tipo de ilícito, nem assume neste qualquer autonomia normativa, nem, de todo o modo, tem a ver com os pontos de vista teleológicos e materiais sob os quais uma certa conduta conforma um tipo de ilícito doloso"[886]. Estamos inteiramente de acordo com Figueiredo Dias. A afirmação de que a violação do dever objectivo de cuidado é um elemento típico *comum* aos crimes dolosos e negligentes contribuirá apenas que se gerem equívocos no discurso jurídico-penal.

Quando se fala de violação do cuidado devido como elemento do tipo de ilícito negligente está a fazer-se referência, com maior exactidão, à "violação de exigências de comportamento em geral obrigatórias cujo cumprimento o direito requer, na situação concreta respectiva, para evitar realizações não dolosas de um tipo objectivo de ilícito"[887]. Deste modo, fica claro que quando nos referimos aos *critérios,* às *fontes* ou aos *princípios* concretizadores do cuidado devido estamos a referir-nos a problemas que surgem e que reclamam solução em ordem à determinação do conteúdo do tipo de ilícito na esfera dos crimes negligentes (e não no domínio dos crimes dolosos).

[886] DIAS, Jorge de Figueiredo, *Direito Penal I*², 35º Cap., § 9 (itálicos do autor). Faria Costa, após afirmar que o dever objectivo de cuidado é também elemento do ilícito-típico doloso – "aquele que mata intencionalmente é evidente que o faz violando um dever objectivo de cuidado" –, não deixa de salientar que o desvalor desse dever é aqui totalmente absorvido, quer pelo desvalor da acção, quer pelo desvalor do resultado (COSTA, José de Faria, *Perigo,* p. 478-479, nota 23, com referência também a HARDWIG, Werner, *ZStW* (1966), p. 2-4, e BINAVINCE, Emilio, *Fahrlässigkeitsdelikte,* p. 127-128). Taipa de Carvalho afirma que "embora seja certo e evidente que em todo o crime doloso há uma violação do dever objectivo de cuidado, *só nos crimes negligentes a categoria do dever objectivo de cuidado tem autonomia e relevância específicas,* quer no plano dogmático-sistemático, quer no plano político-criminal" (CARVALHO, Américo Taipa de, *Direito Penal*², § 937, itálicos do autor). Entendendo que a conduta dolosa infringe uma norma diferente da conduta negligente, cf. MIR PUIG, Santiago, *ADPCP* (1988), p. 666.

[887] Neste preciso sentido, BURGSTALLER, Manfred, *in: WK*², § 6, nº 33, e, entre nós, com referência expressa a Burgstaller, DIAS, Jorge de Figueiredo, *Direito Penal I*², 35º Cap., § 9.

§ 26. Os critérios concretizadores do cuidado devido

1. Assente que o elemento que caracteriza o ilícito-típico negligente é a violação do dever objectivo de cuidado, fica ainda por saber de que modo deve determinar-se a contrariedade a esse dever. Eis uma questão em torno da qual ainda não se logrou alcançar consenso: determinar se o critério definidor do tipo de ilícito negligente há-de ser um critério puramente objectivo, generalizador, que tenha em conta apenas o "homem médio", ou se deve ter-se em consideração também as capacidades pessoais do agente concreto[888].

2. A doutrina dominante defende um critério objectivo: o dever de cuidado deverá ser determinado a partir do "homem médio" e as capacidades do agente, abaixo ou acima da média, devem ser tidas em consideração não ao nível do ilícito, mas ao nível da culpa[889]. Se as capacidades do agente concreto se situarem abaixo da média, nem por isso a sua conduta deixará de integrar o ilícito negligente (as capacidades abaixo das do "homem médio" constituirão, eventualmente, um problema da culpa). Por outro lado, se o agente tiver capacidades acima da média, estas não serão tidas em consideração para efeito de integração do tipo de ilícito – ao agente não serão dirigidas exigências acrescidas de dever – e a conduta não preencherá o tipo de ilícito negligente desde que o agente cumpra o cuidado objectivamente devido[890]. Deste modo, à adopção do critério objectivo na determinação do dever de cuidado é inerente o reconhecimento de um limite superior de responsabilidade, evitando exigências acrescidas em relação a certos sujeitos, dando-se corpo, assim, ao princípio da igualdade[891]. Concomitantemente, mantêm-se na esfera do ilícito todos os elementos objec-

[888] Sobre este ponto, desenvolvidamente, FORTI, Gabrio, *Colpa ed evento*, p. 267 e ss. e p. 294 e ss.; e FIDALGO, Sónia, *Responsabilidade Penal por Negligência*, p. 54 e ss.

[889] Assim, na doutrina alemã, entre outros, WELZEL, Hans, *Strafrecht*[11], p. 73 e ss. e p. 132 e ss., SCHÜNEMANN, Bernd, *in: Fest. Schaffstein*, p. 159 e ss., JESCHECK, Hans-Heinrich, *Aufbau und Behandlung der Fahrlässigkeit*, p. 7 e ss., JESCHECK / WEIGEND, *Lehrbuch*[5], § 54, I, 3, e § 55, I, 2 *b)*, KAUFMANN, Armin, *in: Fest. Hans Welzel*, p. 406 e ss., MAIWALD, Manfred, *in: Fest. Dreher*, p. 451 e ss., MAURACH / GÖSSEL / ZIPF, *Allgemeiner Teil 2*[8], § 43, nº 34; na doutrina espanhola, CEREZO MIR, José, *ADPCP*, 36 (1983), p. 471 e ss. e, do mesmo autor, *Derecho Penal II*[6], p. 160 e ss.

[890] Cf. DIAS, Jorge de Figueiredo, *Direito Penal I*[2], 35º Cap., § 11.

[891] JESCHECK / WEIGEND, *Lehrbuch*[5], § 54, I, 3.

tivos, que dizem respeito à determinação do *dever*, sendo remetidas para a órbita da culpa todas as considerações subjectivas ou individuais, que conformam o *poder* do agente no caso concreto[892].

Os autores que defendem esta posição objectivista deparam-se, contudo, com a dificuldade de determinar em termos gerais e abstractos o cuidado médio exigido para certas actividades[893]. Castaldo chama a atenção para o facto de, por exemplo, no âmbito da medicina, já não se poder falar sequer do "médico médio": a repartição de tarefas e a especialização impuseram progressivamente a consideração do "director clínico médio", do "pediatra médio", do "cirurgião médio"[894]. Por conseguinte, uma das críticas que se dirigem aos autores que defendem a posição objectivista radica precisamente na necessidade de "adequar o parâmetro médio às circunstâncias do caso, sem perder o próprio critério médio de cuidado"[895].

3. Apesar de a doutrina objectivista continuar dominante, têm-se ouvido vozes em sentido diverso[896]. Entende Stratenwerth que a concepção objectivista em certas situações tem um alcance demasiado amplo e noutras fica aquém do desejável. Tem um alcance demasiado amplo quando exige que o agente cumpra deveres de cuidado que excedem as suas capacidades – o direito só pode exigir aquilo que cada um pode prestar[897]. Fica aquém do desejado nas situações em que permite que aquele que tem capacidades acima da média seja obrigado apenas ao cumprimento do cuidado que configura o *standard* mínimo. Não se percebe como pode negar-se a realização do tipo de ilícito negligente por um cirurgião que domina uma técnica altamente sofisticada, só ao alcance de alguns, mas que não a usa relativa-

[892] Cf. FARIA, Paula Ribeiro de, *in*: *BFD, Estudos Castanheira Neves III*, p. 271.

[893] FARIA, Paula Ribeiro de, *Adequação social*, p. 927, e, a mesma autora, *in*: *BFD, Estudos Castanheira Neves III*, p. 271-272.

[894] CASTALDO, Andrea, *Non intelligere*, p. 110.

[895] FARIA, Paula Ribeiro de, *Adequação social*, p. 928.

[896] Na doutrina alemã, LAMPE, Ernst-Joachim, *Das personale Unrecht*, p. 101, STRATENWERTH, Günter, *in*: *Fest. Jescheck*, p. 285 e ss., SAMSON, Erich, *in*: *SK*[5], anexo ao § 16, nº 13 e ss., JAKOBS, Günther, *Allgemeiner Teil*[2], § 9, nº 8 e ss., 55, STRATENWERTH / KUHLEN, *Allgemeiner Teil*[6], § 15, nº 12 e ss., RENZIKOWSKI, Joachim, *Restriktiver Täterbegriff*, p. 239 e ss.; em Espanha, COBO DEL ROSAL /VIVES ANTÓN, *Derecho Penal*[5], p. 646, e ZUGALDÍA ESPINAR, José Miguel, *ADPCP*, 37 (1984), p. 327 e ss., entre nós, CARVALHO, Américo Taipa de, *A legítima defesa*, p. 86 e ss. (perspectiva que, entretanto, o autor abandonou – cf., *infra*, nota 902).

[897] STRATENWERTH / KUHLEN, *Allgemeiner Teil*[6], § 15, nº 13.

mente a um certo paciente cuja operação decorre apenas de acordo com as capacidades do cirurgião médio e em consequência da qual o paciente vem a falecer[898]. No primeiro caso, a realização do tipo de ilícito negligente deve ser negada e, no segundo, afirmada. Para esta concepção, o critério definidor da integração do tipo de ilícito negligente será sempre um critério individualizador.

Os autores que defendem um critério generalizador, por seu lado, entendem que com a inclusão do poder individual no ilícito "é destruído o princípio fundamental da construção de toda a nossa dogmática penal – a separação entre ilícito e culpa"[899].

4. Figueiredo Dias entende, com Roxin, que as capacidades inferiores à média não podem relevar no sentido de excluir o tipo de ilícito negligente, devendo apenas relevar ao nível da culpa. O automobilista que mata um peão por erro de condução, devido a ter começado a sentir efeitos de uma esclerose ou de um reumatismo, preenche o tipo de ilícito do homicídio por negligência[900]. Já as capacidades especiais ou acima da média "devem

[898] STRATENWERTH / KUHLEN, *Allgemeiner Teil*[6], § 15, nº 14. Cf., também, DIAS, Jorge de Figueiredo, *Direito Penal I*[2], 35º Cap., § 12.

[899] SCHÜNEMANN, Bernd, *in*: *Fest. Schaffstein*, p. 160 e p. 168. Gössel, recusando a concepção tradicional do ilícito negligente defendida por Schünemann, considera que o poder individual é critério de definição deste ilícito, entendendo que é possível distinguir nele uma parte objectiva, referida à evitabilidade humana geral, e uma parte subjectiva, referida à previsão e previsibilidade pessoais (GÖSSEL, Karl Heinz, *BFD*, 59 (1983), p. 221 e ss.). Entende o autor que com esta construção não se ameaça, no entanto, a distinção entre ilícito e culpa (*idem*, p. 232), pois a previsão e previsibilidade pessoais, que integram o tipo subjectivo, não se confundem com a capacidade de reconhecer uma determinada lesão de bens jurídicos na sua contrariedade à ordem jurídica, que conforma a culpa negligente (*idem*, p. 238-9). Almeida Costa – seguindo a linha de pensamento de Kindhäuser – sublinha que a concepção que entende que devem ser consideradas as qualidades do "homem concreto" não perverte necessariamente a separação entre os planos do ilícito e da culpa. Correctamente compreendida, tal concepção limita-se a considerar as capacidades intelectuais e físicas – isto é, as "competências instrumentais-operatórias" – do agente, deixando de fora todos os aspectos psicológico-emocionais que condicionem a respectiva censurabilidade individual. A ponderação destas últimas características do agente há-de ser feita no âmbito do juízo da culpa. Esta distinção decorre do binómio "capacidade de acção" / "capacidade de motivação", em que Kindhäuser assenta a contraposição dos momentos do ilícito pessoal e da culpa (cf. COSTA, António Manuel de Almeida, *Comparticipação*, p. 583, nota 42; KINDHÄUSER, Urs, *GA* (1994), p. 208, e, o mesmo autor, *in*: *Fest. Hruschka*, p. 527 e ss.).

[900] DIAS, Jorge de Figueiredo / BRANDÃO, Nuno, *in*: *Comentário Conimbricense*[2], artigo 137º, § 7.

ser tomadas em conta no sentido de poderem fundar o tipo de ilícito da negligência"[901]. Esta é a concepção com que concordamos[902].

O problema de determinar se as capacidades abaixo da média devem relevar logo no sentido de se negar a ilicitude do facto negligente ou se só devem relevar ao nível da culpa está relacionado com uma questão anterior: a de saber quais são os destinatários próprios ou possíveis do imperativo contido na norma de ilicitude[903]. Entende Figueiredo Dias que "o imperante aspirará à *geral* observância da ordem, mesmo por parte dos que não detêm capacidade de conhecimento do imperativo, até porque ele se dirige em primeira linha à conduta externa dos indivíduos e não à motivação interior que a esta preside"[904]. Deste modo, a norma de ilicitude dirigir-se-á com sentido mesmo àqueles que não estão em condições pessoais de a cumprir; as capacidades inferiores à média devem relevar apenas ao nível da culpa. Seria inaceitável que a norma de ilicitude fosse uma norma puramente individualizada, de tal modo que o direito só pudesse exigir aquilo que cada um, segundo as suas capacidades pessoais, está em condições de prestar[905]. Com esta concepção, o direito deixaria de cumprir a sua função de protecção de bens jurídicos, esvanecer-se-ia o efeito de prevenção e tornar-se-ia impossível regular a vida comunitária[906]. Além disso, esta concepção implicaria aceitar-se que o comportamento violador do dever objectivo de cuidado daquele que não se encontra em condições pessoais de o cumprir seria lícito e, por conseguinte, não poderia exercer-se contra ele uma acção defensiva (nomeadamente, de legítima defesa), nem poderia aplicar-se-lhe, em caso de perigosidade, uma medida de segu-

[901] DIAS, Jorge de Figueiredo, *Direito Penal I*[2], 35º Cap., § 12, ROXIN, Claus, *Allgemeiner Teil I*[4], § 24, nº 57 e ss. No mesmo sentido, SCH / SCH / CRAMER / STERNBERG-LIEBEN[27], § 15, nº 118 e ss., 121, 133 e ss.

[902] Já nestes precisos termos, FIDALGO, Sónia, *Responsabilidade Penal por Negligência*, p. 62. Esta é a posição adoptada, entre nós, também por CARVALHO, Américo Taipa de, *Direito Penal*[2], § 933 (que abandonou a noção subjectivista de homem concreto anteriormente assumida – cf., *supra*, nota 896), por COSTA, António Manuel de Almeida, *Comparticipação*, p. 584, nota 42, e, de certo modo, por SILVA, Germano Marques da, *Direito Penal*, p. 130 e ss.

[903] Sobre esta questão, DIAS, Jorge de Figueiredo, *O problema*, p. 125 e ss., e ROXIN, Claus, *Allgemeiner Teil I*[4], § 10, nº 91 e ss.

[904] DIAS, Jorge de Figueiredo, *O problema*, p. 133 (itálicos do autor).

[905] DIAS, Jorge de Figueiredo, *Direito Penal I*[2], 35º Cap., § 13.

[906] DIAS, Jorge de Figueiredo, *Direito Penal I*[2], 35º Cap., § 13. Em sentido semelhante, COSTA, António Manuel de Almeida, *Comparticipação*, p. 584, nota 42, ROMEO CASABONA, Carlos María, *El médico y el derecho* penal, p. 218 e ss., e CEREZO MIR, José, *Derecho Penal II*[6], p. 161.

rança – o que seria insustentável "de um ponto de vista preventivo e, portanto, segundo as exigências político-criminais primárias"[907]. Por outro lado ainda, considerar-se que as capacidades individuais abaixo da média relevam logo no sentido de excluir o tipo de ilícito traduzir-se-á num inadmissível esvaziamento do relevo da negligência ao nível da culpa. Deste modo, a culpa negligente ficaria "reduzida ao 'puro juízo de censura ética' típico da doutrina mais ortodoxa da acção final: ao puro juízo de censura do qual faria parte a imputabilidade, a consciência (potencial) do ilícito, a exigibilidade; mas que não possuiria qualquer conteúdo de culpa *material* – muito menos podendo constituir um tipo de culpa –, o que, nesta medida, representaria uma violação (...) do princípio da culpa"[908].

Quanto às capacidades acima da média, elas devem relevar para efeito de realização do tipo de ilícito negligente, mesmo quando o agente tenha actuado de acordo com as capacidades do "homem médio"[909]. Seria inaceitável dizer-se que não preenche o tipo de ilícito negligente o cirurgião magistral que, não aplicando as suas capacidades especiais e actuando apenas de acordo com o cuidado "médio", deixa morrer o paciente; ou o exímio condutor de *rally* que não usa a sua excepcional capacidade de condução para evitar o atropelamento de um peão que invade inadvertidamente a estrada. Por outro lado, segundo Figueiredo Dias, se é consensual que os conhecimentos especiais do agente devem ser tidos em conta no juízo de prognose póstuma, relevante para o estabelecimento do nexo de imputação[910], não se compreenderia que um raciocínio semelhante não devesse fazer-se também em relação às capacidades especiais[911].

Além disso, como vimos, os próprios defensores do critério generalizador sentem necessidade de adequar o parâmetro médio às características do caso concreto[912]. Schünemann acaba por admitir que em áreas de actu-

[907] Dias, Jorge de Figueiredo, *Direito Penal I*², 35º Cap., § 13. Em sentido semelhante, Costa, António Manuel de Almeida, *Comparticipação*, p. 584, nota 42.

[908] Dias, Jorge de Figueiredo, *Direito Penal I*², 35º Cap., § 13

[909] Dias, Jorge de Figueiredo, *Direito Penal I*², 35º Cap., § 14, e Dias, Jorge de Figueiredo / Brandão, Nuno, *in*: *Comentário Conimbricense*², artigo 137º, § 7.

[910] Dias, Jorge de Figueiredo, *Direito Penal I*², 12º Cap., § 15 e ss., e Roxin, Claus, *Allgemeiner Teil I*⁴, § 11, nº 56.

[911] Dias, Jorge de Figueiredo, *Direito Penal I*², 35º Cap., § 14, Roxin, Claus, *Allgemeiner Teil I*⁴, § 24, nº 62, e Stratenwerth / Kuhlen, *Allgemeiner Teil*⁶, § 15, nº 14.

[912] Romeo Casabona, defendendo um critério objectivo, entende que tal critério não significa que os sujeitos dotados de capacidade acima da média possam deixar de a aplicar no caso

ação em que existem "inovações técnicas" (*v.g.*, um cirurgião genial que tenha desenvolvido um método cirúrgico especial) deve ter-se em consideração os conhecimentos e capacidades do agente[913]. No entanto, Schünemann procura *camuflar*[914] estes elementos subjectivos sob um parâmetro objectivo, procedendo à *standardização* das qualidades especiais. Jescheck, concordando com Schünemann, entende que de acordo com a ideia (certa) de que o direito penal não pode exigir mais do que "o cuidado requerido no tráfico habitual", pode perfeitamente recorrer-se a capacidades *standardizadas* especiais (como, por exemplo, as do médico-chefe), nos âmbitos em que estas devam intervir[915].

Roxin critica a proposta de Schünemann de elevar as capacidades de escassos cirurgiões de primeiríssima qualidade a critério objectivo para todos, ampliando assim as exigências que se colocam ao cirurgião "médio". O que acontece, questiona Roxin, se o mencionado cirurgião for o único no mundo a dominar o novo método? Determinando-se, segundo este cirur-

concreto. Desde logo, porque para determinar se houve violação do dever objectivo de cuidado é necessário averiguar se a produção do resultado era objectivamente previsível e, para isso, há-de ter-se em consideração os conhecimentos do autor e o seu saber excepcional acerca dos processos causais. E, além disso, pode inclusivamente afirmar-se que aos olhos de um espectador objectivo existe a obrigação de aplicar toda a capacidade e habilidade excepcional que se possua e seja possível na situação concreta, de tal forma que se o agente não o fizer infringe o cuidado objectivamente devido (ROMEO CASABONA, Carlos María, «Responsabilidad penal y responsabilidad civil», p. 179 e ss., e, do mesmo autor, «La responsabilidad penal del médico», p. 206 e ss.). Também Mir Puig entende que a aplicação rigorosa do critério do homem diligente colocado na mesma posição do autor implica que se tenha em conta a existência de um eventual poder especial. Mir Puig distingue, no entanto, duas situações: se o autor conhece as suas capacidades especiais e não as utiliza conscientemente, viola o dever objectivo de cuidado, realizando o tipo de ilícito negligente (ou até doloso, conforme o caso); mas se o autor com capacidades especiais não actuou de acordo com as suas capacidades, mas apenas de acordo com o cuidado médio por razões alheias à sua vontade, será mais difícil provar que houve violação do dever de cuidado. Para Mir Puig, o factor decisivo é que o autor possa empregar voluntariamente as suas capacidades especiais (MIR PUIG, Santiago, *Derecho Penal*[10], p. 302 e ss.). Cerezo Mir entende que o cirurgião com capacidades especiais que se limita a usar a perícia e a habilidade imprescindíveis para levar a cabo o tipo de intervenção em causa não violará o dever objectivo de cuidado. No entanto, se o referido cirurgião não aplicar a sua capacidade especial, apesar de ter previsto a possibilidade de morte do paciente e de ter podido evitá-la usando as suas capacidades especiais, cometerá um crime de homicídio doloso por omissão (CEREZO MIR, *Derecho Penal II*[6], p. 163).

[913] SCHÜNEMANN, Bernd, *in*: *Fest. Schaffstein*, p. 165 e ss.

[914] Assim, FARIA, Paula Ribeiro de, *Adequação social*, p. 929.

[915] JESCHECK / WEIGEND, *Lehrbuch*[5], § 54, I, 3, nota 15.

gião, um critério objectivo e construindo-se para ele um sector ou âmbito próprio de actuação coincidente com a conduta do "mestre mundial da cirurgia", proceder-se-á, afinal, a uma aproximação aos efeitos práticos do critério individualizador. Onde se situarão os limites para a construção de sectores ou âmbitos de actuação cada vez mais específicos, caracterizados de acordo com as capacidades individuais dos sujeitos intervenientes[916]? E por que razão proceder a "esta 'generalização' fictícia apenas nas áreas em que existem inovações técnicas"[917]? Parece que o mais adequado será admitir que no caso de capacidades acima da média há necessidade de adopção de um critério individualizador[918/919].

[916] Roxin, Claus, *Allgemeiner Teil I*⁴, § 24, nº 63.

[917] Faria, Paula Ribeiro de, *Adequação social*, p. 930.

[918] Roxin, Claus, *Allgemeiner Teil I*⁴, § 24, nº 63.

[919] Paula Ribeiro de Faria entende que os poderes individuais do agente devem ser considerados ao nível do tipo de ilícito não como puros poderes individuais, enquanto tais, mas como critérios de definição da exigibilidade social da conduta. O ilícito é determinado pela valoração social da conduta – a adequação social (Faria, Paula Ribeiro de, *Adequação social*, p. 893 e ss.). A autora segue a posição de Stratenwerth e de Jakobs e de uma forma geral a concepção personalista, "quando afirmam que, se, por princípio, basta o cumprimento da regra abstracta de cuidado que define o risco permitido para determinadas actividades, a definição última do que constitui uma violação do cuidado tipicamente relevante pertence ao direito penal, e será sempre tomada em função da valoração social das circunstâncias do caso concreto, onde se incluem os poderes e as aptidões do agente. Por exemplo, em relação à actividade médica, apenas se exige o cumprimento das *leges artis*, a obediência às competências próprias e *standardizadas* da arte médica. Se, no entanto, no decurso de uma operação, surgem complicações cardíacas de certa gravidade e o médico que se encontra de serviço é um reputado profissional nesta área, é evidente que se espera dele mais do que o pontual cumprimento das regras que o vinculam, devendo envidar todos os esforços no sentido do afastamento do perigo" (*idem*, p. 933). Entende a autora que nestas situações "não chega o cumprimento de um parâmetro médio de cuidado, devendo a afirmação ou negação do dever depender de um juízo de exigibilidade social tendo em conta o poder do agente de evitar o resultado (trata-se de atender ao que socialmente podia ser imposto naquelas circunstâncias concretas)" (*idem*, p. 934). Por este motivo, Paula Ribeiro de Faria, referindo-se à posição de Figueiredo Dias, de Roxin e de Cramer / Sterneberg-Lieben, coloca reservas a um entendimento puramente individual dos factores que conformam uma maior capacidade, considerando que eles "devem ser integrados num juízo de 'poder social'", que entende "verdadeiramente como dever" (*idem*, p. 934, nota 1480). Paula Ribeiro de Faria defende que com a transferência dos poderes individuais para o ilícito e a relativa indistinção entre ilícito e culpa, o ilícito não deixa de cumprir a sua função de prevenção geral – "*uma coisa é (...) a regra e a sua objectividade, outra é a sua violação e os critérios utilizados para definir essa violação*" (*idem*, p. 916, nota 1454 – itálicos da autora) –, porque se trata da consideração de um "poder" do agente que é passível de generalização; não se trata de um parâmetro estritamente

Roxin entende que o argumento de que será inaceitável exigir-se sempre uma prestação de primeiríssima qualidade ao agente dotado de capacidades especiais não procede contra a posição por ele defendida. Em rigor, o que se exige ao agente é apenas que aplique a sua capacidade acima da média, não que faça um esforço adicional[920]. Figueiredo Dias esclarece que é compreensível "a objecção de que o agente dotado de capacidades especiais nem sempre estará em condições de as prestar ou não lhe será exigível que esteja sempre pessoalmente disponível para um desempenho ou um rendimento máximos"[921]. Esta objecção revela, só por si, que o facto de se individualizar o critério do dever de cuidado relativamente a pessoas com capacidades especiais não elimina a questão da culpa negligente. É "em sede de tipo de culpa, não de tipo de ilícito negligente que tem de ser considerada a questão da exigibilidade relativamente ao agente dotado de especiais capacidades de que, no caso, as tivesse efectivamente usado"[922].

Há quem critique, no entanto, esta posição defendida por Roxin e por Figueiredo Dias, invocando que é uma contradição que a capacidade individual determine o conteúdo do dever de cuidado quando se trata de um sujeito dotado de capacidades especiais, e que seja indiferente para tal determinação quando se tratar de sujeitos com capacidade abaixo da média[923]. Roxin entende, no entanto, que a posição por ele defendida não traduz uma mudança arbitrária de critério. Os argumentos que se convocam para justificar a tipicidade nos casos de capacidade abaixo da média, não podem transferir-se para o âmbito das capacidades acima da média e, por outro lado, os argumentos convocados para justificar as exigências acrescidas de cuidado no caso de capacidades especiais não têm corres-

individual, mas sim individual-generalizável (*idem*, p. 913 e ss.). Paula Ribeiro de Faria conclui que a "indistinção dos dois momentos é tolerável, senão mesmo desejável em relação ao ilícito negligente (...). E não se compromete o cerne da distinção entre o ilícito e a culpa, porque a censura mantém-se na culpa" (*idem*, p. 916-7). Em estudo posterior, Paula Ribeiro de Faria admite a eliminação, até certo ponto, da distinção entre ilícito e culpa na realização negligente, na medida em que tal permita alcançar uma solução justa (FARIA, Paula Ribeiro de, *in*: *Estudos Figueiredo Dias II*, p. 412).

920 ROXIN, Claus, *Allgemeiner Teil I*^{4}, § 24, nº 64.

921 DIAS, Jorge de Figueiredo, *Direito Penal I*^{2}, 35º Cap., § 15.

922 DIAS, Jorge de Figueiredo, *Direito Penal I*^{2}, 35º Cap., § 15.

923 Assim, na Alemanha, SAMSON, Erich, *in*: *SK*^{5}, anexo ao § 16, nº 14, *b)*, DUTTGE, Gunnar, *in*: *MK*^{2}, § 15, nº 98 e nota 457; em Espanha, CEREZO MIR, José, *Derecho Penal II*^{6}, p. 163, nota 18.

pondência alguma nos casos de capacidade abaixo da média – trata-se de "problemas radicalmente distintos"[924].

§ 27. Fontes concretizadoras do dever de cuidado

1. As normas que descrevem os tipos negligentes exigem de qualquer pessoa o emprego do cuidado objectivamente devido que se revele necessário para evitar a realização do tipo, sem que se refiram, contudo, à natureza e à medida do cuidado a aplicar[925]. Para que se preencha um tipo de ilícito negligente é necessário que se violem normas de cuidado que servem concreta e especificamente o tipo de ilícito respectivo – não se trata da mera não observância geral do cuidado com que toda a pessoa deve comportar-se no seu relacionamento comunitário[926]. Na aferição do preenchimento do tipo de ilícito negligente tem de averiguar-se se o agente violou o dever objectivo de cuidado no caso concreto – o legislador, no artigo 15º do CP, utiliza a expressão "segundo as circunstâncias". O circunstancialismo que a lei convoca não deve circunscrever-se à apreciação subjectiva do comportamento do agente, reflectindo-se, desde logo, na dimensão objectiva do dever de cuidado – as regras de cuidado a que o agente está obrigado só poderão ser correctamente apreendidas apelando à realidade concreta[927].

2. Sendo embora assim, não deixa de ser possível identificar as principais fontes de onde promana o dever de cuidado típico[928]. Sendo certo que não se pode proibir toda a conduta que ponha em perigo interesses juridicamente protegidos, a criação de riscos está permitida desde que se mantenha dentro de certos limites. As regras de cuidado surgem precisamente com a função de determinar a medida do risco permitido no

[924] Roxin, Claus, *Allgemeiner Teil I*[4], § 24, nº 65.
[925] Jescheck / Weigend, *Lehrbuch*[5], § 55, I, 1 e 3.
[926] Dias, Jorge de Figueiredo, *Direito Penal I*[2], 35º Cap., § 16. Nas palavras de Figueiredo Dias, "o dever de cuidado como elemento integrante do tipo de ilícito negligente possui, ele próprio, os seus *específicos elementos típicos*" (*ibidem* – itálicos do autor). Cf., também Moniz, Helena, *Agravação pelo resultado*, p. 696.
[927] Neste sentido, Costa, José de Faria, *Perigo*, p. 519 e ss.
[928] Cf. Dias, Jorge de Figueiredo, *Direito Penal I*[2], 35º Cap., § 17 e ss.; referindo-se aos critérios de concretização de criação de um perigo não permitido, Roxin, Claus, *Allgemeiner Teil I*[4], § 24, nº 14 e ss.

exercício das diversas actividades[929]. Por um lado, as regras de cuidado determinarão quais os perigos que não têm de ser considerados em casos normais. Por exemplo, as regras de trânsito não exigem que se conte com a possibilidade de a estrada estar coberta de óleo; as regras de construção não impõem a construção de um edifício à prova de terramotos; e as *leges artis medicinae* não obrigam a reduzir por meio de medicamentos o risco de uma embolia pós-operatória, se não houver um motivo especial para tal[930]. Por outro lado, as regras de cuidado afirmam-se como experiência "decantada", assumindo a função de determinação da medida de cuidado a observar no exercício da actividade correspondente, de modo a excluir os riscos que ultrapassem a medida permitida[931].

Entre as fontes normativas do dever de cuidado avultam as normas jurídicas de comportamento, quer sejam normas gerais ou abstractas, contidas em leis ou regulamentos, quer sejam normas individuais, contidas em ordens ou prescrições da autoridade competente, de natureza penal ou extra-penal[932].

Outra fonte de aferição do cuidado devido é constituída pelas normas escritas, profissionais e do tráfico, correntes em certos domínios de actividade. Integram-se neste âmbito as normas escritas de comportamento (não jurídicas) "fixadas ou aceites por certos âmbitos de actividades e des-

929 Nestes termos, entre outros, KÜPER, Wilfried, *in: Fest. Lackner*, p. 272 e ss., STRATENWERTH / KUHLEN, *Allgemeiner Teil*[6], § 15, nº 19, MIKUS, Rudolf Alexander, *Verhaltensnorm*, p. 66 e ss., e OTTO, Harro, *in: Gedächtnisschrift Schlüchter*, p. 88 e ss.

930 STRATENWERTH / KUHLEN, *Allgemeiner Teil*[6], § 15, nº 21.

931 STRATENWERTH / KUHLEN, *Allgemeiner Teil*[5], § 15, nº 21.

932 De destacar, a este propósito, entre tantas outras, pela importância prática que assumem, as prescrições em matéria de circulação rodoviária (*maxime*, o Código da Estrada), de prática médica (veja-se, entre outros, o Estatuto da Ordem dos Médicos – Decreto-Lei nº 282/77, de 5 de Julho, com as últimas alterações introduzidas pela Lei nº 117/2015, de 31 de Agosto – e o Estatuto do Médico – Decreto-Lei nº 373/79, de 8 de Setembro), de segurança e saúde no trabalho (Lei nº 102/2009, de 10 de Setembro, com as alterações mais recentes introduzidas pela Lei nº 28/2016, de 23 de Agosto), e de produção e manipulação de alimentos e medicamentos (entre outros, o Decreto-Lei nº 176/2006, de 30 de Agosto, com as últimas alterações introduzidas pelo Decreto-Lei nº 26/2018, de 24 de Abril). Cf. DIAS, Jorge de Figueiredo / BRANDÃO, Nuno, *in: Comentário Conimbricense*[2], artigo 137º, § 9, e FARIA, Paula Ribeiro de, *in: Comentário Conimbricense*[2], artigo 148º, § 20. Com pormenor, em relação à actividade médica, FIDALGO, Sónia, *Responsabilidade Penal por Negligência*, p. 69-70; salientando as dificuldades decorrentes do facto de existirem muitas leis atinentes à responsabilidade médica, CUNHA, Maria da Conceição Ferreira da, *in: Liber Discipulorum Figueiredo Dias*, p. 811.

tinadas a conformá-las dentro de padrões de qualidade e, nomeadamente, a evitar a concretização de perigos para bens jurídicos que de tais actividades podem resultar"[933]. É o que acontece com as normas relativas às mais variadas actividades profissionais (medicina, enfermagem, engenharia, arquitectura, desporto, etc.). Neste âmbito se integram, quando escritas, as normas de *carácter técnico*[934], que em certos domínios assumem a designação de *leges artis*. É o que acontece, de modo paradigmático, com as designadas *leges artis medicinae*. Tendo em conta, por um lado, a permanente evolução da medicina e, por outro, a multiplicidade e complexidade das diversas especialidades, seria impossível o legislador criar normas jurídicas concretizadoras do dever de cuidado em cada caso. Nos domínios como o da medicina, em que existe uma permanente evolução e uma constante renovação das exigências de cuidado[935], o dever objectivo de cuidado há-de ser determinado atendendo a um conjunto de regras fixadas pelo próprio círculo profissional[936]. Se, em termos muito simples, podemos entender as *leges artis medicinae* como o conjunto de regras gerais de carácter técnico, máximas da experiência e conhecimentos adquiridos, adoptados e aprovados pela comunidade científica, vigentes no exercício da medicina[937], a verdade é que, com isto, quase tudo fica por esclarecer. A determinação

933 DIAS, Jorge de Figueiredo, *Direito Penal I*², 35º Cap., § 18.

934 Fundamental, nesta matéria, SCHÜNEMANN, Bernd, *in*: *Fest. Lackner*, p. 367 e ss., e HOYER, Andreas, *RPCC*, 20 (2010), p. 353 e ss.

935 FARIA, Paula Ribeiro de, *Adequação social*, p. 973.

936 Faria Costa chama a atenção para o facto de que as regras de cuidado cristalizadas nas *leges artis* da medicina, sendo primariamente regras de cuidado, "na medida em que visam acautelar e defender os bens jurídicos que a ordem penal considera relevantes" (COSTA, José de Faria, *Perigo*, p. 529), apresentam, para além disso, uma densidade normativa que não pode ser ignorada: as *leges artis* médicas "visam, não só a manutenção ou a não diminuição dos bens jurídicos, como também prosseguem a finalidade de aumentarem esses mesmos bens jurídicos" (*idem*, p. 530). Quando, cumprindo as *leges artis*, através do acto médico (e só há verdadeiro acto médico quando o médico actua de acordo com as *leges artis*) se alcança a cura, então o acto médico gerou um bem jurídico. Ainda que não se alcance a cura e tão-só se diminua a dor, o acto médico aumenta o universo dos bens jurídicos inerentes à ordem normativa num determinado momento histórico. E mesmo que o acto médico venha a desencadear a morte do paciente "deve considerar-se que o empobrecimento da ordem jurídica por perda do bem da vida não resulta do próprio acto médico em si (...) mas advém antes do processo ininterrupto e imparável para que tende o ser-aí-diferente: a morte" (*idem*, p. 532). Sobre a noção de acto médico, *vide* COSTA, José de Faria, *RLJ*, 138 (2009), p. 126 e ss.

937 HAVA GARCIA, Esther, *La imprudencia*, p. 56-57.

das *leges artis medicinae* em cada caso concreto convoca uma série de dificuldades, trilhando os esforços de esclarecimento doutrinal caminhos nem sempre coincidentes[938].

Casos existirão, porém, em que faltam por completo disposições escritas, jurídicas ou não, reguladoras da actividade em causa. Nestas circunstâncias, para se concretizar o dever de cuidado no caso concreto é necessário fazer-se apelo aos costumes profissionais comuns ao profissional prudente[939]. E, por vezes, quando tal não é possível (pense-se, por exemplo, em actividades como o trabalho doméstico), terá de recorrer-se à "figura-padrão" (*Maßfigur*)[940], isto é, tem de usar-se como critério da violação do dever de cuidado "a não correspondência do comportamento àquele que, em idêntica situação, teria um homem fiel aos valores protegidos, prudente e consciencioso"[941].

[938] Choclán Montalvo defende que as *leges artis* devem ser entendidas como o conjunto de regras de maioritária aceitação pela comunidade científica (CHOCLÁN MONTALVO, J. Antonio, *Deber de cuidado*, p. 169 e ss.). Já Romeo Casabona entende que a *lex artis*, isto é, a técnica médica válida, será aquela que, independentemente de ser ou não de maioritária aceitação científica, se mostre eficaz na situação concreta e para um número indeterminado de situações semelhantes ou típicas (ROMEO CASABONA, Carlos María, *El médico y el derecho penal*, p. 237). Compreende-se, deste modo, que se adensem as dificuldades e a insegurança quando se pretende identificar, com rigor, os deveres de cuidado correspondentes às *leges artis*. Foi largamente discutida na doutrina alemã a caracterização daquilo que tradicionalmente se designava por *erro da arte* (*Kunstfehler*) – cf. a este propósito, entre outros, BOCKELMANN, Paul, *Strafrecht des Arztes*, p. 86 e ss., SCHWALM, Georg, *in*: *Fest. Bockelmann*, p. 539 e ss., ESER, Albin, *ZStW*, 97 (1985), p. 9 e ss., ULSENHEIMER, Klaus, *Arztstrafrecht*, I, § 1, nº 39 e ss., e LAUFS / KERN, *Handbuch des Arztrechts*[4], § 39, nº 5 e ss. Entre nós, com pormenor, ANDRADE, Manuel da Costa, *Consentimento*, p. 481 e ss., e, o mesmo autor, em jeito de síntese, *in*: *Comentário Conimbricense*[2], artigo 150º, § 29; cf., ainda, FIDALGO, Sónia, *Responsabilidade Penal por Negligência*, p. 48 e ss. e p. 70 e ss., e MONIZ, Helena, *RMP*, 130 (2012), p. 81 e ss.

[939] DIAS, Jorge de Figueiredo, *Direito Penal I*[2], 35º Cap., § 19, e DIAS, Jorge de Figueiredo / BRANDÃO, Nuno, *in*: *Comentário Conimbricense*[2], artigo 137º, § 10.

[940] Critério referido por BURGSTALLER, Manfred, *in*: *WK*, § 6, nº 38.

[941] DIAS, Jorge de Figueiredo, *Direito Penal I*[2], 35º Cap., § 19 e § 23, DIAS, Jorge de Figueiredo / BRANDÃO, Nuno, *in*: *Comentário Conimbricense*[2], artigo 137º, § 10. Sobre a interessante questão relativa à possibilidade de se recorrer a normas aplicáveis em áreas ou domínios paralelos nos casos onde faltem disposições sobre a actividade concreta, designadamente, o recurso às normas de circulação rodoviária tratando-se da prática de *ski* ou de *surf*, *vide*, FARIA, Paula Ribeiro de, *in*: *Estudos Figueiredo Dias II*, p. 404 e ss., e, a mesma autora, *in*: *Comentário Conimbricense*[2], artigo 148º, § 9.

3. A violação da norma de cuidado assumirá relevo particular em domínios altamente especializados, que importem riscos especiais para bens jurídicos como a vida e a integridade física. Nestes casos, recairá sobre o agente um dever de preparação e informação prévio ao desempenho da actividade. Se o agente não estiver em condições de avaliar convenientemente os riscos em causa, só deve actuar depois de se ter informado sobre esses riscos. Se não tiver conseguido alcançar esclarecimento suficiente, o agente deve omitir a conduta (podendo vir a ser punido por negligência se, actuando, lesar bens jurídico-penalmente protegidos)[942]. Figueiredo Dias refere o exemplo clássico do médico que, avisado pelo paciente de que este tem "qualquer coisa no coração", submete o doente a narcose, sem exames complementares, vindo este a falecer. Também o funcionário de uma empresa de tratamento de resíduos perigosos não deve assumir o trabalho com uma máquina altamente sofisticada, à qual se ligam especiais perigos de explosão e com o funcionamento da qual não se encontra ainda suficientemente familiarizado[943].

4. Nestes domínios altamente especializados assume particular relevo o problema da chamada *negligência na aceitação* ou na *assunção*. Trata-se, aqui, fundamentalmente, da assunção de tarefas ou da aceitação de responsabilidades para as quais o agente não está preparado, porque lhe faltam as condições pessoais, os conhecimentos ou mesmo o treino necessário para o desempenho da actividade em causa[944]. A aceitação, por parte do agente, da realização de uma actividade, "*sabendo, todavia, ou sendo-lhe pelo menos cognoscível que para tanto lhe faltavam os pressupostos anímicos (espirituais) e/ou corporais* necessários"[945], constitui em si mesma uma violação do dever objectivo de cuidado referido ao tipo que vier a ser preenchido. É o que acontecerá, designadamente, com o automobilista que mata um peão,

[942] DIAS, Jorge de Figueiredo, *Direito Penal I*², 35º Cap., § 27. Na expressão de Roxin "quem não sabe uma certa coisa deve informar-se, quem não pode alguma coisa deve abandoná-la" (ROXIN, Claus, *Allgemeiner Teil I*⁴, § 24, nº 36). Cf., ainda este propósito, MANTOVANI, Ferrando, *in*: *Estudos Figueiredo Dias I*, p. 422-423.

[943] DIAS, Jorge de Figueiredo, *Direito Penal I*², 35º Cap., § 27, e DIAS, Jorge de Figueiredo / BRANDÃO, Nuno, *in*: *Comentário Conimbricense*², artigo 137º, § 10.

[944] Assim, DIAS, Jorge de Figueiredo, *Direito Penal I*², 35º Cap., § 25, e ROXIN, Claus, *Allgemeiner Teil I*⁴, § 24, nº 36.

[945] DIAS, Jorge de Figueiredo, *Direito Penal I*², 35º Cap., § 25 (itálicos do autor).

tendo-se já apercebido que anda a ver muito mal, ou que tem a sua capacidade de reacção notavelmente diminuída[946].

§ 28. A valoração jurídico-penal da conduta – a função indiciária das normas de cuidado

As normas de cuidado, ao expressarem o conjunto de regras que devem ser seguidas no exercício de uma determinada actividade de modo a que não se verifiquem riscos que ultrapassem a medida permitida, assumem uma importante *função de orientação*[947].

Por conseguinte, a violação das normas jurídicas de comportamento constituirá um indício de contrariedade ao cuidado objectivamente devido, não podendo, porém, "em caso algum fundamentá-la definitivamente"[948]. Quando na situação concreta, apesar da violação da norma de cuidado, o perigo típico do comportamento pressuposto pela norma não se veri-

[946] DIAS, Jorge de Figueiredo, *Direito Penal I²*, 35º Cap., § 25, e DIAS, Jorge de Figueiredo / BRANDÃO, Nuno, *in*: *Comentário Conimbricense²*, artigo 137º, § 12. Com referências a casos deste género na actividade médica, ULSENHEIMER, Klaus, *Arztstrafrecht*, § 1, nº 22, VILLACAMPA ESTIARTE, Carolina, *Responsabilidad penal*, p. 93-94, e, entre nós, FIDALGO, Sónia, *Responsabilidade Penal por Negligência*, p. 79-80. Nestes casos de negligência na aceitação ou na assunção, a negligência não poderá ser afirmada no momento da acção (por falta de culpa), mas deve ser afirmada em relação ao momento (anterior) em que o agente assumiu ou aceitou o desempenho da tarefa (cf. DIAS, Jorge de Figueiredo, *Direito Penal I²*, 35º Cap., § 25). Não se verificando na negligência na assunção ou na aceitação, em rigor, uma confusão entre os elementos constitutivos do tipo de ilícito e do tipo de culpa negligentes, a verdade é que se verifica uma co-determinação do dever objectivo de cuidado por elementos subjectivos (*idem*, 35º Cap., § 26). Um sector doutrinal confere a esta forma de negligência um sentido estruturalmente semelhante ao da *actio libera in causa* negligente (cf. ROXIN, Claus, *Allgemeiner Teil I⁴*, § 24, nº 118, e MAURACH / GÖSSEL / ZIPF, *Allgemeiner Teil 2⁸*, § 43, nº 71-73). Também Figueiredo Dias esclarece que "a negligência na assunção ou aceitação [se] caracteriza (...) por uma 'antecipação' do ponto temporal para a conexão do juízo de culpa negligente" em certo paralelo com o que sucede "em caso de *actio libera in causa dolosa* (...), mas em nada renuncia à culpa como tal" (DIAS, Jorge de Figueiredo, *Direito Penal I²*, 35º Cap., § 26). Para mais desenvolvimentos sobre este instituto da negligência na assunção ou aceitação, cf. BURGSTALLER, Manfred, *in*: *WK*, § 6, nº 105 e ss.

[947] Cf. MIKUS, Rudolf Alexander, *Verhaltensnorm*, p. 53 e ss., WEIGEND, Thomas, *in*: *Fest. Gössel*, p. 132 e ss., e STRATENWERTH / KUHLEN, *Allgemeiner Teil⁶*, § 15, nº 20.

[948] DIAS, Jorge de Figueiredo, *Direito Penal I²*, 35º Cap., § 21. No mesmo sentido, FARIA, Paula Ribeiro de, *Adequação social*, p. 963. *Vide*, ainda a este propósito, ROXIN, Claus, *Allgemeiner Teil I⁴*, § 24, nº 16.

ficar, tal comportamento não pode ser considerado violador do dever de cuidado[949]. Na esclarecedora expressão de Roxin, "o que *in abstracto* é perigoso, pode deixar de o ser no caso concreto"[950].

O mesmo se tem dito em relação às regras técnicas[951] ou *leges artis* (escritas ou não). *Leges artis* e cuidado objectivamente devido não são conceitos coincidentes[952] – também a violação das *leges artis* constituirá apenas um indício da violação do dever objectivo de cuidado. E, em verdade, tal violação terá um relevo indiciador menor que o reconhecido em caso de violação de normas jurídicas, quer porque as normas técnicas que dão corpo às *leges artis* podem ter na sua base interesses meramente "corporativos" (não estando necessariamente vocacionadas, de modo imediato, para a protecção de bens jurídicos)[953], quer porque "o progresso técnico pode ter

[949] DIAS, Jorge de Figueiredo, *Direito Penal I*², 35º Cap., § 21. António João Latas salienta que, perante uma violação da norma positiva, deverá o juiz ponderar se se encontra perante uma hipótese excepcional em que à violação da norma de cuidado não corresponde a criação ou potenciação do risco permitido subjacente à norma em causa. A jurisprudência refere-se, a este propósito, a uma "presunção de negligência" (cf. LATAS, António João, *Revista do CEJ*, 11 (2009), p. 59). Veja- se, a este propósito, com interesse, o Acórdão do STJ, de 2 de Julho de 2008 (*in: www.dgsi.pt*), em que se refere expressamente que "tendo existido uma violação das normas estradais, se o evento produzido foi do tipo que a lei quis evitar quando impôs a disciplina violada, se deve presumir a negligência".

[950] ROXIN, Claus, *Allgemeiner Teil I*⁴, § 24, nº 16.

[951] Costa Andrade entende que a ideia de que a violação de regras técnicas não leva necessariamente consigo um ilícito penal deve ter, por maioria de razão, aplicação no domínio do desporto. Por conseguinte, o autor conclui no sentido da atipicidade da generalidade dos comportamentos que violem as regras do jogo. Tal só não sucederá nas constelações em que "a violação das regras, pela sua violência e desproporcionalidade e pela gravidade das lesões produzidas, *perde a conexão de sentido com o jogo*, mesmo o jogo jogado com o mais exasperado e agónico empenhamento" (ANDRADE, Manuel da Costa, *in*: *Liber Discipulorum Figueiredo Dias*, p. 719).

[952] Assim, entre nós, DIAS, Jorge de Figueiredo, *Direito Penal I*², 35º Cap., § 22, e FARIA, Paula Ribeiro de, *Adequação social*, p. 940-941; na Alemanha, LENCKNER, Theodor, *in*: *Fest. Engisch*, p. 497, e ROXIN, Claus, *Allgemeiner Teil I*⁴, § 24, nº 18 e ss.; em Espanha, CORCOY BIDASOLO, Mirentxu, *Delito imprudente*, p. 101 e ss., ROMEO CASABONA, Carlos María, *El médico ante el derecho*, p. 70, e CHOCLÁN MONTALVO, J. António, *Deber de cuidado*, p. 92 e ss., e p. 171.

[953] DIAS, Jorge de Figueiredo, *Direito Penal I*², 35º Cap., § 22. Paula Ribeiro de Faria, associando às normas jurídicas extra-penais uma ideia de evitabilidade e às normas técnicas que constituem as *leges artis*, sobretudo, uma ideia de previsibilidade do risco, chama a atenção para o facto de que as normas técnicas "apenas se referem à *evitabilidade dos riscos principais associados às actividades reguladas*, deixando por regular amplas margens de riscos residuais" (FARIA, Paula Ribeiro de, *Adequação social*, p. 968 – itálicos da autora). Por exemplo,

(...) determinado a ultrapassagem destas regras por outras mais perfeitas e mais actuais"[954]. Como refere Paula Ribeiro de Faria, a violação pelo agente da regra de cuidado extra-penal não significa um juízo definitivo de ilicitude penal, porque, no caso concreto, podem intervir outras circunstâncias que afastem a violação do dever de cuidado[955]. Pode suceder que apesar de não ter actuado de acordo com as *leges artis*, o agente não tenha violado o dever de cuidado na situação concreta. Não pode esquecer-se que na valoração jurídico-penal da conduta o que está em causa não é a violação de qualquer regra da arte, mas sim a violação que for tipicamente relevante. Por outro lado, pode excepcionalmente divisar-se uma violação do dever objectivo de cuidado por parte do agente, ainda que ele tenha observado o preceituado nas *leges artis*[956]. A valoração da conduta não ficará completa só pelo facto de o sujeito ter observado escrupulosamente as regras do sector, pois no caso pode verificar-se um perigo concreto de lesão que obrigue o agente a utilizar todas as suas aptidões e conhecimentos para evitar a concretização do perigo num resultado[957] – há situações em que

o "cumprimento de determinadas condições de higiene dentro da sala de operações pode não valer sem reservas no caso de uma falha no ar condicionado que propicia a propagação de bactérias e de micróbios potencialmente mortais" (*idem*, p. 969). É preciso determinar se os riscos que a norma técnica não regulou (riscos residuais) têm ou não relevância penal. Muitos desses riscos podem ser evitáveis e a sua qualificação como riscos residuais "assentar em critérios de eficácia e utilidade social, por vezes até em razões relacionadas com contenção de custos, completamente estranhos à ponderação feita pelo direito penal e orientada por uma ideia de tutela de bens jurídicos. Por exemplo: a imposição de análises clínicas em determinadas circunstâncias poderia determinar a evitabilidade do resultado tendo em conta a previsibilidade de certas complicações operatórias, mas não ser elevada a conteúdo de uma regra técnica, porque essa exigência conduziria à impossibilidade de realização de certas operações em determinados estabelecimentos hospitalares ou significar a paralisação completa dos serviços" (*idem*, p. 970). Deste modo, a actuação correcta de acordo com a regra técnica pode não ser uma actuação correcta do ponto de vista jurídico-penal por se considerar que, apesar de cumprir a regra, a conduta do agente traduz a criação de um risco penalmente relevante para a vida ou para a integridade física do paciente (*ibidem*). Cf., ainda, FARIA, Paula Ribeiro de, *Lex Medicinae*, 14 (2010), p. 18 e ss.

954 DIAS, Jorge de Figueiredo, *Direito Penal I*², 35º Cap., § 22.

955 FARIA, Paula Ribeiro de, *Adequação social*, p. 942.

956 Neste sentido, entre nós, DIAS, Jorge de Figueiredo, *Direito Penal I*², 35º Cap., § 22, e DIAS, Jorge de Figueiredo / BRANDÃO, Nuno, *in*: *Comentário Conimbricense*², artigo 137º, § 8; na doutrina alemã, ROXIN, Claus, *Allgemeiner Teil I*⁴, § 24, nº 19; em Espanha, CORCOY BIDASOLO, Mirentxu, *Delito imprudente*, p. 108.

957 FARIA, Paula Ribeiro de, *Adequação social*, p. 942, a mesma autora, *in*: *Comentário Conimbricense*², artigo 148º, § 9.

o conhecimento ou a suspeita de um perigo não considerado pelas normas obriga a cuidados acrescidos. É o que acontece, no exemplo referido por Figueiredo Dias, quando a situação excepcionalíssima de um doente obriga a cuidados acrescidos mesmo relativamente aos que resultam de um protocolo médico em vigor[958].

Mais complexo se torna ainda determinar a violação do dever objectivo de cuidado quando tem de se lançar mão da "figura-padrão" – neste caso tem de se ter em consideração o comportamento que, em idêntica situação, teria um sujeito prudente. Este critério terá de "ser posto em conexão com o concreto comportamento levado a cabo, com a sua perigosidade, a hierarquia do bem jurídico atingido, a frequência da sua violação, o valor e a aceitabilidade sociais do comportamento"[959].

§ 29. A delimitação dos deveres de cuidado no caso de pluralidade de agentes (remissão)

Intervindo na realização de um facto negligente uma pluralidade de agentes, suscita-se a questão de saber de que modo a intervenção plural pode modificar a imputação individual do tipo de ilícito. Neste domínio, a doutrina tem vindo a convocar o princípio da confiança como critério de delimitação negativa do tipo de ilícito negligente[960]. De acordo com este princípio, "quem se comporta no tráfico de acordo com a norma de cuidado deve poder confiar que o mesmo sucederá com os outros; salvo se tiver razão *concretamente* fundada para pensar ou dever pensar de outro modo"[961]. Por conseguinte, quando o condutor titular do direito de prioridade se aproxima de um cruzamento não tem de reduzir a velocidade adequada à norma com que circula, podendo, em regra, contar com que os demais automobilistas respeitarão a sua prioridade. Verificando-se um acidente do qual resulte a morte ou ofensas à integridade física de outrem, o tipo de ilícito negligente não poderá dizer-se preenchido pela conduta

[958] DIAS, Jorge de Figueiredo, *Direito Penal I²*, 35º Cap., § 22 (o autor esclarece que nestes casos deve ser-se particularmente exigente na comprovação da culpa negligente, *ibidem*).

[959] DIAS, Jorge de Figueiredo, *Direito Penal I²*, 35º Cap., § 23.

[960] Nestes precisos termos, DIAS, Jorge de Figueiredo / BRANDÃO, Nuno, *in*: *Comentário Conimbricense²*, artigo 137º, § 13; no mesmo sentido, BELEZA, Teresa Pizarro, *Direito Penal* 2, p. 517; de modo aproximado, SILVA, Germano Marques da, *Direito Penal*, p. 134.

[961] DIAS, Jorge de Figueiredo, *Direito Penal I²*, 35º Cap., § 28 (itálico do autor).

do titular do direito de prioridade. Só assim não sucederá, se o condutor tiver *razões concretas* para contar com que o seu direito de passagem vai ser violado por outrem. Porque, por exemplo, se apercebe de que na via sem prioridade circula um condutor notoriamente embriagado ou a uma velocidade tal que a travagem não será possível[962].

Chegou o momento de perguntarmos se este será, verdadeiramente, o enquadramento dogmático do princípio da confiança.

[962] Cf. DIAS, Jorge de Figueiredo / BRANDÃO, Nuno, *in*: *Comentário Conimbricense*[2], artigo 137º, § 13; referindo um exemplo semelhante, BELEZA, Teresa Pizarro, *Direito Penal* 2, p. 517.

Capítulo II
O Princípio da Confiança na Teoria do Crime

Depois do percurso feito pela estrutura dogmática do facto negligente e de termos indagado já acerca do fundamento e dos limites do princípio da confiança, encontramo-nos em condições de indicar o enquadramento dogmático de tal princípio.

Actualmente há duas grandes posições no que diz respeito ao enquadramento dogmático do princípio da confiança. Há quem o veja como um princípio concretizador do dever objectivo de cuidado, relevante no âmbito do tipo de ilícito do facto negligente, e há quem o entenda como um critério de imputação objectiva do resultado. De qualquer modo, o princípio da confiança há-de ser um princípio que actua ao nível do *Tatbestand*.

§ 30. Tentativa de enquadramento dogmático do princípio da confiança no direito penal nacional-socialista

1. As propostas de Gülde sobre o princípio da confiança podem, à primeira vista, fazer-nos ver nele um precursor da perspectiva que encara o princípio da confiança como um princípio que actua ao nível do tipo de ilícito. Porém, uma análise atenta das referidas propostas permitir-nos-á concluir que assim não é. É certo que na altura em que Gülde escreveu havia sido já publicada a monografia de Engisch – *Untersuchungen über Vorsatz und Fahrlässigkeit*, de 1930 –, sendo, por isso, já discutida na doutrina a possibilidade de se ver a negligência (ou, pelo menos, uma parte dela) como elemento da tipicidade. Não obstante, ao colocar a questão de saber se cada participante no tráfego pode confiar que os demais intervenien-

tes observam as regras de que são destinatários, Gülde afirma expressamente que esta é uma matéria referente à *Shuldfrage*, ou seja, ao tema da culpa[963].

De acordo com a concepção psicológica da culpa, esta traduzir-se-ia na relação psicológica que liga o agente ao seu facto. Já nos termos da concepção normativa da culpa, o juízo de culpa radicará numa violação do dever de cuidado apreciada sempre por referência às características pessoais do agente. O juízo de culpa estaria sempre dependente do concreto poder (*das Können*) do agente de cumprir as exigências de cuidado e, assim, evitar o resultado. Quer se adopte uma ou outra destas concepções de culpa, permanece, todavia, alheia a uma culpa entendida nestes termos a possibilidade de limitação dos deveres de cuidado do agente a partir dos deveres de cuidado que impendem sobre as demais pessoas com as quais ele contacta[964].

Não devemos deixar-nos enganar pelo facto de, neste âmbito, a questão ser a de saber se cada um dos intervenientes no tráfego *pode* confiar que os demais se comportam de acordo com os deveres que sobre eles impendem. Aqui, a utilização do verbo *poder* não está relacionada com uma eventual violação prévia de uma obrigação efectivamente existente, nem com a questão de saber se o agente se encontrava em condições de cumprir tal obrigação. O dever de contar com comportamentos em violação das regras por parte de terceiros – e, consequentemente, o dever de actuar no sentido de *neutralizar* os efeitos da conduta daqueles – não é um dever que pré-exista na esfera de actuação do agente. Tal dever surgirá apenas quando houver indícios concretos no sentido de que os terceiros não vão cumprir o dever que sobre eles impende. O que significa que, *ab origine*, os deveres impostos a terceiros representam um limite aos deveres que recaem sobre cada um dos membros da comunidade; limite que só é afastado na presença dos referidos indícios concretos, que conduzam o agente a não confiar no comportamento cuidadoso de terceiros. Tudo isto nos permite sublinhar que o limite que se infere do princípio da confiança actua no plano do *Sollen*, isto é, no âmbito dos deveres que cada cidadão é chamado a cumprir, e não no plano do *Können*, como aconteceria se o princípio da confiança fosse um princípio atinente à esfera da culpa.

963 Cf. GÜLDE, Hermann, *JW*, 1938, p. 2785.

964 Cf., neste sentido, MANTOVANI, Marco, *Principio di affidamento*, p. 18.

Uma clara indicação neste sentido pode, de resto, inferir-se da expressão que o próprio Gülde utiliza para definir a situação daquele que confia. A situação em que se encontra aquele em relação ao qual se questiona a existência ou não de uma limitação da responsabilidade é indicada por Gülde como *vertrauen-dürfen*[965]. A escolha do verbo *dürfen* inclui uma opção de fundo a propósito do enquadramento dogmático do princípio da confiança que não deixa margem para dúvidas: *dürfen* não alude a um conceito de poder em sentido subjectivo-individual, mas sim a uma acepção objectivo-generalizadora. O sujeito que *pode*, nas circunstâncias em que tal poder é indicado através do emprego do verbo *dürfen*, não é o sujeito que *tem capacidade para* realizar a conduta, mas sim o sujeito que *está autorizado* a realizá-la[966].

Fica, porém, a questão de saber como interpretar a posição de Gülde que, apesar de enquadrar correctamente o princípio da confiança em um *vertrauen-dürfen*, continua a tratá-lo como um problema referido ao âmbito da culpa.

Esta contradição aparente pode ser redimensionada e, consequentemente, superada se convocarmos para o nosso discurso duas referências distintas: por um lado, uma menção à concepção dominante de negligência na década de trinta do século passado (que parece ser a concepção de que Gülde se aproxima); por outra banda, um percurso (ainda que breve) pelo método de apreensão do conceito de crime característico do período nacional-socialista que, precisamente nesta altura, havia adquirido plena consagração.

2. Pode considerar-se como dominante na Alemanha da década de trinta do século passado a construção do facto negligente apresentada por Mezger. Na proposta de Mezger, a negligência é entendida como uma forma de culpa (*Shuldform*), ao lado do dolo. Segundo Mezger, actua negligentemente o agente que "viola um dever de cuidado que sobre si pessoalmente impede e que pode prever a realização do resultado"[967]. Como tivemos já

[965] O emprego do verbo *dürfen*, nesse contexto, encontra-se variadíssimas vezes nas publicações de Gülde sobre o princípio da confiança (*vide*, GÜLDE, Hermann, *JW*, 1935, p. 1466, o mesmo autor, em *JW*, 1936, p. 425, e, ainda o mesmo autor, em *JW*, 1938, p. 2785 e p. 2790).

[966] Cf., chamando a atenção precisamente para este aspecto, MANTOVANI, Marco, *Principio di affidamento*, p. 19.

[967] MEZGER, Edmund, *Strafrecht*, p. 349.

oportunidade de referir[968], a determinação do dever de cuidado em ordem à afirmação do juízo de censura próprio da culpa negligente estará, na proposta de Mezger, sujeita a um *duplo critério*. Num primeiro momento há que averiguar quais as exigências objectivas de cuidado no caso concreto. Para, num momento posterior, atendendo às características pessoais do agente – eventuais diminuições físicas ou psíquicas, mas também outras situações particulares, como um estado de especial cansaço ou agitação –, questionar se o agente tinha capacidade para cumprir tais exigências e, consequentemente, se encontrava obrigado a tal cumprimento. A culpa é uma censura pessoal que se faz ao agente, o que pressupõe que o sujeito se encontre em condições de actuar de acordo com o cuidado objectivamente exigível[969]. A culpa negligente é, deste modo, integrada por elementos relativos ao dever objectivo de cuidado (dirigido a todos os cidadãos), bem como por elementos referentes a circunstâncias individuais, subjectivas, do agente. Tal categoria abrange tanto a violação do dever objectivo de cuidado, como a valoração acerca da concreta exigibilidade da sua observância por parte do agente. O mesmo será dizer: encontram-se na culpa negligente elementos referentes ao dever (*Sollen*), bem como elementos relativos ao poder (*Können*).

Dos textos de Gülde sobre o princípio da confiança poderá inferir-se que o autor se aproxima da concepção de negligência proposta por Mezger: a negligência será constituída pela violação do dever de cuidado (nas suas dimensões objectiva e subjectiva) e pela previsibilidade – ou, na formulação de Gülde, *cognoscibilidade* (*Erkennbarkeit*) – do resultado verificado[970].

3. No que tange à estrutura e ao conteúdo do conceito de crime, a experiência nacional-socialista implicou uma ruptura com a perspectiva de matriz liberal de finais do século XIX e do princípio do século XX, bem como com as concepções neo-kantianas então dominantes. A Escola de Kiel – fundada por Georg Dahm e Friedrich Schaffstein – desenvolveu uma nova doutrina penal[971], que deve ser compreendida no contexto do

[968] Cf., *supra*, § 23, I, 6.

[969] Cf. MEZGER, Edmund, *Strafrecht*, p. 358-359.

[970] Cf. GÜLDE, Hermann, *JW*, 1938, p. 2785, p. 2786, e p. 2790.

[971] Cf., entre outras obras destes autores, DAHM, Georg, *ZStW*, 57 (1938), p. 225 e ss., e SCHAFFSTEIN, Friedrich, *ZStW*, 53 (1934), p. 603 e ss.

modelo de Estado então defendido[972]. Um Estado totalitário, estruturado a partir do *Führerprinzip*, em que a vontade do líder, expressando a vontade do povo, tinha efeito constitutivo e vinculativo[973].

Neste contexto, deixou de haver lugar para o conceito de bem jurídico. Tal conceito traduzir-se-ia num limite ao poder punitivo que o Estado totalitário não estava disposto a tolerar. O conceito de bem jurídico havia assumido inicialmente um conteúdo individualista, identificando-se com os interesses primordiais do indivíduo – nomeadamente a sua vida, o seu corpo, a sua liberdade e o seu património – que se contrapunham aos interesses do Estado[974]. Tal contraposição entre indivíduo e Estado estava, compreensivelmente, em radical oposição com o ideal da completa identificação entre a comunidade e os singulares membros que a compunham, que inspirava a *Weltanschauung* nacional-socialista[975]. O núcleo do crime deixou de radicar na violação de um bem jurídico (*Rechtsgutsverletzung*) para se traduzir na *violação do vínculo ético* que liga e subordina o indivíduo à comunidade e ao Estado[976]. O crime passou, assim, a ser identificado com a violação de um dever (*Pflichtverletzung*) que impende sobre o indivíduo na sua relação com a comunidade[977].

[972] Sobre o conceito de crime e o modelo da sua compreensão no período nacional-socialista, *vide*, entre muitos outros, MARXEN, Klaus, *Der Kampf gegen das liberale Strafrecht*, p. 56 e ss. e p. 167 e ss., JESCHECK / WEIGEND, *Lehrbuch*[5], § 22, IV, SCHÜNEMANN, Bernd, *in*: *El sistema moderno*, p. 53-54, MARINUCCI / DOLCINI, *Corso di diritto penale*, p. 61 e ss. Entre nós, cf. CORREIA, Eduardo, *A Teoria do Concurso*, p. 79 e ss., e, do mesmo autor, *Direito Criminal I*, p. 208-209, DIAS, Jorge de Figueiredo, *Direito Penal I*[2], 10º Cap., § 5, e PINTO, Frederico da Costa, *Punibilidade I*, p. 365 e ss.

[973] Cf. MARXEN, Klaus, *Der Kampf gegen das liberale Strafrecht*, p. 56 e ss., e, entre nós, PINTO, Frederico da Costa, *Punibilidade I*, p. 366.

[974] Para uma síntese sobre a evolução do conceito de bem jurídico, cf., entre nós, por todos, DIAS, Jorge de Figueiredo, *Direito Penal I*[2], 6º Cap., § 16 e ss., e, o mesmo autor, *in*: *XXV Anos de Jurisprudência Constitucional*, p. 33; com pormenor, ANDRADE, Manuel da Costa, *Consentimento*, p. 37 e ss., SOUSA, Susana Aires de, *Os Crimes Fiscais*, p. 171 e ss., e, da mesma autora, *RBCC*, 86 (2010), p. 231 e ss. Acolhendo uma concepção relacional de bem jurídico que permite ao autor proceder à distinção entre os *delicta in se* e os *delicta mere proihibita*, cf. DIAS, Augusto Silva, *Delicta in se*, p. 641 e ss., esp.te p. 659 e ss.

[975] Cf. GALLAS, Wilhelm, *in*: *Fest. Graf W. Gleispach*, p. 51 e ss., e, aludindo também a este aspecto, MANTOVANI, Marco, *Principio di affidamento*, p. 23.

[976] Neste sentido, com referência a vasta bibliografia alemã, MARINUCCI / DOLCINI, *Corso di diritto penale*, p. 61.

[977] Cf. MEZGER, Edmund, *ZStW*, 57 (1938), p. 693 e ss.

Se reflectirmos, por um lado, sobre a relevância que a violação do dever alcança como essência do crime no âmbito do *novo direito penal* de ideologia nacional-socialista, e pensarmos, por outro lado, na circunstância de que quanto mais se acentua a importância de um dever e quanto mais graves são, correlativamente, as consequências associadas à sua violação, tanto mais alta será, reflexamente, a expectativa em relação à sua observância, poderemos encontrar uma explicação histórico-teorética para o facto de o princípio da confiança, na concepção de Gülde, ter sido elaborado precisamente na época do nacional-socialismo[978].

4. Poderá ainda dizer-se, no entanto, que a alteração de perspectiva quanto à essência do crime – da violação de um bem jurídico para a lesão de um dever – diz respeito, sobretudo, ao conteúdo material do ilícito e não é, enquanto tal, susceptível de se manifestar sobre a estrutura da negligência (mais precisamente, sobre o dever de cuidado que a caracteriza), na medida em que, no pensamento de Gülde, a negligência surge como uma forma de culpa.

Esta objecção perderá, porém, força argumentativa se recordarmos o método de compreensão do crime proposto pela Escola de Kiel[979]. A doutrina nacional-socialista não desenvolveu verdadeiramente um modelo sistemático de análise do crime. Pelo contrário, veio combater o pensamento analítico e o método fragmentador (*trennende Methode*) desenvolvido pelos clássicos, propondo, em sua substituição, um modelo de compreensão global ou unitária do crime[980]. De acordo com este modelo não deveria proceder-se à análise dos vários elementos (*Elemente*) constitutivos do conceito de crime para, a partir deles, alcançar o fenómeno criminal unitariamente considerado. Pelo contrário, deveria partir-se de uma valoração do crime como um *todo*, atendendo, *ab initio*, ao seu carácter unitário, para depois descrever as características (*Merkmale*) gerais e especiais daquele. Tratava-se, em termos genéricos, de procurar "entender as partes a partir do todo e não o todo a partir das partes"[981].

[978] Precisamente neste sentido MANTOVANI, Marco, *Principio di affidamento*, p. 23-24.

[979] Cf., neste sentido MANTOVANI, Marco, *Principio di affidamento*, p. 24.

[980] Cf. PINTO, Frederico da Costa, *Punibilidade I*, p. 365 (nota 182) e p. 366. Foi Mezger quem, assumindo uma posição mais moderada que a defendida por Dahm e Schaffstein, procedeu à teorização da passagem de um modelo de análise fragmentada do crime para um modelo de compreensão unitária do mesmo (cf. MEZGER, Edmund, *ZStW*, 57 (1938), p. 675 e ss.).

[981] MEZGER, Edmund, *ZStW*, 57 (1938), p. 675.

O ponto de partida desta compreensão não deveria ser o facto, mas sim o autor e a sua vontade – a vontade do autor manifesta-se como oposição (*Auflehnung*) à comunidade do povo[982]. O núcleo do conceito de crime deixa de ser constituído por elementos objectivos para ser invadido por elementos subjectivos ou personalísticos. A *vontade culposa* deixa de ser vista como critério de atribuição da responsabilidade em virtude da lesão de um bem jurídico para passar a ser o objecto e o próprio fundamento da responsabilidade[983]. Não surpreende, por isso, que Schaffstein venha a defender que a violação do dever é não só o núcleo do crime como também o seu fundamento[984]. E, devendo seguir-se um modelo global de compreensão do crime, tal fundamento há-de reflectir-se como característica do *crime como um todo* (e, portanto, também no âmbito da culpa)[985].

A referida subjectivização do crime corresponde, por outro lado, a um objectivo político preciso, que deveria concretizar-se num novo Código Penal da Alemanha nacional-socialista: antecipar tanto quanto possível a intervenção repressiva do Estado[986]. Enquanto não se verificava a ansiada reforma, a orientação marcadamente subjectivista facilitava a *manipulação*, pela via interpretativa, do direito vigente[987]. Os tribunais não deveriam, por isso, limitar-se a aplicar a lei, devendo antes completá-la, dentro do espírito do povo[988]. Estava aberta, também por esta via, a porta para que os tribunais afirmassem o princípio da confiança no âmbito do direito penal rodoviário – com consequências inegáveis na esfera dos crimes de homicídio e de ofensas à integridade física por negligência.

[982] Neste sentido, MEZGER, Edmund, *ZStW*, 57 (1938), p. 677.

[983] Salientando este aspecto, MARINUCCI / DOLCINI, *Corso di diritto penale*, p. 61.

[984] Cf. SCHAFFSTEIN, Friedrich, «Der Streit um Rechtsgutsverletzungsdogma», *in*: *Deutsches Strafrecht*, 1937, p. 340 e ss., *apud* MANTOVANI, Marco, *Principio di affidamento*, p. 24.

[985] Cf., neste sentido, também MANTOVANI, Marco, *Principio di affidamento*, p. 24.

[986] Schaffstein defende, designadamente, um tratamento fundamentalmente idêntico do crime tentado e do consumado, a eliminação dos crimes de resultado, a relevância da tentativa impossível, bem como uma extensa punição dos meros actos preparatórios (cf. SCHAFFSTEIN, Friedrich, *ZStW*, 53 (1934), p. 609).

[987] Cf. MARINUCCI / DOLCINI, *Corso di diritto penale*, p. 62.

[988] A proibição da analogia e a concepção estrita da tipicidade perdiam, deste modo, a sua razão de ser. Para uma exposição pormenorizada a este propósito, criticando esta tendência marcadamente "anti-liberal", cf. MARXEN, Klaus, *Der Kampf gegen das liberale Strafrecht*, p. 192 e ss. Cf., ainda, entre nós, PINTO, Frederico da Costa, *Punibilidade I*, p. 366-367.

5. No quandro de uma negligência ainda entendida como uma forma de culpa encontrava, todavia, lugar a referência à violação de um dever objectivo de cuidado. Na culpa negligente havia, assim, um momento da violação do dever, que era o núcleo e o fundamento do conceito de crime compreendido de modo unitário. A exigência do cumprimento do dever reforçava a expectativa da comunidade no sentido de que o dever seria efectivamente observado. Da exigência de que todos os participantes no tráfego se comportassem de acordo com as regras emergia, como outra face da moeda, a confiança de que um tal comportamento se verificaria na generalidade dos casos[989]. Aqui radicava o ponto de partida de um direito rodoviário baseado nas ideias fundamentais de comunidade do tráfego e disciplina do tráfego[990].

Julgamos poder ver nas ideias agora esboçadas uma explicação para o surgimento histórico, bem como para o enquadramento dogmático do princípio da confiança na época do nacional-socialismo[991].

§ 31. O princípio da confiança na tradicional doutrina da negligência

Deixemos agora de lado a marcada influência nacional-socialista dos ensaios de Gülde e voltemos a nossa atenção para a evolução do princípio da confiança, desde a sua elaboração pela jurisprudência alemã, de modo a averiguar a relação entre este princípio e a doutrina da negligência. De acordo com as referências já feitas na exposição sobre as origens do princípio da confiança, pode estabelecer-se uma relação clara entre a afirmação deste princípio pela jurisprudência e a evolução de um processo tendente a limitar o alcance da previsibilidade.

I. O princípio da confiança como limite da previsibilidade

1. Após um período em que se entendia que impendia sobre o condutor o dever de contar com as eventuais condutas incorrectas de terceiros (porque estas seriam sempre previsíveis), começou a exigir-se-lhe que contasse apenas com as condutas que fossem previsíveis de acordo com a normal experiência, sempre que a tal não se opusessem as exigências da vida diá-

[989] GÜLDE, Hermann, *JW*, 1936, p. 424.
[990] GÜLDE, Hermann, *JW*, 1935, p. 1464.
[991] Cf., neste sentido, também, MANTOVANI, Marco, *Principio di affidamento*, p. 25.

ria e as necessidades do tráfego. Posteriormente, com o reconhecimento expresso do princípio da confiança, concedia-se finalmente ao participante no tráfego a possibilidade de não contar com condutas incorrectas de terceiros, salvo se tais condutas fossem previsíveis, de acordo com as circunstâncias concretas[992].

Desta forma, nos anos que antecedereram a década de cinquenta do século passado, a jurisprudência procedia a uma limitação do dever objectivo de cuidado como elemento determinante da culpa nos crimes negligentes. Havia-se assistido já na jurisprudência à introdução da referência ao critério do dever objectivo de cuidado como elemento da culpa, com o que se procedia à transição de uma concepção psicológica, para uma concepção normativa da culpa[993]. Tratava-se agora de precisar o conteúdo desse dever, tentando dar-se resposta à questão que havia sido colocada por Exner, de modo claro: sob que circunstâncias constituiria violação do dever *confiar* que os outros cumprem os deveres que sobre eles impendem[994].

2. Porém, como salienta Kirschbaum, eram muito escassas na jurisprudência quaisquer referências à natureza jurídica, bem como à localização sistemática do princípio da confiança[995]. A jurisprudência limitava-se a associar o princípio da confiança ao critério da previsibilidade, sem conceder verdadeira autonomia àquele princípio. Procedia apenas a uma maior concretização do princípio no momento de definir as circunstâncias com base nas quais se determinava a previsibilidade da conduta do terceiro em violação das regras. O princípio da confiança servia, no fundo, somente para reconhecer que o agente apenas tem de contar com as condutas de terceiros em violação das regras que sejam previsíveis de acordo com as circunstâncias do caso[996]. Mesmo a doutrina que se referia ao princípio da confiança tendia a apresentá-lo como um critério complementar do critério da previsibilidade, destinado a limitar o alcance desta[997].

[992] Cf., *supra*, § 4 e ss.

[993] Com referência a esta evolução, *vide*, Stratenwerth, Günter, *in: Fest. Eb. Schmidt*, p. 384-385.

[994] Cf. Exner, Franz, *in: Fest. Reinhard von Frank*, p. 577.

[995] Cf. Kirschbaum, Klaus, *Vertrauensschutz*, p. 208.

[996] Cf., neste sentido, Kirschbaum, Klaus, *Vertrauensschutz*, p. 208, Hannes, Miriam, *Der Vertrauensgrundsatz*, p. 33, e Maraver Gómez, Mario, *Principio de confianza*, p. 147.

[997] Cf. Exner, Franz, *in: Fest. Reinhard von Frank*, p. 576 e ss., Schmidt, Eberhard, *Der Arzt*, p. 192-193, e Crespi, Alberto, *Responsabilità penale*, p. 158. A este propósito, cf., ainda, Maraver Gómez, Mario, *Principio de confianza*, p. 147.

Com o desenvolvimento de uma nova teoria do crime negligente, que deixava de ver na negligência apenas uma forma de culpa e passava a ver o facto negligente como uma outra forma de surgimento do facto punível, ao lado do facto doloso, o princípio da confiança viria a encontrar também um novo enquadramento dogmático.

II. O princípio da confiança como critério concretizador do dever objectivo de cuidado

1. Como referimos anteriormente, com o início da II Guerra Mundial o princípio da confiança perdeu relevância. Mesmo nos anos que se seguiram a 1945, foram muito poucos os autores que se dedicaram ao estudo deste princípio[998]. A tal não serão estranhas, desde logo, razões de natureza exclusivamente política, associadas ao surgimento do princípio da confiança no âmbito da ideologia nacional-socialista. Por outro lado, atendendo ao reduzido número de veículos motorizados na Alemanha do pós-guerra, no tráfego rodoviário daquela altura não se verificavam ainda as condições de particular complexidade que, por um lado, justificam a convocação e, por outro, permitem compreender a verdadeira função do princípio da confiança no direito penal.

Foi sobretudo a partir da década de cinquenta do século passado que a crescente complexidade do tráfego rodoviário se traduziu num aumento significativo do número de acidentes de viação. Como salienta Welzel, a jurisprudência alemã de meados da década de cinquenta foi inundada de casos relativos a ofensas corporais negligentes e a homicídios por negligência, resultantes de acidentes rodoviários[999]. O aumento dos acidentes de viação fez com que estes se tornassem a forma típica da criminalidade por negligência, a ponto de o tráfego rodoviário representar o sector privilegiado ao qual começou a reportar-se a própria teoria do crime negligente[1000]. Foi precisamente nesta altura que a jurisprudência e a doutrina começaram a convocar o princípio da confiança para delimitar o *quantum*

[998] Cf. GÜLDE, Hermann, *ZVerkS*, 1952, p. 261-262, e KIRSCHBAUM, Klaus, *Vertrauensschutz*, p. 65.

[999] Cf. WELZEL, Hans, *Fahrlässigkeit und Verkehrsdelikte*, p. 5-6.

[1000] Na obra de Welzel, *Fahrlässigkeit und Verkehrsdelikte*, de 1961, a construção do facto negligente é delineada a partir de casos relacionados com o tráfego rodoviário (WELZEL, Hans, *Fahrlässigkeit und Verkehrsdelikte*, p. 5 e ss.). Chamando também a atenção para esta

de cuidado devido por cada participante no tráfego – entendido, agora, o dever objectivo de cuidado como um elemento do tipo de ilícito negligente.

Welzel salienta que na década de cinquenta a ideia de que a questão relativa à observância ou inobservância do cuidado objectivo se refere a um problema de licitude ou ilicitude (*Rechtmäßigkeit* ou *Rechtswidrigkeit*) da acção se afirma cada vez com maior clareza nas decisões proferidas pelos tribunais alemães nos casos relacionados com acidentes de viação. Os tribunais começaram por proceder a uma distinção entre violações objectivas das regras tráfego, por um lado, e elementos subjectivos, essenciais à apreciação da culpa do agente, por outro. Deste modo, generalizou-se a ideia de que a questão de saber se o comportamento constitui uma violação objectiva do dever é uma questão prévia (*Vorfrage*) ao exame da culpa[1001].

Já em 1953, num julgamento de natureza civil, o *BGH* afirmou, a título incidental, que a conduta do réu tinha sido uma acção "lícita", na medida em que se havia mostrado em consonância com as exigências da circulação rodoviária[1002]. Esta evolução alcançou o seu apogeu com o Acórdão do *Große Zivilsenat* do *BGH*, de 4 de Março de 1957[1003]. Neste Acórdão, o tribunal entendeu que "o direito em vigor, ao admitir a circulação rodoviária e os perigos que lhe são inerentes, e ao regular pormenorizadamente a forma como devem comportar-se aqueles que participam no tráfego rodoviário, expressa desse modo que uma conduta levada a cabo de acordo com as regras é uma conduta abrangida pelo direito. É inadmissível que um comportamento que tem em consideração as imposições e as proibições das regras do tráfego possa, não obstante, vir a ser afectado pelo juízo de valor negativo da ilicitude. O resultado que venha a verificar-se em virtude de um tal comportamento não constituirá, por si só, razão suficiente para que se lhe atribua o carácter de ilícito, nos termos das normas do BGB. (...) Em caso de comportamento de um participante no tráfego rodoviário ou ferroviário de acordo com as regras de circulação, os danos que venham a verificar-se não podem considerar-se ilícitos"[1004].

relação entre o aumento dos acidentes rodoviários e o desenvolvimento da doutrina do facto negligente MANTOVANI, Marco, *Principio di affidamento*, p. 26.

1001 Cf. WELZEL, Hans, *Fahrlässigkeit und Verkehrsdelikte*, p. 11-12.

1002 Cf. WELZEL, Hans, *Fahrlässigkeit und Verkehrsdelikte*, p. 12.

1003 *BGH Beschl.*, de 04.03.1957, *in*: *www.jurion.de*.

1004 *BGH Beschl.*, de 04.03.1957, nº 15.

Poucos meses depois, num processo já de natureza penal, em que estava a ser julgado um condutor que havia atropelado um ciclista, o *BGH* afirmou expressamente, em Acórdão de 31 de Outubro de 1957, que o comportamento daquele que actua ao abrigo do princípio da confiança não constitui uma violação objectiva das regras de circulação rodoviária. Pelo que um comportamento levado a cabo ao abrigo do princípio da confiança não deve apenas ser considerado não culposo; tal conduta deverá ser considerada lícita[1005].

Para Welzel não havia dúvidas de que uma nova teoria dos crimes negligentes devia ir a par da evolução acabada de expor. Entendendo que o dever objectivo de cuidado é um elemento do tipo de ilícito negligente, Welzel defende que o princípio da confiança surge como um princípio concretizador do conceito de cuidado. Welzel recorda que o princípio da confiança foi elaborado e desenvolvido pela jurisprudência, em matéria de circulação rodoviária, tendo em conta os riscos que um condutor prudente e consciente das suas responsabilidades pode tomar a seu cargo. De acordo com este princípio, cada participante no tráfego pode confiar (*vertrauen darf*) que os outros participantes se comportarão também de forma correcta, a menos que as circunstâncias particulares sejam de tal natureza que tornem para ele cognoscível o contrário[1006]. Deste modo, segundo Welzel, "o princípio da confiança concretiza *materialmente* o conceito de cuidado, no sentido de que faz do comportamento correcto dos *outros* o fundamento (*Grundlage*) do comportamento apropriado de cada interveniente no tráfego"[1007]. As disposições em matéria de tráfego adquirem, assim, uma nova função dentro da noção de cuidado: se cada participante no tráfego pode confiar que também os outros se comportam de acordo com as regras, ele passa a dispor de uma base sólida para desenvolver a sua conduta de forma adequada[1008].

Deste modo, à medida que se foi afirmando a concepção pessoal do ilícito, o princípio da confiança passou a ser entendido pela generalidade da doutrina como um critério independente de delimitação, determinação ou concretização do dever objectivo de cuidado, no âmbito do tipo de ilícito negligente[1009].

[1005] *BGH Urt.*, de 31.10.1957, *in*: *www.jurion.de*, nº 11.

[1006] Cf. WELZEL, Hans, *Fahrlässigkeit und Verkehrsdelikte*, p. 18.

[1007] WELZEL, Hans, *Fahrlässigkeit und Verkehrsdelikte*, p. 19 (itálicos do autor).

[1008] WELZEL, Hans, *Fahrlässigkeit und Verkehrsdelikte*, p. 19.

[1009] Cf., entre outros, na doutrina alemã, WELZEL, Hans, *Strafrecht*[11], p. 133, BURGSTALLER, Manfred, *Fahrlässigkeitsdelikt*, p. 23-27 e p. 58-59, HERZBERG, Rolf Dietrich, *Die Verantwortung*

§ 32. O princípio da confiança como critério de imputação objectiva

Com a moderna teoria da imputação objectiva, o dever objectivo de cuidado deixa de se conceber como um elemento do tipo de ilícito negligente e fica diluído no âmbito dos critérios utilizados para determinar a imputação objectiva do resultado. Esta teoria assume os critérios desenvolvidos na esfera do crime negligente para determinar o dever objectivo de cuidado apresentando-os, porém, como critérios da imputação objectiva. O princípio da confiança passa, assim, a ser considerado um critério de imputação objectiva do resultado[1010].

I. Os critérios de imputação objectiva nos crimes negligentes e nos crimes dolosos

1. O tema da imputação objectiva do resultado a uma conduta é um dos temas mais complexos e, sobretudo desde a década de setenta do século passado, um dos mais discutidos na dogmática penal[1011]. A designação *teoria da imputação objectiva* abrange uma pluralidade tal de tendências e de propostas, que os próprios defensores da teoria reconhecem que se está muito longe de alcançar consenso nesta matéria[1012]. Pese embora a diver-

für Arbeitsschutz, p. 171-172, SCHUMANN, Heribert, *Selbstverantwortung*, p. 8, PETER, Anne-Marie, *Arbeitsteilung im Krankenhaus*, p. 11, JESCHECK / WEIGEND, *Lehrbuch*^{5}, § 54, I, 3, e § 55, I, 3. *d)*, PUPPE, Ingeborg, *ZStW*, 99 (1987), p. 611, e, da mesma autora, *Jura* (1998), p. 24, LEWISCH, Peter, *in: Fest. Burgstaller*, p. 98; na doutrina espanhola, cf. JORGE BARREIRO, Agustín, *La imprudencia*, p. 117, CEREZO MIR, *Parte General II*^{6}, p. 170; entre nós, BELEZA, Teresa Pizarro, *Direito Penal* 2, p. 517, DIAS, Jorge de Figueiredo, *Direito Penal I*^{2}, 35º Cap., § 28, e SILVA, Germano Marques da, *Direito Penal*, p. 134.

1010 Cf., entre outros, na doutrina alemã, RUDOLPHI, Hans-Joachim, *in: SK*, antes do § 1, nº 73 e ss., ROXIN, Claus, *Allgemeiner Teil I*^{4}, § 24, nº 11, STRATENWERTH / KUHLEN, *Allgemeiner Teil*^{6}, § 8, nº 33; na doutrina espanhola, TORÍO LÓPEZ, Angel, *in: Estudios Fernández Albor*, p. 720-721, CORCOY BIDASOLO, Mirentxu, *Delito imprudente*, p. 327 e ss., MARTÍNEZ ESCAMILLA, Margarita, *La imputación*, p. 137 e ss., CHOCLÁN MONTALVO, J. Antonio, *Deber de cuidado*, p. 112, ANARTE BORRALLO, Enrique, *Causalidad*, p. 297 e ss.

1011 Cf., neste sentido, EBERT, Udo / KÜHL, Kristian, *Jura*, 11 (1979), p. 561, e, entre nós, SOUSA, Susana Aires de, *Responsabilidade criminal pelo produto*, p. 408.

1012 Salientando, precisamente, a complexidade do tema, bem como a falta de consenso que lhe é característica, cf., entre outros, KÜPPER, Georg, *Strafrechtsdogmatik*, p. 83, MARTÍNEZ ESCAMILLA, Margarita, *La imputación*, p. XXIV, SCHÜNEMANN, Bernd, *GA* (1999), p. 207, FRISCH, Wolfgang, *in: Sobre el estado de la teoría del delito*, p. 21, RUEDA MARTÍN, María Ángeles,

sidade de propostas, acompanhamos Susana Aires de Sousa quando refere que talvez se possa apontar como denominador comum às diversas teorias da imputação objectiva "o propósito de restringir a relevância jurídico-penal, no plano da imputação, da relação causal estabelecida entre uma determinada conduta e um concreto resultado"[1013].

A moderna teoria da imputação objectiva, circunscrevendo a temática aos designados crimes materiais, assumiu um carácter normativo, inspirando-se na interpretação dos tipos penais e associando-se a considerações de política criminal[1014]. Tal teoria determinou, por um lado, um corte com o dogma causal, assumindo, por outro lado, uma ruptura com o conceito tradicional de imputação[1015]. Não deixando de ser verdade que na moderna teoria de imputação objectiva se mantém a relação entre a imputação e a acção, é certo também, como salienta Küpper, que uma das principais novidades desta teoria se traduz em que "o limite daquilo que é jurídico-penalmente relevante não deve mais ser determinado através do conceito de acção, devendo determinar-se através da imputação normativa"[1016]. Para além da relação causal, a que se reconhece um carácter puramente fáctico, a realizar segundo a teoria da equivalência das condições, e de um exame da relação teleológica entre a acção perigosa e o resultado produzido, onde opera o pensamento de adequação, a moderna teoria da imputação objectiva radica sobretudo na análise da relação valorativa ou normativa entre

La Teoría de la imputación, p. 54, e, entre nós, SOUSA, Susana Aires de, *Responsabilidade criminal pelo produto*, p. 408. Sobre as diversas interpretações da teoria da imputação objectiva dos últimos decénios, *vide*, entre outros, KORIATH, Heinz, *Objektive Zurechnung*, p. 98 e ss., 330 e ss., 404 e ss., e 538 e ss. Com desenvolvimentos sobre o significado inicial do vocábulo imputação, bem como sobre o sentido originário da *imputação objectiva*, COSTA, António Manuel de Almeida, *Comparticipação*, p. 580 e ss. e p. 650 e ss.

1013 SOUSA, Susana Aires de, *Responsabilidade criminal pelo produto*, p. 408.

1014 Esta teoria da imputação objectiva é expressão da concepção teleológico-racional e funcional do facto punível, invocando uma normativização inspirada na finalidade da norma penal e em exigências de política-criminal (cf., neste sentido, MARTÍNEZ ESCAMILLA, Margarita, *La imputación*, p. XXII, e p. 31-33, e MARAVER GÓMEZ, Mario, *Principio de confianza*, p. 215).

1015 Cf. SOUSA, Susana Aires de, *Responsabilidade criminal pelo produto*, p. 423.

1016 KÜPPER, Georg, *Strafrechtsdogmatik*, p. 85. Salientando que a teoria da imputação substitui o tradicionalmente denominado "conceito jurídico-penal de acção", REYES ALVARADO, Yesid, *Imputación*, p. 73. Cf., a este propósito, RUEDA MARTÍN, María Ángeles, *La Teoría de la imputación*, p. 93, e, entre nós, SOUSA, Susana Aires de, *Responsabilidade criminal pelo produto*, p. 423-424.

a conduta e o resultado[1017]. Para identificarem o sentido social típico de uma acção, os defensores da teoria da imputação fazem acrescer à tríade de elementos típicos constitutivos dos crimes de resultado – acção, nexo causal e resultado – um conjunto de critérios normativos[1018].

O passo decisivo para o nascimento da moderna teoria da imputação objectiva foi dado por Roxin, no ensaio que publicou no livro de homenagem a Honig[1019]. Recuperando o conceito de imputação proposto por Honig – para quem "imputável é (...) aquele resultado que se pode conceber como orientado de acordo com finalidades"[1020] –, Roxin alarga o referido conceito, ao defender que o critério determinante para estabelecer a relação entre a conduta e o resultado deve ser o da criação de "um risco juridicamente relevante de lesão típica de um bem jurídico"[1021]. Deste modo, segundo Roxin, poderá elaborar-se para os crimes de resultado "uma teoria geral

[1017] Sobre as dimensões causal, teleológica e, sobretudo, normativa da moderna teoria da imputação objectiva, *vide*, Torío López, Ángel, *ADPCP*, 39 (1986), p. 35-41, e Maraver Gómez, Mario, *Principio de confianza*, p. 220.

[1018] Cf., neste sentido, Rueda Martín, María Ángeles, *La Teoría de la imputación*, p. 53, e, entre nós, Sousa, Susana Aires de, *Responsabilidade criminal pelo produto*, p. 424.

[1019] Referimo-nos ao ensaio «Gedanken zur Problematik der Zurechnung im Strafrecht», publicado na *Festschrift für Richard M. Honig*, em 1970 (esta obra tem tradução em língua portuguesa, «Reflexões sobre a problemática da imputação em direito penal», pelo que nos referiremos, de ora em diante, à tradução portuguesa). Já anteriormente Roxin tinha publicado um outro texto («Pflichwidrigkeit und Erfolg bei fahrlässigen Delikten», *ZStW*, 1962, também com tradução em português, como «Violação do dever e resultado nos crimes negligentes») em que havia proposto o princípio do incremento do risco enquanto critério de imputação limitado aos crimes negligentes, como forma de evitar o regresso à antiga teoria do *versari in re illicita* (cf. Roxin, Claus, «Violação do dever e resultado», p. 235 e ss., esp.[te] p. 256 e ss.). É, todavia, no ensaio publicado no livro de homenagem a Honig, que Roxin desenvolve o princípio do incremento do risco como princípio geral de imputação, válido para todos os crimes de resultado (cf. Roxin, Claus, «Reflexões sobre a problemática da imputação», p. 145 e ss.). Posteriormente, Roxin publica ainda um outro artigo referido especificamente ao problema do âmbito de protecção da norma (cf. Roxin, Claus, «Sobre o fim de protecção da norma», p. 273 e ss.). Mencionando, precisamente, estes três artigos como o ponto de partida das propostas de Roxin sobre a teoria da imputação objectiva, cf. o próprio Roxin, em *Allgemeiner Teil I*[4], § 11, nº 50. Salientando, sobretudo, a importância do texto publicado no livro de homenagem a Honig no desenvolvimento da teoria da imputação objectiva, cf., entre outros, Koriath, Heinz, *Objektive Zurechnung*, p. 82 e ss., Schünemann, Bernd, *GA* (1999), p. 212, Rotsch, Thomas, *in*: *Fest. Claus Roxin*, p. 377 e, entre nós, Sousa, Susana Aires de, *Responsabilidade criminal pelo produto*, p. 425 e ss.

[1020] Honig, Richard, *in*: *Festgabe Reinhard von Frank*, p. 184.

[1021] Roxin, Claus, «Reflexões sobre a problemática da imputação», p. 148.

de imputação completamente desligada do dogma causal"[1022]. De acordo com este novo conceito de imputação objectiva, a essência dos crimes de resultado, quer sejam dolosos, quer negligentes, consistirá na criação e realização de um risco não permitido[1023].

Encarada inicialmente com algum cepticismo, a nova doutrina da imputação objectiva tornou-se a opinião largamente dominante na Alemanha[1024], tendo-se imposto depois, um pouco por toda a parte[1025]. Nos

1022 Roxin, Claus, «Reflexões sobre a problemática da imputação», p. 148-149.

1023 Cf. Schünemann, Bernd, *GA* (1999), p. 212.

1024 Schünemann refere que actualmente se lê na generalidade dos tratados e dos comentários alemães que um resultado só poderá ser objectivamente imputado a uma conduta quando nele se tiver materializado o risco não permitido criado pelo agente (cf. Schünemann, Bernd, *GA* (1999), p. 212, com amplas referências bibliográficas). Não obstante o reconhecimento generalizado da teoria do incremento do risco, também se têm feito ouvir críticas à proposta de Roxin. Veja-se, designadamente, Kaufmann, Armin, *in: Fest. Jescheck*, p. 251 e ss., Struensee, Eberhard, *GA* (1987), p. 97 e ss., Küpper, Georg, *Strafrechtsdogmatik*, p. 83 e p. 115 e ss., Hirsch, Hans Joachim, *in*: *Fest. Theodor Lenckner*, p. 119 e ss., Samson, Erich, *in*: *Fest. Klaus Lüderssen*, p. 587 e ss., Hilgendorf, Eric, *in*: *Fest. Ulrich Weber*, p. 33 e ss., e Kindhäuser, Urs, *RPCC*, 20 (2010), p. 11 e ss., e, do mesmo autor, *in*: *Fest. Manfred Maiwald*, p. 397 e ss. Uma síntese das críticas principais pode encontrar-se em Frisch, Wolfgang, *in*: *Sobre el estado de la teoría del delito*, p. 34 e ss., e em Rueda Martín, María Ángeles, *La Teoría de la imputación*, p. 97 e ss. Ainda com referência às críticas à teoria de imputação objectiva proposta por Roxin, *vide*, entre nós, pormenorizadamente, Sousa, Susana Aires de, *Responsabilidade criminal pelo produto*, p. 432 e ss.

1025 Entre nós, Figueiredo Dias defende a teoria da conexão do risco como terceiro degrau de imputação objectiva. O autor entende que o primeiro degrau constitutivo da exigência mínima que tem de fazer-se ao relacionamento da conduta com o resultado é o da pura causalidade, aferida através da teoria das condições equivalentes (cf. Dias, Jorge de Figueiredo, *Direito Penal I*², 12º Cap., § 4 e ss.). Reconhecendo, no entanto, que a relação de causalidade, embora necessária, não é suficiente para se constituir em si mesma como doutrina da imputação objectiva, refere Figueiredo Dias, como segundo degrau da imputação objectiva, a teoria da adequação (cf. *Direito Penal I*², 12º Cap., § 11 e ss.). Considerando, porém, que são várias as situações em que a teoria da adequação se mostra insatisfatória, entende Figueiredo Dias que o degrau da adequação tem ainda de ser completado – e, em certos pontos, corrigido – pela teoria da conexão do risco (cf. *Direito Penal I*², 12º Cap., § 20 e ss.).
Fernanda Palma segue um modelo de atribuição de resultados assente também numa teoria da imputação objectiva. Entendendo, no entanto, que a mera teoria da criação e do incremento do risco não é "suficientemente adequada para satisfazer uma exigência de acção controlável por normas" (Palma, Maria Fernanda, *RPCC*, 9 (1999), p. 543), a autora afasta-se das compreensões que fundamentam o juízo de imputação de modo exclusivo nos critérios da criação e do incremento do risco (cf. Palma, Maria Fernanda, *RPCC*, 9 (1999), p. 536 e ss., e, da mesma autora, *Direito Penal. Parte Geral*, p. 81 e ss.).

termos desta teoria, para que se possa imputar o resultado a uma conduta não basta a relação de causalidade, sendo necessário ainda que a conduta

Paulo Sousa Mendes refere-se às teorias da imputação objectiva para assumir abertamente uma posição de rejeição da ideia de diminuição do risco como critério material de interrupção do nexo de imputação. Segundo o autor, tal fórmula não fundamenta a própria interrupção do nexo de imputação objectiva, podendo desempenhar apenas uma função heurística na busca das verdadeiras razões materiais – razões que, segundo o autor, se resumem a um *princípio de proporcionalidade na aferição dos títulos de responsabilidade* – que servem de arrimo a tal interrupção (cf. MENDES, Paulo de Sousa, *in*: *Estudos Tribunal da Boa-Hora*, p. 61 e ss., esp.[te] p. 72 e ss., e, do mesmo autor, *Diminuição do risco*, p. 46 e ss.).
Entre nós, porém, a teoria da causalidade adequada continua a ser tida por uma parte significativa da doutrina como critério principal da imputação do resultado.
Para José de Faria Costa, "o domínio da causalidade adequada ainda hoje (...) é um dos critérios fundamentais para se chegar a um justo juízo de imputação objectiva" (COSTA, José de Faria, *Direito Penal*, p. 249; cf., ainda, do mesmo autor, *Perigo*, p. 510).
Também Taipa de Carvalho considera a teoria da adequação como "globalmente válida e apta a resolver a generalidade dos casos e questões de imputação do resultado à acção (tanto dos crimes dolosos como dos negligentes)" (CARVALHO, Américo Taipa de, *Direito Penal*[2], § 562).
Crítico da teoria da imputação objectiva, também Curado Neves defende a validade da teoria da adequação como critério de imputação do resultado (cf. NEVES, João Curado, *Comportamento lícito alternativo*, p. 81 e ss.).
Para um percurso sobre a causalidade e a imputação no direito criminal português, *vide* SOUSA, Susana Aires de, *Responsabilidade criminal pelo produto*, p. 454 e ss., e ainda, também com referências à doutrina e à jurisprudência portuguesas, PEDRO, Manuel José Miranda, *RPCC*, 17 (2007), p. 7 e ss.
Em clara oposição com a doutrina dominante entre nós, Almeida Costa rejeita as tradicionais orientações em matéria de imputação objectiva – *i.e.*, as teorias da adequação e da conexão do risco. No contexto de uma concepção pessoal do ilícito, Almeida Costa atribui à ilicitude o significado de um "juízo de culpa sobre o homem médio" (COSTA, António Manuel de Almeida, *Comparticipação*, p. 11-12, 567 e ss. e 580 e ss.). Em decorrência de tal concepção da ilicitude, o autor nega a existência de um tipo objectivo comum aos delitos dolosos e negligentes, entendendo que não há lugar para a distinção, como categorias dogmáticas independentes, entre "tipo objectivo" e "tipo subjectivo" (*idem*, p. 12, 574 e ss. e 650 e ss.). Desta forma, para Almeida Costa, deixa de ter lugar uma imputação ao tipo objectivo, anterior e autónoma em relação à imputação ao tipo subjectivo (*idem*, p. 13). Constituindo os ilícitos doloso e negligente autónomas unidades de sentido subjectivo-objectivo, dotadas de uma estrutura interna própria, terão de lhes corresponder diferentes critérios de imputação: respectivamente, o domínio-do-facto e a violação do dever objectivo de cuidado (*idem*, p. 659 e ss. e 666 e ss.). Atribuindo particulares contornos ao instituto da imputação objectiva, Almeida Costa defende uma sobreposição dos problemas da imputação objectiva e do conceito de autor em direito penal (*idem*, p. 14, 650 e ss. e 674 e ss.). Embora na órbita do ilícito pessoal não haja lugar para a destrinça entre "facto" e "imputação do facto", segundo Almeida Costa tal não significa que, no plano dogmático, deixe de se justificar a distinção entre "imputação"

se traduza na criação (ou potenciação) de um risco juridicamente proibido e que este risco se materialize no resultado típico, acrescentando-se, ainda, em certos casos, a exigência de que o resultado seja coberto pelo âmbito de protecção da norma típica[1026].

Deste modo, foi-se impondo a ideia de que os critérios que integram a moderna teoria da imputação objectiva devem ser utilizados não só para determinar a relação entre a conduta e o resultado, mas também para valorar a conduta e determinar o seu carácter tipicamente proibido, tanto nos crimes negligentes como nos dolosos[1027].

2. Apesar de, na proposta de Roxin, os critérios de imputação objectiva encontrarem aplicação também no âmbito dos crimes dolosos[1028], a ver-

e "facto" ou, se se preferir, entre "*critério* de imputação" e "*conteúdo* de imputação". O "*critério* de imputação" diz respeito "à estrita 'pessoalidade' do ilícito, *i.e.*, à caracterização do vínculo que tem de interceder entre o sujeito e o acontecimento exterior para se estar perante uma conduta humana e (...) esgota-se nas 'formas' de actuação dolosa e negligente"; já o "*conteúdo* de imputação" se prende "com a delimitação dos particulares comportamentos que possuem relevância criminal e, assim, com a demarcação dos bens jurídicos e da extensão conferida à correspondente tutela" (*idem*, p. 680-681; *vide* também, p. 701). Deste modo, Almeida Costa rejeita as teorias da adequação e da conexão do risco, salientando que grande parte dos princípios contemplados na teoria da conexão do risco diz respeito ao aludido "*conteúdo* de imputação", pelo que encontram o seu correcto enquadramento entre as causas de exclusão da tipicidade do facto (*idem*, p. 14, 682 e ss., esp.te 694 e ss. – itálicos do autor).

1026 Cf. ROXIN, Claus, *Allgemeiner Teil I*[4], § 11, nº 44 e ss., e, entre nós, por todos, DIAS, Jorge de Figueiredo, *Direito Penal I*[2], 12º Cap., § 21 e ss. Para uma síntese acerca da teoria da conexão do risco, entre nós, *vide* COSTA, António Manuel de Almeida, *Comparticipação*, p. 682-684. Em relação ao critério de imputação que corre doutrinalmente sob a designação de "âmbito de protecção da norma", julga Figueiredo Dias que, independentemente do aplauso ou das reservas que mereçam as soluções prático-normativas dadas por Roxin aos casos abrangidos neste contexto, se revela "equívoco e redutor tratá-las sob a epígrafe de um critério (adicional) de imputação objectiva do resultado à acção" (DIAS, Jorge de Figueiredo, *Direito Penal I*[2], 12º Cap., § 32).

1027 Tal resultava já das propostas de Roxin, em «Reflexões sobre a problemática da imputação», p. 149 e ss., e decorre também da exposição que o autor faz no seu Tratado, ao distinguir entre criação de um risco não permitido, por um lado, e realização desse risco no resultado, por outro (cf. ROXIN, Claus, *Allgemeiner Teil I*[4], § 11, nº 53 e ss., e nº 69 e ss., respectivamente).

1028 Neste sentido também, entre nós, Figueiredo Dias (cf. DIAS, Jorge de Figueiredo, *Direito Penal I*[2], 12º Cap., § 21 e ss.). Refira-se, no entanto, que o próprio Roxin reconhece que embora a teoria da imputação objectiva tenha aplicação quer nos crimes dolosos quer nos crimes negligentes, tal teoria encontra verdadeiro significado sobretudo nos crimes negligentes (cf.,

dade é que saber se a imputação objectiva tem algum papel a cumprir nestes delitos tem sido uma das questões mais discutidas na actualidade[1029].

2.1. Um importante sector doutrinal, partindo de concepções finalistas, tem-se oposto claramente a esta possibilidade. Armin Kaufmann recusou expressamente a viabilidade de se transferir as construções da teoria da imputação objectiva, desenvolvidas sobretudo no âmbito dos crimes negligentes, para a esfera dos crimes dolosos[1030]. As ideias de Kaufmann foram desenvolvidas por Struensee[1031] e as reflexões de ambos foram posteriormente confirmadas e densificadas por Hirsch[1032] e por Küpper[1033]. Kaufmann e os demais autores que desenvolveram a linha de pensamento daquele procuram mostrar a inadequação dogmática das delimitações objectivas propostas pela teoria da imputação objectiva. Defendem estes autores que, em grande parte das situações, não é possível responder objectivamente às perguntas sobre a criação de um risco não permitido e a sua ulterior concretização no resultado típico. No âmbito dos crimes dolosos, tais limitações, traduzidas na exigência da criação de um risco proibido e na materialização desse risco no resultado, revelam-se supérfluas e inadequadas. Segundo estes autores, nos crimes dolosos não há necessidade – havendo mesmo impossibilidade – de realização de um juízo de perigo e de uma valoração para verificar a presença de um nexo objectivo suficiente entre a acção e o resultado que deva ter lugar num momento prévio à análise da existência de dolo. A teoria dos crimes dolosos pode prescindir destes pressupostos de que parte a teoria da imputação objectiva, recorrendo antes ao tipo subjectivo, já que – da perspectiva destes autores – são sobretudo os elementos subjectivos que condicionam a relação da acção com o resultado. Segundo este sector doutrinal, o juízo sobre a perigosidade do comportamento – que funda a sua proibição jurídica – não se pode sepa-

ROXIN, Claus, *Allgemeiner Teil I*[4], § 11, nº 49, e, no mesmo sentido, entre nós, DIAS, Jorge de Figueiredo, *Direito Penal I*[2], 12º Cap., § 26 e § 35).

1029 Cf. SCHÜNEMANN, Bernd, *GA* (1999), p. 219.

1030 Cf. KAUFMANN, Armin, *in: Fest. Jescheck*, p. 251 e ss., esp.te p. 260-265.

1031 Struensee, partindo da crítica de Armin Kaufmann, estendeu-a também ao âmbito dos crimes negligentes, recusando a aplicação da teoria da imputação objectiva mesmo neste domínio (cf. STRUENSEE, Eberhard, *JZ*, 42 (1987), p. 59-60, e, do mesmo autor, *GA* (1987), p. 99-103).

1032 Cf. HIRSCH, Hans Joachim, *in: Fest. Theodor Lenckner*, p. 119 e ss.

1033 Cf. KÜPPER, Georg, *Strafrechtsdogmatik*, p. 91 e ss.

rar da vertente subjectiva do facto, podendo apenas ser formulado como resultado da determinação das vertentes objectiva e subjectiva do tipo. Porém, entendendo-se que ao lado da vertente objectiva deve ser considerada também sempre a vertente subjectiva do tipo, tornar-se-á supérfluo um juízo autónomo sobre a criação de um risco proibido: esta resultará por si mesma, porque com o carácter doloso da realização do tipo objectivo verificar-se-á de modo completo a tipicidade de um qualquer tipo de crime doloso[1034].

2.2. Mesmo alguns dos defensores da teoria da imputação objectiva, concordando com Roxin no sentido de que a imputação objectiva tem um papel a cumprir também na esfera dos crimes dolosos, entendem, no entanto, que não deve haver uma identificação absoluta das regras de imputação nos crimes negligentes e nos crimes dolosos[1035]. No momento de valorar a conduta do sujeito e de determinar o grau de perigo que traça a fronteira da imputação objectiva, um sector doutrinal trata de forma diferenciada os crimes dolosos e os negligentes, vendo no dolo um elemento especialmente condicionante do desvalor da conduta[1036].

O exemplo repetidamente referido a este propósito é o do disparo a grande distância através do qual seria possível, mas muito improvável, acertar na vítima. Não obstante a distância, a bala atinge a vítima e esta morre[1037]. Se a conduta tiver sido praticada com negligência – imagine-se, por exemplo, que o disparo foi feito no âmbito da actividade cinegética, sem o propósito de acertar numa pessoa – deverá entender-se que o agente actuou no domínio do risco permitido. O entendimento contrário implicaria uma limitação inadmissível da liberdade de acção. Porém,

[1034] Cf. KAUFMANN, Armin, *in: Fest. Jescheck*, p. 260 e ss. Com referência às críticas dos autores finalistas em relação à utilização dos critérios da teoria da imputação objectiva no domínio dos crimes dolosos, *vide* FRISCH, Wolfgang, *Tipo penal e imputación*, p. 63-65, e, o mesmo autor, *in*: *Sobre el estado de la teoría del delito*, p. 34-36 e p. 38-40. Cf., ainda, a este propósito, ROXIN, Claus, *in*: *Gedächtnisschrift Armin Kaufmann*, p. 239 e ss.

[1035] Cf. TRIFFTERER, Otto, *Allgemeiner Teil*, p. 138.

[1036] Cf. MARAVER GÓMEZ, Mario, *Principio de confianza*, p. 224.

[1037] Este exemplo do disparo a grande distância foi enunciado pela primeira vez por Thyrén (na obra *Bemerkungen zu den kriminalistischen Kaulsalitätstheorien*, em 1894) e, desde então, tem sido repetidamente referido no estudo do *grau de possibilidade ou de tendência* de produção do resultado (cf., com estas referências, GIMBERNAT ORDEIG, Enrique, *Delitos cualificados por el resultado*, p. 39).

se o agente tiver realizado o referido disparo com o propósito de matar a vítima, há quem entenda que já não poderá invocar-se a actuação ao abrigo do risco permitido.

Schünemann esclarece que contrariamente ao que se verifica no caso do autor negligente, o autor doloso não tem qualquer fundamento digno de consideração para a sua conduta. Além disso, qualquer provocação dolosa de um risco, por menor que este seja, deve ser impedida sempre que a vítima não puder proteger-se a si mesma em relação a esse risco. Para Schünemann, nestes casos, além da análise da conduta do agente, a impossibilidade de a vítima se proteger a si mesma em relação ao risco criado pelo autor deve ser encarada como um critério adicional para determinação do risco proibido[1038].

Mir Puig, por seu lado, entende que em circunstâncias como as do disparo a grande distância, para que possa afirmar-se a imputação objectiva do resultado no caso de conduta dolosa, tal conduta deve *revelar externamente* que tem como objectivo a lesão do bem jurídico. Se uma conduta minimamente perigosa *revelar externamente* pretender a lesão de um bem jurídico, tal conduta poderá proibir-se como perigosa para o referido bem jurídico. Na medida em que a conduta seja perfeitamente identificável como perigosa não só subjectivamente mas também de modo objectivo, com a sua proibição não será posto em causa o normal desenvolvimento da vida social[1039]. Baseando-se em considerações anteriormente tecidas por Roxin[1040], Mir Puig esclarece que tal entendimento não significa que a imputação objectiva deixe de ser *objectiva* – significa apenas que ela é condicionada por *dados subjectivos*. A imputação continua a ser *objectiva* porque não se refere à questão de saber se está preenchido o tipo subjectivo (o dolo), mas sim se está preenchida a vertente objectiva do tipo doloso[1041].

Exemplos como este do disparo a grande distância servirão, segundo uma parte da doutrina, para ilustrar que devendo os princípios de imputação objectiva ser considerados também na esfera dos crimes dolosos,

[1038] Cf. SCHÜNEMANN, Bernd, *GA* (1999), p. 220-221.

[1039] Cf. MIR PUIG, Santiago, *Derecho Penal*[10], p. 260-261.

[1040] Cf. ROXIN, Claus, *in*: *Gedächtnisschrift Armin Kaufmann*, p. 250.

[1041] Mir Puig relembra, ainda, que o dado relativo aos conhecimentos especiais do autor que devem ser tidos em conta para decidir *ex ante* acerca da adequação de uma conduta para causar um resultado também é um dado subjectivo e, sem embargo, entende-se que tal elemento subjectivo não impede o carácter objectivo da imputação (MIR PUIG, Santiago, *Derecho Penal*[10], p. 261-262).

não pode, porém, aceitar-se uma plena identidade dos critérios de imputação para os crimes dolosos e para os negligentes: deve ser concedido um âmbito maior à imputação objectiva nos crimes dolosos[1042].

II. O princípio da confiança como critério de imputação objectiva nos crimes negligentes

Com a afirmação da moderna teoria da imputação objectiva e com a diluição do dever objectivo de cuidado no âmbito dos critérios utilizados para determinar a imputação objectiva do resultado, o princípio da confiança passou a ser considerado um critério de imputação objectiva. Porém, os defensores da teoria da imputação objectiva, embora encarem o princípio da confiança como um critério de imputação, desenvolvem as considerações a seu respeito e convocam-no como critério de solução apenas no âmbito dos crimes negligentes[1043]. Na procura de uma explicação para esta opção, defende Maraver Gómez que tal se deve a que um dos principais limites do princípio da confiança se verifica quando o sujeito que pretende invocar a confiança está consciente de que o terceiro se vai comportar incorrectamente. Se a possibilidade de confiar é incompatível com o conhecimento da conduta incorrecta de terceiros, compreender-se-á que o princípio da confiança não possa ser convocado quando o agente actua com dolo e representa a conduta incorrecta de terceiro[1044].

III. O princípio da confiança como critério de imputação objectiva nos crimes negligentes e nos crimes dolosos

1. Maraver Gómez entende que o princípio da confiança é um critério de imputação objectiva que serve para realizar o juízo de adequação típica

[1042] Neste sentido, cf., entre outros, Torío López, Ángel, *ADPCP*, 39 (1986), p. 39 e ss., Corcoy Bidasolo, Mirentxu, *Delito imprudente*, p. 339 e ss., Schünemann, Bernd, *GA* (1999), p. 220-221, Mir Puig, Santiago, *Derecho Penal*[10], p. 260-262. Entendendo, pelo contrário, que no exemplo referido no texto não há razão para distinguir entre crimes dolosos e negligentes, Martínez Escamilla, Margarita, *La imputación*, p. 111 e ss.

[1043] Cf., neste sentido, por todos, Roxin, Claus, *Allgemeiner Teil I*[4], § 11, nº 49, e § 24, nº 11 e nº 21 e ss., e Stratenwerth / Kuhlen, *Allgemeiner Teil*[6], § 8, nº 33, e § 15, nº 64. Diferentemente, sem distinguir, em princípio, entre crimes dolosos e negligentes, Jakobs, Günther, *Allgemeiner Teil*[2], § 7, nº 52 e ss.

[1044] Cf. Maraver Gómez, Mario, *Principio de confianza*, p. 149 e p. 307.

tanto nos crimes negligentes como nos dolosos. Louvando-se nos ensinamentos de Jakobs[1045], Maraver Gómez entende o princípio da confiança e a proibição de regresso como critérios de imputação objectiva[1046], defendendo que não há razão para que o princípio da confiança não seja aplicado também no âmbito dos crimes dolosos.

É certo que o princípio da confiança não terá validade se no caso existirem circunstâncias concretas que evidenciem o comportamento incorrecto do terceiro. Porém, da perspectiva de Maraver Gómez, a questão reside em saber até que ponto este pressuposto de aplicação do princípio da confiança obriga verdadeiramente a conferir relevância ao carácter doloso ou negligente da conduta[1047].

O autor começa por salientar que o carácter doloso da conduta do sujeito não tem necessariamente uma relação com o facto de o sujeito conhecer que o terceiro se vai comportar incorrectamente.

Por um lado, pode ocorrer que o sujeito represente claramente o comportamento incorrecto do terceiro, mas não pretenda ou não represente suficientemente a produção do resultado lesivo. Maraver Gómez refere o exemplo de um condutor que, observando um peão que avança indevidamente para a faixa de rodagem, não detém a marcha por entender que está em condições de realizar uma manobra que evite o atropelamento. Segundo o autor, algo semelhante acontecerá se um médico observa que o seu colaborador se encontra claramente cansado ou embriagado e, no entanto, não julga ser necessário supervisionar a substância que esse colaborador lhe forneceu. Nestes casos, segundo Maraver Gómez, a representação da conduta incorrecta do terceiro pode servir para determinar o carácter doloso ou negligente da conduta do primeiro sujeito, mas não se pode afirmar categoricamente que quando tem lugar essa representação o agente actua de forma dolosa[1048].

[1045] Cf. Maraver Gómez, Mario, *Principio de confianza*, p. 254 e ss.

[1046] Segundo Maraver Gómez, a proibição de regresso é uma manifestação do princípio da auto-responsabilidade que serve para delimitar negativamente a posição de garante de controlo de um risco (cf. Maraver Gómez, Mario, *Principio de confianza*, p. 363 e ss. e p. 402); o princípio da confiança é uma manifestação do princípio da auto-responsabilidade que serve para delimitar negativamente o dever de cuidado de quem ostenta uma posição de garante ou mantém uma relação especial com risco (*idem*, p. 368 e ss. e p. 403).

[1047] Cf. Maraver Gómez, Mario, *Principio de confianza*, p. 307.

[1048] Cf. Maraver Gómez, Mario, *Principio de confianza*, p. 307-308, e, o mesmo autor, *in*: *Libro homenaje Mir Puig*, p. 404.

Por outro lado, pode acontecer que o agente pretenda ou represente subjectivamente a produção do resultado, mas não possa deixar de aplicar-se o princípio da confiança para delimitar o seu dever de cuidado, na medida em que não houver no caso concreto circunstâncias que evidenciem o comportamento incorrecto do terceiro. O autor incita-nos a pensar, por exemplo, no caso de um condutor que, conhecendo a existência de um troço de via pública por onde costumam atravessar incorrectamente os habitantes das povoações adjacentes, decide circular todos os dias pelo referido troço, com o propósito de atropelar algum desses habitantes. Ou no caso de um médico que, com intenção de atentar contra a vida ou a integridade física do seu paciente, o envia para um colega de profissão que sabe que não costuma ter êxito nas intervenções que realiza[1049].

Maraver Gómez reconhece que os dois casos referidos em último lugar serão, naturalmente, pouco frequentes, porque o normal será que o sujeito que tem o propósito de produzir um resultado lesivo o faça em situações em que é evidente que o terceiro se vai comportar incorrectamente. Estes casos servem, porém, no seu modo de ver, para mostrar que se pode colocar a questão da identificação de um dever de cuidado[1050] sem considerar o carácter doloso ou negligente da conduta do sujeito[1051].

O autor prossegue afirmando que ainda que se reconheça que a possibilidade de confiar não depende do carácter doloso ou negligente da conduta do sujeito, poderia ainda ser posta em causa a natureza objectiva do princípio da confiança, tendo em conta a importância que assume o facto de o agente representar ou não a conduta incorrecta do terceiro. Segundo o autor, o princípio da confiança é um critério de imputação que tem carácter objectivo e que contribui para determinar o dever de cuidado ou o risco permitido tanto nos crimes dolosos como nos negligentes. O facto de a aplicação do princípio da confiança depender de o sujeito representar ou não a conduta incorrecta do terceiro não impede que este critério tenha um carácter essencialmente objectivo. Maraver Gómez salienta que todos os critérios de imputação objectiva têm em conta a representação do agente; são critérios de valoração de uma conduta constituída

1049 Cf. MARAVER GÓMEZ, Mario, *Principio de confianza*, p. 308.

1050 Maraver Gómez usa indistintamente as expressões *violação de um dever objectivo de cuidado* ou *criação de um risco não permitido* (cf. MARAVER GÓMEZ, Mario, *Principio de confianza*, p. 149, 309, 396).

1051 Cf. MARAVER GÓMEZ, Mario, *Principio de confianza*, p. 308.

por elementos objectivos e subjectivos[1052]. Se ainda assim se pode dizer que têm um carácter objectivo é porque permitem realizar uma valoração da conduta que não se encontra totalmente condicionada pela valoração ou interpretação do agente. Tais critérios não chegam a analisar, portanto, se a conduta foi praticada com dolo ou com negligência. Segundo Maraver Gómez, o mesmo poderá dizer-se em relação ao princípio da confiança. Afirmar-se que a valoração da conduta pode depender da representação do agente acerca da conduta do terceiro significará apenas que a valoração está condicionada pelas circunstâncias do caso concreto. O que faz com que decaia a possibilidade de confiar não é verdadeiramente a representação do agente acerca do risco da sua conduta, mas sim a existência de circunstâncias que evidenciam o comportamento incorrecto do terceiro[1053]. É sempre necessário determinar objectivamente o que é que o sujeito deve conhecer para que decaia a possibilidade de confiar e para que, portanto, a conduta possa ser considerada uma conduta típica[1054]. Deste modo, segundo Maraver Gómez, é irrelevante que o sujeito represente ou persiga a produção do resultado típico – enquanto não houver circunstâncias que limitem a aplicação do princípio da confiança, a conduta do sujeito continua a estar ao abrigo do risco permitido[1055].

2. Maraver Gómez faz, como acabámos de ver, um esforço para justificar a convocação do princípio da confiança como critério de imputação objectiva quer no âmbito dos crimes negligentes, quer na esfera dos crimes dolosos. O autor salienta que limitar a aplicação do princípio da confiança ao domínio dos crimes negligentes conduziria a pôr em dúvida a capacidade da teoria da imputação objectiva para aglutinar critérios de valoração

[1052] O autor refere que nos casos em que se atende directamente ao critério do risco permitido, a representação do agente não deixa de ter relevância. Por exemplo, o condutor que circula com respeito pelo limite de velocidade não estará, em princípio, a violar nenhum dever de cuidado, mas se estiverem a decorrer obras na estrada, o agente pode vir a ser responsabilizado no caso de se verificar um acidente. O autor conclui, deste modo, que a limitação relativa à existência de circunstâncias concretas que evidenciem o comportamento incorrecto de terceiro é uma limitação que afecta a aplicação do princípio da confiança, mas que não é exclusiva deste princípio (cf. MARAVER GÓMEZ, Mario, *in: Libro homenaje Mir Puig*, p. 402).

[1053] MARAVER GÓMEZ, Mario, *in: Libro homenaje Mir Puig*, p. 404, e, do mesmo autor, *Principio de confianza*, p. 368 e ss.

[1054] MARAVER GÓMEZ, Mario, *in: Libro homenaje Mir Puig*, p. 404.

[1055] MARAVER GÓMEZ, Mario, *Principio de confianza*, p. 406.

susceptíveis de aplicação tanto na esfera dos crimes dolosos como na dos crimes negligentes[1056].

É certo que os autores que nos tratados de direito penal referem o princípio da confiança como critério de imputação objectiva procedem depois ao desenvolvimento das considerações atinentes ao fundamento, limites e âmbitos de aplicação de tal princípio nos capítulos relativos aos crimes negligentes[1057]. Não nos parece, porém, que daí possamos inferir, sem mais, que tais autores recusam a aplicação do princípio da confiança como critério de imputação no caso de crimes dolosos.

Da nossa perspectiva, o desenvolvimento do princípio da confiança nos capítulos relativos aos crimes negligentes dever-se-á, sobretudo, às razões histórico-doutrinais que determinaram o surgimento de tal princípio. Como vimos, o princípio da confiança foi elaborado e desenvolvido pela jurisprudência alemã para dar resposta aos problemas de determinação da conduta negligente no caso de acidentes de viação dos quais resultassem a morte ou ofensas corporais dos intervenientes. Posteriormente, a aplicação do princípio da confiança foi alargada a outras áreas, havendo hoje quem defenda a sua convocação como critério geral da determinação de dever objectivo de cuidado ou da criação de um risco não permitido sempre que haja uma pluralidade de agentes. Em nosso modo de ver, não foi ainda, no entanto, submetida a tratamento doutrinal suficientemente aprofundado a possibilidade de aplicação do princípio da confiança no âmbito dos crimes dolosos.

Não encontramos na doutrina que se dedica ao estudo do princípio da confiança a referência a qualquer relação de necessidade entre o facto de o sujeito conhecer que o terceiro se vai comportar incorrectamente e o carácter doloso da sua conduta. Ninguém afirma que actua necessariamente com dolo o sujeito que, tendo razões para contar ou dever contar com um comportamento errado por parte do terceiro, confia indevidamente na conduta daquele de acordo com as normas. Pelo que concordamos com Maraver Gómez quando este autor salienta que não pode afirmar-se categoricamente que quando o agente representa a conduta incorrecta do terceiro está a actuar de forma dolosa[1058].

[1056] Cf. MARAVER GÓMEZ, Mario, *Principio de confianza*, p. 155.

[1057] Cf., neste sentido, por todos, ROXIN, Claus, *Allgemeiner Teil I*[4], § 11, nº 49, e § 24, nº 11 e nº 21 e ss., e STRATENWERTH / KUHLEN, *Allgemeiner Teil*[6], § 8, nº 33, e § 15, nº 64 e ss.

[1058] Cf. MARAVER GÓMEZ, Mario, *Principio de confianza*, p. 308.

Por outro lado, não podemos deixar de reparar que os exemplos referidos por Maraver Gómez para justificar que pode acontecer que o sujeito persiga ou represente subjectivamente a produção do resultado e, todavia, não deva deixar de se aplicar o princípio da confiança para delimitar o seu dever de cuidado, – na medida em que não haja circunstâncias concretas que evidenciam o comportamento incorrecto do terceiro[1059] –, são exemplos semelhantes aos que têm sido frequentemente mencionados pela doutrina no sentido de justificar, precisamente, a aplicação dos critérios propostos pela teoria da imputação objectiva também na esfera dos crimes dolosos.

Quando defende que os critérios desenvolvidos pela teoria da imputação objectiva devem ter aplicação também no âmbito dos crimes dolosos – embora, segundo o autor, não possa defender-se uma identificação absoluta das regras de imputação nos crimes dolosos e nos negligentes –, Schünemann refere um exemplo semelhante aos indicados por Maraver Gómez. Um condutor conduz o seu automóvel cumprindo os limites de velocidade. Durante o seu percurso, espera, no entanto, a todo o tempo, que um peão descuidado atravesse repentinamente a estrada de tal modo que ele não possa travar. Num caso deste género, não pode deixar de dizer-se que o condutor actua dentro do âmbito do risco permitido. Para chegar a esta conclusão Schünemann convoca, porém, um critério adicional, que justifica a diferente solução a dar a este caso, em comparação com o caso do disparo a grande distância[1060]: a (im)possibilidade de a vítima se proteger a si mesma em relação ao risco criado pelo agente. Contra os perigos derivados da condução de veículos em cumprimento dos limites de velocidade, segundo Shünemann, todo o peão pode e deve proteger-se[1061].

Também Herzberg dá um exemplo semelhante ao que temos vindo a tratar. Uma condutora de um automóvel prepara-se para ultrapassar um ciclista quando se apercebe que o referido ciclista é o seu odiado vizinho. Neste preciso momento, ocorre à condutora que não raras vezes, quando são ultrapassados, os ciclistas cometem erros e chocam com os veículos que os ultrapassam. E é o que acontece no caso. O ciclista entra em desequilíbrio, embate no automóvel e vem a falecer. Segundo Herzberg, a eventual punição da condutora surge, em primeira linha, por via da norma do

[1059] Cf. Maraver Gómez, Mario, *Principio de confianza*, p. 308.

[1060] Cf., *supra*, nota 1037 e o texto correpondente.

[1061] Cf. Schünemann, Bernd, *GA* (1999), p. 221.

código penal alemão que prevê o homicídio por negligência (§ 222 do StGB), na medida em que se prove que a condutora não observou o cuidado devido (nos termos do § 276 do BGB, conjugado com as normas do Código da Estrada). Neste ponto, Herzberg coloca, porém, a possibilidade de o juiz concluir que foi o ciclista que actuou de modo incorrecto e que a condutora actuou de acordo com o cuidado exigido no tráfego, não ultrapassando o risco permitido. Isto significará que a condutora provocou a morte do ciclista, mas não por negligência. E se a condutora vier a confessar em tribunal que através da sua ultrapassagem correcta tinha esperança que o ciclista cometesse um erro fatal que lhe produzisse a morte? Com a introdução deste novo elemento, colocar-se-á a possibilidade de punir a condutora não já por homicídio negligente, mas sim por homicídio doloso. No entanto, da perspectiva de Herzberg, será de negar esta possibilidade. E a razão que justifica tal entendimento é a mesma que foi convocada para negar a punição por homicídio negligente: não está preenchido o tipo objectivo do delito doloso porque não se pode afirmar a imputação objectiva do resultado à conduta. Naturalmente, ao ultrapassar o ciclista, a condutora criou um risco. Porém, tendo cumprido todas as regras de cuidado, a automobilista moveu-se no âmbito do risco permitido. A eventual vontade maldosa da condutora é totalmente irrelevante. Faltando a imputação objectiva, há-de negar-se a punição quer a título de homicídio por negligência, quer a título de homicídio doloso[1062].

Como pudemos verificar, Schünemann e Herzberg resolvem os casos que apresentam sem necessidade de convocar o princípio da confiança. De todo o modo, se quisermos salientar, nos exemplos referidos, o facto de o resultado estar condicionado pela conduta de um terceiro – que, no

[1062] Cf. HERZBERG, Rolf Dietrich, *ZIS* 5 (2011), p. 448. Cf., o mesmo autor, em sentido semelhante, já em *JR*, 1 (1986), p. 7. Também Frisch refere expressamente que estando o agente a actuar ao abrigo do risco permitido, a sua conduta não deixa de ser tolerada pelo facto de, excepcionalmente, ele ter a motivação de alcançar o resultado típico. Segundo o autor, em rigor, casos como este não diferem significativamente do observado no conhecido caso em que o sobrinho, na ânsia de receber uma herança, envia o tio a um bosque durante uma forte trovoada, na esperança de que o mesmo seja fulminado por um raio, o que vem, de facto, a verificar-se. (cf. FRISCH, Wolfgang, *Vorsatz und Risiko*, p. 141 e ss.). Cf., ainda neste sentido, pormenorizadamente, PREUß, Wilhelm, *Untersuchungen zum erlaubten Risiko*, p. 194 e ss., esp.te 213 e ss., e ainda ZIPF, Heins, *ZStW*, 82 (1970), p. 635 e ss., REHBERG, Jürg, *Risiko*, p. 85-86 e p. 252-253, e SCHMIDHÄUSER, Eberhard, *Allgemeiner Teil. Studienbuch*², 6/109, e, entre nós, COSTA, António Manuel de Almeida, *Comparticipação*, p. 668, nota 243.

caso, é a própria vítima – e pretendermos convocar o princípio da confiança como princípio delimitador do risco permitido, as soluções encontradas não seriam diferentes. E seriam coincidentes com a solução avançada por Maraver Gómez quando refere que a pretensão da verificação do resultado ou a sua representação subjectiva pelo agente não impedem, por si mesmas, a aplicação do princípio da confiança. Por esta via também se conclui que do facto de os defensores da teoria da imputação objectiva desenvolverem as considerações sobre o princípio da confiança na esfera dos crimes negligentes não se deve extrair que tais autores excluam a aplicação de tal princípio no âmbito dos crimes dolosos.

3. Note-se ainda que Roxin, sendo um dos autores que desenvolve o princípio da confiança na esfera dos crimes negligentes, defende, sem embargo, que tal princípio também pode ser convocado em certos casos de dolo eventual. O problema coloca-se no contexto da complexa questão de saber se e em que medida comportamentos quotidianos – na maioria das vezes praticados no âmbito do exercício profissional normal –, em princípio valorativamente neutros do ponto de vista do direito penal, podem considerar-se auxílios integrantes da cumplicidade, sempre que no caso concreto facilitarem a prática de um crime[1063]. Roxin procede a uma distinção entre as situações em que o homem-de-trás *conhece a decisão delituosa* do autor e aquelas em que somente *conta com a possibilidade* de o autor levar a cabo uma conduta criminosa[1064]. Veja-se o exemplo referido por Roxin a propósito do segundo grupo de situações. Um comerciante vende uma chave de parafusos não sabendo que o comprador a vai utilizar com o objectivo de realizar um furto com arrombamento. Porém, tendo em conta o aspecto suspeito do cliente, o vendedor considera possível tal utilização e conforma-se com ela. A primeira questão a responder será a de saber se, relativamente ao facto do autor, se poderá afirmar que o participante actuou com dolo eventual. Ainda que a resposta a esta questão possa ser afirmativa – como, por imperativo legal terá de ser, para que se coloque a possibilidade de cumplicidade –, Roxin entende que a cumplicidade

[1063] Cf. Roxin, Claus, *Allgemeiner Teil II*, § 26, nº 218 e ss., e, entre nós, colocando a questão exactamente nos termos expostos no texto, Dias, Jorge de Figueiredo, *Direito Penal I²*, 32º Cap., § 30.

[1064] Cf. Roxin, Claus, *Allgemeiner Teil II*, § 26, nº 221 e ss., e nº 241 e ss., respectivamente.

deve ser recusada em virtude da intervenção do princípio da confiança[1065]. O autor refere que de acordo com o princípio da confiança qualquer pessoa pode licitamente confiar que os terceiros não cometerão factos dolosos. Tal princípio só deverá ser afastado nos casos em que a conduta do agente fomentar ou favorecer uma *reconhecível propensão para o facto*. Roxin expôs e desenvolveu esta tese no contexto dos crimes negligentes[1066], mas entende que ela tem validade igualmente na esfera da participação dolosa. Nas palavras de Roxin, nos casos "em que está excluída a imputação ao tipo objectivo em consequência de um risco permitido fundado no princípio da confiança, já não se coloca a questão de saber se há dolo"[1067]. Segundo o autor, no exemplo referido, há que recusar a participação porque um "aspecto suspeito", baseado em impressões subjectivas, não é suficiente para fundamentar uma *reconhecível propensão para o facto*. Para que se possa afirmar tal propensão serão necessários pontos de apoio concretos que, em termos lógicos, levem o agente a pensar na probabilidade de uma finalidade de uso criminoso[1068].

4. Não queremos alongar-nos nas considerações acerca desta questão de saber se o princípio da confiança poderá ou não ter utilidade no domínio da teoria dos factos dolosos. É uma questão em relação à qual não temos de nos pronunciar em termos definitivos, dado que, não pertencendo já à dogmática dos crimes negligentes, extravasa claramente do âmbito do nosso estudo. Além de que, em rigor, esta não é uma questão que se coloque exclusivamente em relação ao princípio da confiança. O problema de

[1065] Cf. ROXIN, Claus, *Allgemeiner Teil II*, § 26, nº 241, e, o mesmo autor, *in: Fest. Stree und Wessels*, p. 380, e, ainda o mesmo autor, *in: Fest. Miyazawa*, p. 516. Entre nós, com referência a esta proposta de Roxin, *vide* DIAS, Jorge de Figueiredo, *Direito Penal I*², 32º Cap., § 31.

[1066] Cf. ROXIN, Claus, *Allgemeiner Teil I*⁴, § 24, nº 26 e ss. Cf., também, *supra*, § 20, II, 2.

[1067] ROXIN, Claus, *Allgemeiner Teil II*, § 26, nº 241.

[1068] Cf. ROXIN, Claus, *Allgemeiner Teil II*, § 26, nº 241. Figueiredo Dias mostra-se crítico em relação à capacidade do princípio da confiança para permitir encontrar uma solução nestes casos: "segundo o princípio da confiança, o agente não precisa de contar com o comportamento ilícito de outrem mas no caso, por definição, o agente *conta* com ele" (itálicos do autor). Figueiredo Dias esclarece que não defende um alargamento da punibilidade da cumplicidade ainda para além do que faz Roxin. Porém, o autor equaciona antes a necessidade de regressar, "na sua pureza, à fórmula da criação ou potenciação (dolosa), em medida inadmissível, de um risco não permitido da realização típica e trabalhar com ela na tentativa de definição dos limites da punibilidade das acções quotidianas" (DIAS, Jorge de Figueiredo, *Direito Penal I*², 32º Cap., § 32).

determinar se o princípio da confiança, enquanto critério de imputação objectiva, há-de ter ou não aplicação também no domínio dos crimes dolosos é, no fundo, parte integrante da discussão em relação à questão geral de saber se os critérios propostos pela teoria da imputação objectiva terão aplicação também no domínio dos factos dolosos[1069].

De qualquer modo, não deixaremos de referir que ainda que se veja o princípio da confiança como um critério de imputação objectiva – enquadramento dogmático com que não concordamos[1070] –, e ainda que se defenda que, sendo um critério de imputação objectiva, não haverá uma razão forte para tal princípio ser convocado exclusivamente no domínio dos crimes negligentes, o princípio da confiança, entendido verdadeiramente como um Vertrauens*grundsatz*, como critério orientador da solução a dar a problemas práticos, encontrará naturalmente o seu domínio de eleição na esfera dos crimes negligentes.

IV. O princípio da confiança como critério de valoração da conduta (perspectiva *ex ante*)

Tradicionalmente, a teoria da interrupção do nexo causal ou a originária teoria da proibição de regresso foram as teorias encontradas para excluir a relação entre a conduta e o resultado no caso de intervenção de terceiros. Pelo contrário, o princípio da confiança, sendo convocado também no caso de pluralidade de agentes, era utilizado não para excluir a relação entre a conduta e o resultado, mas sim para valorar a conduta do agente de uma perspectiva *ex ante*. O princípio da confiança era encarado como um princípio de concretização do dever objectivo de cuidado, tendo em conta a necessidade de o agente adaptar a sua conduta a eventuais actuações incorrectas de terceiros.

Com o surgimento da moderna teoria da imputação objectiva, o modo de encarar o princípio da confiança não se alterou a este respeito. A teoria da imputação objectiva surgiu inicialmente como uma teoria destinada a valorar a relevância típica da relação entre a conduta e o resultado. Posteriormente, com o desenvolvimento da teoria de ilícito pessoal e com a cada vez maior importância concedida ao desvalor da acção, a teoria da

[1069] Cf., *supra*, § 32, I, 2.
[1070] Cf., *infra*, § 33.

imputação objectiva passou a abranger não só a valoração da relação entre a conduta e o resultado, mas também a valoração da própria conduta que se põe em relação com o resultado. Começou a defender-se, nesta altura, a necessidade de distinção entre estes dois momentos de valoração, com a convocação de diferentes critérios em cada um deles: os critérios destinados a valorar a conduta de uma perspectiva *ex ante* e os parâmetros que presidem à valoração da relação entre a conduta e o resultado, de uma perspectiva *ex post*. O resultado imputa-se objectivamente à conduta do agente quando possa dizer-se, *ex ante*, que o agente criou um risco juridicamente proibido e se considere, *ex post*, que esse risco se materializou no resultado lesivo. E os critérios tradicionalmente desenvolvidos para determinar o dever objectivo de cuidado no crime negligente passaram a integrar o primeiro juízo de imputação: a valoração da criação de um risco juridicamente proibido[1071]. Por conseguinte, o princípio da confiança enquanto critério de imputação objectiva é concebido pela doutrina maioritária como um critério de valoração *ex ante*, utilizado para determinar se a conduta criou um risco juridicamente proibido[1072].

De uma perspectiva *ex post*, a intervenção de terceiros também tem relevância para limitar a responsabilidade do agente. Porém, neste domínio, convocam-se habitualmente critérios distintos do princípio da confiança, apelando-se antes aos parâmetros relativos à concretização do risco no resultado ou ao designado alcance do tipo[1073].

[1071] Cf., nestes termos, MARAVER GÓMEZ, Mario, *Principio de confianza*, p. 150 e p. 389.

[1072] Cf., neste sentido, ROXIN, Claus, *Allgemeiner Teil I*[4], § 24, nº 11 e nº 21 e ss., STRATENWERTH / KUHLEN, *Allgemeiner Teil*[6], § 15, nº 62 e ss., JAKOBS, Günther, *Allgemeiner Teil*[2], § 7, nº 51, e, o mesmo autor, *in*: *Estudios de Derecho Penal*, p. 218-219, e CORCOY BIDASOLO, Mirentxu, *Delito imprudente*, p. 327 e ss.

[1073] Cf., por todos, na doutrina alemã, ROXIN, Claus, «Violação do dever e resultado», p. 256 e ss., e, do mesmo autor, *Allgemeiner Teil I*[4], § 11, nº 69 e ss., espe.[te] nº 106 e ss. e nº 137 e ss., STRATENWERTH, Günter, *in*: *Fest. Gallas*, p. 235 e ss., e SCHÜNEMANN, *JA* (1975), p. 651 e ss.; na doutrina espanhola, cf. GIMBERNAT ORDEIG, Enrique, *RDCirc*, 1965, p. 676 e ss., e, do mesmo autor, *Delitos cualificados por el resultado*, p. 141 e ss., e MARTÍNEZ ESCAMILLA, Margarita, *La imputación*, p. 261 e ss. Entre nós, sobre esta matéria, cf. DIAS, Jorge de Figueiredo, *Direito Penal I*[2], 12º Cap., § 37-39. Com pormenor, ANDRADE, Manuel da Costa, *Consentimento*, p. 271 e ss., 295 e ss. e 329 e ss., e, o mesmo autor, em síntese, *in*: *Comentário Conimbricense*[2], artigo 149º, § 7 e ss.

V. O princípio da confiança como critério de valoração da relação entre a conduta e o resultado (perspectiva *ex post*)

Embora a doutrina maioritária encare o princípio da confiança como um critério de valoração *ex ante*, para aferir se a conduta criou um risco juridicamente proibido, há também quem pretenda convocar o princípio da confiança de um ponto de vista *ex post*, para determinar a imputação do resultado à conduta do agente.

1. Maraver Gómez entende que o risco tipicamente desaprovado se realiza no resultado quando as mesmas razões que levaram a considerá-lo desaprovado em relação a um resultado abstracto – de uma perspectiva *ex ante* – permitam considerá-lo desaprovado em relação a um resultado concreto ou a um curso lesivo concreto – de uma perspectiva *ex post*[1074]. Em seu modo de ver, poderá fazer-se um raciocínio semelhante a propósito do princípio da auto-responsabilidade. Ainda que seja inerente à conduta a criação de um risco tipicamente desaprovado, a partir do momento em que o risco ou algum factor desse risco entrar no âmbito de responsabilidade de um terceiro, deve negar-se a imputação do resultado à conduta do primeiro agente, atendendo aos mesmos requisitos que do ponto de vista *ex ante* permitiriam estabelecer uma delimitação negativa dos âmbitos de responsabilidade[1075]. Tratar-se-á de casos em que, se houvesse sido tida em conta a conduta do terceiro de uma perspectiva *ex ante*, poderia ter-se negado logo o carácter tipicamente desaprovado do risco criado – a conduta do sujeito viola um dever de cuidado ou supõe a criação de um risco não permitido em relação a um curso causal abstracto, mas já não em relação ao curso causal em que se integra a conduta incorrecta do terceiro. É precisamente a *concorrência de uma conduta incorrecta do terceiro* que se toma como referência ao aplicar neste âmbito o princípio da responsabilidade e, consequentemente, o princípio da confiança (enquanto manifestação daquele)[1076]. Preferindo a solução que se alcança com recurso ao princípio

[1074] Cf. MARAVER GÓMEZ, Mario, *Principio de confianza*, p. 394.

[1075] Para mais desenvolvimentos acerca da proposta de Maraver Gómez sobre a função do princípio da auto-responsabilidade na teoria da imputação objectiva, *vide* MARAVER GÓMEZ, Mario, *Principio de confianza*, p. 184 e ss. e p. 362 e ss.

[1076] Para mais desenvolvimentos, *vide* MARAVER GÓMEZ, Mario, *Principio de confianza*, p. 254 e ss. e p. 368 e ss.

da confiança em comparação com aquela a que se chega mediante a chamada *concorrência de culpas*, Maraver Gómez ilustra a sua posição com dois exemplos. Imagine-se um caso em que um condutor realiza uma manobra de ultrapassagem incorrecta e, nessa manobra, atropela um peão que repentinamente invadiu a faixa de rodagem. Na medida em que ultrapassar de modo incorrecto não impede que o condutor continue a confiar que os peões não atravessam incorrectamente a estrada, a solução correcta será a de se negar a imputação do resultado. Diferente será o caso de um condutor que circula em excesso de velocidade e embate num veículo que se introduziu num cruzamento pensando que teria tempo de o fazer. Neste caso, dado que é a conduta incorrecta do primeiro sujeito que provoca a conduta incorrecta do terceiro – na medida em que o terceiro poderia ter avançado em segurança se o primeiro agente não circulasse em excesso de velocidade –, o primeiro agente não poderá convocar o princípio da confiança para excluir a imputação do resultado à sua conduta[1077].

Maraver Gómez conclui, deste modo, que o princípio da confiança – tal como os restantes critérios que se utilizam na teoria da imputação objectiva – tem utilidade tanto para determinar a criação de um risco juridicamente desaprovado como para estabelecer a relação entre esse risco e o resultado. A única diferença radica na perspectiva da valoração: no primeiro caso, tais critérios permitem valorar a conduta de uma perspectiva *ex ante*, tomando como referência um resultado típico em abstracto; no segundo caso, conduzem à valoração da conduta de uma perspectiva *ex post*, considerando o resultado concretamente produzido[1078].

2. Há quem entenda que o princípio da confiança também pode ser convocado nos casos designados de *segundo dano* (*Zweitschaden*): casos em que o resultado ilícito objectivamente imputável a um primeiro agente conduz a um segundo resultado ilícito devido a um comportamento em violação do dever por parte de um terceiro[1079]. Podem ser inseridos neste âmbito os casos em que a vítima de lesões corporais provocadas por um

[1077] Cf. Maraver Gómez, Mario, *Principio de confianza*, p. 395-397.

[1078] Maraver Gómez, Mario, *Principio de confianza*, p. 406-407. Reconhecem também expressamente a possibilidade de aplicar o princípio da confiança para valorar a conduta de uma perspectiva *ex post*, Martínez Escamilla, Margarita, *La imputación*, p. 270-271 e p. 333-336, e Gil Gil, Alicia, *Delito Imprudente*, p. 392-396.

[1079] Cf. Rudolphi, Hans-Joachim, *in*: *SK*, antes do § 1, nº 73.

primeiro sujeito vem a sofrer um agravamento do seu estado de saúde ou vem mesmo a morrer na sequência de um erro médico.

O caso frequentemente referido a este propósito foi julgado em 3 de Julho de 1957, pelo *Oberlandesgericht Celle*[1080]. Um condutor de um automóvel, violando as regras de circulação rodoviária, foi de encontro a uma árvore. Um dos acompanhantes que seguia no automóvel sofreu uma rotura no fémur esquerdo, acabando por morrer no hospital devido a uma septicémia na sequência de um erro médico pouco grave (*leichter Kunstfehler*). O tribunal entendeu que um acidente de automóvel pode ter como consequência previsível não só a morte imediata, mas também a morte tal como concretamente se produziu no caso, em momento posterior, no hospital. A responsabilidade penal do condutor por tal morte só poderia ser afastada em virtude de um erro médico grave. Nos termos do Acórdão, "dada a imperfeição da capacidade humana para conhecer e actuar, deve contar-se sempre com erros médicos leves ou medianamente graves; as consequências destes erros integram o curso normal dos acontecimentos"[1081].

Um sector significativo da doutrina segue a posição defendida neste aresto, entendendo que o agente tem o dever contar com erros médicos que não sejam graves. Por conseguinte, nestes casos, o agravamento do estado de saúde ou a morte da vítima devem ser imputados ao primeiro agente. Pelo contrário, no caso de erros médicos graves, o resultado já não deverá ser imputado àquele primeiro agente[1082].

Segundo uma outra concepção, a solução dependerá de saber se no resultado influenciado pelo erro médico se realizou o *perigo modelo* criado pelas primeiras lesões, isto é, o risco tipicamente ligado a elas. Se assim for, o resultado deve ser imputado à conduta do primeiro agente, mesmo que se verifique um erro grave por parte do médico. Inversamente, deverá excluir-se a imputação se a conduta médica negligente cair fora do risco

[1080] Cf. *NJW*, 1958, p. 271-272. Com referência a esta decisão, *vide*, nomeadamente, RUDOLPHI, Hans-Joachim, *in*: *SK*, antes do § 1, nº 73, ROXIN, Claus, *Allgemeiner Teil I*[4], § 11, nº 141, nota 302; com pormenor, cf. CORCOY BIDASOLO, Mirentxu, *Delito imprudente*, p. 543-544, e MARTÍNEZ ESCAMILLA, Margarita, *La imputación*, p. 328 e ss.

[1081] *NJW*, 1958, p. 272.

[1082] Neste sentido, cf. BURGSTALLER, Manfred, *Fahrlässigkeitsdelikt*, p. 117 e ss., o mesmo autor, *in*: *Fest. Jescheck*, p. 364 e ss., OTTO, Harro, *JuS*, 11 (1974), p. 709, e, o mesmo autor, em *NJW*, 1980, p. 422. Seguindo também esta posição, refere Wolter que, no caso de erros graves, vale o princípio de que se *pode confiar* na ausência de ofensas provocadas na sequência de violação das regras (WOLTER, Jürgen, *Objektive und personale Zurechnung*, p. 347-348).

típico das lesões provocadas pelo primeiro agente, como acontecerá, designadamente, no caso de um erro na administração de uma anestesia[1083].

Rudolphi recusa cada uma destas propostas e sugere a resolução destes casos com recurso ao princípio da confiança. Segundo Rudolphi, decorre do princípio geral da confiança que o primeiro causador do dano pode fundadamente confiar que terceiros e a própria vítima se comportam de acordo com o dever. O primeiro agente só tem de contar com danos resultantes de violações do dever por parte de terceiros ou da própria vítima se, no caso concreto, existirem indícios especiais nesse sentido. A aplicação do princípio da confiança não se deixa aqui excluir com o fundamento de que o primeiro autor se comportou em violação do dever, pois tal seria incorrer na velha doutrina do *versari in re illicita*[1084]. Não havendo indícios especiais e podendo, à partida, intervir o princípio da confiança, há que distinguir ainda, porém, conforme o terceiro – designadamente, o médico – tenha causado o segundo dano através de uma *conduta activa* ou meramente através de uma *omissão*. Tratando-se de uma lesão resultante de um erro médico realizado através de uma conduta activa, este resultado não pode ser imputado ao primeiro agente, em virtude do princípio da confiança. Inversamente, já deverá imputar-se o resultado ao primeiro agente sempre que aquele for consequência da omissão, por parte do médico, das medidas de tratamento adequadas. Neste caso, segundo Rudolphi, "é precisamente o perigo juridicamente desaprovado criado pelo primeiro autor que também se realiza no segundo dano"[1085].

1083 Cf., neste sentido, JAKOBS, Günther, *Erfolgsdelikt*, p. 92 e ss., e SCHÜNEMANN, *JA* (1975), p. 719. Note-se que, entre nós, *erro médico* não é sinónimo de *negligência médica* (cf. FIDALGO, Sónia, *Responsabilidade Penal por Negligência*, p. 24 e ss., esp.[te] p. 35). Sobre o conceito de *Kunstfehler vide* as indicações bibliográficas referidas *supra*, nota 938.

1084 Cf. RUDOLPHI, Hans-Joachim, *in*: *SK*, antes do § 1, nº 73.

1085 RUDOLPHI, Hans-Joachim, *in*: *SK*, antes do § 1, nº 74. Cf., ainda, do mesmo autor, *JuS* (1969), p. 555. Frisch apresenta uma proposta que tem pontos de contacto com a concepção de Rudolphi. Frisch também defende que nem sequer omissões gravemente negligentes do médico (ou demais pessoal sanitário) exoneram o primeiro autor. Porém, levando em linha de conta as incertezas relacionadas com o carácter equívoco do conceito de omissão, Frisch propõe um critério alternativo. Em seu modo de ver, é necessário averiguar se a conduta do segundo agente *substitui* (*verdrängt*) o perigo criado pelo primeiro sujeito ou *não evita a sua realização*. As condutas que substituem o perigo não podem ser imputadas ao primeiro sujeito. Esta conclusão não se fundamenta, todavia, segundo Frisch, na ideia de que também aquele que actua ilicitamente pode *confiar* na conduta correcta de terceiros. O que justifica que as condutas que *substituem o perigo* não sejam imputadas ao primeiro sujeito é a ideia

3. A posição que defende a convocação do princípio da confiança não só para determinar a criação de um risco não permitido, mas também para averiguar da materialização do risco no resultado tem sido muito criticada por diferentes sectores doutrinais.

Mesmo os autores que encaram o princípio da confiança como um critério de imputação objectiva tendem, como vimos, a limitar a validade de tal princípio ao primeiro momento da imputação – à valoração da conduta de uma perspectiva *ex ante*. Schünemann, por exemplo, critica expressamente a proposta de Rudolphi, salientado que o princípio da confiança é apenas uma *justificação normativa* (*normative Rechtfertigung*) do risco permitido e não pode, sem mais, ser utilizado para limitar o âmbito de protecção da norma em relação a uma conduta que infringe o dever de cuidado[1086].

Também se ouvem críticas, compreensivelmente, por parte dos autores que vêem o princípio da confiança como um princípio concretizador do dever objectivo de cuidado. Ingeborg Puppe diz expressamente que o princípio da confiança não permite afirmar que aquele que viola o cuidado pode confiar que terceiros tenham um comportamento cuidadoso, não realizando condutas em violação do dever que, juntamente com o

de que a mera criação da possibilidade de uma conduta defeituosa não preenche, por si só, os critérios de uma autónoma criação de perigo desaprovada, e, por outro lado, também não pode ser considerada como parte integrante do perigo específico previamente criado pelo primeiro agente (cf. FRISCH, Wolfgang, *Tatbestandsmäßiges Verhalten*, p. 438 e p. 442-443). Roxin, lançando mão do critério proposto por Frisch, defende que se a vítima não tiver morrido na sequência das lesões infligidas pelo primeiro agente, mas sim devido a um perigo decorrente de erro médico, deve considerar-se que o médico *substitui* o risco originário por outro que entrará exclusivamente na esfera de responsabilidade deste. Neste caso, o resultado não poderá imputar-se ao primeiro agente independentemente de o médico ter actuado com negligência leve ou grave. Porém, se a vítima morrer na sequência das ofensas à integridade física provocadas pelo primeiro agente em virtude de o médico ter omitido as medidas de tratamento indicadas, segundo Roxin, não será adequado imputar, sem mais, o resultado apenas ao primeiro sujeito. Neste caso, se a conduta do médico, – que não conseguiu deter o curso mortal da lesão –, configurar uma negligência grave, deve considerar-se que concorrem duas condutas negligentes aproximadamente com o mesmo peso e que ambas se materializaram no resultado. Consequentemente, os dois sujeitos (o primeiro agente e o médico) devem ser responsabilizados por homicídio por negligência (cf. ROXIN, Claus, *Allgemeiner Teil I*^{4}, § 11, nº 141).

1086 Cf. SCHÜNEMANN, *JA* (1975), p. 719. Defendendo também que o princípio da confiança esgota a sua validade no primeiro momento de imputação objectiva, acompanhando os argumentos de Schünemann a este propósito, CORCOY BIDASOLO, Mirentxu, *Delito imprudente*, p. 544.

comportamento do primeiro agente, possam causar danos. Além de que, salienta Puppe, não há qualquer razão para tratar de modo diferente o primeiro e o segundo causadores de um dano se ambos contribuíram para o resultado. Segundo a autora, "o princípio da confiança limita apenas o próprio dever de cuidado, não a responsabilidade pelos resultados da violação daquele"[1087].

4. Quando nos detivemos nas considerações sobre os limites de actuação do princípio da confiança já nos referimos, de certo modo, ao problema que neste momento nos ocupa[1088].

Acrescentaremos agora que, em nosso modo de ver, uma vez determinada a violação de um dever de cuidado por um primeiro agente, a afirmação de que esse agente pode contar com uma conduta de terceiros adequada à norma de cuidado nada acrescenta em relação à determinação da criação de um risco proibido (a criação desse risco já está verificada), nem presta qualquer auxílio na determinação de qual o risco que se materializou no resultado[1089].

Da nossa perspectiva, no segundo momento de imputação poderá, eventualmente, ser convocada nestes casos a teoria das esferas ou dos âmbitos de responsabilidade, procurando-se uma solução dos problemas com recurso à ideia de imputação a um âmbito de responsabilidade alheio[1090]. Não poderá, porém, ser convocado o princípio da confiança. O princípio da confiança não prescinde de uma ideia de responsabilidade, mas não se confunde com o princípio da auto-responsabilidade. O princípio da confiança é um princípio concretizador do dever objectivo de cuidado e quando, num primeiro momento, se tiver concluído que o sujeito actuou em violação do dever de cuidado que sobre ele impendia, deixa de haver lugar para a convocação do princípio da confiança.

1087 PUPPE, Ingeborg, *ZStW*, 99 (1987), p. 611. Também Maiwald recusa expressamente a possibilidade de delimitação da responsabilidade do primeiro agente com base no princípio da confiança, desde logo, porque, segundo o autor, a sucessão temporal não pode ser usada como critério para decidir da punição, uma vez que, frequentemente, é o acaso que determina a conduta realizada em último lugar (MAIWALD, Manfred, *JuS* (1984), p. 441).

1088 Cf., *supra*, § 19.

1089 Cf., em sentido próximo ao por nós defendido, CORCOY BIDASOLO, Mirentxu, *Delito imprudente*, p. 544.

1090 Cf. ROXIN, Claus, *Allgemeiner Teil I*[4], § 11, nº 137 e ss., e, entre nós, DIAS, Jorge de Figueiredo, *Direito Penal I*[2], 12º Cap., § 38-39.

Aliás, só esta conclusão se harmonizará com a função e a finalidade que assinalámos ao princípio da confiança. Em relação a condutas em violação do dever de cuidado e, portanto, ilícitas, não estão presentes as exigências que justificam a convocação do princípio da confiança. O princípio da confiança cumpre uma função de protecção de bens jurídicos. E, com a afirmação deste princípio, pretende-se ampliar a liberdade de acção, possibilitando-se, concomitantemente, a realização de actividades socialmente valiosas cujo desenvolvimento seria muito difícil ou até impossível se cada sujeito tivesse de contar em cada momento com erros de terceiros. Estas exigências não se fazem sentir em relação a condutas em si mesmas ilícitas[1091]. A protecção da confiança do sujeito que actua em violação do dever de cuidado não contribuiria para a protecção de bens jurídicos nem ampliaria, em termos socialmente valiosos, a liberdade de acção. O único interesse que ela serviria seria o da perpetração, por qualquer modo, da própria violação proibida dos deveres de cuidado[1092]. Não podemos deixar de concluir, portanto, que o princípio da confiança não poderá ser convocado como critério de valoração da relação entre a conduta e o resultado.

§ 33. O princípio da confiança como princípio de determinação da conduta típica negligente

I. A delimitação da conduta típica como questão autónoma do problema da imputação do resultado

1. Frisch salienta que, nos últimos decénios, a teoria da imputação objectiva incorporou uma multiplicidade tal de espaços problemáticos, que o conceito de imputação se converteu no "conceito central do direito penal". A imputação objectiva transformou-se numa "supercategoria", tendo passado a abranger grupos de problemas que são dificilmente solucionáveis como questões da teoria da imputação. Tal alargamento da teoria da imputação objectiva do resultado revela-se contraproducente, não só por situar determinados grupos de problemas sob rubricas incorrectas, mas também porque uma teoria assim inflacionada oculta a necessidade de formação

[1091] Em sentido próximo ao referido no texto, pelo menos na conclusão, cf. FRISCH, Wolfgang, *Tatbestandsmäßiges Verhalten*, p. 438, nota 225, e p. 443

[1092] Neste sentido, também, PUPPE, Ingeborg, *ZStW*, 99 (1987), p. 611.

de categorias cuja matéria incorpora. Além disso, ao tentar resolver-se os problemas sob rubricas incorrectas, correr-se-á o risco de se alcançar soluções aparentes[1093].

Frisch entende que há determinados pressupostos utilizados pela teoria da imputação objectiva que não são pressupostos de imputação, afectando antes um círculo de problemas anteriores a ela e de que também depende a imputação do resultado. Partindo de uma necessária ponderação entre o interesse na liberdade individual, por um lado, e o interesse em proteger bens jurídicos, por outro, Frisch salienta que só poderão proibir-se jurídico-penalmente as formas de conduta que comportem riscos especiais de produção de lesões típicas[1094]. Por conseguinte, o autor concorda com os defensores da teoria da imputação objectiva quando afirmam que não é possível renunciar-se a um requisito cujo conteúdo seja o de que "a conduta que conduz ao resultado deve apresentar-se como criação de um perigo desaprovado"[1095].

Porém, no entender de Frisch, o requisito da criação de um risco proibido não é um pressuposto de imputação. Se não houver criação de um perigo desaprovado o que falta na realidade é uma conduta proibida, uma vez que é precisamente a vinculação da conduta a um risco proibido que converte determinadas formas de conduta em condutas típicas. Quando falta este aspecto, falta também a conduta pressuposta nos tipos de crime de resultado consumados. Segundo Frisch, o que acabou de se dizer é muito claro nos casos de diminuição do risco: uma conduta que reduz o risco de produção de determinadas lesões de bens não é, *ab initio*, uma conduta proibida. E o mesmo poderá dizer-se dos casos em que não se aumentou claramente o risco de produção de um determinado acontecimento em comparação com outras possibilidades inequivocamente toleradas de ocasionar tais acontecimentos. Também faltará a conduta proibida nos casos em que se verifica um aumento do risco mas a acção é (em princípio) permitida, atendendo à utilidade que lhe é inerente, mediante o cumprimento de determinadas condições que minimizam o risco. Finalmente, o mesmo se verificará ainda nos casos em que entre a actuação do sujeito e

1093 Cf. FRISCH, Wolfgang, *Tatbestandsmäßiges Verhalten*, p. 18-23.

1094 Cf. FRISCH, Wolfgang, *in*: *Sobre el estado de la teoría del delito*, p. 47, e, o mesmo autor, *in*: *Fest. Claus Roxin*, p. 223.

1095 Cf. FRISCH, Wolfgang, *in*: *Sobre el estado de la teoría del delito*, p. 48, e, o mesmo autor, *in*: *Fest. Claus Roxin*, p. 224.

o evento verificado ocorrer um comportamento responsável da vítima ou de terceiro. Em todos estes casos, o que se verifica não é uma exclusão da imputação do resultado – o que se exclui (no interesse da liberdade) é a própria tipicidade da conduta[1096].

Segundo Frisch, os reparos que acabaram de ser feitos são geralmente reconhecidos no âmbito dos crimes negligentes, onde, nos casos referidos (ou em boa parte deles), se nega a violação do dever de cuidado. Frisch entende que o mesmo deve acontecer no âmbito dos crimes dolosos. Segundo o autor, só estaremos perante verdadeiros casos de ausência de imputação do resultado quando a conduta do agente representa a criação de um risco desaprovado (e, por isso, está proibida), mas no resultado produzido não se realizou aquele perigo[1097].

2. Frisch procede, deste modo, a uma distinção clara entre "o juízo objectivo e normativo de desaprovação da conduta, por um lado, e a imputação do resultado à conduta desaprovada por outro"[1098].

O primeiro dos dois planos prende-se com a definição do desvalor de acção relevante para o direito penal, ou seja, com a delimitação da conduta típica. O que está em causa na teoria da conduta típica é a relação da conduta concreta com o direito, o que contende com questões mais profundas relacionadas com a índole das relações jurídicas entre os indivíduos, a amplitude e as fronteiras da liberdade a reconhecer a cada um. Pelo que os princípios em virtude dos quais há-de determinar-se o risco desaprovado, bem como os casos que hão-de considerar-se como exemplos de criação

[1096] Sobre isto, pormenorizadamente, FRISCH, Wolfgang, *Tatbestandsmäßiges Verhalten*, p. 33 e ss., 36 e ss., 59 e ss., e 70 e ss.

[1097] Cf. FRISCH, Wolfgang, *Tatbestandsmäßiges Verhalten*, p. 31, e, o mesmo autor, *in*: *Sobre el estado de la teoría del delito*, p. 59-61, e ainda, *in*: *Fest. Claus Roxin*, p. 231-233.

[1098] Cf. Silva Sánchez, no prólogo a FRISCH, Wolfgang / ROBLES PLANAS, Ricardo, *Desvalorar e imputar*, p. XIV. Susana Aires de Sousa salienta que, por esta via, Frisch se afasta quer da moderna teoria da imputação objectiva, quer de uma concepção puramente subjectiva da acção penal. Afasta-se da primeira "ao retirar a criação de um risco juridicamente desaprovado do âmbito da imputação do resultado, para o domínio da acção típica"; afasta-se da segunda, na medida em que a concepção do risco juridicamente desaprovado como elemento do comportamento "representa a inclusão de um elemento objectivo na descrição típica da conduta" (SOUSA, Susana Aires de, *Responsabilidade criminal pelo produto*, p. 439).

do perigo aprovado e desaprovado são temas da teoria da conduta típica (não da teoria da imputação objectiva)[1099].

O conteúdo do conceito de imputação objectiva, por sua vez, há-de esgotar-se na estrita imputação do resultado à conduta. O objecto da doutrina da imputação objectiva do resultado resume-se à determinação exacta da relação que há-de existir entre uma conduta desaprovada prévia à doutrina da imputação e pressuposta por esta e um resultado produzido[1100]. Da perspectiva do autor, para além da relação causal entre acção e resultado, é necessário ainda que no resultado se tenha materializado precisamente o risco em virtude do qual a conduta está proibida. A doutrina da imputação objectiva deve ocupar-se de precisar esta "relação de realização", de que a relação causal é não mais do que um sub-requisito[1101]. Frisch reconhece que a necessidade de comprovar se no resultado se realizou ou não um risco típico da acção desaprovada, tendo-se dilucidado previamente a questão da tipicidade da conduta, não colocará materialmente dificuldades especiais. Com efeito, se no âmbito das reflexões em torno da tipicidade da conduta se esclareceram já as possíveis cadeias de acontecimentos (*Verlaufsketten*) subsequentes à conduta em virtude dos quais esta é desaprovada, a verificação da realização do risco há-de circunscrever-se à averiguação da materialização ou não de uma dessas cadeias[1102]. Casos há, no entanto, em que se manifesta a importância prática de se entender o conceito de realização do risco (como requisito da imputação do resultado) como um conceito normativo e não como um conceito causal-naturalístico – são os casos de comportamento lícito alternativo[1103].

Deste modo, na proposta de Frisch, o problema da imputação do resultado à conduta analisa-se, por um lado, na confirmação de um nexo causal-naturalístico (momento fáctico) e, por outra parte, na verificação de ausência de *processos causais alternativos* susceptíveis de produzir o evento,

[1099] Cf. Frisch, Wolfgang, *in*: *Fest. Claus Roxin*, p. 235 e ss. Frisch esclarece que estas questões mais profundas relacionadas com o conteúdo do direito não deixam de desempenhar um papel no âmbito da imputação jurídica do resultado, imprimindo-lhe um carácter material e sistemático, sem que, porém, se convertam num problema de imputação (*idem*, p. 237).

[1100] Cf. Frisch, Wolfgang, *Tatbestandsmäßiges Verhalten*, p. 50-51 e p. 529-530.

[1101] Cf. Frisch, Wolfgang, *Tatbestandsmäßiges Verhalten*, p. 55-57.

[1102] Cf. Frisch, Wolfgang, *Tatbestandsmäßiges Verhalten*, p. 526-527.

[1103] Cf. Frisch, Wolfgang, *Tatbestandsmäßiges Verhalten*, p. 530-531.

em particular, de situações de comportamento lícito alternativo (momento normativo)[1104].

3. Roxin já se manifestou criticamente em relação a esta proposta de Frisch de separação entre a "conduta típica" e a "imputação do resultado". Segundo Roxin, o que Frisch deixa de considerar é que do que se trata, "no fundo, é sempre da imputação ou não imputação de um resultado". O resultado não se imputará quando o causante se comportar, desde o início, de forma adequada, tal como também não se imputará quando o curso causal for especialmente extraordinário. Além disso, da perspectiva

[1104] Com referência a estes aspectos da proposta de Frisch, *vide* Costa, António Manuel de Almeida, *Comparticipação*, p. 713. Susana Aires de Sousa chama a atenção para o facto de que o conceito de conduta típica desenvolvido por Frisch tem vindo a ganhar importância na doutrina, particularmente em domínios relativos à delimitação do risco permitido no contexto do desenvolvimento tecnológico (cf. Sousa, Susana Aires de, *Responsabilidade criminal pelo produto*, p. 441, e Hoyer, Andreas, *RPCC* 20 (2010), p. 366). Partindo da proposta de Frisch de distinção entre conduta típica e imputação de resultados, Susana Aires de Sousa propõe um novo modelo de imputação que designa de *modelo da imputação causal*. Segundo a autora, desde logo, "só é penalmente relevante uma conduta que cria um risco juridicamente desaprovado" (Sousa, Susana Aires de, *Responsabilidade criminal pelo produto*, p. 500). E o critério qualitativo e normativo de determinação da conduta típica deverá coincidir com a criação ou aumento de um risco juridicamente desaprovado. Para concretizar este critério da criação de um risco juridicamente desaprovado, Susana Aires de Sousa apela ao plano da interpretação do tipo legal, convocando quer um juízo ontológico "de perigosidade abstracta da conduta, presente na intenção do legislador aquando da criação da norma jurídica", quer um juízo analógico, "que permita referir à *mens legislatoris* a concreta conduta do agente na medida em que com a sua conduta viole o dever imanente à norma". Segundo a autora, será justamente "nessa contrariedade ao dever normativo, enquanto padrão de comportamento, que se fundamenta a desaprovação do risco e como tal a tipicidade da conduta" (*idem*, p. 492). Porém, tratando-se de crimes materiais ou de resultado, será necessário que o risco proibido se concretize no resultado material exigido pelo tipo legal. Com efeito, há que reconhecer à causalidade, desde logo, uma dimensão ontológica, nos termos da qual terá de existir uma conexão empírica entre a conduta e o evento material verificado – a modificação exterior só poderá imputar-se à conduta se, entre uma e outra, "se puder provar um nexo de causalidade de acordo com as leis empíricas" (*idem*, p. 500). Mas a esta dimensão ontológica do nexo de causalidade há-de acrescer uma dimensão normativa, "ligada à realização do juízo de imputação nos delitos materiais" (*idem*, p. 501). E, segundo Susana Aires de Sousa, nesta dimensão normativa, o "nexo de causalidade constitui um elemento típico dos crimes de resultado" (*idem*, p. 501), cujo significado se traduzirá "na realização do risco proibido num resultado que o legislador pretende evitar" (*idem*, p. 499). Deste modo, no *modelo de imputação causal* proposto por Susana Aires de Sousa, a natureza ontológica do nexo de causalidade relevará apenas "na medida estabelecida pelo juízo normativo da imputação de resultados à conduta" (*idem*, p. 501).

de Roxin, também depõe contra a proposta de Frisch o facto de que desvalor de acção e desvalor de resultado se encontram indissociavelmente ligados um ao outro. Neste sentido, "sem resultado morte e a correspondente imputação não existe qualquer acção de matar nem qualquer 'conduta típica'"[1105].

Frisch já se pronunciou em relação a estas críticas de Roxin.

Quanto à primeira objecção de Roxin, Firsch diz concordar que, em ambos os casos, não se verificará a imputação do resultado. No entanto, em seu modo de ver, será necessário questionar por que falha a imputação do resultado, uma vez que a razão da ausência de tal imputação é diferente em cada um deles (e tal não será de pouca importância). Se a pena cumpre uma função de prevenção geral positiva, para o cidadão é importante saber se actuou de forma juridicamente irrepreensível ou se apenas não se lhe imputa o resultado verificado, apesar de ter realizado uma conduta incorrecta[1106]. Um direito penal que se limite a responder à questão da imputação do resultado não cumprirá esta função de distinção entre conduta típica e conduta não compreendida no tipo legal, pelo que em causa ficará um entendimento do direito penal segundo o qual este há-de conformar as representações e valorações dos destinatários das normas em relação à sua conduta[1107].

Quanto à segunda objecção de Roxin – relativa à indissociabilidade entre conduta e resultado –, Frisch esclarece que Roxin não estará a defender que conduta e resultado não poderão separar-se de um ponto de vista conceptual. Aliás, o próprio Roxin procede a tal separação quando dis-

[1105] ROXIN, Claus, *Allgemeiner Teil I⁴*, § 11, nº 51.

[1106] Saliente-se que o próprio Roxin defende que a pena tem finalidades exclusivamente preventivas (cf. ROXIN, Claus, *Allgemeiner Teil I⁴*, § 3, nº 11 e ss., 21 e ss. e 37 e ss.). Também entre nós a doutrina dominante defende que as penas cumprem finalidades exclusivamente preventivas – finalidades de prevenção geral positiva e de prevenção especial positiva –, surgindo a culpa como pressuposto e limite da pena. Entendimento que se revela, aliás, em nossa perspectiva, o único compatível com o disposto com o artigo 40º do CP. Neste sentido, *vide*, por todos, DIAS, Jorge de Figueiredo, *RPCC*, 1 (1991), p. 22 e ss., do mesmo autor, *Direito Penal II*, 2º Cap., § 55, e, ainda do mesmo autor, *Direito Penal I²*, 4º Cap., § 63 e ss. e § 70 e ss. Com pormenor, cf., RODRIGUES, Anabela Miranda, *A determinação da medida da pena*, p. 306 e ss. e p. 389 e ss., e, de modo sintético, ANTUNES, Maria João, *Penas e Medidas de Segurança*, p. 18. Em sentido contrário, recusando que se aplique uma pena com finalidades de prevenção, entende Faria Costa que a fundamentação da pena se deve procurar e encontrar no princípio da retribuição (cf. COSTA, José de Faria, «Uma ponte entre o direito penal e a filosofia penal», p. 205 e ss., esp.te p. 217 e ss.).

[1107] Cf. FRISCH, Wolfgang, *in*: *Fest. Claus Roxin*, p. 233-234.

tingue entre criação de um risco juridicamente relevante, por um lado, e a sua concretização no resultado, por outro. Segundo Frisch, a alusão à indissociabilidade entre conduta e resultado será correcta "no sentido de que para se apreciar um delito de resultado consumado, uma conduta típica tem de ter produzido um resultado que lhe seja imputável"[1108]. Assim entendida, no entanto, a conduta típica passará a ser sinónimo de tipicidade objectiva. Aceitando-se este conceito global de conduta típica que Roxin parece sugerir, deverá negar-se a existência de uma conduta típica não só nos casos de ausência de uma criação relevante de um risco, mas também nos casos de ausência de realização desse risco no resultado. Deste modo, no entender de Frisch, este conceito global (unitário) de conduta típica deixaria de ser compatível com o amplo campo de aplicação da teoria da imputação objectiva, conduzindo antes à substituição de tal teoria por uma teoria global da acção típica (que incluiria a imputação do resultado). Da perspectiva de Frisch, será preferível defender-se um conceito restrito de conduta típica, como conduta criadora de um perigo desaprovado, reservando-se, porém, para o domínio da imputação objectiva, o problema da atribuição do evento à conduta nos crimes materiais[1109].

[1108] Cf. Frisch, Wolfgang, *in*: *Fest. Claus Roxin*, p. 234.

[1109] Cf. Frisch, Wolfgang, *in*: *Fest. Claus Roxin*, p. 235. Schünemann refere-se a esta contraposição entre a teoria da conexão do risco e a construção de Frisch como um problema ilusório ou aparente (*Scheinproblem*) – cf. Schünemann, Bernd, *GA* (1999), p. 207. O próprio Roxin também já veio afirmar que esta diferença de opinião entre ele e Frisch não deve ser sobrevalorizada, já que não tem verdadeiro significado para a resolução dos problemas (cf. Roxin, Claus, *Allgemainer Teil I*[4], § 11, nº 51). Já Koritah coloca expressamente a questão de saber se a discussão entre Frisch e Roxin não será mais do que o tal *problema ilusório*, como avançou Schünemann. Segundo Koriath, Roxin não deixa de ter razão quando salienta que uma conduta desenvolvida de acordo com o direito não constituirá, *per se*, material susceptível de qualquer imputação jurídico-penal. Já o contrário deverá dizer-se em relação a uma conduta que viola as regras. Porém, salienta Koriath, se uma conduta lesar bens jurídicos, a imputação do resultado ao agente dependerá de saber se o comportamento é ou não desaprovado. Se este juízo de valor dever ser desenvolvido fora do contexto da imputação – que é o sentido da tese de Frisch – então Frisch afasta-se claramente do princípio da conexão do risco, desenvolvido por Roxin. O que fica por esclarecer é se por trás da proposta de Frisch não estará, verdadeiramente, uma nova "ideia de imputação" (Koriath, Heinz, *Objektive Zurechnung*, p. 164). Entre nós, Almeida Costa salienta que a novidade da tese de Frisch se resume à destrinça entre os princípios que contendem com a definição da conduta típica e os que subjazem à estrita questão da atribuição de resultado, não se vislumbrando, ao nível das soluções, divergências de fundo entre a perspectiva de Frisch e a de Roxin (cf. Costa, António Manuel de Almeida, *Comparticipação*, p. 713-714). Com referências pormenorizadas

4. Na proposta que apresenta, Frisch antecipa a objecção susceptível de lhe ser dirigida, no sentido de que do ponto de vista da relação entre conduta e resultado não tem relevância o facto de que nos casos referidos se renuncie, desde o primeiro momento, à conduta proibida ou se recuse, num segundo momento, a imputação do resultado produzido. Em definitivo, será de importância relativa determinar se os problemas relativos ao "perigo desaprovado" hão-de localizar-se na teoria da imputação objectiva ou antes numa teoria da conduta típica: o essencial é que eles sejam tratados no âmbito do tipo de ilícito[1110].

Frisch entende que este reparo seria, no entanto, pouco convincente. Ainda que de uma razão de simples localização sistemática se tratasse, seria desadequado trivializá-la, esquecendo o valor cognitivo e o significado didáctico de um sistema internamente harmonioso. Mas, segundo Frisch, além das reflexões sistemáticas, considerar-se o perigo desaprovado no âmbito do comportamento típico ou na esfera da imputação do resultado apresenta também consequências práticas, sobretudo no domínio do crime doloso de resultado[1111]. E não serão apenas razões de coerência intra-sistemática e de consequências práticas em certos subsistemas as que aconselham a considerar a criação de um risco desaprovado (apenas) no âmbito da conduta típica. Uma consideração sistemática correcta traz também notáveis vantagens para a realização do direito. Na verdade, a doutrina da conduta típica e a da imputação do resultado estão submetidas a diferentes *razões de ser*. E, como as respectivas razões podem influenciar a solução dos problemas concretos, a doutrina da conduta típica e a da imputação objectiva obedecem também a diferentes princípios básicos de concretização jurídica (por exemplo, a perspectiva *ex ante*, por um lado, e o juízo *ex post*, por outro). Deste modo, segundo Frisch, a exacta classificação da questão do comportamento típico e a das questões da verdadeira imputação do resultado em sentido estrito em categorias separadas

à proposta de Frisch, bem como às críticas que lhe foram dirigidas por Roxin, *vide* FEIJOO SÁNCHEZ, Bernardo, *RDPC*, 17 (2006), p. 417 e ss., e, entre nós, SOUSA, Susana Aires de, *Responsabilidade criminal pelo produto*, p. 437 e ss.

1110 Cf. FRISCH, Wolfgang, *Tatbestandsmäßiges Verhalten*, p. 44, e, o mesmo autor, *in*: *Sobre el estado de la teoría del delito*, p. 61.

1111 Cf. Frisch refere-se, designadamente, à dogmática da tentativa, da comparticipação e das medidas de segurança (cf. FRISCH, Wolfgang, *Tatbestandsmäßiges Verhalten*, p. 45-49, e, o mesmo autor, *in*: *Sobre el estado de la teoría del delito*, p. 61-62).

oferece a garantia de que se dará conta destas diferentes razões e princípios básicos no âmbito da respectiva categoria, assim como na solução das questões que concretamente se colocam[1112].

5. Independentemente do aplauso ou das reservas que mereça a proposta de Frisch em relação aos crimes dolosos, em nosso modo de ver, tal proposta apresenta a vantagem inegável de permitir eliminar certas incongruências e ambiguidades na dogmática dos crimes negligentes, como veremos de seguida.

II. O carácter supérfluo da exigência da criação de um risco não permitido como elemento da teoria da imputação objectiva nos crimes negligentes

1. Apesar das incertezas decorrentes da aplicação da teoria da imputação objectiva nos crimes negligentes, não concordamos com os autores partidários das correntes finalistas que defendem a desadequação ou a desnecessidade da teoria da imputação objectiva não só no âmbito dos crimes dolosos, mas também no domínio dos crimes negligentes.

Struensee desenvolveu a crítica apresentada por Kaufmann, sustentando que também nos crimes negligentes não será possível proceder-se a um juízo puramente objectivo de imputação, dependendo sempre a decisão de imputação também de elementos subjectivos[1113]. Hirsch e Küpper salientam o carácter excessivamente normativo do requisito da criação de um risco objectivamente desaprovado, que abrirá as portas à insegurança jurídica[1114]. Entendem estes autores que os conceitos que a dogmática do delito negligente utiliza são suficientes para solucionar os casos para os quais a teoria da imputação objectiva introduz as categorias especiais de imputação. A exigência especial da criação de um risco não permitido é dispensável, sendo suficiente o requisito da violação do dever de cuidado.

[1112] Cf. FRISCH, Wolfgang, *Tatbestandsmäßiges Verhalten*, p. 49-50, e, o mesmo autor, *in*: *Sobre el estado de la teoría del delito*, p. 62. Cf., também, FRISCH, Wolfgang, *Tipo penal e imputación*, p. 102-105.

[1113] Cf. STRUENSEE, Eberhard, *GA* (1987), p. 97 e ss., 101 e 105.

[1114] Cf. KÜPPER, Georg, *Strafrechtsdogmatik*, p. 196 e ss., HIRSCH, Hans Joachim, *in*: *Fest. Spendel*, p. 44 e ss., e, o mesmo autor, *in*: *Fest. Theodor Lenckner*, p. 141. No mesmo sentido, já anteriormente, KAUFMANN, Armin, *in*: *Fest. Jescheck*, p. 259.

E também serão prescindíveis os parâmetros da realização do risco e do fim protecção da norma. A função que estes critérios cumprem pode ser desempenhada pelo requisito do *nexo de contrariedade ao dever* ou do *nexo de ilicitude* (*Rechtswidrigkeits- oder Pflichtwidrigkeitszusammenhang*) há muito reconhecido na dogmática de crime negligente[1115].

Acompanhamos Frisch nos reparos que faz às propostas apresentadas por Hirsch e Küpper. Quando estes autores defendem que através das categorias da violação do dever de cuidado e do nexo de contrariedade ao dever pode alcançar-se soluções adequadas, não estão verdadeiramente a recusar a idoneidade dos pressupostos materiais da imputação objectiva. Não se trata de uma crítica de fundo em relação à validade de tais pressupostos. Com efeito, na violação do dever de cuidado está pressuposta a criação de um risco proibido; e na exigência de que o resultado possa ser reconduzido à contrariedade ao dever encontra-se o requisito de que no resultado se tenha materializado o risco em virtude do qual a conduta está proibida. Deste modo, as diferenças entre os critérios propostos pela moderna teoria da imputação objectiva e os parâmetros sugeridos por Hirsch e Küpper acabam por esgotar-se numa diferente denominação dos requisitos materiais, assim como na sua diversa proveniência[1116].

Por outro lado, a partir do momento em que se adopte como critério a violação do dever de cuidado, perde qualquer sentido criticar-se a teoria da imputação objectiva invocando a sua excessiva normativização e o inerente perigo para a segurança jurídica. Como salienta Frisch, "é quase impossível imaginar um conceito mais normativamente configurado e mais inseguro que o de contrariedade ao dever de cuidado"[1117].

2. Certo é, no entanto, que a relação que há-de estabelecer-se entre os critérios propostos pela teoria da imputação objectiva, por um lado, e as categorias dogmáticas utilizadas na doutrina da negligência, por outro, não deixa de suscitar certas perplexidades.

1115 Cf. KÜPPER, Georg, *Strafrechtsdogmatik*, p. 100 e ss., e HIRSCH, Hans Joachim, *in*: *Fest. Theodor Lenckner*, p. 127. Com referências às propostas destes autores, cf. FRISCH, Wolfgang, *in*: *Fest. Claus Roxin*, p. 219-220.

1116 Cf. FRISCH, Wolfgang, *in*: *Fest. Claus Roxin*, p. 221; em sentido semelhante, cf. MURMANN, Uwe, *Nebentäterschaft*, p. 250.

1117 FRISCH, Wolfgang, *in*: *Fest. Claus Roxin*, p. 221.

Perplexidades que se manifestam, desde logo, no que tange à localização do tratamento da teoria da imputação objectiva nos tratados de direito penal[1118]. O desenvolvimento pormenorizado das considerações sobre a imputação objectiva encontra-se, por regra, no contexto do tratamento do crime doloso de acção, apesar de o significado prático de tal teoria neste âmbito ser escasso[1119]. Já no domínio do tratamento dos crimes negligentes, âmbito em que residem sobremaneira as virtuosidades práticas de critérios como o da criação de um risco juridicamente relevante e a sua concretização no resultado, as considerações acerca da imputação acabam por se combinar, de modo nem sempre claro, com os conceitos próprios dos crimes negligentes, nomeadamente com a noção de violação do dever objectivo de cuidado.

Veja-se, designadamente, como Figueiredo Dias, afirmando que o tipo de ilícito negligente se traduz na violação pelo agente de um dever objectivo de cuidado que sobre ele juridicamente impende[1120], vem esclarecer depois que as regras da imputação objectiva expostas a propósito dos delitos dolosos têm validade também no âmbito dos crimes negligentes, salientado que "a violação de um dever de cuidado só pode ser imputada a quem, com ela, criou um risco não permitido que se concretizou no resultado típico"[1121].

[1118] Salientado este aspecto, FRISCH, Wolfgang, *in*: *Fest. Claus Roxin*, p. 217-218. A este propósito, referindo-se expressamente às obscuridades e absurdos da teoria da criação de um risco proibido, *vide* BURKHARDT, Björn, *in*: *Strafrechtssystem*, p. 99 e ss., e, especificamente em relação aos crimes negligentes, p. 113 e ss.

[1119] Cf., por todos, JESCHECK / WEIGEND, *Lehrbuch*[5], § 28, IV, e STRATENWERTH / KUHLEN, *Allgemeiner Teil*[6], § 8, nº 25 e ss. Roxin desenvolve o assunto da imputação objectiva num momento anterior ao tratamento do dolo, sendo, porém, os dois temas desenvolvidos na *Secção 3*, relativa ao tipo (ROXIN, Claus, *Allgemeiner Teil I*[4], § 11 e § 12, respectivamente), ao passo que a negligência é tratada posteriormente, na *Secção 7* (cf. *idem*, *Allgemeiner Teil I*[4], § 24). Entre nós, Figueiredo Dias trata a imputação objectiva no *Título II*, relativo aos *factos puníveis dolosos de acção*, dedicando-se aos *crimes negligentes* no *Título III* (DIAS, Jorge de Figueiredo, *Direito Penal I*[2], 12º Cap., § 21 e ss., e 34º Cap., § 1 e ss.). Já autores como Teresa Beleza, Taipa de Carvalho e Germano Marques da Silva, embora com diferenças entre si, referem o problema da imputação num apartado relativo ao tipo (objectivo), em momento anterior ao do tratamento do dolo e da negligência – cf. BELEZA, Teresa Pizarro, *Direito Penal* 2, p. 135 e ss., CARVALHO, Américo Taipa de, *Direito Penal*[2], § 563 e ss., e SILVA, Germano Marques da, *Direito Penal*, p. 85 e ss.

[1120] Cf. DIAS, Jorge de Figueiredo, *Direito Penal I*[2], 35º Cap., § 4.

[1121] DIAS, Jorge de Figueiredo, *Direito Penal I*[2], 35º Cap., § 20.

3. Já anteriormente nos pronunciámos acerca da crítica de Roxin em relação à prestabilidade das categorias dogmáticas utilizadas na doutrina da negligência. Segundo Roxin, na realização de um tipo negligente não é necessário convocar-se critérios que vão para além dos critérios da doutrina da imputação objectiva[1122]. Acompanhando Figueiredo Dias, julgamos ter ficado claro ser preferível (se não mesmo necessário) continuar a utilizar as categorias da dogmática dos crimes negligentes[1123].

Porém, não deixaremos de notar agora a dificuldade de compatibilizar a categoria da violação do dever de cuidado, vinculada tradicionalmente ao crime negligente, com o critério de imputação objectiva de criação de um risco juridicamente proibido. É certo que o tipo de ilícito negligente há-de ser integrado pela criação de um perigo não tolerado, no sentido de que a violação do dever objectivo de cuidado há-de pressupor a criação desse perigo: "sempre que o agente, com o seu comportamento, não tenha criado um perigo não permitido, também aí não será possível divisar a violação de qualquer dever objectivo de cuidado"[1124]; a conduta só violará o cuidado devido se superar o limite do risco permitido[1125]. Porém, o que se verifica é que o pressuposto que a teoria da imputação objectiva formula como primeiro requisito da imputação do resultado é considerado no âmbito dos crimes negligentes como uma *qualidade da conduta*, isto é, como um *critério da sua tipicidade*[1126].

Não se podendo dispensar a criação de um perigo desaprovado no plano da conduta típica (sob pena de se anular a liberdade individual), fica em aberto a possibilidade de se prescindir da exigência da criação de um perigo desaprovado como elemento da doutrina da imputação, nos crimes negligentes. A questão é a de saber se, no domínio dos crimes negligentes, será coerente que além da violação do dever de cuidado se continue a exigir a criação de um perigo proibido como elemento parcial da doutrina da imputação. Acompanhamos Frisch quando salienta que tal exigência só seria concebível com um sentido: "a 'criação de um perigo desaprovado' poderia – além da exigência de perigosidade (*ex ante*) da acção – ter o sentido de afastar, por via de uma consideração *ex post*, aqueles casos em que

1122 Cf. Roxin, Claus, *Allgemeiner Teil I*⁴, § 24, nº 13.

1123 Cf., *supra*, § 25.

1124 Dias, Jorge de Figueiredo, *Direito Penal I*, 28º Cap., § 5.

1125 Jescheck / Weigend, *Lehrbuch*⁵, § 55, I, 2. *b*).

1126 Cf. Frisch, Wolfgang, *Tipo penal e imputación*, p. 104.

à perigosidade *ex ante* da acção não correspondesse *ex post* a realização de qualquer perigo"[1127]. Porém, tal exigência será absolutamente desnecessária, uma vez que estes casos ficarão afastados pela exigência, própria da imputação, de que a perigosidade da acção se realize no resultado.

Esta posição acaba por ser confirmada indirectamente pelos defensores da teoria da imputação objectiva. Nas exposições acerca do crime negligente, por regra, não se encontram, ao lado das considerações relativas à violação do dever objectivo de cuidado e à averiguação acerca da sua concretização no resultado, considerações adicionais relativas à criação de um perigo proibido; não se volta a analisar como critério de imputação a criação desaprovada de um risco que já foi tida em consideração como elemento da conduta típica[1128].

Mesmo quando Figueiredo Dias salienta que "a violação de um dever de cuidado só pode ser imputada a quem, com ela, criou um risco não permitido que se concretizou no resultado típico", o autor não retira daí consequências em relação ao primeiro plano de imputação. Figueiredo Dias prossegue dizendo que as regras concretizadoras do cuidado devido têm a função de precisar a medida do risco permitido, para concluir que, por isso, e desde logo, não podem ser proibidos riscos atinentes a resultados típicos que sejam imprevisíveis ou inevitáveis[1129]. Em nosso modo de ver, neste ponto, nada se acrescenta em relação ao primeiro plano da imputação objectiva. Figueiredo Dias limita-se apenas, afinal, a precisar o conteúdo do tipo de ilícito negligente, por ele referido e por nós já tantas vezes repetido: o tipo de ilícito negligente não se deixa integrar completamente pela mera causação de um resultado; torna-se ainda indispensável "que tenha ocorrido a violação, por parte do agente, de um dever de cuidado que sobre impende e que conduziu à produção do resultado típico; e, consequentemente que o resultado fosse previsível e evitável para o (...) homem médio"[1130].

Por tudo o que se disse pode concluir-se que constituindo o dever de cuidado, na medida em que o autor o viole, o risco não permitido de que

[1127] FRISCH, Wolfgang, *Tatbestandsmäßiges Verhalten*, p. 35.

[1128] Frisch entende que o que se expôs em relação à doutrina do crime negligente tem aplicação também no âmbito dos crimes dolosos (cf. FRISCH, Wolfgang, *Tatbestandsmäßiges Verhalten*, p. 33-44).

[1129] DIAS, Jorge de Figueiredo, *Direito Penal I²*, 35º Cap., § 20.

[1130] DIAS, Jorge de Figueiredo, *Direito Penal I²*, 34º Cap., § 9.

parte a teoria da imputação objectiva[1131], tornar-se-á desnecessária a exigência da criação de um risco desaprovado como elemento da doutrina da imputação do resultado. Esta última ocupar-se-á da pergunta acerca da realização do perigo não permitido no resultado.

III. O princípio da confiança como princípio concretizador do dever objectivo de cuidado

Encontramo-nos, neste momento, em condições de apresentar aquele que, em nosso entendimento, é o correcto enquadramento dogmático do princípio da confiança na teoria do crime. Salientando, concomitantemente, a imprescindibilidade da convocação deste princípio para uma correcta compreensão e subsequente solução de alguns dos mais complexos problemas que se colocam no direito penal dos nossos dias.

1. Partilhamos da perspectiva que defende que no facto negligente se manifestam um tipo de ilícito e um tipo de culpa próprios, diferentes dos que se verificam no facto doloso. E, em nosso modo de ver, a doutrina do facto negligente não pode prescindir da categoria da violação do dever objectivo de cuidado. A violação do dever de cuidado surge como verdadeira essência do tipo de ilícito negligente, como qualidade da conduta, que a transforma em conduta típica.

A violação do dever objectivo de cuidado há-de pressupor a criação de um perigo não tolerado: a conduta só violará o cuidado devido se superar o limite do risco permitido. Perante a necessidade de compatibilizar esta posição com os critérios utilizados pela teoria da imputação objectiva – o primeiro requisito da imputação do resultado exigido pela teoria de imputação objectiva é, afinal, por nós considerado um critério da tipicidade da conduta – concluímos que o juízo objectivo e normativo de desaprovação da conduta negligente, sendo um critério de determinação da tipicidade da conduta, deve ser subtraído do âmbito da teoria da imputação objectiva.

2. Intervindo na realização de um facto negligente uma pluralidade de agentes que actuam no âmbito de uma comunidade de perigos per-

1131 Cf., neste sentido, OTTO, Harro, *in*: *Gedächtnisschrift Schlüchter*, p. 91, e PUPPE, Ingeborg, *in*: *Fest. Otto*, p. 397.

manentes em que os cuidados são acrescidos, há que convocar o princípio da confiança como princípio concretizador do dever objectivo de cuidado que sobre cada um impende. Sendo o princípio da confiança um princípio concretizador do dever objectivo de cuidado e sendo o dever objectivo de cuidado um elemento do tipo de ilícito dos crimes negligentes, fica claro que o âmbito de aplicação do princípio da confiança há-de ser, essencialmente, o dos crimes negligentes. A violação do dever objectivo de cuidado determina a tipicidade da conduta negligente, pelo que, sendo o princípio da confiança um princípio concretizador do dever objectivo de cuidado, ele surge como um princípio de determinação da conduta típica negligente e não como um critério de imputação de resultados.

3. Com o caminho percorrido fica também confirmada a imprescindibilidade da convocação do princípio da confiança na doutrina do facto negligente. O princípio da confiança, fundamentado nos termos propostos, não se restringe a delimitar negativamente o dever objectivo de cuidado: ele manifesta-se como um princípio verdadeiramente constitutivo desse dever, no sentido de que faz do comportamento correcto dos outros o fundamento do comportamento apropriado de cada sujeito. Nas situações em que os sujeitos se encontrem numa cadeia de relações de cuidado acrescido numa comunidade em que os perigos são permanentes, o princípio da confiança afirma-se, assim, como um critério independente de determinação da conduta típica negligente. Deste modo, nestes casos em que na realização do facto negligente intervém uma pluralidade de agentes, o princípio da confiança não poderá deixar de ser considerado pelo realizador do direito de modo a proceder à completa valoração jurídico-penal da conduta e, assim, decidir judicativamente os casos da vida cuja resolução se lhe impõe.

§ 34. CONCLUSÕES

I. Na dogmática do facto negligente, o princípio da confiança traduz a ideia de que "quem se comporta no tráfico de acordo com a norma de cuidado deve poder confiar que o mesmo sucederá com os outros; salvo se tiver razão *concretamente* fundada para pensar ou dever pensar de outro modo"[1132]. Foi com este sentido que o princípio da confiança foi desenvolvido no contexto do tráfego rodoviário e depois transposto para outras esferas de actividade, em que a produção do resultado lesivo pode ver-se igualmente condicionada pela intervenção de terceiros. Tem-se discutido a possibilidade de convocação do princípio da confiança como princípio delimitador da responsabilidade, designadamente, no exercício da medicina em equipa, no contexto dos acidentes de trabalho, no âmbito da responsabilidade criminal pelo produto e no domínio mais amplo das organizações empresariais.

II. A discussão que se tem gerado na doutrina acerca do fundamento do princípio da confiança tem vindo a confundir planos diferentes, cuja diferenciação urge clarificar. Apresentamos, por isso, uma proposta de esclarecimento que radica na distinção entre fundamento, função e finalidade do princípio da confiança.

Partilhamos da ideia de que o princípio da confiança se encontra intrinsecamente ligado à cadeia de relações de cuidado acrescido que se estabelece entre os membros de uma comunidade em que os perigos são permanentes. Cada um de nós confia no outro porque sabe que o outro

[1132] DIAS, Jorge de Figueiredo, *Direito Penal I*², 35º Cap., § 28 (itálicos do autor).

também desenvolve cuidados em ordem a proteger de perigos os restantes membros dessa comunidade. E cada um de nós confia que o outro desenvolverá tais cuidados porque o outro é um ser responsável. Em nosso modo de ver, a confiança não pode prescindir de uma ideia de responsabilidade. É neste cuidado para com o outro no âmbito de comunidades de perigos permanentes, em que intervêm sujeitos responsáveis, que se fundamenta o princípio da confiança.

O princípio da confiança, desonerando cada participante no tráfico do dever de contar com condutas descuidadas de terceiros, permite a cada um, no caso concreto, cumprir os demais deveres que sobre si impendem com a máxima atenção. Deste modo, garante-se uma maior efectividade na tutela dos bens jurídicos. A função do princípio da confiança é a protecção de bens jurídicos.

Com a afirmação do princípio da confiança amplia-se a liberdade de acção juridicamente reconhecida a cada sujeito e, concomitantemente, possibilita-se a realização de certas actividades socialmente valiosas, cujo desenvolvimento seria muito difícil ou até impossível se cada sujeito tivesse de contar em cada momento com condutas descuidadas de terceiros. Esta é a finalidade do princípio da confiança.

III. O princípio da confiança não tem uma actuação ilimitada – não se pode confiar sempre e em qualquer circunstância. Fala-se, a este propósito, dos limites do princípio da confiança.

O agente não pode confiar se houver razão concretamente fundada para pensar ou dever pensar que o terceiro não vai actuar ou não está a actuar de acordo com a norma de cuidado.

Não pode confiar também o agente sobre o qual impender um dever de evitar ou compensar a conduta incorrecta de um terceiro.

E, tem-se dito, não pode confiar o agente que se comporta em violação da norma de cuidado. A partir desta afirmação – não pode confiar o agente que se comporta em violação da norma de cuidado – não poderá concluir-se, porém, que se impute a um sujeito que actue em violação da norma qualquer resultado causalmente relacionado com a sua conduta descuidada.

IV. Somos, deste modo, levados a questionar se deverá equacionar-se a convocação do princípio da confiança quando o problema é o da imputação do resultado à conduta do agente. Perguntamos qual há-de ser, afinal, o enquadramento dogmático do princípio da confiança.

1. Com a moderna teoria da imputação objectiva, o dever objectivo de cuidado deixa de se conceber como um elemento do tipo de ilícito negligente: na realização de um tipo negligente tudo radicará em saber se o agente criou um risco não permitido e se esse risco se concretizou no resultado típico. Esta teoria assume os critérios tradicionalmente desenvolvidos na esfera do crime negligente para determinar o dever objectivo de cuidado, apresentando-os, porém, como critérios de imputação objectiva. O princípio da confiança é, assim, considerado um critério de imputação objectiva. Neste âmbito, o princípio da confiança é maioritariamente concebido como um critério de valoração da criação de um risco proibido; havendo quem o refira também como parâmetro de valoração da relação entre a conduta e o resultado.

2. Partilhamos da perspectiva que defende que no facto negligente se manifestam um tipo de ilícito e um tipo de culpa próprios, diferentes dos que se verificam no facto doloso. E, em nosso modo de ver, a doutrina do facto negligente não pode prescindir da categoria da violação do dever objectivo de cuidado. A violação do dever de cuidado surge como verdadeira essência do tipo de ilícito negligente, como qualidade da conduta, que a transforma em conduta típica.

Não negamos que o tipo de ilícito negligente seja integrado pela criação de um perigo não tolerado. Na verdade, a violação do dever objectivo de cuidado há-de pressupor a criação desse perigo: a conduta só violará o cuidado devido se superar o limite do risco permitido.

Deste modo, torna-se necessário compatibilizar a posição por nós adoptada com os critérios utilizados pela teoria da imputação objectiva: o primeiro requisito da imputação do resultado exigido pela teoria de imputação objectiva é, afinal, por nós considerado um critério da tipicidade da conduta.

Não se podendo dispensar a violação do dever objectivo de cuidado no plano da conduta típica – sob pena de se anular a liberdade individual –, resta, por isso, a possibilidade de, nos crimes negligentes, se prescindir da exigência da criação de um perigo desaprovado como elemento da doutrina da imputação do resultado.

Concluímos, então, que o juízo objectivo e normativo de desaprovação da conduta negligente, sendo um critério de determinação da tipicidade da conduta, deve ser subtraído do âmbito da teoria da imputação objectiva.

3. Sendo o princípio da confiança um princípio concretizador do dever objectivo de cuidado e sendo o dever objectivo de cuidado um elemento do tipo de ilícito dos crimes negligentes, fica claro que o âmbito de aplicação do princípio da confiança há-de ser, essencialmente, o dos crimes negligentes.

Sendo o princípio da confiança um princípio concretizador do dever objectivo de cuidado, ficam também afastadas as incertezas quanto a saber se o princípio da confiança será apenas um critério de valoração da conduta *ex ante* ou também um parâmetro de valoração da conduta *ex post*. Tal princípio surge como um princípio de determinação da conduta típica negligente (e não como um critério de imputação de resultados).

V. Com o caminho percorrido, fica também confirmada a imprescindibilidade do princípio da confiança na doutrina do facto negligente:

- um princípio que, fundamentado nos termos propostos, não se restringe a delimitar negativamente o dever objectivo de cuidado: ele manifesta-se como um princípio verdadeiramente *constitutivo* desse dever, no sentido de que faz do comportamento correcto dos *outros* o fundamento do comportamento apropriado de cada sujeito;
- um princípio que, nas situações em que os sujeitos se encontrem numa cadeia de relações de cuidado acrescido numa comunidade em que os perigos são permanentes, se afirma como critério independente de determinação da conduta típica negligente;
- um princípio que, nestas circunstâncias, não poderá deixar de ser considerado pelo realizador do direito de modo a proceder à completa valoração jurídico-penal da conduta e, assim, decidir judicativamente os casos da vida cuja resolução se lhe impõe.

BIBLIOGRAFIA

Referem-se apenas as obras citadas.

ABRALDES, Sandro, *Delito imprudente y principio de confianza*, Buenos Aires: Rubinzal - Culzoni Editores, 2010 (citado: *Delito imprudente*)

——, «Principio de confianza. La discusión actual sobre su naturaleza jurídico-penal y sus posibles aplicaciones», *RDP*, 1 (2010), p. 327-388

ABREU, Marcelino António, «O crime de especulação de preços - Previsto no artigo 35º do Decreto-Lei nº 28/84, de 20 de Janeiro (Comentário)», *ROA*, 4 (2012), p. 1423-1451

ALARCÃO, Rui de, *Direito das obrigações (Texto elaborado pelos Drs. J. Sousa Ribeiro, J. Sinde Monteiro, Almeno de Sá e J. C. Proença, com base nas lições do Prof. Dr. Rui de Alarcão ao 3º Ano Jurídico)*, Coimbra: Faculdade de Direito da Universidade de Coimbra - policopiado, 1983 (citado: *Direito das obrigações*)

ALMEIDA, Carlos Ferreira de, *Texto e enunciado na teoria do negócio jurídico*, vol. I, Coimbra: Almedina, 1992 (citado: *Texto e enunciado I*)

——, *Texto e enunciado na teoria do negócio jurídico*, vol. II, Coimbra: Almedina, 1992 (citado: *Texto e enunciado II*)

AMARAL, Maria Lúcia, «A protecção da confiança», *in*: *V Encontro de Professores Portugueses de Direito Público* (Carla Amado Gomes org.), Lisboa: Instituto de Ciências Jurídico-Políticas, 2012 (e-book acessível *on-line*), p. 21-29 (citado: *in*: *V Encontro Direito Público*)

ANARTE BORRALLO, Enrique, *Causalidad e imputación objetiva en derecho penal. Estructura, relaciones y perspectivas*, Huelva: Publicaciones Universidad de Huelva, 2002 (citado: *Causalidad*)

ANDRADE, José Carlos Vieira de, «Revogação do acto administrativo», *Direito e Justiça*, 6 (1992), p. 53-63

——, «Anotação ao Acórdão do STA, de 20 de Outubro de 2004», *RLJ*, 135 (2005), p. 50-62

——, *Lições de direito administrativo*, 3ª ed., Coimbra: Imprensa da Universidade de Coimbra, 2013 (citado: *Lições de direito administrativo*[3])

ANDRADE, Manuel da Costa, «A "dignidade penal" e a "carência de tutela penal" como referências de uma doutrina teleológico-racional», *RPCC*, 2 (1992), p. 173-205

——, *Liberdade de imprensa e inviolabilidade pessoal. Uma perspectiva jurídico-crimi-*

nal, Coimbra: Coimbra: Editora, 1996 (citado: *Liberdade de imprensa*)

——, «As lesões corporais (e a morte) no desporto», *in*: *Liber Discipulorum para Jorge de Figueiredo Dias*, Coimbra: Coimbra Editora, 2003, p. 675-720 (citado: *in*: *Liber Discipulorum Figueiredo Dias*)

——, *Consentimento e Acordo em Direito Penal (Contributo para a Fundamentação de um Paradigma Dualista)*, reimp., Coimbra: Coimbra Editora, 2004 (citado: *Consentimento*)

——, «Artigo 149º (Consentimento)», *in*: *Comentário Conimbricense do Código Penal. Parte Especial*, dirigido por Jorge de Figueiredo Dias, t. I, 2ª ed., Coimbra: Coimbra Editora, 2012, p. 420-456 (citado: *in*: *Comentário Conimbricense*[2], artigo 149º)

——, «Artigo 150º (Intervenções e tratamentos médico-cirúrgicos)», *in*: *Comentário Conimbricense do Código Penal. Parte Especial*, dirigido por Jorge de Figueiredo Dias, t. I, 2ª ed., Coimbra: Coimbra Editora, 2012, p. 457-475 (citado: *in*: *Comentário Conimbricense*[2], artigo 150º)

Antunes, Maria João, *Medida de segurança de internamento e facto de inimputável em razão de anomalia psíquica*, Coimbra: Coimbra Editora, 2001 (citado: *Medida de segurança de internamento*)

——, *Penas e Medidas de Segurança*, Coimbra: Almedina, 2017 (citado: *Penas e Medidas de Segurança*)

Ambrosetti, Fabio / Piccinelli, Marco / Piccinelli, Renato, *La responsabilità nel lavoro medico d'équipe. Profili penali e civili*, Torino: Utet, 2003 (citado: *La responsabilità*)

Arroyo Zapatero, Luis, *La protección penal de la Seguridad en el Trabajo*, Madrid: Servicio Social de Higiene y Seguridad del Trabajo, 1981 (citado: *Seguridad en el Trabajo*)

Ascensão, José de Oliveira, *Direito Civil. Teoria geral. Acções e factos jurídicos*, Vol. II, Coimbra: Coimbra Editora, 2003 (citado: *Direito Civil II*)

——, *O Direito. Introdução e teoria geral*, 13ª ed., Coimbra: Almedina, 2011 (citado: *O Direito*)

Asin Cardiel, Enrique, «La responsabilidad del trabajo in equipo», *in*: *Responsabilidad del personal sanitario*, Madrid: Mateu Cromo S.A., 1995, p. 353-361 (citado: *in*: *Responsabilidad del personal sanitario*)

Bar, Christian von, «Vertrauenshaftung ohne Vertrauen – Zur Prospekthaftung bei der Publikums-KG in der Rechtsprechung des BGH», *ZGR* 4 (1983), p. 476-512

Bauman, Zygmunt, *Confiança e Medo na Cidade*, Lisboa: Relógio d'Água, 2006 (citado: *Confiança*)

Baumann, Jürgen, «Zum Entwurf einer Straβenverkehrsordnung», *DAR*, 1966, p. 29-37

——, *Aufsätze und Vorträge zum Verkehrsstrafrecht*, Hamburg: Seidewinkel, 1969 (citado: *Verkehrsstrafrecht*)

Beleza, Teresa Pizarro, *Direito Penal*, 2º vol., reimp., Lisboa: AAFDL, 2010. (citado: *Direito Penal* 2)

Beling, Ernst, *Die Lehre vom Verbrechen*, Tübingen: Paul Siebeck, 1906 (citado: *Verbrechen*)

Bilancetti, Mauro, *La responsabilità penale e civile del medico*, 5ª ed, Milano: CEDAM, 2003 (citado: *La responsabilità penale*)

Binavince, Emilio, *Die vier Momente der Fahrlässigkeitsdelikte*, Bielefeld: Verlag Ernst und Werner Gieseking, 1969 (citado: *Fahrlässigkeitsdelikte*)

Binding, Karl, *Die Normen und ihre Übertretung, t. IV – Die Fahrlässigkeit*, Leipzig: Felix Meiner, 1919 (citado: *Die Normen IV*)

——, *Die Schuld im Deutschen Strafrecht. Vorsatz. Irrtum. Fahrlässigkeit*, Leipzig: Felix Meiner, 1919 (citado: *Die Schuld*)

Bisacci, Maria Chiara, «Il principio di affidamento quale formula sintetica del giudizio negativo in ordine alla prevedibilità – Cassazione, sez. IV penale, 26 maggio 2006, imp. C. M. e M. V.», *Indice Pen.*, 12, 1 (2009), p. 195-205

Bockelmann, Paul, «Blendung und Ermüdung als Fahrlässigkeitsprobleme», *in*: *Verkehrsstrafrechtliche Aufsätze und Vorträge*, Hamburg: Seidewinkel, 1967, p. 194-222. (citado: «Blendung und Ermüdung»)

——, «Die künftige Entwicklung des Verkehrsstrafrechts – Hoffnungen und Befürchtungen», *in*: *Verkehrsstrafrechtliche Aufsätze und Vorträge*, Hamburg: Seidewinkel, 1967, p. 87-115 (citado: «Die künftige Entwicklung»)

——, *Strafrecht des Arztes*, Stuttgart: Georg Thieme Verlag, 1968 (citado: *Strafrecht des Arztes*)

Böhmer, Emil, «Der Vertrauensgrundsatz im Straβenverkehr in der Rechtsprechung», *JR* (1967), p. 291-293

——, «Die zivil- und strafrechtliche Rechtsprechung zum Verkehrsrecht», *JZ* (1975), p. 169-171

Bohnert, Joachim, «Das Bestimmtheitserfordernis im Fahrlässigkeitstatbestand», *ZStW*, 94 (1982), p. 68-83

Brandão, Nuno, *Justificação e desculpa por obediência em direito penal*, Coimbra: Coimbra Editora, 2006 (citado: *Justificação e desculpa*)

Brinkmann, Bernhard, *Der Vertrauensgrundsatz als eine Regel der Erfahrung. Eine Untersuchung am Beispiel des Lebensmittelstrafrechts*, Berlin: Duncker & Humblot, 1996 (citado: *Vertrauensgrundsatz*)

Brito, Ana Bárbara Sousa, *A Negligência Inconsciente: entre a Dogmática Penal e a Neurociência*, Coimbra: Almedina, 2015 (citado: *A Negligência Inconsciente*)

Bronze, Fernando José, *A metodonomologia entre a semelhança e a diferença. (Reflexão problematizante dos pólos da radical matriz analógica do discurso jurídico)*, BFD (Stvdia Ivuridica 3), Coimbra: Coimbra Editora, 1994 (citado: *Metodonomologia*)

——, *Lições de Introdução ao Direito*, 2ª ed., Coimbra: Coimbra Editora, 2006 (citado: *Introdução ao Direito*[2])

Brose, Johannes, «Aufgabenteilung im Gesundheitswesen. Horizontale und verticale Arbeitsteilung auf klinischer und präklinischer Ebene», *in*: *Medizinstrafrecht. Im Spanungsfeld von Medizin, Ethik und Strafrecht*, (Hrg. Claus Roxin / Ulrich Schroth), 2. Auf., Stuttgard: Richard Boorberg Verlag, 2001 (citado: *in*: *Medizinstrafrecht*)

Burgstaller, Manfred, *Das Fahrlässigkeitsdelikt im Strafrecht*, Wien: Manz, 1974 (citado: *Fahrlässigkeitsdelikt*)

——, «Erfolgszurechnung bei nachträglichem Fehlverhalten eines Dritten oder des Verletzten selbst», *in*: *Festschrift für Hans-Heinrich Jescheck zum 70. Geburtstag*, Berlin: Duncker & Humblot, 1985, p. 357-375 (citado: *in*: *Fest. Jescheck*)

——, «Kommentierung zu § 6 StGB», *in*: *Wiener Kommentar zum Strafgesetzbuch*, 2. Auf., Wien: Manzsche Verlags – und Universitatsbuchhandlung, 2001 (citado: *in*: *WK*[2])

Burkhardt, Björn, «Tatbestandsmäßiges Verhalten und ex-ante-Betrachtung – Zugleich ein Beitrag wider die „Verwirrung zwischen dem Subjektiven und dem Objektivem», *in*: *Straftat, Strafzumessung und Strafprozeß im gesamten Strafrechtssystem*, Heidelberg: Müller, 1996, p. 99-134 (citado *in*: *Strafrechtssystem*)

CAEIRO, Pedro / SANTOS, Cláudia, «Negligência inconsciente e pluralidade de eventos (Acórdão da RC de 6 de Abril de 1995)», *RPCC*, 6, (1996), p. 127-142

CANARIS, Claus-Wilhelm, *Die Vertrauenshaftung im deutschen Privatrecht*, München: Beck, 1971(citado: *Vertrauenshaftung*)

CANCIO MELIÁ, Manuel, *Conducta de la víctima e imputación objetiva en derecho penal. Estudio sobre los ámbitos de responsabilidad de víctima y autor en actividades arriesgadas*, Barcelona: J. M. Bosch Editor, 2001 (citado: *Conducta de la víctima*)

CANOTILHO, J. J. Gomes, *Direito Constitucional e Teoria da Constituição*, 7ª ed., Coimbra: Almedina, 2003 (citado: *Direito Constitucional*[7])

——, «Princípios. Entre a sabedoria e a aprendizagem», *BFD*, 82 (2006), p. 1-14 (republicado *in*: *BFD*, *Ars Ivdicandi. Estudos em Homenagem ao Prof. Doutor António Castanheira Neves*, vol. I, Coimbra: Coimbra Editora, 2008, p. 375-387)

CARSTENSEN, G., «Arbeitsteilung und Verantwortung aus der Sicht der Chirurgie», *Langenbecks Arch. Chir.*, 335 (1981), p. 571-573

CARVALHO, Américo Taipa de, *A legítima defesa*, Coimbra: Coimbra editora, 1995 (citado: *A legítima defesa*)

——, *Direito Penal. Parte Geral. Questões Fundamentais. Teoria Geral do Crime*, 2ª ed., Coimbra: Coimbra Editora, 2011 (citado: *Direito Penal*[2])

CASTALDO, Andrea, *"Non intelligere, quod omnes intelligunt". Objecktive Zurechnung und Maßstab der Sorgfaltswidrigkeit beim Fahrlässigkeitsdelikt*, München: VVF, 1992 (citado: *Non intelligere*)

CEREZO MIR, José, «El tipo de injusto de los delitos de acción culposos», *ADPCP*, 36 (1983), p. 471-504

——, *Curso de Derecho Penal Español. Parte General II. Teoría jurídica del delito*, 6ª ed. (3ª reimp.), Madrid: Tecnos, 2001 (citado: *Parte General II*[6])

CHOCLÁN MONTALVO, J. Antonio, *Deber de cuidado y delito imprudente*, Barcelona: J. M. Bosch Editor, 1998 (citado: *Deber de cuidado*)

CIACCHI, Aurelia Colombi, *Fahrlässigkeit und Tatbestandsbestimmtheit*, Köln: Heymans, 2005 (citado: *Fahrlässigkeit*)

CLAUβ, Karl, «Vertrauen zum „Vertrauensgrundsatz"?», *JR*, 1964, p. 207-210

COBO DEL ROSAL, Manuel / VIVES ANTÓN, Tomás S., *Derecho Penal. Parte General*, 5ª ed., Valencia: Tirant lo Blanch, 1999 (citado: *Derecho Penal*[5])

CORCOY BIDASOLO, Mirentxu, *El delito imprudente. Criterios de imputación del resultado*, Barcelona: PPU, 1989 (citado: *Delito imprudente*)

——, «Delitos laborales. Ámbito y eficacia de la protección penal de los derechos de los trabajadores», *in*: *Derecho Penal Económico. Cuadernos de Derecho Judicial*, Madrid: Consejo General del Poder Judicial, 2003, p. 87-128 (citado: *in*: *Derecho Penal Económico*)

CORDEIRO, Menezes, *Da Boa Fé no Direito Civil*, vol. I, Coimbra: Almedina, 1984 (citado: *Boa Fé*, I)

——, *Da Boa Fé no Direito Civil*, vol. II, Coimbra: Almedina, 1984 citado: *Boa Fé*, II)

CÓRDOBA RODA, Juan, *El conocimiento de la antijuridicidad en la teoria del delito*, Barcelona: Bosch, 1962 (citado: *El conocimiento de la antijuridicidad*)

CORREIA, Eduardo, *Direito Criminal – Lições ao Curso do 4º ano jurídico* (coligidas por Pereira Coelho e Rosado Coutinho), 1949 (citado: *Lições ao Curso do 4º ano*)

——, «Les problèmes posés, en droit pénal moderne, par le développement des infractions non intentionnelles (par faute)», *BMJ*, 109 (1961), p. 19-32

——, *A Teoria do Concurso em Direito Criminal*, 2ª reimp., Coimbra: Almedina, 1996 (citado: *A Teoria do Concurso*)

——, *Direito Criminal I* (com a colaboração de Figueiredo Dias), reimp., Coimbra: Almedina, 1999 (citado: *Direito Criminal I*)

——, *Direito Criminal II* (com a colaboração de Figueiredo Dias), reimp., Coimbra: Almedina, 2004 (citado: *Direito Criminal II*)

COSTA, António Manuel de Almeida, *Ilícito Pessoal, Imputação Objectiva e Comparticipação em Direito Penal*, Coimbra: Almedina, 2014 (citado: *Comparticipação*)

COSTA, José de Faria, «Aspectos fundamentais da problemática da responsabilidade objectiva no direito penal português», *in*: *BFD, Estudos em Homenagem ao Prof. Doutor J. J. Teixeira Ribeiro, III, núm. especial*, 1983, p. 351-405 (citado: *BFD, Estudos Teixeira Ribeiro, III*)

——, «As definições legais de dolo e de negligência enquanto problema de aplicação e interpretação das normas definitórias em direito penal», *BFD*, 69 (1993), p. 361-386

——, *O perigo em direito penal (contributo para a sua fundamentação e compreensão dogmáticas)*, reimp., Coimbra: Coimbra Editora, 2000 (citado: *Perigo*)

——, «Ilícito-típico, resultado e hermenêutica (ou o retorno à limpidez do essencial)», *RPCC*, 12 (2002), p. 7-23

——, *Direito Penal Especial. Contributo a uma sistematização de problemas "especiais" da Parte Especial*, Coimbra: Cimbra Editora, 2004 (citado: *Direito Penal Especial*)

——, «Uma ponte entre o direito penal e a filosofia penal: lugar de encontro sobre o sentido da pena», *in*: *Linhas de direito penal e de filosofia: alguns cruzamentos*, Coimbra: Coimbra Editora, 2005, p. 205-236 (citado: «Uma ponte entre o direito penal e a filosofia penal»)

——, «Em redor da noção de acto médico», *RLJ*, 138 (2009), p. 126-137

——, «O uno, o múltiplo e os crimes negligentes – Anotação ao Acórdão do STJ, de 13 de Julho de 2011», *RLJ*, 141 (2011), p. 18-68

——, «Sobre o objecto de protecção do direito penal: o lugar do bem jurídico na doutrina de um direito penal não iliberal», *RLJ*, 142 (2013), p. 158-173

——, *Direito Penal*, Lisboa: Imprensa Nacional-Casa da Moeda, 2017 (Citado: *Direito Penal*)

COSTA, Mário Júlio de Almeida, *Direito das Obrigações*, 12ª ed., Coimbra: Almedina, 2011 (citado: *Direito das Obrigações*)

CRAMER, Peter, *Straßenverkehsrecht, Band I, StVO – StGB, Kommentar*, 2. Auf., München: Verlag Franz Vahlen, 1977 (citado: *Straßenverkehsrecht*²)

CRAMER, Peter / STERNBERG-LIEBEN, Detlev, «Kommentierung zu § 15 StGB», *in:* Schönke / Schröder, *Strafgesetzbuch Kommentar*, 27. Auf., München: C. H. Beck, 2006, § 15 (citado: *in*: SCH / SCH²⁷)

CRESPI, Alberto, *La responsabilità penale nel trattamento medico-chirurgico con esito infausto*, Palermo: G. Priulla Editore, 1955 (citado: *Responsabilità penale*)

CRUZ, Ana Palmira, *A negligência punível nos tratamentos médico-cirúrgicos desenvolvidos por uma equipa* (Dissertação de Mestrado em Ciências Jurídico-Criminais, FDUC), Coimbra, 2003 (citado: *A negligência punível*)

CUNHA, José Manuel Damião da, *O caso julgado parcial. Questão da culpabilidade e questão da sanção num processo de estrutura acusatória*, Porto: Universidade Católica, 2002 (citado: *Caso julgado*)

CUNHA, Maria da Conceição Ferreira da, «Algumas considerações sobre a responsabilidade penal médica por omissão», *in*: *Liber Discipulorum para Jorge de*

Figueiredo Dias, Coimbra: Coimbra Editora, 2003, p. 809-854 (citado: *in*: *Liber Discipulorum Figueiredo Dias*)

DAHM, Georg, «Der Methodenstreit in der heutigen Strafrechtswissenschaft», *ZStW*, 57 (1938), p. 225-294

DELITALA, Giacomo, *Il "fatto" nella teoria generale del reato*, Padova: CEDAM, 1930 (citado: *Il "fatto"*)

DEUTSCH, Erwin, *Fahrlässigkeit und erforderliche Sorgfalt*, Köln: Carl Heymanns Verlag, 1995 (citado: *Fahrlässigkeit*)

DIAS, Augusto Silva, *Protecção Jurídico-Penal de Interesses dos Consumidores*, IDPEE (policopiado), Coimbra, 2001 (citado: *Interesses dos Consumidores*)

——, *"Delicta in se" e "Delicta Mere Prohibita". Uma Análise das Descontinuidades do Ilícito Penal Moderno à Luz da Reconstrução de uma Distinção Clássica*, Coimbra: Coimbra Editora, 2008. (citado: *Delicta in se*)

DIAS, João Álvaro, *Procriação assistida e responsabilidade médica*, BFD (Stvdia Ivridica 21), Coimbra: Coimbra Editora, 1996 (citado: *Procriação assistida*)

DIAS, Jorge de Figueiredo, *Responsabilidade pelo resultado e crimes preterintencionais*, ed. policopiada, Coimbra, 1961 (citado: *Responsabilidade pelo resultado*)

——, *Direito Penal, Sumários e notas das Lições do Prof. Doutor Jorge de Figueiredo Dias ao 1º Ano do Curso Complementar de Ciências Jurídicas da Faculdade de Direito de 1975-1976*, Coimbra: FDUC, 1976 (citado: *Direito Penal, Lições de 1975-1976*)

——, «Pressupostos da punição e causas que excluem a ilicitude e a culpa», *in*: *Jornadas de Direito Criminal. O novo Código Penal Português e Legislação Complementar*, CEJ, 1983, p. 39-83 (citado: *in*: *Jornadas de Direito Criminal*)

——, «Sobre o estado actual da doutrina do crime, 1ª Parte – Sobre os fundamentos da doutrina e a construção do tipo-de-ilícito», *RPCC*, 1 (1991), p. 9-53

——, «Sobre o estado actual da doutrina do crime, 2ª Parte – Sobre a construção do tipo-de-culpa e os restantes pressupostos da punibilidade», *RPCC*, 2 (1992), p. 7-44

——, *Direito Penal Português. Parte Geral II. As Consequências Jurídicas do Crime*, Lisboa: Aequitas – Editorial Notícias, 1993 (citado: *Direito Penal II*)

——, *Liberdade, Culpa, Direito Penal*, 3ª ed., Coimbra: Coimbra Editora, 1995 (citado: *Liberdade*)

——, *O problema da consciência da ilicitude em direito penal*, 5ª ed., Coimbra: Coimbra Editora, 2000 (citado: *O problema*)

——, *Temas básicos da doutrina penal*, Coimbra: Coimbra Editora, 2001 (citado: *Temas básicos*)

——, «Velhos e novos problemas da doutrina da negligência em direito penal», *in*: *Estudos dedicados ao Prof. Doutor Mário Júlio de Almeida Costa*, Lisboa: Universidade Católica Editora, 2002 (citado: *in*: *Estudos Almeida Costa*)

——, *Direito Penal. Parte Geral I*, Coimbra: Coimbra Editora, 2004 (citado: *Direito Penal I*)

——, *Direito Penal. Parte Geral I*, 2ª ed., Coimbra: Coimbra Editora, 2007 (citado: *Direito Penal I²*)

——, "O 'Direito Penal do Bem Jurídico' como Princípio Jurídico-Constitucional", *in*: *XXV Anos de Jurisprudência Constitucional Portuguesa*, Coimbra: Coimbra Editora, 2009, p. 31-46 (citado: *in*: *XXV Anos de Jurisprudência Constitucional*)

——, «Sobre o Sistema do Facto Punível», *in*: *Estudos em Homenagem a António Barbosa de Melo*, Coimbra: Almedina, 2013, p. 405-421 (citado: *in*: *Estudos Barbosa de Melo*)

DIAS, Jorge de Figueiredo / BRANDÃO, Nuno, «Artigo 137º (Homicídio por negligência)», *in*: *Comentário Conimbricense do Código Penal. Parte Especial*, dirigido por Jorge de Figueiredo Dias, t. I, 2ª ed., Coimbra: Coimbra Editora, 2012 (citado: *in*: *Comentário Conimbricense*², artigo 137º)

DIEL, Katja, *Das Regreßverbot als allgemaine Tatbestandsgrenze im Strafrecht*, Frankfurt: Peter Lang, 1997 (citado: *Das Regreßverbot*)

DUTTGE, Gunnar, *Zur Bestimmtheit des Handlungsunwerts von Fahrlässigkeitsdelikten*, Tübingen: Mohr Siebeck, 2001 (citado: *Fahrlässigkeitsdelikte*)

——, «Ein neuer Begriff der strafrechtlichen Fahrlässigkeit. Erwiderung auf Rolf D. Herzberg GA 2001, 568 ff.», *GA* (2003), p. 451-468

——, «Die Kunst, Recht zu behalten – oder: über die Redlichkeit im juristischen Diskurs – am Beispiel von Herzberg, NStZ 2004, 593 ff. und 660 ff.», *NStZ* (2005), p. 243-245

——, «Arbeitsteilige Medizin zwischen Vertrauen und strafbarer Fahrlässigkeit», *ZIS*, 5 (2011), p. 349-353

——, «Kommentierung zu § 15 StGB», *in*: *Münchener Kommentar. Strafgesetzbuch*, 1, 2. Auf., München: Beck, 2011 (citado: *in*: *MK*²)

EBERT, Udo / KÜHL, Kristian, «Kausalität und objektive Zurechnung», *Jura*, 11 (1979), p. 561-576

ENDRESS, Martin, *Vertrauen*, Bielefield: transcript Verl., 2002 (citado: *Vertrauen*)

ENGISCH, Karl, *Untersuchungen über Vorsatz und Fahrlässigkeit im Strafrecht*, Berlin: Verlag von Otto Liebmann, 1930 (citado: *Vorsatz und Fahrlässigkeit*)

——, *Die Kausalität als Merkmal der strafrechtlichen Tatbeständen*, Tübingen: Mohr, 1931 (citado: *Kausalität*)

——, *Die Einheit der Rechtsordnung*, Heidelberg: Winter, 1935 (citado: *Die Einheit*)

——, «Die Haftung des operierenden Chirurgen nach den §§ 222, 230 StGB für Fehler der Operationsschwester», *Langenbecks Arch. klin. Chir.*, 288 (1958), p. 573-589

——, «Der Unrechtstatbestand im Strafrecht. Eine kritische Betrachtung zum heutigen Stand der Lehre von der Rechtswidrigkeit im Strafrecht», *in*: *Hundert Jahre deutsches Rechtsleben. Festschrift zum hundertjährigen Bestehen des deutschen Juristentages, 1860-1960, vol. I*, Karlsruhe: Verlag C. F. Müller, 1960, p. 401-437 (citado: *in*: *Fest. deutschen Juristentag*)

——, «Wie ist die Verantwortlichkeit des Chirurgen im Verhältniss zur Verantwortlichkeit des Anaesthesisten bei ärztlichen Operationen zu bestimmen und zu begrenzen?», *Langenbecks Arch. klin. Chir.*, 297 (1961), p. 236-254

ESER, Albin, «Medizin und Strafrecht: Eine schutzgutorientierte Problemübersicht», *ZStW*, 97 (1985), p. 1-46

ESSER, Josef / SCHMIDT, Eike, *Schuldrecht: ein Lehrbuch, Band 1: Allgemeiner Teil, Teilband 1*, 8. Aufl., Heidelberg: C.F. Müller Verlag, 1995 (citado: *Schuldrecht I, 1*)

——, *Schuldrecht: ein Lehrbuch, Band 1: Allgemeiner Teil, Teilband 2*, 8. Aufl., Heidelberg: C.F. Müller Verlag, 2000 (citado: *Schuldrecht I, 2*)

EXNER, Franz, *Das Wesen der Fahrlässigkeit*, Leipzig: Franz Deuticke, 1910 (citado: *Fahrlässigkeit*)

——, «Fahrlässiges Zusammenwirken», *in*: *Festgabe für Reinhard von Frank zum 70. Geburtstag*, Band I, Tübingen: Verlag von J. C. B. Mohr, 1930, p. 569-597 (citado: *in*: *Fest. Reinhard von Frank*)

FARIA, Paula Ribeiro de, *A adequação social da conduta no direito penal – ou o valor dos sentidos sociais na interpretação da lei penal*, Porto: Publicações da Universidade Católica, 2005 (citado: *Adequação social*)

——, «Sobre a individualização da medida de cuidado no âmbito do ilícito negligente», *in: BFD, Ars Ivdicandi. Estudos em Homenagem ao Prof. Doutor António Castanheira Neves*, vol. III, Coimbra: Coimbra Editora, 2008, p. 701-736 (citado: *in: BFD, Estudos Castanheira Neves III*)

——, «O risco penalmente relevante – uma tarefa de interpretação da norma penal», *in*: *Estudos em homenagem ao Prof. Doutor Jorge de Figueiredo Dias*, vol. II, Coimbra: Coimbra Editora, 2009, p. 371-415 (citado: *in*: *Estudos Figueiredo Dias II*)

——, «O Erro em Medicina e o Direito Penal», *Lex Medicinae – Revista Portuguesa de Direito da Saúde*, 14 (2010), p. 5-31

——, «Artigo 148º (Ofensa à integridade física por negligência)», *in*: *Comentário Conimbricense do Código Penal. Parte Especial*, dirigido por Jorge de Figueiredo Dias, t. I, 2ª ed., Coimbra: Coimbra Editora, 2012 (citado: *in*: *Comentário Conimbricense*[2], artigo 148º)

——, *Formas Especiais do Crime*, Porto: Universidade Católica Editora, 2017 (citado: *Formas Especiais do Crime*)

FARINHA, Luís Pereira, «O Código da Estrada de 1928», *in*: *Autoridade Nacional de Segurança Rodoviária* (disponível *in*: *www.ansr.pt*) (citado: *in*: *Autoridade Nacional de Segurança Rodoviária*)

FEIJOO SÁNCHEZ, Bernardo, *Homicidio y lesiones imprudentes: requisitos y límites materiales*, Zaragoza: Editorial EDIJUS, 1999 (citado: *Homicidio y lesiones imprudentes*)

——, «El principio de confianza como criterio normativo de imputación en el derecho penal: fundamento y consecuencias dogmáticas», *DPC*, 69 (2000), p. 37-76

——, *Resultado lesivo e imprudencia. Estudio sobre los límites de la responsabilidad penal por imprudencia y el criterio del "fin de protección de la norma de cuidado"*, Barcelona: José María Bosch, 2001 (citado: *Resultado lesivo*)

——, *Derecho penal de la empresa e imputación objetiva*, Madrid: Editorial Reus, 2007 (citado: *Derecho penal de la empresa*)

——, «Autoria e participação em organizações empresariais complexas», (trad. Vânia Costa Ramos; revisão Augusto Silva Dias), *in: Direito penal económico e financeiro: conferências do curso pós-graduado de aperfeiçoamento*, Coimbra: Coimbra Editora, 2012, p. 307-327 [originariamente publicado como «Autoría e participación en organizaciones empresariais complejas», *in: Cuestiones actuales de Derecho Penal Económico*, Montevideo: B de F, 2009, p. 1-48] (citado: *in: Direito penal económico e financeiro*)

FERREIRA, Cavaleiro de, *Lições de Direito Penal. Parte Geral I. A Lei Penal e a Teoria do Crime no Código Penal de 1982*, 4ª ed., Lisboa: Verbo, 1992 (citado: *Lições de Direito Penal I*)

FIANDACA, Giovanni / MUSCO, Enzo, *Diritto Penale. Parte Generale*, 7ª ed., Bologna: Zanichelli Editore, 2014 (citado: *Diritto Penale*[7])

FIDALGO, Sónia, *Responsabilidade Penal por Negligência no Exercício da Medicina em Equipa*, Coimbra: Coimbra Editora, 2008 (citado: *Responsabilidade Penal por Negligência*)

——, «Responsabilidade penal no exercício da medicina em equipa: o princípio da confiança e o princípio da divisão do trabalho», *in*: *Estudos em Homenagem ao Prof. Doutor Jorge de Figueiredo Dias*, vol. II, Coimbra: Coimbra Editora, 2009, p. 417-435 (citado: *in*: *Estudos Figueiredo Dias II*)

——, «Responsabilidade penal do médico interno e do orientador de formação», in: *Direito penal. Fundamentos dogmáticos e político-criminais. Homenagem ao Prof. Peter Hünerfeld*, Coimbra: Coimbra Editora, 2013, p. 975-994 (citado: *in: Direito penal*)

——, «Teamwork and patient safety: is the surgeon the captain of the ship?», *Lex Medicinae – Revista Portuguesa de Direito da Saúde*, IV EAHL Conference, nº especial (2013), p. 153-163

——, «A violação do dever objectivo de cuidado como essência do ilítico típico negligente», *in: Estudos em Homenagem ao Prof. Doutor Manuel da Costa Andrade*, vol. I, Universidade de Coimbra: Instituto Jurídico, 2017, p. 589-605 (citado: *in: Estudos Costa Andrade I*)

FORCHIELLI, Paolo, «Intorno alla responsabilità senza colpa», *Riv. Trim. Dir. Proc. Civ.*, 21 (1967), p. 1378-1397

FORTI, Gabrio, *Colpa ed evento nel diritto penale*, Milano: Giuffrè, 1990 (citado: *Colpa ed evento*)

FRADA, M. A. Carneiro da, *Teoria da Confiança e Responsabilidade Civil*, Coimbra: Almedina, 2004 (citado: *Teoria da Confiança*)

FRANK, Reinhard, *Das Strafgesetzbuch für das Deutsche Reich nebst dem Einführungsgesetz*, 17. Auf., Tübingen: Paul Siebeck, 1926 (citado: *Strafgesetzbuch*[17])

FREUND, Georg, «Vorbemerkungen zu den §§ 13 ff. StGB», *in: Münchener Kommentar. Strafgesetzbuch*, 1, 2. Auf., München: Beck, 2011 (citado: *in: MK*[2])

FRISCH, Wolfgang, *Vorsatz und Risiko. Grundfragen des tatbestandsmässigen Verhaltens und des Vorsatzes. Zugleich ein Beitrag zur Behandlung aussertatbestandlicher Möglichkeitsvorstellungen*, Köln: Carl Heymans Verlag, 1983 (citado: *Vorsatz und Risiko*)

——, «Recensão: *Schumann, Heribert*, Strafrechtliches Handlungsunrecht und das Prinzip der Selbstverantwortung der Anderen», *JZ*, 1988, p. 655

——, *Tatbestandsmäßiges Verhalten und Zurechnung des Erfolgs*, Heidelberg: C. F. Müller, 1988 (citado: *Tatbestandsmäßiges Verhalten*)

——, *Tipo penal e imputación objetiva* (trad. Ventura Püschel, Jaén Vallejo, Cancio Meliá, Reyes Alvarado, Pérez del Valle, De la Gándara Vallejo), Madrid: Colex, 1995 (citado: *Tipo penal e imputación*)

——, «Straftat und Straftatsystem», *in: Straftat, Strafzumessung und Strafprozeß im gesamten Strafrechtssystem*, Heidelberg: Müller, 1996, p. 135-211 (citado: *in: Strafrechtssystem*)

——, «La imputación objetiva: estado de la questión», (trad. Robles Planas), *in: Sobre el estado de la teoría del delito (Seminario en la Universitat Pompeu Fabra)*, Madrid: Civitas, 2000, p. 21-67 (citado: *in: Sobre el estado de la teoría del delito*)

——, «Faszinierendes, Berechtigtes und Problematisches der Lehre von der objektiven Zurechnung des Erfolgs», *in: Festschrift für Claus Roxin zum 70. Geburtstag*, Berlim: Walter de Gruyter, 2001, p. 213-237 (citado: *in: Fest. Claus Roxin*)

FRISCH, Wolfgang / ROBLES PLANAS, Ricardo, *Desvalorar e imputar. Sobre la imputación objetiva en Derecho penal*, Buenos Aires: B de F, 2006 (citado: *Desvalorar e imputar*)

GALLAS, Wilhelm, «Zur Kritik der Lehre vom Verbrechen als Rechtsgutverletzung», *in: Festschrift zum 60. Geburtstag von Graf W. Gleispach*, Berlin: Walter de Gruyter, 1936, p. 50-69 (citado: *in: Fest. Graf W. Gleispach*)

——, «Zum gegenwärtigen Stand der Lehre vom Verbrechen», *ZStW*, 67 (1955), p. 1-47

——, *Die strafrechtliche Verantwortlichkeit der am Bau Beteiligten – unter besonderer Berücksichtigung des "verantwortli-*

chen Bauleiters", Heidelberg: Recht und Wirtschaft, 1964 (citado: *Die strafrechtliche Verantwortlichkeit*)

——, «Zur Struktur des strafrechtlichen Unrechtsbegriffs», *in*: *Festschrift für Paul Bockelmann zum 70. Geburtstag*, München: Beck, 1979, p. 155-179 (citado: *in*: *Fest. Bockelmann*)

GAMBETTA, Diego, «Can We Trust Trust», *in*: *Trust: Making and Breaking Cooperative Relations* (Gambetta, Diego ed.), 2000, p. 213-237 (citado: *in: Trust*)

GARCÍA RIVAS, Nicolás, «La libertad vigilada y el derecho penal de la peligrosidad», *in*: *Derecho Penal* (*in*: *http://app.vlex.com*), 2013, p. 137-167 (citado: *in*: *Derecho Penal*)

GIDDENS, Anthony, *As consequências da modernidade* (trad. Fernando Machado, Maria Manuela Rocha), 4ª ed., Oeiras: Celta, 1998 (citado: *Modernidade*)

GIL GIL, Alicia, *El Delito Imprudente. Fundamentos para la Determinación de lo Injusto Imprudente en los Delitos Activos de Resultado*, Barcelona: Atelier, 2007 (citado: *Delito Imprudente*)

GIMBERNAT ORDEIG, Enrique, «Infracción del deber de diligencia y fin de la norma en los delitos culposos», *RDCirc*, 1965, p. 593-602 e p. 673-684

——, *Delitos cualificados por el resultado y causalidad*, Madrid: Reus, 1966 (citado: *Delitos cualificados por el resultado*)

——, «Imputación objetiva y conducta de la víctima», *ADPCP*, 2005, p. 733-806

GOMES, Carla Amado, «Tempo e revogação no Direito Administrativo: *les jeux sont faits?*», *in*: *V Encontro de Professores Portugueses de Direito Público* (Carla Amado Gomes org.), Lisboa: Instituto de Ciências Jurídico-Políticas, 2012 (e-book acessível *on-line*), p. 45-63 (citado: *in*: *V Encontro Direito Público*)

GÓMEZ PAVÓN, Pilar, *Tratamientos médicos: su responsabilidad civil y penal*, Barcelona: Editorial Bosch, S. A., 2004 (citado: *Tratamientos médicos*)

GÓMEZ RIVERO, M. Cármen, *La responsabilidad penal del médico*, 2ª ed., Valencia: Tirant lo Blanch, 2008 (citado: *Responsabilidad*²)

GÖSSEL, Karl Heinz, «Velhos e novos caminhos da doutrina da negligência», (tradução de Almeida Costa), *BFD*, 59 (1983), p. 213-239

GRAÇA, Luís, «Profissões de saúde: especialização técnica, diferenciação social», 2000, *in*: *www.ensp.unl.pt/luis.graca/textos105.html* (citado: «Profissões de saúde»)

GÜLDE, Hermann, «Auf dem Wege zu einem nationalsozialistischen Straβenverkehrsrecht», *JW*, 1935, p. 1464-1468

——, «Vom Vertrauen der Verkehrsteilnehmer auf das verkehrsmäβige Verhalten der anderen», *JW*, 1936, p. 423-425

——, «Der Vertrauensgrundsatz als Leitgedanke des Straβenverkehrsrechts», *JW*, 1938, p. 2785-2790

——, «Der Vertrauensgrundsatz im Straβenverkehrsrecht als Element der Verkehrssicherheit», *ZVerkS*, 1952, p. 258-267

HANNES, Miriam, *Der Vertrauensgrundsatz bei arbeitsteiligen Verhalten*, Aachen: Shaker Verlag, 2002 (citado: *Der Vertrauensgrundsatz*)

HARDTUNG, Bernard, «Kommentierung zu § 222 StGB», *in*: *Münchener Kommentar. Strafgesetzbuch*, 4, 2. Auf., München: Beck, 2012 (citado: *in*: *MK*²)

HARDWIG, Werner, «Pflichtirrtum, Vorsatz und Fahrlässigkeit», *ZStW* (1966), p. 1-29

HAVA GARCIA, Esther, *La imprudencia médica*, Valencia: Tirant lo Blanch, 2001 (citado: *La imprudencia*)

HEIERLI, Matthias, *Die Bedeutung des Vertrauensprinzips im Strassenverkehr und für das Fahrlässigkeitsdelikt*, Zürich: Schulthess Polygraphischer Verlag, 1996 (citado: *Die Bedeutung des Vertrauensprinzips*)

HERZBERG, Rolf Dietrich, *Die Verantwortung für Arbeitsschutz und Unfallverhütung im Betrieb*, Köln: Carl Heymanns, 1984 (citado: *Die Verantwortung für Arbeitsschutz*)

——, «Vorsatz und erlaubtes Risiko – insbesondere bei der Verfolgung Unschuldiger (§ 344 StGB), *JR*, 1 (1986), p. 6 -10

——, «Ein neuer Begriff der strafrechtlichen Fahrlässigkeit», *GA* (2001), p. 568-582

——, «Grundprobleme der deliktischen Fahrlässigkeit im Spiegel des Münchener Kommentars zum Strafgesetzbuch», *NStZ* (2004), p. 593-600 (1. Teil), p. 660-668 (2. Teil)

——, «Die Fahrlässigkeit als Deliktsvoraussetzung und das Bestimmtheitsgebot (Art. 103 Abs. 2 GG)», *ZIS* 5 (2011), p. 444-452

HILGENDORF, Eric, «Wozu brauchen wir die „Objektive Zurechnung"? Skeptische Überlegungen am Beispiel der Strafrechtlichen Produkthaftung», *in*: *Festschrift für Ulrich Weber*, p. 33-48, Bielefeld: Gieseking Verlag, 2004. (citado: *in*: *Fest. Ulrich Weber*)

HIPPEL, Robert von, «Vorsatz, Fahrlässigkeit, Irrtum», *in*: *Vergleichende Darstellung des deutschen und ausländischen Strafrechts. Vorarbeiten zur deutschen Strafrechtsreform. Allgemeiner Teil. Band III*, Berlin: Otto Liebmann, 1908 (citado: *in*: *Vergleichende Darstellung*)

——, *Deutsches Strafrecht. Das Verbrechen. Allgemeine Lehren, Band II*, Berlin: Springer, 1930 (citado: *Deutsches Strafrecht II*)

——, *Lehrbuch des Strafrechts*, Berlin: Springer, 1932 (citado: *Lehrbuch*)

HIRSCH, Hans Joachim, «Der Streit um Handlungs- und Unrechtslehre, insbesondere im Spiegel der Zeitschrift für die gesamte Strafrechtswissenschaft (Teil I)», *ZStW*, 93 (1981), p. 831-863

——, «Der Streit um Handlungs- und Unrechtslehre, insbesondere im Spiegel der Zeitschrift für die gesamte Strafrechtswissenschaft (Teil II)», *ZStW*, 94 (1982), p. 239-278

——, «Gibt es eine national unabhängige Strafrechtswissenschaft?», *in*: *Festschrift für Günter Spendel zum 70. Geburtstag*, Berlin: Duncker & Humblot, 1992, p. 43-58 (citado: *in*: *Fest. Spendel*)

——, «Zur Lehre von der objektiven Zurechnung», *in*: *Festschrift für Theodor Lenckner zum 70. Geburtstag*, München: Beck, 1998, p. 119-142 (citado: *in*: *Fest. Theodor Lenckner*)

HONIG, Richard, «Kausalität und objektive Zurechnung», *in*: *Festgabe für Reinhard von Frank zum 70. Geburtstag 16. August 1930*, I, Tübingen: Verlag von J. C. B. Mohr (Paul Siebeck), 1930, p. 174-201 (citado: *in*: *Festgabe Reinhard von Frank*)

HOYER, Andreas, «Anhang zu § 16 StGB», *in*: *Systematischer Kommentar zum Srafgesetzbuch*, 1, 7. Auf., Köln: Carl Heimanns Verlag, Juni 2004. (citado: *in*: *SK*)

——, «Erlaubtes Risiko und technologische Entwicklung», *ZStW*, 121 (2009), Heft 4, p. 860-881 [= «Risco permitido e desenvolvimento tecnológico» (tradução de Susana Aires de Sousa), *RPCC*, 20 (2010), p. 347-374]

IADECOLA, Gianfranco, *Il medico e la legge penale*, Padova: CEDAM, 1993 (citado: *Il medico*)

JAKOBS, Günther, *Studien zum fahrlässigen Erfolgsdelikt*, Berlin: Walter de Gruyter, 1972 (citado: *Erfolgsdelikt*)

——, «Regreßverbot beim Erfolgsdelikt. Zugleich eine Untersuchung zum

Grund der strafrechtlichen Haftung für Begehung», *ZStW*, 89 (1977), p. 1-35

——, *Strafrecht. Allgemeiner Teil. Die Grundlagen und die Zurechnungslehre. Lehrbuch*, 2. Auf., Berlin, 1991 (citado: *Allgemeiner Teil*[2])

——, *La imputación objetiva en Derecho Penal*, (tradução de Cancio Meliá), Madrid: Editorial Civitas, S.A., 1996 (citado: *La imputación objetiva*)

——, «Imputación objetiva, especialmente en el ámbito de las instituciones jurídico-penales del "riesgo permitido", la "prohibición de regreso" y el "principio de confianza"», (trad. Peñaranda Ramos / Suárez González / Cancio Meliá), *in*: *Estudios de Derecho Penal*, Madrid: Editorial Civitas, S.A., 1997, p. 209-222 (citado: *in*: *Estudios de Derecho Penal*)

JESCHECK, Hans-Heinrich, *Aufbau und Behandlung der Fahrlässigkeit im modernen Strafrecht*, Freiburg: Hans Ferdinand Schulz Verlag, 1965 (citado: *Aufbau und Behandlung der Fahrlässigkeit*)

JESCHECK, Hans-Heinrich / WEIGEND, Thomas, *Lehrbuch des Strafrechts*, 5. Auf., Berlin: Duncker & Humblot, 1996 (citado: *Lehrbuch*[5])

JORGE BARREIRO, Agustín, *La imprudencia punible en la actividad médico-quirúrgica*. Madrid: Editorial Tecnos, 1990 (citado: *La imprudencia*)

KAMPS, Hans, *Ärztliche Arbeitsteilung und strafrechtliches Fahrlässigkeitsdelikt*, Berlin: Duncker & Humblot, 1981 (citado: *Ärztliche Arbeitsteilung*)

KAUFMANN, Armin, *Lebendiges und Totes in Bindings Normentheorie*, Göttingen: Otto Schwartz & Co., 1954 (citado: *Normentheorie*)

——, «Das fahrlässige Delikt», *ZfR* (1964), p. 41-55

——, «Zum Stande der Lehre vom personalen Unrecht», *in*: *Festschrift für Hans Welzel zum 70. Geburtstag*, Berlin: Walter de Gruyter, 1974, p. 393-414 (citado: *in*: *Fest. Hans Welzel*)

——, «Rechtspflichtbegründung und Tatbestandseinschränkung», *in*: *Festschrift für Ulrich Klug zum 70. Geburtstag*, Vol. II, Köln: P. Deubner, 1983, p. 277-292 (citado: *in*: *Fest. Ulrich Klug*)

——, «„Objektive Zurechnung" beim Vorsatzdelikt?», *in*: *Festschrift für Hans-Heinrich Jescheck zum 70. Geburtstag*, Berlin: Duncker & Humblot, 1985, p. 251-271 (citado: *in*: *Fest. Jescheck*)

KIENAPFEL, Diethelm, *Das erlaubtes Risiko im Strafrecht*, Frankfurt am Main: Vittorio Klostermann, 1966 (citado: *Das erlaubtes Risiko*)

KINDHÄUSER, Urs, «Erlaubtes Risiko und Sorgfaltswidrigkeit: Zur Struktur strafrechtlicher Fahrlässigkeitshaftung», *GA* (1994), p. 197-223

——, «Objektive und subjektive Zurechnung beim Vorsatzdelikt», *in*: *Philosophia Practica Universalis. Festschrift für Joachim Hruschka zum 70. Geburtstag*, Berlin: Duncker & Humblot, 2005, p. 527-542 (citado: *in*: *Fest. Hruschka*)

——, «Risikoerhöhung und Risikoverringerung», *ZStW*, 120 (2008), p. 481-503 [= Kindhäuser, Urs, «Aumento do risco e diminuição do risco» (tradução de Inês Fernandes Godinho revista por José de Faria Costa), *RPCC*, 20 (2010), p. 11-39]

——, «Zum sog. „unerlabten" Risiko», *in*: *Festschrift für Manfred Maiwald zum 75. Geburtstag*, Berlin: Duncker & Humblot, 2010, p. 397-417 (citado: *in*: *Fest. Manfred Maiwald*)

——, *Strafrecht. Allgemeiner Teil*, 4. Auf., Baden-Baden: Nomos, 2009 (citado: *Strafrecht. Allgemeiner Teil*[4])

KIRSCHBAUM, Klaus, *Der Vertrauensschutz im deutschen Straßenverkehrsrecht*, Berlin:

Duncker und Humblot, 1980 (citado: *Vertrauensschutz*)

KLEINEWEFERS, Herbert, «Die Verkehrssicherheit in der höchstrichterlichen Rechtsprechung», *VersR*, 1963, p. 201-204 (citado: *VersR*, 1963)

KÖHLER, Michael, *Die bewusste Fahrlässigkeit – eine strafrechtlich-rechtsphilosophische Untersuchung*, Heidelberg: Winter, 1982 (citado: *Die bewusste Fahrlässigkeit*)

KÖNIG, Peter, «Kommentierung zu § 1 StVO», in: *Straßenverkehrsrecht. Beckliche Kurz Kommentar*, 41. Auf., München: Beck, 2011 (citado: *in*: *Straßenverkehrsrecht*[41])

KORIATH, Heinz, *Kausalität und objektive Zurechnung*, Baden-Baden: Nomos, 2007 (citado: *Objektive Zurechnung*)

KRUMME, Elisabeth, «Wandlung des Vertrauensgrundsatzes in der Rechtsprechung des Bundesgerichtshofs», *ZVerkS*, 1961, p. 1-18 (KJ II) (citado: *ZVerkS*)

KRÜMPELMANN, Justus, «Die Verwirkung des Vertrauensgrundsatzes bei pflichtwidrigen Verhalten in der kritischen Verkehrssituation», *in*: *Festschrift für Karl Lackner zum 70. Geburtstag*, Berlin: Walter de Gruyter, 1987, p. 289-306 (citado: *in*: *Fest. Karl Lackner*)

KUHLEN, Lothar, *Fragen einer strafrechtlicher Produkthaftung*, Heidelberg: C. F. Müller Juristischer Verlag, 1989. (citado: *Produkthaftung*)

KÜPER, Wilfried, «Überlegungen zum sog. Pflichtwidridkeitszusammenhang beim Fahrlässigkeitsdelikt», *in*: *Festschrift für Karl Lackner zum 70. Geburtstag*, Berlin: Walter de Gruyter, 1987, p. 247-288 (citado: *in*: *Fest. Lackner*)

KÜPPER, Georg, *Grenzen der normativiendereren Strafrechtsdogmatik*, Berlin: Duncker & Humblot, 1990 (citado: *Strafrechtsdogmatik*)

LAMPE, Ernst-Joachim, *Das personale Unrecht*, Berlin: Duncker & Humblot, 1967 (citado: *Das personale Unrecht*)

——, «Zur ontologischen Struktur des strafbaren Unrechts», *in*: *Festschrift für Hans Joachim Hirsch zum 70. Geburtstag am 11. April 1999*, Berlin: Walter de Gruyter, 1999, p. 83-104 (citado: *in*: *Fest. Hans Joachim Hirsch*)

LANDRO, Andrea Rocco di, «Vecchie e nuove linee ricostruttive in tema di responsabilità penale nel lavoro medico d'*équipe*», *Riv. DPE*, 1-2 (2005), p. 225 -272

LANGE, Richard, «Defensives Fahren – Empfehlung oder Rechtspflicht?», *in*: *Verkehrssicherheit durch Technik, Einsicht, Aufsicht. 4. Verkehrsjuristentagung des HUK – Verbandes*, Müchen: HUK, 1966, p. 77-80 (citado: *in*: *Verkehrssicherheit*)

LARENZ, Karl, *Metodologia da ciência do direito*, 4ª ed. (trad. José Lamego), Lisboa: Fundação Calouste Gulbenkian, 2005 (citado: *Metodologia*[4])

LATAS, António João, «Descrição e prova dos factos nos crimes por negligência. Questões de ordem geral», *Revista do CEJ*, 11 (2009), p. 41-76

LAUFS / KERN, *Handbuch des Arztrechts*, 4. Auf., München: Beck, 2010 (citado: *Handbuch des Arztrechts*[4])

LEANDRO, Maria / LEANDRO, Ana / NOGUEIRA, Fernanda, «A confiança em questao. Raias de confiança, confiança das raias nas sociedades modernas», Sociologia – Revista da Faculdade de Letras da Universidade do Porto, Vol. XXI, 2011, p. 215-232

LENCKNER, Theodor, «Technische Normen und Fahrlässigkeit», *in*: *Festschrift für Karl Engisch zum 70. Geburtstag*, Frankfurt: Vittorio Klostermann, 1969, p. 490-508 (citado: *in*: *Fest. Engisch*)

LEWISCH, Peter, «Der Vertrauensgrundsatz im Straßenverkehr», *in: Festschrift für Manfred Burgstaller zum 65. Geburtstag*, Wien: Neuer Wissenschaftlicher Verlag, 2004, p. 97-109 (citado: *in: Fest. Burgstaller*)

LINHARES, José Manuel Aroso, «Na „coroa de fumo" da teoria dos princípios. Poderá um tratamernto dos *princípios como normas* servir-nos de guia?», *in*: *BFD, Estudos em Homenagem ao Prof. Doutor José Joaquim Gomes Canotilho III*, Coimbra: Coimbra Editora, 2012, p. 395-421 (citado: *BFD, Estudos Gomes Canotilho III*)

LISZT, Franz v., *Lehrbuch des deutschen Strafrecht*, 1. Auf., Berlin: Walter de Gruyter & Co., 1881 (citado: *Lehrbuch*[1])

LUHMANN, Niklas, *Soziale Systeme. Grundgriss einer allgemeiner Theorie*, Frankfurt: Suhrkamp, 1984 (citado: *Soziale Systeme*)

——, *Vertrauen*, 4. Auf., Stuttgard: Lucios & Lucius, 2000 (citado: *Vertrauen*)

——, *Soziologie des Risikos*, Berlin: Walter de Gruyter, 1991 (citado: *Soziologie des Risikos*)

——, «Familiarity, Confidence, Trust: Problems and Alternatives», *in*: *Trust: Making and Breaking Cooperative Relations* (Gambetta, Diego ed.), 2000, p. 94-107 (citado: *in: Trust*)

LUZÓN PEÑA, Diego-Manuel, *Lecciones de Derecho Penal. Parte General*, Valencia: Tirant lo Blanch, 2012 (citado: *Derecho Penal*)

MACHADO, João Baptista, «Tutela da confiança e "venire contra factum proprium"», *in*: *Obra dispersa*, vol. I, Braga: Scientia Ivridica, 1991, p. 345-423 [originariamente publicado em *RLJ*, 117 (1984-5), p. 229 e ss.] (citado: «Tutela da confiança»)

——, «A cláusula do razoável», *in*: *Obra dispersa*, vol. I, Braga: Scientia Ivridica, 1991, p. 457-621 (citado: «A cláusula do razoável»)

——, *Introdução ao direito e ao discurso legitimador*, 6ª reimp., Coimbra: Almedina, 1993 (citado: *Introdução ao direito*)

MAIWALD, Manfred, «Zum Maßstab der Fahrlässigkeit bei trunkenheitsbedingter Fahruntüchtigkeit», *in*: *Festschrift für Eduard Dreher zum 70. Geburtstag*, Berlin: Walter de Gruyter, 1977, p. 437-457 (citado: *in*: *Fest. Dreher*)

MANSER, T., «Teamwork and patient safety in dynamic domains of healthcare: a review of the literature», *Acta Anaesthesiologica Scandinavica*, 53 (2009), p. 143-151 (citado: *Acta Anaesthesiologica*)

MANTOVANI, Ferrando, «Il principio di affidamento nel diritto penale», *in*: *Estudos em Homenagem ao Prof. Doutor Jorge de Figueiredo Dias*, I, Coimbra: Coimbra Editora, 2009, p. 421-432 (citado: *in*: *Estudos Figueiredo Dias I*)

——, *Diritto Penale. Parte Generale*, 7ª ed., Padova: CEDAM, 2011 (citado: *Diritto Penale*[7])

MANTOVANI, Marco, *Il principio di affidamento nella teoria del reato colposo*, Milano: Giuffrè, 1997 (citado: *Principio di affidamento*)

——, «Sui limiti del principio di affidamento», *Indice Pen.*, (1999), p. 1195-1204

MARAVER GÓMEZ, Mario, *El principio de confianza en derecho penal. Un estudio sobre la aplicación del principio de autorresponsabilidad en la teoría de la imputación objetiva*, Navarra: Civitas – Thomson Reuters, 2009 (citado: *Principio de confianza*)

——, «El principio de confianza en el derecho penal», *in*: *Derecho penal del estado social y democrático de derecho. Libro homenaje a Santiago Mir Puig*, Madrid: La Ley, 2010, p. 381-404 (citado: *in*: *Libro homenaje Mir Puig*)

MARINUCCI, Giorgio / DOLCINI, Emilio, *Corso di diritto penale 1. Nozione, struttura e sistematica del reato*, Milano: Giuffrè, 1995 (citado: *Corso di diritto penale*)

——, *Manuale di Diritto Penale. Parte Generale*, 4ª ed., Milano: Giuffrè Editore, 2012 (citado: *Diritto Penale*[4])

MARINUCCI, Giorgio / MARRUBINI, Gilberto, «Profili penalistici del lavoro medico-chirurgico in équipe», *Temi* (1968), p. 217-234

MARQUES, Rafael, «Por uma sociologia da confiança: debates preliminares», *in*: *Sociedade de Confiança. A Construção Social da Confiança em Portugal* (Carvalho Ferreira org.), Lisboa: Clássica Editora, 2012, p. 13-81 (citado: *in*: *Sociedade de Confiança*)

MARTIN, Ludwig, «Der Vertrauensgrundsatz im Straβenverkehrsrecht», *DAR*, 1953, p. 164-169

——, «Einschränkung des Vertrauensgrundsatzes?», *VersR*, 1958, p. 139-140

——, «Der Vertrauensgrundsatz in der Rechtsprechung des Bundesgerichtshofes», *in*: *Recht und Medizin im Dienst der Verkehrssicherheit*, Hamburg: Landesverkehrswacht, 1962, p. 11-28 (citado: *in*: *Recht und Medizin*)

——, «Vertrauensgrundsatz und Kinder im Straβenverkehr», *DAR*, 1963, p. 117-123

——, «Das defensive Fahren und der Vertrauensgrundsatz», *DAR*, 1964, p. 299-306

MARTÍNEZ ESCAMILLA, Margarita, *La imputación objetiva del resultado*, Madrid: Edersa, 1992 (citado: *La imputación*)

MARXEN, Klaus, *Der Kampf gegen das liberale Strafrecht. Eine Studie zum Antiliberalismus in der Strafrechtswissenschaft der zwanziger und dreiβiger Jahre*, Berlin: Duncker & Humblot, 1975 (citado: *Der Kampf gegen das liberale Strafrecht*)

MAURACH, Reinhart / GÖSSEL, Karl Heinz / Zipf, Heinz, *Strafrecht. Allgemeiner Teil. Teilband 2. Erscheinungsformen des Verbrechens und Rechtsfolgen der Tat*, 8. Auf., Heidelberg: C. F. Müller, 2014 (citado: *Allgemeiner Teil 2*[8])

MENDES, Paulo de Sousa, «Sobre a capacidade de rendimento da ideia de "diminuição de risco"», *in*: *Estudos comemorativos do 150º aniversário do Tribunal da Boa-Hora*, Lisboa: Ministério da Justiça, 1995, p. 61-76 (citado: *in*: *Estudos Tribunal da Boa-Hora*)

——, *Sobre a capacidade de rendimento da ideia de diminuição do risco*, Lisboa: AAFDL, 2007 (citado: *Diminuição do risco*)

MEURER, Dieter, «Recensão: *Schumann, Heribert,* Strafrechtliches Handlungsunrecht und das Prinzip der Selbstverantwortung der Anderen», *NJW*, 1987, p. 2424-2425

MEZGER, Edmund, *Strafrecht. Ein Lehrbuch*, München: Duncker & Humblot, 1931 (citado: *Strafrecht*)

——, «Die Straftat als Ganzes», *ZStW*, 57 (1938), p. 675-701

MIKUS, Rudolf Alexander, *Die Verhaltensnorm des fahrlässigen Erfolgsdelikts*, Berlin: Duncker & Humblot, 2002 (citado: *Verhaltensnorm*)

MIR PUIG, Santiago, «Sobre lo objetivo e lo subjetivo en el injusto», *ADPCP* (1988), p. 661-683

——, *Derecho Penal. Parte General*, 10ª ed., Barcelona: Repertor, 2015 (citado: *Derecho Penal*[10])

MÖHL, Wolfgang, «Gedanken zum Entwurf einer Straβenverkehrsordenung», *DAR*, 1964, p. 1-15

——, «Zum Grundsatz des defensiven Fahrens», *VOR*, 1 (1972), p. 73-86

——, «"Generelklauseln" der Straβenverkehrs-Ordenung», *DAR*, 1975, p. 60-64

MONIZ, Helena, «Aspectos do Resultado no Direito Penal», *in*: *Liber Discipulorum para Jorge de Figueiredo Dias*, Coimbra: Coimbra Editora, 2003, p. 541-570 (citado: *in*: *Liber Discipulorum Figueiredo Dias*)

——, *Agravação pelo resultado? Contributo para uma autonomização dogmática do crime agravado pelo resultado*, Coimbra: Coimbra Editora, 2009 (citado: *Agravação pelo resultado*)
——, «Risco e negligência na prática clínica», *RMP*, 130 (2012), p. 81-100
MONTEIRO, Cristina Líbano, «Artigo 351º (Negligência na guarda)», *in*: *Comentário Conimbricense do Código Penal. Parte Especial*, dirigido por Jorge de Figueiredo Dias, t. III, Coimbra: Coimbra Editora, 2001 (citado: *in*: *Comentário Conimbricense*, artigo 351º)
MONTEIRO, Jorge Sinde, «Responsabilidade por culpa, responsabilidade objectiva, seguro de acidente», *RDE*, 5 (1979), p. 317-368
——, *Responsabilidade por conselhos, recomendações ou informações*, Coimbra: Almedina, 1989 (citado: *Responsabilidade por conselhos*)
——, *Relatório sobre o programa, conteúdo e métodos de uma disciplina de responsabilidade civil (Curso de Mestrado)*, Coimbra: Faculdade de Direito da Universidade de Coimbra – policopiado, 2001 (citado: *Relatório*)
——, «Responsabilidade delitual. Da ilicitude», *in*: *Comemorações dos 35 anos do Código Civil e dos 25 anos da Reforma de 1977, Vol. III – Direito das Obrigações*, Coimbra: Coimbra Editora, 2005, p. 453-481 (citado: *in*: *Comemorações Código Civil*)
MÖRING, Fritz, «Einschränkung des Vertrauensgrundsatzes?», *VersR*, 1957, p. 634-635
MOURA, Bruno, «Desvalor da conduta e desvalor do resultado no ilícito penal: ao mesmo tempo, sobre o sentido de um injusto genuinamente "pessoal"», *RFDULP*, 3 (2013), p. 158-175
MÜHLHAUS, Hermann, *Die Fahrlässigkeit in Rechtsprechung und Rechtslehre. Unter besonderer Berücksichtigung des Straßenverkehrsrechts*, Berlin: Erich Schmidt Verlag, 1967 (citado: *Fahrlässigkeit*)
MÜLLER, Fritz, *Straßenverkehrsrecht*, 21ª ed, Berlin: Walter de Gruyter, 1959 (citado: *Straßenverkehrsrecht*[21])
MÜLLER, Roland, *Die Einschränkung des Vertrauensgrundsatzes bei typischen Verkehrswidrigkeiten*, Mainz: Johannes Gutenberg-Universität, 1987 (citado: *Einschränkung des Vertrauensgrundsatzes*)
MURMANN, Uwe, *Die Nebentäterschaft im Strafrecht. Ein Beitrag zu einer personalen Tatherrschaftslehre*, Berlin: Duncker & Humblot, 1993 (citado: *Nebentäterschaft*)

NEVES, A. Castanheira, *Lições de Introdução ao Estudo do Direito*, polic., Coimbra, 1971-72 (citado: *Lições de Introdução*)
——, *Curso de Introdução ao Estudo do Direito (Extractos)*, polic., Coimbra, 1971-72 (citado: *Curso de Introdução*)
——, «O sentido do direito», *in*: *Curso de Introdução ao Estudo do Direito*, polic., Coimbra, 1976 (citado: «O sentido do direito»)
——, *Sumário de uma Lição Síntese sobre "Os princípios jurídicos como dimensão normativa do direito positivo" (a superação do positivismo normativista)*, polic., Coimbra, 1976 (citado: *Princípios jurídicos*)
——, «A unidade do sistema jurídico: o seu problema e o seu sentido (Diálogo com Kelsen)», *in*: *BFD, Estudos em Homenagem ao Prof. Doutor J. J. Teixeira Ribeiro, II, núm. especial*, 1979, p. 73-184 (citado: *BFD, Estudos Teixeira Ribeiro, II*)
——, *O instituto dos "assentos" e a função jurídica dos supremos tribunais*, Coimbra: Coimbra Editora, 1983 (citado: *O instituto dos "assentos"*)
——, «O princípio da legalidade criminal. O seu problema jurídico e o seu critério dogmático», *in*: *BFD, Estudos em Home-*

nagem ao Prof. Doutor Eduardo Correia, I, núm. especial, Coimbra: Coimbra Editora, 1984, p. 307-469 (citado: *BFD, Estudos Eduardo Correia, I*)

——, *Metodologia Jurídica. Problemas fundamentais*, BFD (Stvdia Ivridica, 1), Coimbra: Coimbra Editora, 1993 (citado: *Metodologia Jurídica*)

——, «Pessoa, direito e responsabilidade», *RPCC* 6 (1996), p. 9-43

——, «Entre o "legislador", a "sociedade" e o "juiz" ou entre "sistema", "função" e "problema" – os momentos actualmente alternativos da realização jursidicional do direito», *BFD*, 74 (1998), p. 1-44

——, *A crise actual da filosofia do direito no contexto da crise global da filosofia. Tópicos para a possibilidade de uma reflexiva reabilitação, Stvdia Jvridica*, 72, Coimbra: Coimbra Editora, 2003 (citado: *A crise actual da filosofia do direito*)

——, *O actual problema metodológico da interpretação jurídica I*, Coimbra: Coimbra Editora, 2003 (citado: *Interpretação jurídica*)

NEVES, João Curado, *Comportamento lícito alternativo e concurso de riscos – contributo para uma teoria da imputação objectiva em Direito Penal*, Lisboa: AAFDL, 1989 (citado: *Comportamento lícito alternativo*)

NIESE, Werner, *Finalität, Vorsatz und Fahrlässigkeit*, Tübingen: Mohr Siebeck, 1951 (citado: *Finalität*)

NIEWENHUIS, Helmut, *Gefahr und Gefahrverwirklichung im Verkehrsstrafrecht*, Gelsenkirchen: Verlag Dr. Mannhold, 1984 (citado: *Verkehrsstrafrecht*)

NOVAIS, Jorge Reis, *Os princípios constitucionais estruturantes da república portuguesa*, Coimbra: Coimbra Editora, 2004 (citado: *Princípios constitucionais*)

OEHLER, Dietrich, «Die erlaubte Gefahrsetzung und die Fahrlässigkeit», *in*: *Fest. für Eb. Schmidt*, Göttigen: Vandenhoeck und Ruprecht, 1961, p. 232-248 (citado: *in*: *Fest. Eb. Schmidt*)

OGIEN, Albert / QUÉRÉ, Louis, «Introduction», *in*: *Les moments de la confiance. Connaissance, affects et engagements*, Paris: Economica, 2006, p. 1-5 (citado: *in: Les moments de la confiance*)

OLIVEIRA, Maria Joana, *A Imputação Objectiva na Perspectiva do Homicídio Negligente*, Coimbra: Coimbra Editora, 2004 (citado: *Imputação Objectiva*)

OTTO, Harro, «Gernzen der Fahrlässigkeitshaftung im Strafrecht – OLG Hamm, *NJW* 1943, 1422», *JuS*, 11 (1974), p. 702-710

——, «Personales Unrecht, Schuld und Strafe», *ZStW*, 25 (1975), p. 539-597

——, «Risikoerhöhungsprinzip statt Kausalitätsgrundsatz als Zurechnungskriterium bei Erfolgsdelikten», *NJW*, 1980, p. 417-424

——, «Grundlagen der strafrechtlichen Haftung für fahrlässiges Verhalten», *in*: *Gedächtnisschrift für Ellen Schlüchter*, Köln: Carl Heymanns Verlag, 2002, p. 77-97 (citado: *in*: *Gedächtnisschrift Schlüchter*)

PAGLIARO, Antonio, «Imputazione obiettiva dell'evento», *RIDirPP*, 1992, p. 781-813

PALMA, Maria Fernanda, «A teoria do crime como teoria da decisão penal (Reflexão sobre o método e o ensino do Direito Penal)», *RPCC*, 9 (1999), p. 523-603

——, *O Princípio da Desculpa em Direito Penal*, Coimbra: Almedina, 2005 (citado: *Princípio da Desculpa*)

——, *Direito Penal. Parte Geral. A teoria geral da infracção como teoria da decisão penal*, Lisboa: AAFDL, 2013 (citado: *Direito Penal. Parte Geral*)

PAREDES CASTAÑÓN, José Manuel / RODRIGUÉZ MONTAÑÉS, Teresa, *El Caso de la Colza: Responsabilidad Penal por Productos Adulterados o Defectuosos*, Valencia: Tirant lo Blanch, 1995 (citado: *El Caso de la Colza*)

PERDOMO TORRES, Jorge, *Posición de garante en virtud de confianza legítima especial*, Bogotá: Universidad Externado de Colombia, 2008 (citado: *Posición de garante*)

PEDRO, Manuel José Miranda, «Algumas notas sobre a imputação objectiva no Direito Penal português – mais Roxin, menos Jakobs», *RPCC*, 17 (2007), p. 7-51

PETER, Anne-Marie, *Arbeitsteilung im Krankenhaus aus strafrechtlicher Sicht. Voraussetzungen und Grenzen des Vertrauensgrundsatzes*, Baden-Baden: Nomos, 1992 (citado: *Arbeitsteilung im Krankenhaus*)

PICKER, Eduard, «Positive Forderungsverletzung und *culpa in contrahendo* – Zur Problematik der Haftungen „zwischen" Vertrag und Delikt», *AcP*, 183 (1983), p. 369-517

PINTO, Carlos Alberto da Mota / MONTEIRO, António Pinto / PINTO, Paulo Mota, *Teoria Geral do Direito Civil*, 4ª ed., Coimbra: Coimbra Editora, 2005 (citado: *Teoria Geral do Direito Civil*)

PINTO, Paulo Mota, «A protecção da confiança na "jurisprudência da crise"», *in*: *Estudos em Memória do Conselheiro Artur Maurício* (org. de Maria João Antunes com colaboração de Marta Cavaleira), Coimbra: Coimbra Editora, 2014, p. 1141-1182 (citado: *in*: *Estudos Artur Maurício*)

PINTO, Frederico da Costa, *A Categoria da Punibilidade na Teoria do Crime*, t. I, Coimbra: Almedina, 2013 (citado: *Punibilidade I*)

PREUβ, Wilhelm, *Untersuchungen zum erlaubten Risiko im Strafrecht*, Berlin: Duncker & Humblot, 1974 (citado: *Untersuchungen zum erlaubten Risiko*)

PUPPE, Ingeborg, «Die Beziehung zwischen Sorgfaltswidrigkeit und Erfolg bei den Fahrlässigkeitsdelikten», *ZStW*, 99 (1987), p. 595-616

——, «Die Lehre von der objektiven Zurechnung dargestellt an Beispielsfällen aus der höchstrichterlichen Rechtsprechung», *Jura*, 1997, p. 408-416, p. 513-519, p. 624-631; *Jura*, 1998, p. 21-31

——, «División del trabajo y de la responsabilidad en la actuación médica», (trad. Nuria Pastor), *InDret*, 4 (2006), p. 1-13 (*in*: *http://www.indret.com/pdf/382_es.pdf*) (citado: *InDret*, 4 (2006))

——, «Der Aufbau des Verbrechens», *in*: *Festschrift für Harro Otto zum 70. Geburtstag am 1. April 2007*, Köln: Carl Heymanns Verlag, 2007, p. 389-402 (citado: *in*: *Fest. Otto*)

——, *Strafrecht. Algemeiner Teil im Spigel der Rechtsprechung*, 2. Auf., Baden-Baden: Nomos Verlagsgesellschaft, 2011 (citado: *Allgemeiner Teil²*)

——, «Kommentierung zu § 15 StGB», *in*: *Nomos Kommentar. Strafgesetzbuch*, 1, 4. Auf., Baden-Baden: Nomos, 2013 (citado: *in*: *NK⁴*)

——, «Vorbemerkungen zu den §§ 13 ff. StGB», *in*: *Nomos Kommentar. Strafgesetzbuch*, 1, 4. Auf., Baden-Baden: Nomos, 2013 (citado: *in*: *NK⁴*)

——, «Zu einem Zusammenstoß gehören Zwei. Überlegungen zum Zusammentreffen mehrerer Sorgfaltspflichtverletzungen bei Unfällen im Straßenverkehr», *in*: *Festschrift für Wolfgang Frisch zum 70. Geburtstag*, Berlin: Duncker & Humblot, 2013, p. 447-463 (citado: *in*: *Fest. Wolfgang Frisch*)

QUINTANO RIPOLLÉS, António, *Derecho penal de la culpa (imprudencia)*, Barcelona: Bosch Casa Editorial, 1958 (citado: *Culpa*)

RADBURCH, Gustav, «Über der Shuldbegriff», *ZStW*, 24 (1904), p. 335-349

REHBERG, Jürg, *Zur Lehre vom „Erlaubten Risiko"*, Zurich: Schultess & Co., 1962 (citado: *Risiko*)

RENZIKOWSKI, Joachim, *Restriktiver Täterbegriff und fahrlässige Beteiligung*, Tübingen: Mohr Siebeck, 1997 (citado: *Restriktiver Täterbegriff*)

REYES ALVARADO, Yesid, *Imputación Objetiva*, Bogotá: Editorial Temis, 1996 (citado: *Imputación*)

RODRIGUES, Álvaro, *Responsabilidade Médica em Direito Penal. Estudo dos Pressupostos Sistemáticos*, Coimbra: Almedina, 2007 (citado: *Responsabilidade Médica*)

——, *A Negligência Médica Hospitalar na Perspectiva Jurídico-Penal. Estudo Sobre a Responsabilidade Criminal Médico-Hospitalar*, Coimbra: Almedina, 2013 (citado: *A Negligência Médica Hospitalar*)

RODRIGUES, Anabela Miranda, *A determinação da medida da pena privativa da liberdade*, Coimbra: Coimbra Editora, 1995 (citado: *A determinação da medida da pena*)

ROMEO CASABONA, Carlos María, *El médico y el derecho penal, I. La actividad curativa (Licitud y responsabilidad penal)*, Barcelona: Bosch, Casa Editorial, S.A., 1981 (citado: *El médico y el derecho penal*)

——, *El médico ante el derecho. La responsabilidad penal y civil del médico*, Madrid: Ministerio de Sanidad y Consumo, 1985 (citado: *El médico ante el derecho*)

——, «Responsabilidad penal y responsabilidad civil de los profesionales: Perspectivas», *in*: *Conducta peligrosa e imprudencia en la sociedad de riesgo*, Granada: Editorial Comares, 2005, p. 171-196 (citado: «Responsabilidad penal y responsabilidad civil»)

——, «La responsabilidad penal del médico por mala práctica profesional», *in*: *Conducta peligrosa e imprudencia en la sociedad de riesgo*, Granada: Editorial Comares, 2005, p. 197-233 (citado: «La responsabilidad penal del médico»)

ROTSCH, Thomas, «Objektive Zurechnung bei „alternativer Kausalität"», *in*: *Festschrift für Claus Roxin zum 80. Geburtstag*, Vol. I, Berlin: Walter de Gruyter, 2011, p. 377-395 (citado: *in*: *Fest. Claus Roxin*)

ROXIN, Claus, *Offene Tatbestände und Rechtspflichtmerkmale*, Berlín: Walter de Gruyter, 1959 (citado: *Offene Tatbestände*)

——, «Pflichwidrigkeit und Erfolg bei fahrlässigen Delikten», *ZStW*, 74 (1962), p. 411-444 [= «Violação do dever e resultado nos crimes negligentes», *in*: *Problemas fundamentais de direito penal*, Lisboa: Vega, 1986, p. 235-272] (citado: «Violação do dever e resultado»)

——, «Gedanken zur Problematik der Zurechnung im Strafrecht», *in*: *Festschrift für Richard M. Honig*, Göttingen, 1970, p. 133-150 [= «Reflexões sobre a problemática da imputação em direito penal», *in*: *Problemas Fundamentais de Direito Penal*, Lisboa: Vega, 3ª ed, 2004, p. 145-168] (citado: «Reflexões sobre a problemática da imputação»)

——, «Zum Schutzzweck der Norm bei fahrlässigen Delikten», *in*: *Festschrift für Wilhelm Gallas zum 70. Geburtstag*, Berlin: Walter de Gruyter, 1973, p. 241-259 [= «Sobre o fim de protecção da norma nos crimes negligentes», *in*: *Problemas fundamentais de direito penal*, Lisboa: Vega, 1986, p. 273-294] (citado: «Sobre o fim de protecção da norma»)

——, «Bemerkungen zum Regreβverbot», *in*: *Festschrift für Herbert Tröndle*, Berlin: Walter de Gruyter, 1989, p. 177-200 (citado: *in*: *Fest. Herbert Tröndle*)

——, «Finalität und objektive Zurechnung», *in*: *Gedächtnisschrift für Armin Kaufmann*, Köln: Carl Heymans, 1989, p. 237-251 (citado: *in*: *Gedächtnisschrift Armin Kaufmann*)

——, «Zum Strafgrund der Teilnahme», *in*: *Festschrift für Walter Stree und Johannes Wessels zum 70. Geburtstag*, Heidelberg: C. F. Müller, 1993, p. 365-382 (citado: *in*: *Fest. Stree und Wessels*)

——, «Was ist Beihilfe?», *in: Festschrift für Koichi Miyazawa*, Baden-Baden: Nomos Verlags gesellschaft, 1995, p. 501-517 (citado: *in: Fest. Miyazawa*)

——, *Autoría y Dominio del Hecho en Derecho Penal*, (trad. Cuello Contreras / Serrano González de Murillo), 7ª ed., Madrid: Marcial Pons, 2000 (citado: *Dominio del Hecho*)

——, *Strafrecht. Allgemeiner Teil. Band II. Besondere Erscheinungsformen der Straftat*, München: Verlag C. H. Beck, 2003 (citado: *Allgemeiner Teil II*)

——, *Strafrecht. Allgemeiner Teil. Band I. Grundlagen. Aufbau der Verbrechenslehre*, 4. Auf., München: Verlag C. H. Beck, 2006 (citado: *Allgemeiner Teil I*[4])

RUDOLPHI, Hans-Joachim, «Vorhersehbarkeit und Schutzweck der Norm in der Strafrechtlichen Fahrlässigkeitslehre», *JuS* (1969), p. 549-557

——, «Vorbemerkungen vor § 1», *Systematischer Kommentar zum Srafgesetzbuch*, 1, 26. Lfg., Köln: Carl Heimanns Verlag, Juni 1997 (citado: *in*: *SK*)

RUEDA MARTÍN, María Ángeles, *La Teoría de la imputación objetiva del resultado en el delito doloso de acción (Una investigación, a la vez, sobre los límites ontológicos de las valoraciones jurídico-penales en el ámbito de lo injusto)*, Barcelona: J. M. Bosch Editor, 2001(citado: *La Teoría de la imputación*)

RUSSO, Roberta, «Sul principio di affidamento in materia di circolazione stradale», *Cass. Pen.*, 9 (2010), p. 3201-3212

SALAS, E. / SIMS, E. D. / KLEIN, C., «Can Teamwork Enhance Patient Safety?», *in*: *Risk Management Foundation – Harvard Medical Institutions*, 2003 (*in*: http://www.rmf.harvard.edu/Clinician-Resources/Article/2003/Can--Teamwork-Enhance-Patient-Safety) (citado: *in*: *Risk Management Foundation*)

SAMSON, Erich, «Anhang zu § 16», *in*: *Systematischer Kommentar zum Strafgesetzbuch, Band I, Allgemeiner Teil*, 5. Auf, Frankfurt: Metzner Verlag, 1989, (citado: *in*: *SK*[5])

——, «Erfolgszurechnung und Risiko. Kritische Anfragen an die Lehre von der objektiven Zurechnung», *in*: *Festschrift für Klaus Lüderssen zum 70. Geburtstag*, Baden-Baden: Nomos, 2002, p. 587-598. (citado: *in*: *Fest. Klaus Lüderssen*)

SANDERS, Theodor, «Vertrauensgrundsatz und Verkehrssicherheit», *DAR*, 1969, p. 8-15

SCHÄFER, Mike Steffen, «Rezension: Martin Endress (2002). „Vertrauen"», Forum: Qualitative Sozialforchung, 5 (2), Art. 8, 2004 (*in*: http://www.qualitative-research.net/index.php/fqs/article/view/619) (citado: «Rezension»)

SCHAFFSTEIN, Friedrich, «Nazionalsozialistisches Strafrecht», *ZStW*, 53 (1934), p. 603-628

SCHMIDHÄUSER, Eberhard, *Strafrecht. Allgemeiner Teil. Lehrbuch*, 2. Auf., 1975, Tübingen: J. C. B. Mohr (Paul Siebeck) (citado: *Allgemeiner Teil. Lehrbuch* [2])

——, *Strafrecht. Allgemeiner Teil. Studienbuch*, 2. Auf., 1984, Tübingen: J. C. B. Mohr (Paul Siebeck) (citado: *Allgemeiner Teil. Studienbuch*[2])

SCHMIDT, Eberhard, *Der Arzt im Strafrecht*, Leipzig: Verlag von Theodor Weicher, 1939 (citado: *Der Arzt*)

——, «Derecho Penal Médico. El médico en el Derecho penal», *in*: *Manual de Medicina Legal* (org. por A. Ponsold; tradução de Sales Vázquez), Barcelona: Editorial Científico Médica, 1955 (citado: *in*: *Manual de Medicina Legal*)

SCHMITZ, Roland, «Nullum crimen sine lege und die Bestrafung fahrlässigen Handelns», *in*: *Festschrift für Erich Samson zum 70. Geburtstag*, Heidelberg: Müller, 2010, p. 181-198 (citado: *in*: *Fest. Erich Samson*)

——, «Kommentierung zu § 1 StGB», *in*: *Münchener Kommentar. Strafgesetzbuch, 1*, 2. Auf., München: Beck, 2011 (citado: *in*: *MK*²)

SCHÖNE, Wolfgang, «Fahrlässigkeit, Tatbestand und Strafgesetz», *in*: *Gedächtnisschrift für Hilde Kaufmann*, Berlin: Walter de Gruyter, 1986, p. 649-672 (citado: *in*: *Gedächtnisschrift Hilde Kaufmann*)

SCHROEDER, Friedrich-Christian, «Kommentierung zu § 16 StGB», *in*: *Strafgesetzbuch. Leipziger Kommentar*, 1, 11. Auf., Berlin: Walter de Gruyter, 2003 (citado: *in*: *LK*¹¹)

SCHUMANN, Heribert, *Strafrechtliches Handlungsunrecht und das Prinzip der Selbstverantwortung der Anderen*, Tübingen: J. C. B. Mohr (Paul Siebeck), 1986 (citado: *Selbstverantwortung*)

SCHÜNEMANN, Bernd, «Moderne Tendenzen in der Dogmatik der Fahrlässigkeits- und Gefährdungsdelikte», *JA* (1975), p. 435-444, 511-516, 575-584, 647-656, 715-724, 787-798

——, «Neue Horizonte der Fahrlässigkeitsdogmatik?», *in*: *Festschrift für Friedrich Schaffstein zum 70. Geburtstag am 28. Juli 1975*, Göttingen: Otto Schwartz & Co., 1975, p. 159-176 (citado: *in*: *Fest. Schaffstein*)

——, «Die Regeln der Technik im Strafrecht», *in*: *Festschrift für Karl Lackner zum 70. Geburtstag*, Berlin: Walter de Gruyter, 1987, p. 367-397 (citado: *in*: *Fest. Lackner*)

——, «Introducción al razonamiento sistemático en Derecho Penal», *in*: *El sistema moderno del Derecho Penal: cuestiones fundamentales. Estudios en honor de Claus Roxin en su 50 aniversario*, Madrid: Tecnos, 1991, p. 31-80 (citado: *in*: *El sistema moderno*)

——, «Über die objektive Zurechnung», *GA* (1999), p. 207-229

SCHÜRER-MOHR, Wiebke, *Erlaubte Risiken. Grundfragen des „erlauten Risikos" im bereich der Fahlässigleitsdogmatik*, Frankfurt: Peter Lang, 1996 (citado: *Erlaubte Risiken*)

SCHWALM, Georg, «Zum Begriff und Beweis des ärztlichen Kunstfehlers», *in*: *Festschrift für Paul Bockelmann zum 70. Geburtstag*, München: Beck, 1979, p. 539-556 (citado: *in*: *Fest. Bockelmann*)

SERRA, Adriano Vaz, «Requisitos da responsabilidade civil», *BMJ*, 92 (1960), p. 37-137

SERRANO GONZÁLEZ DE MURILLO, José, *Teoria del Delito Imprudente (Doctrina general y regulación legal)*, Madrid: Ministerio de Justicia, 1991 (citado: *Delito Imprudente*)

SILVA, Filipe Carreira da, «Recensão: *Zygmunt Bauman,* Confiança e Medo na Cidade, Lisboa, Relógio d'Água, 2006», Análise Social, nº 183, Lisboa, 2007, p. 647-651 (*in:* http://www.scielo.gpeari.mctes.pt/scielo.php?script=sci_arttext&pid=S0003-25732007000200017&lng=pt&nrm=iso) (citado: «Recensão»)

SILVA, Germano Marques da, *Direito Penal Português. Teoria do Crime*, Lisboa: Universidade Católica, 2012 (citado: *Direito Penal*)

SILVA SÁNCHEZ, Jesús-Maria, «Mandato de determinación e imprudencia», *InDret* 2 (2012), p. 1-3

——, «Teoría del delito y Derecho penal económico», *RBCC*, 99 (2012), p. 327-356

SIMMEL, Georg, *Philosophie des Geldes*, Leipzig: Duncker & Humblot, 1900 (citado: *Philosophie des Geldes*)

——, *Soziologie. Untersuchungen über die Formen der Vergesellschaftung*, Berlin: Duncker & Humblot, 1908 (citado: *Soziologie*)

SOUSA, Susana Aires de, *Os Crimes Fiscais. Análise Dogmática e Reflexão sobre a Legiti-*

midade do Discurso Criminalizador, Coimbra: Coimbra Editora, 2006 (citado: *Os Crimes Fiscais*)

——, *A responsabilidade criminal pelo produto e o* topos *causal em direito penal. Contributo para uma protecção penal de interesses do consumidor*, Coimbra: Coimbra Editora, 2014 (citado: *Responsabilidade criminal pelo produto*)

Sternberg-Lieben, Detlev, «Kommentierung zu § 15 StGB», *in:* Schönke / Schröder, *Strafgesetzbuch Kommentar*, 28. Auf., München: Beck, 2010 (citado: *in:* Sch / Sch[28])

Stratenwerth, Günter, «Arbeitsteilung und ärztliche Sorgfaltsplicht», *in: Festschrift für Eberhard Schmidt*, Göttigen: Vandenhoeck und Ruprecht, 1961, p. 383-400 (citado: *in: Fest. Eb. Schmidt*)

——, «Bemerkungen zum Prinzip der Risikoerhöhung», *in: Festschrift für Wilhelm Gallas zum 70. Geburtstag*, Berlin: Walter de Gruyter, 1973, p. 227-239 (citado: *in: Fest. Gallas*)

——, «Zur Relevanz des Erfolgsunwertes im Strafrecht», *in: Festschrift für Friedrich Schaffstein zum 70. Geburtstag am 28. Juli 1975*, Göttingen: Otto Schwartz & Co., 1975, p. 177-193 (citado: *in: Fest. Schaffstein*)

——, *Strafrecht. Allgemeiner Teil I. Die Straftat*, 3. Auf., Köln: Carl Heymanns, 1981 (citado: *Allgemeiner Teil*[3])

——, «Zur Individualisierung des Sorgfaltsmaβstabes beim Fahrlässigkeitsdelikt», *in: Fest. für Jescheck, I*, Berlin: Duncker & Humblot, 1985, p. 285-302 (citado: *in: Fest. Jescheck*)

——, *Strafrecht. Allgemeiner Teil. Die Straftat*, 4. Auf., Köln: Carl Heymanns, 2000 (citado: *Allgemeiner Teil*[4])

Stratenwerth, Günter / Kuhlen, Lothar, *Strafrecht. Allgemeiner Teil. Die Straftat*, 5. Auf., Köln: Carl Heymanns, 2004 (citado: *Allgemeiner Teil*[5])

——, *Strafrecht. Allgemeiner Teil. Die Straftat*, 6. Auf., München: Franz Vahlen, 2011 (citado: *Allgemeiner Teil*[6])

Struensee, Eberhard, «Der subjektive Tatbestand des fahrlässigen Delikts», *JZ*, 42 (1987), p. 53-63

Struensee, Eberhard, «Objektive Zurechnung und Fahrlässigkeit», *GA* (1987), p. 97-105

Torío López, Ángel, «El deber objetivo de cuidado en los delitos culposos», *ADPCP*, 27 (1974), p. 25-59

——, «El conocimiento de la antijuridicidad en el delito culposo», *ADPCP*, 33 (1980), p. 79-92

——, «Naturaleza y ámbito de la teoría de la imputación objetiva», *ADPCP*, 39 (1986), p. 33-48

——, «Significación dogmática de la "compensación de culpas"» en Derecho penal», *in: Estudios en memoria del Profesor Agustín Fernández Albor*, Santiago de Compostela: Imprenta Universitaria, 1989, p. 709-723 (citado: *in: Estudios Fernández Albor*)

——, «Delitos de imprudencia. Cuestionario de la reforma», *in: Estudios Jurídicos en Homenaje al Prof. Aurelio Menéndez*, vol. IV, Madrid: Editorial Civitas, S.A, 1996, p. 5177-5206 (citado: *in: Estudios Aurelio Menéndez IV*)

Triffterer, Otto, *Österreichisches Strafrecht. Allgemeiner Teil*, 2. Auf., Wien: Springer-Verlag 1985 (citado: *Allgemeiner Teil*)

Ulsenheimer, Klaus, «Zur zivil- und strafrechtlichen Verantwortlichkeit des Arztes unter besonderer Berücksichtigung der neueren Judikatur und ihrer Folgen für eine defensive Medizin», *MedR*, 3 (1992), p. 127-134

——, *Arztstrafrecht in der praxis*, 3. Auf., Heidelberg: C. F. Müller Verlag, 2003 (citado: *Arztstrafrecht*)

UMBREIT, Hans-Werner, *Die Verantwortlichkeit des Arztes für fahlässiges Verhalten anderer Medizinalpersonen*, Frankfurt am Main: Peter Lang, 1992 (citado: *Verantwortlichkeit des Arztes*)

VARELA, João Antunes, *Das obrigações em geral*, vol. I, 10ª ed., Coimbra: Almedina, 2000 (citado: *Das obrigações em geral*)

VILLACAMPA ESTIARTE, Carolina, *Responsabilidad penal del personal sanitario. Atribución de responsabilidad penal en tratamientos médicos efectuados por diversos profesionales sanitarios*, Navarra: Editorial Aranzadi S.A., 2003 (citado: *Responsabilidad penal*)

VOGEL, Joachim, «Kommentierung zu § 15 StGB» *in: Strafgesetzbuch. Leipziger Kommentar*, 1, 12. Auf., Berlin: Walter de Gruyter, 2006 (citado: *in: LK*[12])

——, «Kommentierung zu § 16 StGB» *in: Strafgesetzbuch. Leipziger Kommentar*, 1, 12. Auf., Berlin: Walter de Gruyter, 2006 (citado: *in: LK*[12])

WEHRLE, Stefan, *Fahrlässige Beteiligung am Vorsatzdelikt – Regressverbot?*, Basel: Helbing & Lichtenhahn, 1986 (citado: *Fahrlässige Beteiligung*)

WEIGEND, Thomas, «Zum Verhaltensunrecht der fahrlässigen Straftat», *in: Festschrift für Karl Heinz Gössel zum 70. Geburtstag*, Heidelberg: Müller, 2002, p. 129-144 (citado: *in: Fest. Gössel*)

WELZEL, Hans, «Kausalität und Handlung», *ZStW*, 51 (1931), p. 703-720

——, *Naturalismus und Wertphilosophie im Strafrecht*, Manheim: Deutsches Druck- und Verlagshaus, 1935 (citado: *Naturalismus*)

——, «Studien zum System des Strafrechts», *ZStW*, 58 (1939), p. 491-566

——, *Der Allgemeine Teil des deutschen Strafrechts in seinen Grundzügen*, 1. Auf., Berlin: Walter de Gruyter, 1940 (citado: *Allgemeine Teil*[1])

——, *Der Allgemeine Teil des deutschen Strafrechts in seinen Grundzügen*, 3. Auf., Berlin: Walter de Gruyter, 1944 (citado: *Allgemeine Teil*[3])

——, *Das deutsche Strafrecht in seinen Grundzügen*, 2. Auf., Berlin: Walter de Gruyter, 1949 (citado: *Deutsche Strafrecht*[2])

——, *Das neue Bild des Strafrechtssystems*, 2. Auf., Göttingen: Otto Schwartz, 1952 (citado: *Das neue Bild*[2])

——, «Anmerkung zum Beschluss des Grossen Senats des Bundesgerichtshofs vom 18.3.1952 zur Frage des Verbotsirrtums», *JZ* (1952), 335-344

——, «Die finale Handlungslehre und die fahrlässigen Handlungen», *JZ* (1956), p. 316-317

——, *Das Deutsche Strafrecht*, 5. Auf., Berlin: Walter de Gruyter, 1956 (citado: *Strafrecht*[5])

——, *Fahrlässigkeit und Verkehrsdelikte. Zur Dogmatik der fahrlässigen Delikte*, Karlsruhe: Verlag C. F. Müller, 1961 (citado: *Fahrlässigkeit und Verkehrsdelikte*)

——, «Die deutsche strafrechtliche Dogmatik der letzten 100 Jahre und die finale Handlungslehre», *JuS* (1966), p. 421-425

——, «La doctrina de la acción finalista, hoy», *ADPCP*, 21 (1968), p. 221-229

——, *Das Deutsche Strafrecht*, 11. Auf., Berlin: Walter de Gruyter, 1969 (Citado: *Strafrecht*[11])

——, «La teoría de la acción finalista y el delito culposo», *in: Estudios de filosofía del derecho y derecho penal*, 15, Buenos Aires: B de F, 2012, p. 109-113 (republicação do texto originariamente publicado em *Revista de Derecho Penal y Criminología*, 4, 1971) (citado: «La teoría de la acción finalista»)

WILHELM, Dorothee, «Probleme der medizinischen Arbeitsteilung aus strafrechtlicher Sicht», *MedR*, 2 (1983), p. 45-51

——, *Verantwortung und Vertrauen bei Arbeitsteilung in der Medizin. Zu den rechtlichen Grenzen ärztlicher Sorgfalt*, Stuttgart: Ferdinand Enke Verlag, 1984 (citado: *Verantwortung und Vertrauen*)

WIMMER, August, «Wie ist eine Vereinfachung des deutschen Straβenverkehrsrechts möglich?», *DAR*, 1961, p. 1-7

——, «Ausdehnung oder Einschränkung des Vertrauensgrudsatzes?», *DAR*, 1963, p. 369-375

——, «Die Rechtspflicht zum defensiven Fahren?», *DAR*, 1964, p. 37-43

——, «Der verpflichtende Unterbau des defensiven Kraftfahrens», *DAR*, 1965, p. 170-174

WOLTER, Jürgen, «Adäquanz- und Relevanztheorie. Zugleich ein Beitrag zur objektiven Erkennbarkeit beim Fahrlässigkeitsdelikt», *GA* (1977), p. 257-274

——, *Objektive und personale Zurechnung von Verhalten, Gefahr und Verletzung in einem funktionalen Straftatsystem*, Berlin: Duncker & Humblot, 1981 (citado: *Objektive und personale Zurechnung*)

ZIELINSKI, Diethart, *Handlungs- und Erfolgsunwert im Unrechtsbegriff*, Berlin: Duncker & Humblot, 1973 (citado: *Handlungs- und Erfolgsunwert*)

ZIPF, Heins, «Rechtskonformes und sozialadäquates Verhalten im Strafrecht», *ZStW*, 82 (1970), p. 633-654

ZUGALDÍA ESPINAR, José Miguel, «La infracción del deber individual de cuidado en el sistema del delito culposo», *ADPCP*, 37 (1984), p. 321-332

ÍNDICE